薪酬管理（第二版）

Compensation Management
2nd edition

张正堂 刘宁 编著

图书在版编目(CIP)数据

薪酬管理/张正堂,刘宁编著. —2 版. —北京:北京大学出版社,2016.10
(21 世纪经济与管理规划教材·人力资源管理系列)
ISBN 978-7-301-27594-8

Ⅰ.①薪… Ⅱ.①张… ②刘… Ⅲ.①企业管理—工资管理—高等学校—教材 Ⅳ.①F272.923

中国版本图书馆 CIP 数据核字(2016)第 231829 号

书　　　名	薪酬管理(第二版)
	Xinchou Guanli
著作责任者	张正堂　刘　宁　编著
责 任 编 辑	赵学秀
标 准 书 号	ISBN 978-7-301-27594-8
出 版 发 行	北京大学出版社
地　　　址	北京市海淀区成府路 205 号　100871
网　　　址	http://www.pup.cn
电 子 信 箱	em@pup.cn　QQ:552063295
新 浪 微 博	@北京大学出版社　@北京大学出版社经管图书
电　　　话	邮购部 62752015　发行部 62750672　编辑部 62752926
印 刷 者	三河市博文印刷有限公司
经 销 者	新华书店
	787 毫米×1092 毫米　16 开本　22 印张　508 千字
	2016 年 10 月第 1 版　2021 年 3 月第 2 次印刷
印　　　数	4001—5000 册
定　　　价	45.00 元

未经许可,不得以任何方式复制或抄袭本书之部分或全部内容。
版权所有,侵权必究
举报电话:010-62752024　电子信箱:fd@pup.pku.edu.cn
图书如有印装质量问题,请与出版部联系,电话:010-62756370

丛书出版前言

作为一家综合性的大学出版社，北京大学出版社始终坚持为教学科研服务，为人才培养服务。呈现在您面前的这套"21世纪经济与管理规划教材"是由我国经济与管理领域颇具影响力和潜力的专家学者编写而成，力求结合中国实际，反映当前学科发展的前沿水平。

"21世纪经济与管理规划教材"面向各高等院校经济与管理专业的本科生，不仅涵盖了经济与管理类传统课程的教材，还包括根据学科发展不断开发的新兴课程教材；在注重系统性和综合性的同时，注重与研究生教育接轨、与国际接轨，培养学生的综合素质，帮助学生打下扎实的专业基础和掌握最新的学科前沿知识，以满足高等院校培养精英人才的需要。

针对目前国内本科层次教材质量参差不齐、国外教材适用性不强的问题，本系列教材在保持相对一致的风格和体例的基础上，力求吸收国内外同类教材的优点，增加支持先进教学手段和多元化教学方法的内容，如增加课堂讨论素材以适应启发式教学，增加本土化案例及相关知识链接，在增强教材可读性的同时给学生进一步学习提供指引。

为帮助教师取得更好的教学效果，本系列教材以精品课程建设标准严格要求各教材的编写，努力配备丰富、多元的教辅材料，如电子课件、习题答案、案例分析要点等。

为了使本系列教材具有持续的生命力，我们将积极与作者沟通，争取三年左右对教材不断进行修订。无论您是教师还是学生，您在使用本系列教材的过程中，如果发现任何问题或者有任何意见或者建议，欢迎及时与我们联系（发送邮件至 em@pup.cn）。我们会将您的宝贵意见或者建议及时反馈给作者，以便修订再版时进一步完善教材内容，更好地满足教师教学和学生学习的需要。

最后，感谢所有参与编写和为我们出谋划策提供帮助的专家学者，以及广大使用本系列教材的师生，希望本系列教材能够为我国高等院校经管专业教育贡献绵薄之力。

北京大学出版社
经济与管理图书事业部

21世纪经济与管理规划教材

人力资源管理系列

第二版前言

《薪酬管理》第一版于2007年出版后,得到不少高校师生和企业实践者的欢迎和好评,也被一些高校老师作为教学用书。一名南京大学MBA学生还告诉我,在他们的咨询公司里,这本《薪酬管理》人手一册,这让我有些吃惊。但由于很多高校规定教师必须选用3年内出版的教材,所以这本教材的市场影响力也在降低。北京大学出版社一直敦促我能对教材进行修订。而我迟迟没有着手修订,除了工作忙的"借口",还有一个重要原因是,薪酬管理的基本原理、方法、工具、框架其实变化得并没有教材市场上要求的那么快。本教材的第一版已经对薪酬设计与管理的基础、理念、方法、工具等都进行了完整的梳理,我们对这些梳理工作还是比较满意的。基于我们对薪酬管理近年来发展情况的了解,这些基本内容并没有太大的变化。虽然薪酬管理方面的研究如火如荼(包括我们自己这几年也完成了薪酬管理领域的五项国家自然科学基金项目),但能写入教材的新内容并不是很多。

不过,薪酬管理也是一门和政策结合比较紧的实践性课程。在过去的几年里,我国相关的很多人力资源管理政策、法规也发生了不少的变化。一些新的劳动法律法规不断出台,如《中华人民共和国劳动合同法》(2008年1月1日)、《中华人民共和国就业促进法》(2008年1月1日)、《中华人民共和国劳动争议调解仲裁法》(2008年5月1日)、《劳动争议仲裁办案规则》(2009年1月1日)等。社会保障制度领域更是发生了巨大变化,其间具有代表性的诸如新型农村合作医疗保障体系推行、新型农村社会养老保险开始试点、新医改方案全面启动、城镇职工医疗保险改革深化、事业单位职工养老保险制度改革开始试点、社会优抚制度变革、《社会保险法》实施(2010年10月28日通过,2011年7月1日起施行)等。这些政策法规对企业薪酬管理实践也产生了重要的影响。2015年年底,在出版社老师的再次督促下,我们开始着手《薪酬管理》的修订。

本次修订延续了第一版的整体框架。全书按照薪酬管理基础、薪酬结构设计、激励薪酬设计、福利薪酬设计、薪酬运行与管理的逻辑展开。第一章作为全书的理论基础,对薪酬设计与管理的基础进行了介绍;第二章至第七章是薪酬体系(包括基本薪酬、激励薪酬和福利薪酬三个模块)的设计,其中第二、第三章分别介绍了基本薪酬中的两种薪酬体系(职位薪酬体系和任职者薪酬体系),主要体现了如何实现薪酬的内部一致性;第四章介绍了薪酬水平的外部竞争性,体现了如何实现薪酬的外部一致性;第五章介绍了薪酬的等级结构和等级制度。第二章至第五章完成了薪酬结构的设计。第六、第七章分别介绍了薪酬的另外两个构成即激励薪酬与福利薪酬的设计。薪酬运行与管理包括战略性薪酬管理技术(第八章)、特殊员工群体的薪酬管理(第九章)和薪酬系统的运行管理(第十章)。在修订过程中,我们本着"贴近实践、反映趋势"的原则,修订内容主要包括三个方面:一是关注新的法规、政策对薪酬管理实践的影响,更体现我国的政策与制度背景;二是关注近几年来我国企业薪酬管理实践中的新变化,总结成熟的实践做法,更贴近企业薪酬的实践;三是关注近年来国内外薪酬管理中最新的、成熟的研究成果,反映薪酬管理发展的趋势。此外,我们也增加了具有时代性的开篇案例,并调整了部分篇后案例,力图让案例反映新的时代特点。

本书在修订的过程中,我的研究生参与了资料整理和修改讨论工作。他们是博士生张海燕,硕士生汤荞溪、陈钰瑶、麦晓冬、潘晓庆、刁婧文、崔兰平、何申军、叶梅林。北京大学出版社的赵学秀编辑积极推动了本次修订,并完成了高质量的编辑工作。感谢他们对本次修订的贡献,当然,文责自负。各位同仁在阅读的过程中如果有问题,可以及时跟我们联系(E-mail:njzzt2005@126.com)。

编著者

21世纪经济与管理规划教材

人力资源管理系列

第一版前言

科技的迅猛发展、全球经济的一体化、劳动力市场竞争的加剧等因素给组织带来了巨大的挑战,引发了组织结构的一系列深刻的变革。企业重组、组织再造的浪潮蜂拥而至,大量的组织开始缩减层级、裁员等,组织扁平化趋势越来越明显,组织对员工的要求越来越高。所有这些变化都给组织薪酬管理提出了一系列更高的要求。企业越来越重视通过有效的薪酬管理帮助实现战略目标,薪酬管理也得到了新的发展,在薪酬的实践中,诸如战略薪酬设计、技能薪酬体系、能力薪酬体系、宽带薪酬结构、可变薪酬计划、弹性福利计划等也越来越被得到广泛的应用。

薪酬管理作为人力资源管理的一个重要组成部分,是重点也是难点。说其是重点主要表现在:薪酬激励是最重要也是最有效的激励员工的方式,科学合理的薪酬可以激励员工卓有成效地工作。但从另一个角度来讲,薪酬又是企业的主要运作成本之一,如运用不当,不仅会造成很大的损失还对企业形象和员工队伍的稳定起到负面的影响。说其是难点主要在于:没有一个"放之四海而皆准"的薪酬管理模式,由于各个企业的情况千差万别,企业必须结合自己的特点去探索一个适合自己的薪酬管理模式,这对企业来说是很难的,可能需要走很多的弯路,付出很大的代价。因此,了解并掌握科学的薪酬管理知识,熟练并灵活运用各种薪酬管理技术和方法,是组织的相关职能迫切需要做的工作。

薪酬是企业与员工之间最主要的联结纽带之一,也成为企业和员工共同关注的重要问题。薪酬管理是人力资源管理中一项专业技术水平要求较高的管理活动,在人力资源管理中具有举足轻重的地位,一定程度上关系到企业人力资源管理的成败。我们在自己主持的国家自然科学基金项目中对HRM活动与企业绩效关系的实证研究中也发现,除了职业发展、绩效评估与管理对人才吸引力有显著影响,培训对企业员工技能水平有显著影响,员工参与对员工工作动机有显著影响,薪酬管理对三项HRM效能都有显著的影响,而且其影响的作用往往高于相对应的几项HRM活动。这个研究结论也显示了薪酬管理在我国企业人力资源管理的重要性。因此,"薪酬管理"也是人力资源管理专业的核心课程。

全书共有十一章,分为三个部分。第一部分由前两章构成,是全书的理论基础,分别对薪酬管理基础、薪酬管理基础理论进行了介绍,并提出了战略性薪酬管理的思想;第二部分是薪酬设计,包括第三章至第八章,其中第三、四章分别介绍了基本薪酬中的两种薪酬体系(职位薪酬体系和任职者薪酬体系),主要体现了如何实现薪酬的内部一致性;第五章介绍了薪酬水平的外部竞争性,体现了如何实现薪酬的外部一致性;在此基础上,第六章介绍了薪酬的等级结构和等级制度。这四章内容完成了基本薪酬的设计。第七、八章分别介绍了薪酬的另外两个构成即激励薪酬与福利薪酬制度。由此第二部分内容完成了薪酬体系三个要素的总体设计。第三部分是狭义的薪酬管理,包括第九章的战略性薪酬管理技术,第十章的特殊员工群体的薪酬管理,第十一章的薪酬系统的运行管理。

在编写本教材时,我们力图实现这样的一些特点:

第一,系统地介绍了薪酬管理的内容,主要包括三个部分:第一部分是薪酬管理的基础知识和理论基础,第二部分是对薪酬体系三个构成的设计,第三部分是薪酬的管理,并且突出战略性管理的理念。逻辑结构清晰而严密,有助于更好地掌握薪酬管理的内容。

第二,在编写过程中,我们还注意把传统工资管理中当前仍然很有用的部分和当前薪酬管理相结合,从而避免了当前许多教材完全抛弃了以往工资管理内容的片面做法①。

第三,结合时代变化对薪酬管理提出的挑战,在编写过程中吸收了薪酬管理的相关研究成果。本书特别详细介绍了一些新时期应用较为广泛的新知识点,如战略薪酬、技能薪酬体系、能力薪酬体系、宽带薪酬、弹性福利计划、外派员工的薪酬管理、团队的薪酬管理等。这些理论本身发展的不成熟也给本书的写作带来了相当的困难,我们在吸收国内外一些最新研究成果的基础上尽可能地详细而深入浅出地介绍这些理论。此外,近年来编著者主要从事薪酬管理和战略人力资源管理的研究工作,一些研究成果也分别在本书的战略性薪酬管理、特殊员工的薪酬管理等相关内容上有所体现。

第四,适合教学的特点。作为教材,本书中每章都附有学习要点、本章小结、复习思考题,对于主要章还配有教学案例,全书并附有两个综合案例。本书对薪酬管理中很多方法都有深入浅出的介绍和举例分析,使读者很容易掌握并应用。另外,我们还制作了与本教材配套使用的教学幻灯片(PPT)。这些内容都在较大的程度上方便了教学工作的开展。

本书由南京大学商学院张正堂和南开大学商学院刘宁共同编写。在编写过程中,刘宁负责第一、二、五、七、八章的内容,其他章节由张正堂负责。初稿完成后,两人交换修改对方编写的内容。最后由张正堂总纂定稿。

本书的完成得到了同仁的支持。感谢北京大学光华管理学院组织管理系的博士生导师、本书编著者张正堂的博士后指导老师张一弛教授。张老师在自己繁忙的研究和工作

---

① 20世纪80年代我国日兴的劳动经济和(或)人事管理专业经过一段时间的"冷落"。90年代中后期现代意义的"人力资源管理"兴起。在当前人力资源管理方面的教材中有相当大的比重只重视来自西方的人力资源管理理论,而很少提及传统人事管理理论。我们认为,我国传统的人事管理内容和现代人力资源管理内容并不是没有联系的,作为人员管理发展的第一个阶段,人事管理、工资管理的许多理论仍然是当前人力资源管理、薪酬管理不可或缺的内容。而且,这些理论现在依然在被实践着。

之余，对本书的编写给予了很大的支持和帮助。感谢北京大学出版社经济与管理图书事业部主任林君秀老师和编辑张静波老师，他们认真负责的工作态度以及为本书所付出的辛勤劳动，才使得本书能够顺利面世。由于写作的时间比较紧张，在编写初期，研究生袁萱、付继娟帮助收集了部分资料，并参与了部分章节初稿的整理工作。研究生华冬银和袁萱还帮助做了与本教材配套使用的幻灯片。在编写这本教材的过程中，我们参考了国内外大量关于薪酬管理的教材和论著、网上资料及期刊文章（文中对参考文献作了脚注，书后标注了主要的参考文献），在此向这些著作者表示感谢！

写一本好的教材比预想的要辛苦得多，此书的交稿比预期的时间整整晚了一年的时间。尽管如此，受到编著者自身水平的限制，书中难免也存在一些问题，希望得到广大读者和同行的批评指正（E-mail:njzzt2005@126.com），以在日后做进一步的修改。

编著者

21世纪经济与管理规划教材

人力资源管理系列

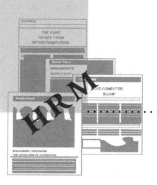

目 录

第一章 薪酬与薪酬管理概述 ………………………………………… 1
 第一节 薪酬概述 ……………………………………………… 3
 第二节 薪酬管理概述 ………………………………………… 10
 第三节 战略性薪酬管理理念 ………………………………… 17

第二章 基于职位的薪酬体系 ………………………………………… 27
 第一节 职位评价方法 ………………………………………… 28
 第二节 职位薪酬体系的设计 ………………………………… 58

第三章 基于任职者的薪酬体系 ……………………………………… 73
 第一节 技能薪酬体系 ………………………………………… 75
 第二节 能力薪酬体系 ………………………………………… 91

第四章 薪酬水平的外部竞争性 ……………………………………… 107
 第一节 薪酬水平的外部竞争性决策 ………………………… 108
 第二节 市场薪酬调查 ………………………………………… 112

第五章 工资等级结构与等级制度 …………………………………… 125
 第一节 工资等级结构的设计 ………………………………… 126
 第二节 宽带薪酬结构 ………………………………………… 143
 第三节 工资等级制度 ………………………………………… 149

第六章 激励薪酬计划 ………………………………………………… 165
 第一节 激励薪酬的概述 ……………………………………… 167
 第二节 短期激励薪酬计划 …………………………………… 169
 第三节 长期激励薪酬计划 …………………………………… 185

第七章 员工福利管理 ………………………………………………… 199
 第一节 员工福利的内容和发展 ……………………………… 200
 第二节 员工福利设计 ………………………………………… 211

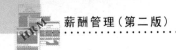

第八章 战略性薪酬管理技术 ……………………………………………… 219
- 第一节 薪酬战略与组织战略、成长阶段 …………………………… 221
- 第二节 薪酬战略与文化 ……………………………………………… 230
- 第三节 薪酬的横向结构：薪酬要素组合模式 ……………………… 238
- 第四节 战略性薪酬管理的实现 ……………………………………… 248

第九章 特殊员工群体的薪酬管理 ……………………………………… 261
- 第一节 高层管理人员的薪酬管理 …………………………………… 262
- 第二节 团队的薪酬管理 ……………………………………………… 266
- 第三节 销售人员的薪酬管理 ………………………………………… 274
- 第四节 外派员工的薪酬管理 ………………………………………… 280
- 第五节 专业技术人员的薪酬管理 …………………………………… 287

第十章 薪酬系统的运行管理 …………………………………………… 295
- 第一节 薪酬预算 ……………………………………………………… 297
- 第二节 薪酬成本控制 ………………………………………………… 303
- 第三节 薪酬诊断 ……………………………………………………… 308
- 第四节 薪酬调整 ……………………………………………………… 312

综合案例 …………………………………………………………………… 326

主要参考文献 ……………………………………………………………… 338

21世纪经济与管理规划教材

人力资源管理系列

第一章

薪酬与薪酬管理概述

【学习要点】

内在薪酬概念与形式

外在薪酬概念与形式

薪酬管理的功能

薪酬管理的目标和内容

战略性薪酬管理的内涵与内容

开篇案例

老叶是一家精品酒店的老板,也是一位70后的老酒店人,曾经在多家五星级酒店担任管理层。现在,老叶精品酒店的团队几乎是由清一色90后"小朋友"组成,少数几位80后高管镶嵌其中。在几个知名旅游网站上,老叶的精品酒店评分都是最高的,接近满分;看评语有很多回头客,除了酒店环境很好,"回头"主要原因是"服务真的很好""酒店的员工很周到"。

老叶认为服务业终究是人的行业,一开始他觉得自己有多年酒店从业经验,从"顾客是上帝"这一点出发,把服务做好,后面的一切就都有了。但是年轻人的世界不太一样,90后与70后、80后有明显不同,他们成长于经济结构和家庭结构双重变迁的时代背景下。大数据时代的洗礼和多元文化的融合,塑造了他们与前辈们迥然不同的气质和价值追求。他们往往具有较强的自主和表现欲,个性张扬、追求公平、现实主义、注重承诺的兑现、重视自我实现价值和存在感。老叶走了一段弯路才发现,员工以客户为上帝、管理则以员工为上帝,只有先把员工们伺候好,然后员工们才能把顾客当成上帝。那么,老叶是如何先把他的90后员工们伺候好的呢?

老叶说,"制定90后员工的薪酬体系,务必要体现对他们独特性的尊重并试图满足他们"。他为酒店90后员工量身订制了自助式薪酬方案:基本工资+绩效工资+奖金+自选福利包+晋升机会+发展机会+私人因素的薪酬方案。老叶说,绩效工资主要奖励付出多于其他员工的那部分劳动付出,使得90后员工感到自己劳动的存在感;由于90后员工更具现实经济性,直接奖金更能给他们带来满足感;自选福利包和私人因素主要满足90后追求个性化的福利选择;晋升机会和发展机会主要满足他们注重个人成长空间的需求。比如,酒店的微信订阅号做得不错,是一位从媒体界挖来的90后编辑负责的;虽然年轻,但也是资深专业人员,忠于自己的专业技能甚于雇主。所以,老叶给他安排了很多具有挑战性的工作,让他自主决定如何处理,还定期慰问表达、支持与鼓励,关心他的工作存在什么问题,是否需要支持,以表达对他的工作不仅感兴趣而且很看重。

除了这些上述激励,老叶最近还在思考,如何通过弹性请假制度、清晰有效的职业生涯规划指导、可视晋升空间、建议被采纳机会等使90后员工实现"让我工作"到"我要工作"的自觉转变。

90后员工和富二代、娱乐圈,并称朋友圈三宝,他们总是说走就走,老板们哭着喊着给他们加薪升职,却也只能看到他们的背影和扬起的尘土。传统薪酬激励方式面对90后员工的独特个性已渐渐失灵。一波又一波的90后将不断涌向职场,只有像老叶这样将员工薪酬努力达成"薪心相印",才能更好地管理并激发90后员工超乎想象的工作潜能。

案例来源:根据网页资料 http://www.alu.cn/aluNews/NewsDisplay_973833.html 改编。

薪酬是员工完成了自己的工作而从组织获得的内在报酬和外在报酬的统称。作为组织—员工间心理契约和重要联系纽带的薪酬,无论是对组织还是员工均发挥着十分重要的作用:基于组织视角,薪酬发挥战略导向器功能、增值功能、激励功能、稳定功能、分选及信号—配置功能;基于员工视角,薪酬发挥着补偿—保障功能、信号功能和价值实现功能。

因此,对组织和员工均十分重要的薪酬管理,自然也成为以战略性激励为核心理念的战略性人力资源管理的核心管理职能之一。不仅如此,战略性人力资源管理强调以人为本和战略性激励,要求能够针对特定组织内外部环境和总体战略目标,紧紧围绕战略性广义薪酬整合将战略性激励核心理念层层贯彻到组织薪酬规划、设计和调控的具体行动中,使薪酬与组织发展战略紧密结合从而成为组织战略实现、组织竞争优势提升的重要工具。本章即主要对薪酬、薪酬管理及战略性薪酬管理理念进行概述。

第一节 薪酬概述

一、薪酬概念及形式

国内外学者关于薪酬概念的界定可概括为三类:(1)宽口径薪酬概念,也称广义薪酬或全面薪酬,即薪酬是员工完成了自己的工作而从组织获得的内在报酬(也称非经济性报酬)和外在报酬(也称经济性报酬)的统称。[①] (2)中等口径薪酬概念,即员工由于付出劳动而从组织那里所获得的各种形式的经济收入以及有形服务和福利。(3)窄口径薪酬概念,即薪酬仅指货币性报酬,不包括有形服务和福利等。

目前,许多人力资源管理教材和薪酬管理教材大都采用中等口径薪酬概念[②],大部分企业在实践中也普遍使用中等口径薪酬概念;诸如蒙迪和诺伊(Mondy 和 Noe,1996)、沃克(Walker,2001)、米尔科维奇和纽曼(Milkovich 和 Newman,2002)、马尔托齐奥(Martochio,2005)等人力资源管理领域的专家们普遍认可宽口径"广义薪酬"概念。2000年,美国薪酬协会[③]在总结多位薪酬领域专家关于"定制性和多样性相结合实施整体薪酬计划"思想成果的基础上,正式提出"全面报酬模型"并以后陆续进行了改进和完善。

宽口径薪酬概念中的"内在报酬"将越来越得到学术界和实践界的重视,原因主要在于:第一,知识经济时代,知识型员工将越来越关注组织能否满足他们对成长与发展机会、从事富有挑战性工作机会、参与决策机会等方面的需求,这也必将导致组织将越来越重视能够满足知识型员工这些需求的内在报酬;第二,伴随着战略性薪酬管理理念的兴起及诸多全球性企业推行战略性薪酬管理的成功,许多组织正在考虑或正在实施全面薪酬管理。由此,十分有必要理解并把握宽口径广义薪酬概念。

如上所述,宽口径薪酬通常也称为广义薪酬或全面薪酬,泛指员工从组织获得的一切收益性要素,包括内在薪酬与外在薪酬。宽口径薪酬的基本形式总结如图1-1所示。

[①] Martocchio, Joseph J., *Strategic Compensation: A Human Resource Management Approach*, Sixth Edition, Person Prentice Hall, 2013.

[②] 加里·德勒斯:《人力资源管理(第12版)》,中国人民大学出版社,2012。

[③] 即 Worldatwork(简称 WAW),其前身(American Compensation Association, ACA)为成立于1955年的美国和加拿大薪酬管理学会。2000年,该学会改名为 Worldatwork,并将自己明确定义为薪酬、福利和总报酬领域的专业组织。它旨在倡导和推行包括薪酬、福利和工作体验在内的全面报酬体系。

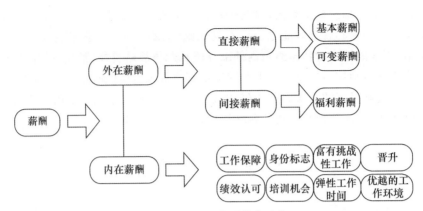

图 1-1 宽口径薪酬基本形式

（一）内在薪酬

内在薪酬（Intrinsic Compensation），是指组织劳动及工作过程自身给员工所带来的心理感受，包括工作富有挑战性和趣味性，工作给予个人成长与发展的机会，工作赋予员工参与管理的权威感、责任感和成就感，员工工作时间弹性设计，工作赋予员工一定的社会声誉等。Hackman 和 Oldham（1976）的工作特征模型（Job Characteristics Model）描述了工作自身给员工所带来的心理感受（见图1-2）：核心工作特征会导致员工个体体验到关键的心理状态，进而影响员工个人和工作结果。具体来说，工作特征中的技能多样性、任务同一性和任务重要性会使得员工感受到工作意义，工作自主性会让员工体验到对工作结果的责任感，工作中的反馈会使得员工了解工作结果；对工作意义的感受、对工作结果的责任感以及对工作结果的了解，又会进一步影响员工内在工作动机、工作绩效、工作满意度以及缺勤率和离职率等后果。此外，员工成长需要等个体差异变量将会调节上述关系。组织发展专家可考虑通过有效的工作设计来提升员工能够获得的内在薪酬。

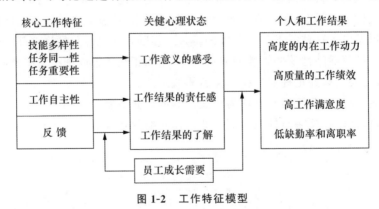

图 1-2 工作特征模型

（二）外在薪酬

外在薪酬是目前许多人力资源管理教材和薪酬管理教材主要探讨的薪酬内容，也是实业界许多薪酬管理者主要负责的薪酬构成部分。与内在薪酬概念相对应，外在薪酬（Extrinsic Compensation）是指员工从组织劳动或工作自身之外获得的货币或物质性报酬。

关于外在薪酬的形式,学者们并没有取得完全一致的观点,较典型的观点认为外在薪酬包括直接薪酬和间接薪酬,其中,直接薪酬包括基本薪酬、绩效薪酬、各种激励性薪酬和各种延期支付计划;间接薪酬包括各种员工保护项目、各种非工作薪酬和服务与津贴。也有学者认为,外在薪酬包括货币性报酬与非货币性报酬,其中,货币性报酬属于核心薪酬(Core Compensation),体现为小时工资、年薪、生活成本调薪、资历薪酬、绩效薪酬、奖励薪酬、以人为基础的知识薪酬和技能薪酬;非货币性报酬通常被称为员工福利,包括各种保障性方案(如医疗保险)、带薪假期以及各种服务(如日托服务)[①]。综合学者们的不同观点,我们从薪酬支付方式和变动状况视角,将外在薪酬划分为基本薪酬、绩效薪酬和福利薪酬三部分。

1. 基本薪酬

基本薪酬(Basic Pay)也称标准薪酬或基础薪酬,是指组织根据员工所承担或完成的工作本身,或员工所具备的完成工作的技能或能力而向员工支付的稳定性报酬。基本薪酬的支付标准有两种:(1)以员工劳动熟练程度、劳动复杂程度、责任及劳动强度为基准,按照员工实际完成的劳动定额、工作时间或劳动消耗而计付基本报酬。由于这种标准的基本薪酬只反映工作本身的价值,并不反映员工经验或工作态度对组织的贡献,通常将其称为职位薪酬体系。(2)根据员工所拥有的完成工作的技能或能力的高低来确定基本薪酬,即技能薪酬体系或能力薪酬体系。由于它们均是基于任职者,因此将它们统称为任职者薪酬体系。另外,人们经常使用的"工资"和"薪金",是基本薪酬的两种表现形式。在实际生活中,人们一般把以日、小时等计付的劳动报酬称为工资,把按年、月计付的劳动报酬称为薪金或薪水;于是,相应地,脑力劳动者或政府机关、事业单位工作人员的收入称为薪金,企业职工的报酬称为工资。

与绩效薪酬和福利薪酬相比,基本薪酬具有以下特征:(1)常规性。基本薪酬是员工在法定工作时间内和正常条件下所完成定额劳动的报酬,因此,只要员工完成定额劳动,就应得到基本薪酬。(2)固定性。员工的基本薪酬数额以组织所确定的基本薪酬等级标准为依据,薪酬等级标准在一定时期内相对稳定,员工的基本薪酬数额也相对固定。(3)基准性。基准性有两层含义:① 基本薪酬是其他薪酬的计算基准,其他薪酬的数额、比例及其变动均以基本薪酬为基础;② 为保证员工基本生活需要,政府往往对基本薪酬下限做强制性规定,推行最低工资保障制度。(4)综合性。与绩效薪酬、福利薪酬相比,基本薪酬能较全面地反映薪酬的各种功能(补偿—保障功能、信号功能、激励功能、调节功能等),绩效薪酬和福利薪酬一般只反映单项薪酬功能,比如,绩效薪酬更多发挥的是薪酬的激励功能,福利薪酬则更多发挥的是增强组织凝聚力的功能。

基本薪酬数额在一定时期内相对稳定,但是也会发生变化,基本薪酬的变动主要有以下几种情形:(1)区域性生活成本发生变化或通货膨胀;(2)劳动力市场供求关系发生变化,使得其他组织支付给同类型劳动者的基本薪酬发生变化;(3)员工职位升迁、技能提高等所带来的基本薪级等级发生变化;(4)与员工绩效有关的加薪,即绩效工资。

---

① 约瑟夫·马尔托奇奥:《战略性薪酬管理(第7版)》,刘昕译,中国人民大学出版社,2015。

2. 绩效薪酬

绩效薪酬(Performance-based Pay)，也称可变薪酬或浮动薪酬，是薪酬系统中与绩效（既包括员工个人绩效，也包括组织中某一业务单位、群体、团队甚至整个组织的绩效）直接挂钩的部分。绩效薪酬通过在绩效和薪酬之间建立起直接联系而对员工具有很强的激励性，对组织绩效目标的实现也发挥着非常积极的作用，因此，也被称为激励薪酬(Incentive Pay)。

与基本薪酬相比，绩效薪酬具有两个主要特征：(1) 补充性。绩效薪酬由于在绩效与薪酬之间建立起直接联系，能及时反映员工工作绩效和组织需要的变化，是基本薪酬的一种重要补充形式。(2) 激励性。绩效薪酬在组织目标的指导下，通过支付方式、支付标准、支付时间的变化，将员工利益与组织发展建立联系，有效激励员工在实现自身利益的同时促进组织目标的实现。

通常情况下，绩效薪酬根据支付时限划分为短期绩效薪酬和长期绩效薪酬两种。短期绩效薪酬一般是建立在非常具体的绩效目标基础之上，主要表现形式即奖金；长期绩效薪酬则鼓励员工实现跨年度或多年度的绩效目标。与短期绩效薪酬相比，长期绩效薪酬能够将员工的薪酬与组织长期目标的实现联系在一起，并且能够对组织文化起到一种更为强大的支持作用；因此，在现代薪酬管理中，绩效薪酬尤其是长期绩效薪酬越来越成为薪酬管理的重心。本书第六章将对绩效薪酬（激励薪酬）进行详细介绍。

需要注意的是，绩效薪酬和绩效工资（绩效加薪）都具有激励性。正是由于这个共同性，许多教材并没有把绩效工资单独列出，或者将其归入绩效薪酬。然而，两者是有区别的：第一，两者影响绩效的方式不同，绩效薪酬是在员工理想工作绩效出现之前的"诱导"，绩效工资则是对员工出现理想工作绩效之后的"奖励"。第二，绩效工资通常会转变为员工基础薪酬的增加，因此，对组织的人工成本具有长期影响；绩效薪酬则是一次性支付，对组织人工成本没有长期影响，而且，当员工绩效下降时，绩效薪酬也会跟随下降。

3. 福利薪酬

福利薪酬(Benefit)又称间接薪酬，是指组织为员工提供的各种物质补偿和服务形式，包括法定福利和组织提供的各种补充福利，是员工薪酬的一个不可或缺的组成部分。与基本薪酬和绩效薪酬相比，福利薪酬具有两大特征：第一，不同于其他薪酬的"货币"支付和"直接"支付，福利薪酬往往是"实物"支付和"延期"支付；第二，福利薪酬与劳动能力、绩效、工作时间等的变动没有直接关系，所以具有固定成本的特点。

此外，相比于基本薪酬和绩效薪酬，福利薪酬还具有独特的价值：第一，由于许多国家对部分福利项目有免税规定，并且实物支付一定程度上减少了员工薪酬的现金支付额度，因此，组织通过福利薪酬能适当避税；第二，福利薪酬为员工将来的退休生活和一些可能发生的不可预测事件提供了保障；第三，福利薪酬支付方式灵活，可以满足员工多种工作和生活需求，具有基本薪酬和可变薪酬所不能比拟的功能，如提供服务、增强组织凝聚力等功能。我们将在本书第七章对福利薪酬加以详细介绍。

基本薪酬、绩效薪酬和福利薪酬构成了薪酬的总体。表 1-1 显示了美国雇员一小时薪酬及其构成情况。由图 1-1 宽口径薪酬基本形式可知，中等口径薪酬即对应宽口径薪酬中的外在薪酬，窄口径薪酬即对应宽口径薪酬中的直接薪酬。许多时候，宽口径薪酬、中等口径薪酬、窄口径薪酬均使用"薪酬"这一个称呼,无须刻意区分,但需要理解"薪酬"在所用之处的特定内涵。

表1-1 2015年6月美国雇员外在薪酬构成情况   单位:美元

	全部雇员	私人企业雇员	国家和州政府雇员
薪酬(美元/小时)	33.19	31.39	44.22
工资和薪金	68.50	69.50	63.80
福利	31.50	30.50	36.20
带薪假期	6.90	6.90	7.30
补充性报酬	3.00	3.50	0.80
保险	8.90	8.20	11.90
健康津贴	8.40	7.70	11.60
退休金和储蓄	5.10	4.00	10.20
固定收益养老金	3.20	1.80	9.40
固定缴款养老金	1.90	2.20	0.80
各种法定福利	7.60	8.00	5.90

资料来源:U. S. Department of Labor,"Employer costs for employee compensation",June 2015 (USDL:15-1756),www.bls.gov/etc。

二、薪酬功能

(一)薪酬功能:组织视角

组织运用薪酬这一重要管理工具,期望它发挥战略导向功能、绩效激励功能、帮助组织吸引和留住与组织匹配的员工而淘汰与组织不匹配员工的分选功能、为组织吸引和留住人才的稳定功能、组织人力资本投资增值功能、通过薪酬变动引导人力资源合理流动的人力资源配置功能等。

1. 战略导向功能

组织可以通过将员工薪酬与其特定内外部环境和总体战略目标相结合,紧紧围绕广义薪酬(内在薪酬和外在薪酬综合考虑)整合激励,将战略性激励核心理念层层贯彻到组织薪酬规划、设计和管理中,充分发挥薪酬的战略导向功能,使其成为组织战略目标实现的一把利刃。这也是战略性薪酬管理的目的。

2. 增值功能

对大多数组织来说,薪酬是其总成本的重要组成部分,比如,一些组织的薪酬成本占组织总成本的30%或更多。从生产要素的角度来看,薪酬是组织用来购买劳动力所支付的特定资本,是被认为能够为组织和投资者带来预期收益的资本。组织通过向员工支付薪酬,期望获得远大于成本的收益,这就是薪酬在组织中所发挥的资本增值功能,也正是这资本增值功能,成为组织雇用员工并对其投资的动力源泉。

3. 激励功能

激励功能是薪酬的核心功能。薪酬是组织与员工之间的一种心理契约,这种契约通过员工对薪酬状况的感知而影响员工工作态度、工作行为及工作绩效,进而发挥薪酬的激励功能。这种激励功能更多体现在绩效薪酬中,设计合理的绩效薪酬,将员工薪酬与其工作绩效建立直接联系,能满足员工多种需要,激发员工工作动机,影响员工工作态度和工作行为,充分发挥员工个人潜力和能动性,创造出优良绩效。

4. 稳定功能

薪酬的稳定功能,是指薪酬在吸引和留住优秀人才、确保组织人力资源队伍稳定方面所发挥的作用。薪酬作为组织—员工间的一种交换或交易,必须服从市场交换规律,否则,组织—员工间的交换关系便不可能长久地、满意地持续下去。一旦组织表示不满意,则员工将面临被解雇的威胁;一旦员工不满意,则组织将失去他,将直接影响组织人力资源队伍的稳定性和组织日常经营活动秩序与效率。无论这两种情况中哪个发生,组织—员工间的交换或交易即终止。相反,如果员工对组织—员工间的交换满意,他则会倾力付出,会有良好的工作绩效,组织对员工的投入也取得了最好的回报,确保组织的持续发展。因此,许多组织均将薪酬作为一个相当重要的筹码,以吸引、激励和留住组织内的人力资源。

5. 分选功能

薪酬的分选功能是指组织奖不同的薪酬安排作为一种甄选手段,以吸引、留住与组织匹配的员工以及淘汰与组织不匹配的员工。① 一方面,组织可以通过设计不同的薪酬安排让求职者自行选择而达到分选功能,比如,组织设计基于不同受教育水平的薪酬制方式由求职者自己进行选择,这样,组织则可以根据求职者的选择结果来甄别其受教育水平;再比如,组织可以考虑通过提供工资随年资增长的薪酬安排来有效阻止高离职倾向求职者的进入;再比如,组织可以设计学徒期工资大大低于外部市场工资的学徒工资制,以淘汰那些感觉自己不太可能顺利度过学徒期的能力不强的求职者。由此,组织通过设计不同的薪酬安排来促进求职者的自我选择;不同特征的求职者通过实际的薪酬选择显示了自己的私密信息,向组织释放和传递了关于个人特征的信号,从而使组织达到信息甄别目的,招募到更为合适的员工,并可以根据所甄别的个体特征信息更好地配置人力资源。另一方面,我国目前正处于转型期,组织环境的复杂性、价值取向的多元化、个体偏好的异质性导致员工个体行为决策的复杂多变,单一的薪酬安排未必能满足所有员工的需求,因此,对于组织内异质性需求的员工个体,组织可通过设计多种薪酬支付方式供员工自我选择,更好地满足与组织战略发展相匹配的员工个体的异质性需求,淘汰与组织战略发展不相匹配的员工,从而帮助组织通过薪酬安排实现员工有效分选②。

6. 人力资源配置功能

薪酬所发挥的人力资源配置功能并不局限于组织范围内,从整个社会的角度来看,薪酬也发挥着通过"价格"信号来调节人力资源数量和质量的作用。

(1) 人力资源数量配置功能。目前,地区间、部门间、组织间、职业间、岗位间依然存在工作环境、劳动强度、劳动复杂程度、收入高低等的差别,也依然存在劳动力市场的供需差异。在物质利益驱动下,人们一般都会愿意到薪酬水平高、工作环境好的地区、部门、组

---

① Lazear E P., "Salaries and piece rates", *Journal of Business*, 1986, 59(3): 405—431.
② 丁明智、张正堂、程德俊:"薪酬制度分选效应研究综述",《外国经济与管理》,2013年第7期,第54—62页。

织、职业或岗位工作,如此,工作环境差、劳动强度大的地区、部门、组织、职业或岗位就会出现人力资源的严重"供不应求"局面,而工作环境好、劳动强度小的地区、部门、组织、职业或岗位则会出现人力资源的严重"供大于求"状态;因此,薪酬管理者可以通过薪酬"价格"的变动,向潜在的人力资源及现实人力资源发出一种信号,引导人力资源由"供大于求"的地区、部门、组织、职业或岗位流向"供不应求"的地区、部门、组织、职业或岗位,从而实现人力资源数量上的"供求平衡"。

(2) 人力资源质量配置功能。人力资源质量配置功能即人力资源素质结构配置功能。我国目前正处于经济转型期,由于经济转型期产品结构、技术结构和产业结构的变化,对人力资源素质(技能)结构的适应性提出了越来越广泛的要求;因此,人力资源素质(技能)结构方面的供求失衡是经济转型期经常出现的现象。在这种情况下,薪酬通过"价格"变动,传递"价格"信号,能调节供求两方面的人力资源素质(技能)结构,使人力资源素质(技能)结构实现供求相对平衡。具体来说,对那些社会需求量大、对国民经济发展有重要作用的专业或工种等设计较高的薪酬,以引导新员工学习这方面的知识和技能;而对于那些供大于求的专业或工种等则给予较低水平的薪酬,引导现有员工学习社会需要的知识和技能(包括转岗培训),从而使得人力资源素质(技能)结构合理化,适应并符合经济发展需求。

(二) 薪酬功能:员工视角

从员工个人角度出发,薪酬发挥着补偿—保障功能、信号功能、价值实现功能等。

1. 补偿—保障功能

补偿—保障功能是薪酬的基本功能,并且更多地体现在基本薪酬和福利薪酬中。

薪酬的补偿功能,体现在薪酬(尤其是基本薪酬)对员工工作过程中体力和脑力消耗、员工代际延续费用、员工抚养家庭子女费用及员工为了提高自身素质而进行的人力资本投资等的补偿。如果员工工作过程中的脑力和体力消耗、员工的代际延续费用和员工抚养家庭子女费用等不能得到补偿,劳动力再生产就不能得到保证;如果员工对自身的人力资本投资不能得到补偿,就没有人愿意对人力资本进行投资,员工素质就难以不断提高,社会经济发展就会受到影响。因此,对员工来讲,他们是通过向组织提供劳动而获得薪酬,继而用薪酬去换取物质文化生活资料,薪酬是对工作过程中所付出劳动消耗的基本补偿。

薪酬的补偿功能又同时兼具保障功能。在市场经济条件下,薪酬收入是绝大多数劳动者的主要收入来源,对于劳动者及其家庭生活所起到的保障作用是其他任何收入保障手段都无法替代的。合理的薪酬保障水平可以使劳动者得到有保障的、稳定的收入,使员工有一种安全感和对预期风险的心理保障,才能安心工作,进而提升组织信任感和归属感;相反,如果组织缺乏最低工资等保障制度,则易使员工产生不公平感和不信任感,影响其工作积极性。

2. 信号功能

员工把薪酬系统看成是组织暗示某种活动或行为的重要信号:如果组织薪酬分配政策强调学历高则工资高,那么会促使员工继续学习以提高学历;如果组织薪酬分配以服务时间长短为基础,那么给员工传递了组织期望员工忠诚的信号;如果组织奖励给组织带来收益的创新行为,那么向员工发出鼓励创新的"信号";如果组织根据岗位重要性不同而给

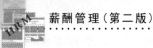

予不同的薪酬水平，那么传递了组织重视不同岗位的价值的"信号"。总之，组织的任何一种薪酬分配政策都会给员工传递出信号，促使他向有利于自己的方向努力。

员工所获得的薪酬水平高低除了传递了上述具有经济功能的信号，还传递出社会信号。比如，人们可以根据员工薪酬水平高低来判断该员工的家庭、朋友、职业、受教育程度、生活状况甚至宗教信仰及政治取向等；再比如，在一个组织内部，员工的相对薪酬水平高低往往也代表了员工在组织内部的地位和层次，从而也成为识别员工个人价值和成功的一种信号。员工对薪酬所传递出的社会信号的关注，实际上反映了员工对自身在组织内部及社会的价值的关注。因此，不可忽视薪酬的社会信号功能。

3. 价值实现功能

依据马斯洛需求层次理论，实现自我价值是员工追求的终极目标。科学合理的薪酬制度下，高薪酬往往是员工优秀工作绩效的显示器（高薪酬不仅代表了组织对员工工作能力和工作水平的认可，也是组织对员工个人价值实现的回报，还是员工晋升和职业成功的信号），因此，员工所获得的薪酬水平（既包括外在薪酬也包括内在薪酬）反映了员工在组织中的地位和作用，激发了员工工作热情，使员工不断追求自我价值的实现，并获得满足感和成就感。这是从员工视角薪酬所发挥的价值实现功能。

第二节　薪酬管理概述

一、薪酬管理的概念

薪酬管理，即组织对所雇佣员工的报酬进行持续而系统的计划、决策、组织、控制的过程。具体来说，薪酬管理即组织根据员工所提供的劳务对员工报酬的支付标准、发放水平、要素结构等进行确定、分配和调整的过程。因此，在薪酬管理过程中，组织必须就薪酬水平、薪酬体系、薪酬结构、薪酬形式以及特殊员工群体的薪酬等做出决策；同时，作为一种系统的薪酬分配与管理活动过程，组织必须持续不断地制订薪酬计划、拟定薪酬预算、与员工进行薪酬问题沟通，并评估和完善薪酬管理系统。

二、薪酬管理的重要性

（一）薪酬管理决定着人力资源的优化配置与使用

管理过程的实质是对各类资源优化配置与使用的过程；人力资源是各类生产要素中最具能动性、决定性的要素，因此，人力资源的优化配置与使用至关重要。然而，人的劳动能力是多种多样的，其潜在的能力倾向和发展方向也有很大差异；那么，如何做到"人尽其才，才尽其用"便成为现代人力资源管理中的一个核心问题。

薪酬作为实现人力资源合理配置的基本手段，在人力资源开发与管理中发挥着十分重要的作用。一方面，薪酬代表着员工可以提供的劳动能力的种类、数量、质量与结构，反映着劳动力供给方面的基本特征；另一方面，薪酬也代表着组织对人力资源需要的种类、数量、质量和结构，反映着劳动力需求方面的基本特征。薪酬管理就是运用"薪酬"这个人力资源管理中最重要的经济参数，来引导人力资源合理流动，从而实现组织人力资源的最佳配置与使用。

然而,薪酬管理机制不同,人力资源的配置与使用效果也不同,典型的两类薪酬管理机制包括政府主导型和市场主导型。(1)政府主导型薪酬管理机制,主要是通过行政的、指令的、计划的方法来直接确定不同种类、不同质量的各类劳动者的薪酬水平和薪酬结构,从而引导人力资源的配置;由于它无法回答人力资源是否真正用于最需要的地方,也无法确定人力资源是否真正用于最能发挥其作用的地方,因而,政府主导型薪酬管理机制很难真正解决好人力资源的优化配置问题。(2)市场主导型薪酬管理机制,实质上是一种效率机制,它主要通过劳动力流动和市场竞争在供求平衡中所形成的薪酬水平和薪酬差别来引导人力资源配置;显然,市场主导型薪酬管理机制不但能够及时、准确地反映各类劳动力的稀缺程度,而且能在劳动者流动、调换职业或岗位以实现薪酬最大化的同时也找到"尽其所能"的位置,从而使人力资源配置与使用更加优化。

(二)薪酬管理通过激励机制直接决定着员工的工作效率

现代薪酬管理是组织目标实现和员工需要满足这个"双赢"目标达成的关键;组织目标的实现有赖于员工需要满足后的积极的工作态度、工作行为及令组织满意的工作绩效,而员工积极的工作态度和工作行为以及令组织满意的工作绩效又取决于组织的激励机制;现代薪酬管理即通过激励机制直接决定着员工的工作效率和工作绩效。组织的激励机制包括物质激励机制、精神激励机制以及团队激励机制。(1)在物质激励机制方面,现代组织实行按劳付酬,体现公平和效率。比如,技能工资和绩效工资,强调多技能者和绩优者多得,刺激员工具备更多、更精的劳动技能,从而获得更高的薪酬和更好的工作岗位。(2)在精神激励机制方面,现代组织的薪酬管理体系强调奖励"贡献",体现人本主义观念,将员工个人贡献与组织成功结合在一起,不是从组织为员工提供生活来源的视角,而是强调员工工作绩效是对组织目标的贡献,从组织受益的视角酬谢员工所付出的努力。(3)在团队激励机制方面,现代薪酬管理将团队薪酬与组织利润挂钩、员工个人薪酬水平又与团队薪酬挂钩,强调员工的团队精神。

总之,现代薪酬管理通过极大地增强激励机制的激励效果而直接决定着员工的工作效率,它在本质上是一种动力管理。大量实践也证明,成功的薪酬管理往往能极大地调动员工及团队的工作积极性和创造性。

(三)薪酬管理直接关系到社会稳定

在我国现阶段,薪酬依然是大部分劳动者收入的主要来源。从经济学角度看,薪酬作为要素市场上"劳动"的"价格",一经买家(即组织)向卖家(即劳动者)付出,即退出生产领域,进而进入消费领域。因此,在薪酬管理中,如果薪酬标准过低,尤其是基本薪酬标准过低,劳动者的基本生活就会受到影响,劳动力的消耗就不能得到完全的补偿,社会再生产就会受到影响;如果薪酬标准过高,又会对产品成本构成较大影响,特别是薪酬增长普遍超过劳动生产率增长时,还会导致成本推动型通货膨胀(在一国范围内,既会直接并严重影响人们日常生活,又会造成一时虚假过度需求,引发"泡沫经济",进而加剧经济结构的非合理化;在国际上,这种通胀会在短期内导致一国出口产品价格上升,产品出口竞争能力下降)。另外,如果薪酬标准过高,组织难以承受过高的人力成本,会直接导致劳动力需求收缩，失业队伍扩大。因此，薪酬管理直接关系到社会稳定。

三、薪酬管理的目标

薪酬管理对于几乎任何一个组织来说都是一个十分棘手的问题，因为，任何一个组织都期望通过薪酬管理来实现数量众多并且有些甚至矛盾的目的：保证薪酬在劳动力市场上具有竞争性，从而能够为组织吸引并留住优秀人才；期望薪酬能够对组织内各类员工的贡献给予充分肯定，使员工能及时地得到相应的回报；能够合理控制组织人工成本，提高组织劳动生产效率，增强产品的竞争力；期望通过薪酬激励机制的确立，能够将组织与员工长期、中期、短期经济利益有机结合在一起，促进组织与员工结成利益关系共同体，谋求员工与组织的共同发展等。上述这些期望，在一定程度上反映出组织对薪酬管理的要求越来越高；然而，薪酬管理受到的限制因素也越来越多，既包括组织的经济承受能力、政府的政策法律法规等，还包括组织不同时期的战略定位、人力资源定位以及外部人力资源市场和行业竞争者的薪酬策略等因素。组织的薪酬管理工作在上述诸多因素的限制下，应力争同时达成公平性、有效性和合法性三大目标。

（一）公平性目标

在组织中工作的员工都希望自己被公平地对待。这里所谓的公平，涉及员工对自己在工作中的投入与自己从工作中得到的结果两者之间的平衡。员工的投入包括教育、工作经验、特殊技能、努力程度和花费的时间；员工得到的结果包括薪酬、福利、成就感、认同感、工作挑战性、工作名声和任何其他形式的报酬。依据公平理论，一个员工要估计自己的获得与投入的比率与别人的获得与投入的比率是否相等，以此来确定自己是否被公平对待。公平性是薪酬系统的基础，只有员工认为薪酬系统是公平的，他才可能产生认同感和满意度，薪酬的激励作用才可能实现。因此，公平性是组织制定薪酬系统首要考虑的目标，具体包括外部公平、内部公平和员工个人公平。

1. 外部公平

外部公平，即强调本组织薪酬水平与其他组织薪酬水平相比较时的竞争力，也被称为薪酬系统的外部竞争力。这种外部竞争力关注的是组织之间薪酬水平的相对高低。在考虑到组织薪酬系统的外部竞争力时，组织的薪酬水平可以高于其他组织，可以与其他组织保持一致，也可以低于其他组织。组织的薪酬水平高于竞争对手的目的在于吸引和留住优秀人才为本组织服务，但是，要满足一个前提，即组织必须有办法和有能力从众多的工作申请人中甄别出那些真正优秀的员工，并且，员工之间的差异在创造组织卓越绩效方面要发挥重要作用。如果组织由于一些因素限制，选择薪酬水平低于竞争对手，那么，也只能是员工的基本薪酬低于竞争对手，并采取同时向员工提供与低基本薪酬相补充的其他薪酬组合，包括高额的绩效奖金、良好的福利、便利的工作条件、有吸引力的培训机会等。总之，外部公平对薪酬水平和薪酬要素组合均提出了要求，前者要求组织在确定薪酬的过程中要充分考虑劳动力市场的薪酬水平；后者要求设计适合本组织的薪酬结构。本书的第四章、第八章将分别对相关内容进行介绍。

需要指出的是，强调外部公平或外部竞争力的薪酬系统要兼顾吸引并留住人才、有效控制组织人工成本的双重目的：一方面，组织必须对员工支付足够高的薪酬，否则无法留住足够数量的合格员工;另一方面,组织支付给员工的薪酬构成组织所生产的产品或提供服务的成本的重要组成部分,过高的劳动报酬必然会提高产品或服务在市场上的价格,从而降低组织产品或服务在市场上的竞争力,进而威胁组织的生存,所以,组织的薪酬水平又不能太高。

2. 内部公平

内部公平,即组织薪酬系统的内部一致,它强调一个组织内部不同工作之间、不同技能水平之间的薪酬水平应该相互协调。内部公平强调根据各种工作对组织整体目标实现的相对贡献大小来支付薪酬,因此,意味着组织内部薪酬水平的相对高低应该以工作内容、工作所需技能的复杂程度或二者的某种组合为基础。

薪酬内部公平或内部一致性突出体现在薪酬结构,主要是通过职位评估或技能评估来实现。本书第二、三章将分别介绍基于职位评估的薪酬体系和基于任职者技能或能力的薪酬体系。

3. 员工个人公平

员工个人公平,是指对同一个组织中从事相同工作的员工的薪酬进行相互比较时,公平性是否成立。员工个人公平要求组织中每个员工获得的薪酬与他们各自对组织的贡献相匹配。组织中从事相同工作的员工,他们的薪酬水平由以下两种因素差异而不同被认为是合理的:一是员工个人的工作绩效差异;二是承担相同工作或者掌握相同技能的员工的资历差异。由于员工绩效差异或资历等方面差异而引起的薪酬差异是否存在以及是否合理,将对员工工作态度和工作行为产生重要影响。不同于内部公平强调工作本身对薪酬决定的作用,员工个人公平则强调员工个人特征对薪酬决定的影响。员工个人公平主要是通过可变薪酬的设计来实现的。本书将在第六章介绍可变薪酬体系。

科学合理的薪酬系统必须能够实现公平性目标:外部公平目标要求组织的薪酬水平与其他组织相比有竞争力,否则难以吸引和留住人才;内部公平目标要求使组织内部员工感到自己与同事之间的付出和所得的关系上合理;员工个人公平目标则要求薪酬要体现出员工个人绩效、资历等方面的差异。组织薪酬系统达成外部公平、内部公平和与员工个人公平的路径概括为图1-3。

(二)有效性目标

薪酬管理的有效性目标是指薪酬管理系统在多大程度上能够帮助组织实现预定的目标。有效性目标体现了效率观念,效率的保障可通过"开源"和"节流"来实现:

(1)开源:提高薪酬支出效益。可考虑通过实现薪酬公平性目标,促使薪酬具有激励性,调动员工的积极性,激发员工的主动性和创造性,从而提高薪酬支出效益。公司也可考虑通过战略性薪酬管理提高薪酬支出效益。

(2)节流:有效控制人工成本。首先,强调外部竞争力的薪酬水平不可过低(要吸引和留住优秀人才),但也不可过高(产品市场价格提升,降低产品市场竞争力),需要遵循经济原则。其次,可考虑采取灵活的薪酬给付方式。比如,针对核心岗位,可考虑采取长期激励性薪酬取代短期货币发放;再比如,组织中有些非核心岗位可参考市场平均薪酬水平,不一定必须是行业中最高的;另外,可适当考虑用精神激励代替部分物质激励,或通过提高员工内在薪酬来弥补偏低的外在薪酬。

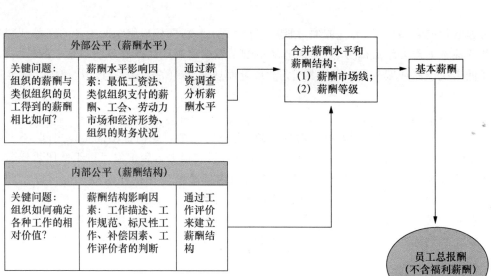
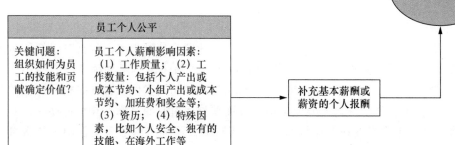

图 1-3 薪酬系统公平性目标实现路径

资料来源：Crino, M. D. and Leap, T. L., *Personnel/Human Resource Management*, Macmillan, 1989, 382。

（三）合法性目标

薪酬管理的合法性目标是指组织的薪酬管理体系和管理过程是否符合国家相关法律规定。薪酬系统的合法性是必不可少的，合法是建立在遵守国家相关政策、法律法规和组织一系列管理制度的基础之上。从国际通行情况来看，与薪酬管理相关的法律主要包括最低工资法、同工同酬立法或反歧视立法等。我国的一些法律法规也对组织的薪酬管理和薪酬确定作出相应规定，如劳动和社会保障部的《最低工资规定》等。如果组织薪酬系统与现行国家政策和法律法规、组织管理制度不相符合，则应该迅速进行改进使其具有合法性。另外，当这些法律法规发生变化时，组织薪酬制度也应作出相应调整。

（四）三大目标之间的关系

薪酬管理的公平性目标、有效性目标和合法性目标，有时是矛盾和冲突的。比如，员工对于薪酬公平性的一个重要判断是本人薪酬水平与其他同类型组织中同类型员工之间的薪酬水平对比的结果。在其他条件均相同的情况下，本组织的薪酬水平越高，员工的公平感就会越强；然而，组织的薪酬水平如果过高，又会对组织形成成本压力，对利润产生不利影响。于是，薪酬管理的公平性目标与有效性目标便产生了冲突和矛盾。此外，薪酬管理的合法性目标和有效性目标之间有时也会产生类似的冲突,比如,组织有时在不守法(不遵守最低工资规定)的情况下会有利于提高效益。

管理的主要任务就是要处理好各项管理事物之间的矛盾,寻求事物发展的平衡点。因此,薪酬管理的主要任务即在薪酬公平性目标、有效性目标及合法性目标之间找到平衡。

四、薪酬管理的内容

薪酬管理的内容是围绕薪酬管理的目标而展开的。薪酬管理的主要内容包括对薪酬体系、薪酬水平、薪酬结构、薪酬形式、战略薪酬、特殊群体薪酬以及薪酬运行系统等方面的决策、建设、执行和控制活动。

（一）薪酬体系

薪酬体系决策与管理的主要任务是确定员工基本薪酬的基础是什么。目前,国际上通行的薪酬体系主要有两类三种,即基于职位的薪酬体系和基于任职者的薪酬体系,后者又细分为技能薪酬体系和能力薪酬体系。所谓职位薪酬体系、技能薪酬体系和能力薪酬体系,是指组织分别依据员工所从事工作自身的价值、员工所掌握的技能水平及员工所具备的能力水平来确定员工基本薪酬。三者的差别主要体现在确定基本薪酬的依据不同,以及确定薪酬流程中所考察的要素不同。然而,无论是哪一种薪酬体系,设计的思路和步骤大体相同：(1)收集有关工作信息；(2)整理、归纳信息；(3)评价什么对于组织重要或有价值；(4)评价工作中的异同。图1-4反映了三种薪酬体系的联系和区别。具体的联系和区别将会在本书的第二、三章中予以讨论。

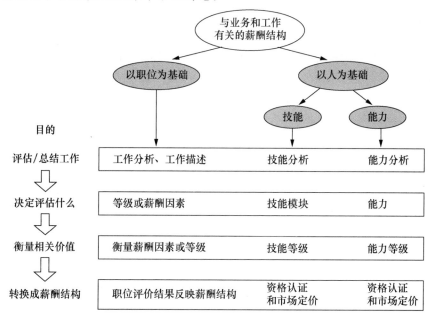

图1-4 三大薪酬体系的联系和区别

资料来源：George T. Milkovich, Jerry M. Newman, Barry Gerhart:《薪酬管理(第11版)》,成得礼译,董克用校,中国人民大学出版社,2014。

(二)薪酬水平

薪酬水平是指组织中各职位、各部门及整个组织的平均薪酬水平,它决定了组织薪酬的外部竞争力。需要指出的是,传统薪酬水平更多关注的是组织整体薪酬水平,而在当前这种竞争日趋激烈的市场环境中,现代薪酬管理越来越多地关注职位和职位之间或者不同组织中同类工作之间的薪酬水平比较,而非笼统的组织平均或整体薪酬水平的对比。这是因为,随着竞争的加剧及组织对自身在产品市场和劳动力市场上灵活性的强调,组织在薪酬外部竞争力方面的考虑已经越来越多地超出组织对内部一致性的考虑。

(三)薪酬等级结构

薪酬等级结构是指同一组织内部一共有多少个基本薪酬等级以及相邻的两个薪酬等级之间的薪酬水平差距。在组织总体薪酬水平一定的情况下,员工对于组织内部的薪酬等级结构是极为关注的,这是因为组织内部的薪酬等级结构实际上反映了组织对职位重要性(或技能重要性、能力重要性)及职位价值(或技能价值、能力价值)的看法。组织既可以设立很多基本薪酬等级,但是各薪酬等级之间的薪酬水平差距很小,也可以设立较少薪酬等级,但是各薪酬等级之间的水平差距较大。因此,如果说组织的整体薪酬水平会对员工的吸引和保留产生重要影响,那么薪酬等级结构的合理与否,则往往会对员工流动率和工作积极性产生重大影响。一般而言,组织往往通过正式或非正式的工作评价(或技能评价、能力评价)及外部市场薪酬调查,来确定薪酬等级结构的公平性和合理性。

(四)薪酬构成

所谓薪酬构成,是指员工所得到的总薪酬的组成成分。通常情况下,薪酬构成包括直接薪酬和间接薪酬,前者主要指以货币形式直接支付给员工并且与员工所投入的工作时间有关的薪酬;后者则包括福利、无形服务等一些具有经济价值但并非以货币形式提供给员工的薪酬。薪酬构成的决策与管理,必须确定分配给每位员工总体薪酬的各个组成部分及其比例关系和发放形式。比如,我们确定某位职工在一定时期内应当享受的总体薪酬水平是 6 000 元,接下来就要进行薪酬构成决策,具体确定 6 000 元中以货币直接支付的基本工资比例、与绩效挂钩的激励工资比例、是用现金还是股票等方式支付、福利和服务有哪些项目及各自所占比例等。

(五)战略性薪酬管理

战略性薪酬管理,是基于组织激励理论所倡导的"广义薪酬"概念以及战略性人力资源管理所突出的"以人为本、战略性激励"核心理念,针对特定组织内外部环境和总体战略目标,紧紧围绕战略性广义薪酬整合激励,将战略性激励核心理念层层贯彻到组织薪酬规划、薪酬设计和薪酬调控的具体行动中,进而搭建起一整套独具特色、富有竞争力的战略性薪酬管理框架。战略性薪酬管理实质上是一种看待薪酬管理的一整套全新理念,它不只是对员工贡献的承认或回报,更是一套把组织愿景、目标和价值观转化为具体行动的方案及支持员工实施这套行动方案的管理流程。战略性薪酬管理强调首先要树立战略导向的薪酬管理理念,再利用战略性薪酬设计技术进行薪酬管理活动的设计。

(六)特殊群体的薪酬管理

在一个较为复杂的组织里,往往会存在若干不同的员工群体。这些群体要么以管理层次划分,要么以职能类型划分。尽管组织的薪酬目标是向所有的员工群体提供相似或可比的薪酬(内部公平性),然而,有时候不同员工群体之间的确存在工作目标、工作内容、工作方式、工作行为等方面的显著区别,并且这些区别往往是由工作性质本身决定的。因此,在有些情况下,对不同类型的员工在薪酬方面的适当区别对待,会更好地发挥薪酬的激励功能。通常情况下,工作团队、销售人员、专业技术人员、外派人员、管理人员(尤其是高层管理人员)均可被视为特殊的员工群体,对他们要进行特殊员工的薪酬管理。

(七) 薪酬系统的运行管理

薪酬体系设计完成后,在其运行过程中会涉及对其运行过程中所出现问题的管理,包括薪酬运算、成本控制、薪酬诊断与薪酬调整等问题。有效的运行管理可以更好地保证薪酬系统的实施效果。

以上七个内容是薪酬管理中遇到的最主要问题,当然,薪酬管理还会涉及其他一些细节内容。本书将主要对以上七个内容进行分析和讨论。

第三节 战略性薪酬管理理念

一、战略性薪酬管理理念的兴起

20世纪80年代以后特别是90年代以来,在以互联网为核心的新技术革命突飞猛进的推动下,以美国为代表的西方发达国家后工业化社会特征日益明显,诸如知识经济、虚拟经济和体验经济等新经济形态层出不穷,以全球化为新时代大背景的战略竞争已是大势所趋。在这种情势下,企业家和管理者们共同认识到:人力资源(尤其是知识工人和专业化的人力资本)将越来越成为决定组织市场竞争成败的战略性要素;而有效开发和整合管理更加复杂化、普遍跨文化的战略性人力资源要素,对于现代组织成功实现国际化经营目标、获取全球化市场战略竞争优势具有决定性意义。于是,战略性人力资源管理(Strategic Human Resource Management,SHRM)作为一种管理新模式,逐渐形成并得到企业家与管理者们的广泛认可、追捧和传播。

在以战略性激励为核心理念的战略性人力资源管理体系中,作为实现组织战略目标、提高组织竞争力和促进组织持续发展的核心管理职能之一的薪酬管理,自然要很好地体现和贯彻"战略性激励"核心理念。不仅如此,以 Salter(1973)[1]、Rappaport(1978)[2]、Balkin 和 Gomez-Mejia(1987)[3]为代表的一批学者则直接提出"组织薪酬系统能够成为竞争优势的一个重要源泉"。基于此,Milkovich(1988)最早提出战略性薪酬管理概念,认为凡是对组织绩效产生重大影响的薪酬决策均具有战略性;Thomas-B-Wilson(1999)也指出,薪酬并不是简单对员工贡献的承认和回报,更应该成为组织战略目标和价值观转化的具体行动方案及支持员工实施这些行动方案的管理流程。后续许多学者,如 Balkin 和

---

[1] Salter, M., "Tailor Executive Compensation to Strategy", *Harvard Business Review*, 1973, 51: 94—102.
[2] Rappaport, A., "Executive Incentives vs. Corporate Growth", *Harvard Business Review*, 1978, 56: 81—88.
[3] Balkin, D. B., and Gomez-Mejia, L. R., "Toward a Contingency Theory of Compensation Strategy", *Strategic Management Journal*, 1987, 8: 169—182.

Gomez-Mejia(1990)[1]、Gomez-Mejia 和 Balkin（1992）[2]、Gerhart（2000）[3]、Martocchio（2004）[4]等也认为与组织发展战略和人力资源战略相一致的薪酬系统能够通过吸引和留住那些最能展现组织战略所期望行为的员工和通过激励他们的行为而促进组织战略目标的实现；并且，如果组织开发和设计这样的一个薪酬系统，那么将导致唯一适应组织战略背景的人力资本池(Allen 和 Wright，2007)[5]，进而成为竞争优势重要源泉。

从战略性薪酬管理概念的提出至今，学者们一致认为战略性薪酬管理对组织竞争优势具有促进作用，然而，在关于"什么样的战略性薪酬体系才会形成组织竞争优势"方面却是有所分歧的，形成了典型的战略性薪酬管理普适"最佳实践观"和战略性薪酬管理"匹配观"。前者是指无论组织实行什么样的战略，均存在一套"最佳的""普适的"薪酬管理方案，对任何组织的竞争优势和绩效均会产生显著的促进作用；后者则是指组织经营战略决定了薪酬战略，当薪酬战略、组织内外部环境、组织经营战略等要素之间相互匹配时，组织才更具有竞争优势，并且，组织与薪酬战略之间的联系越紧密或者彼此越适应，组织效率就会越高[6]。

目前，战略性薪酬管理普适"最佳实践观"和"匹配观"依然还处于争议之中。然而，有迹象表明，匹配观正在得到越来越普遍的认可。大量研究表明组织战略定位与其所使用的薪酬系统具有实质性关系。Gerhart 和 Rynes(2003)界定了三种类型的组织薪酬系统与其组织战略一致性或匹配性对组织竞争优势十分重要：垂直战略一致性、水平战略一致性和内部战略一致性。[7] 垂直战略一致性(Vertical Strategic Alignment)是指组织薪酬系统与组织战略的匹配。Richard 等(2015)认为至少有三种理论观点支持基于组织绩效的薪酬计划对追求创新战略的组织更具有吸引力[8]：第一种理论观点认为诸如利润分享计划等基于组织绩效的薪酬计划通过将员工薪酬与组织财务状况联系在一起而有效提升组织薪酬支付灵活性和降低组织薪酬支付风险；第二种理论观点认为实施创新战略的组织往往通过将员工薪酬与组织成功捆绑在一起的薪酬系统来实现员工自我控制，进而取代传统的控制和监督员工方式；第三种理论观点认为，由于基于组织绩效的薪酬支付更可能提升员工对变革的接受度和热情，当员工认识到他们将从改进组织绩效的变革中获益时，

---

[1] Balkin, D. B., and Gomez-Mejia, L. R., "Matching Compensation and Organizational Strategies", *Strategic Management Journal*, 1990, 11: 153—169.

[2] Gomez-Mejia, L., and Balkin, D., *Compensation, Organizational Strategy, and Firm Performance*, Cincinnati, OH: South-Western Publishing, 1992.

[3] Gerhart, B. "Compensation Strategy and Organizational Performance", in Compensation in Organizations: Current Research and Practice, eds. S. L. Rynes and B. Gerhart, San Francisco, CA: Jossey Bass, 2000.

[4] Martocchio, J. J., *Strategic Compensation: A Human Resource Management Approach*, Upper Saddle River, NJ: Pearson Education, 2004.

[5] Allen, M. R., and Wright, P., "Strategic Management and HRM", in Oxford Handbook of Human Resource Management, eds. P. Boxall, J. Purcell, and P. Wright [M]. Oxford: Oxford University Press, 2007: 88—107.

[6] Lee D. and T. Reeves., "Human Resources Strategies and Firm Performance: What Do We Know and Where Do We Need to Go?", *International Journal of Human Resource Management*, 1995.

[7] Gerhart, B., and Rynes, S. L., *Compensation: Theory, Evidence, and Strategic Implications*, Thousand Oaks, CA: Sage, 2003.

[8] Richard Long, Tony Fang, "Do strategic factors affect adoption of profit sharing? Longitudinal evidence from Canada", *The International Journal of Human Resource Management*, 2015, 26(7): 971—1001.

依据期望理论和变革理论,员工将更可能支持这种变革,因此,追求创新战略的组织更倾向于采用基于组织绩效的薪酬计划。水平战略一致性(Horizontal Strategic Alignment)是指薪酬实践与其他人力资源实践间的匹配或互补。比如,通常认为基于团队绩效或组织绩效的薪酬与高参与人力资源战略是互补的。[①] 内部战略一致性(Internal Strategic Alignment)是指薪酬战略自身的各个组成部分之间的互补性。例如,薪酬战略的其中一方面即薪酬水平,描述了公司支付给员工的货币薪酬相比于公司所在特定行业的劳动力市场的整体水平;薪酬战略的另一方面是薪酬支付形式,即薪酬支付是依据单位时间还是个体绩效、团队绩效或组织绩效。许多观点表明运用高水平工资政策的公司相比没有使用高水平工资政策的公司,将发现基于团队绩效或组织绩效的薪酬战略非常有益并更可能使用这种类型的薪酬战略。

总之,迄今为止,战略性薪酬管理的思想已经得到广泛传播和认可,许多组织已经将薪酬管理作为提升组织竞争优势的一个重要工具,并通过实施战略性薪酬管理来促进组织经营战略的实现。

二、战略性薪酬管理的内涵

从上述战略性薪酬管理理念的兴起历程可以看出,战略性薪酬管理针对特定组织内外部环境和总体战略目标,紧紧围绕战略性广义薪酬整合,将战略性激励核心理念层层贯彻到组织薪酬规划、薪酬设计和薪酬管理的具体行动中,进而搭建起一整套独具特色、富有竞争力的薪酬管理框架。简单地说,战略性薪酬管理是在薪酬战略的基础上发展起来的一种视野更广阔、层次更高的薪酬管理类型。为正确理解和把握战略性薪酬管理的内涵,我们首先要明确薪酬战略概念并理清薪酬战略、组织战略、人力资源战略与组织竞争优势之间的关系;其次也要把握战略性薪酬管理相比传统薪酬管理的重要转变;最后,把握战略性薪酬管理的五个主要特征。

(一)薪酬战略与组织竞争优势

1. 薪酬战略

薪酬战略(Compensation Strategy)是指特定组织关于未来存续与发展的相关薪酬分配活动目标、策略、方针等的全局性、根本性谋划,是关于特定组织整合资源进行人力资源投资、决定薪酬资源的投资方向与投资项目、引导员工行为朝向组织目标的一致性努力,从而强化组织期望行为和组织价值的系统性决策、计划和指导活动。

薪酬战略对于薪酬管理的计划、组织、执行和控制均具有指导方针意义:(1)它要求组织领导层和人力资源管理者在进行薪酬分配决策、制定薪酬计划和政策时,必须从"薪酬战略"上适应组织目标,正确把握薪酬管理的方向;(2)它要求薪酬体系设计、薪酬制度建设、薪酬管理运行时,必须自觉接受薪酬战略的指导和规范;(3)它力求在适配组织战略的薪酬体系中,解决好人力资源管理视角的几大战略问题:需要在员工身上投入多少资源(即计划薪酬总量)?组织能够投入多少资源(即实际薪酬总量)?资源应投资在哪些地

[①] Richards, D. A., "High-Involvement Firms: Compensation Strategies and Underlying Values", *Compensation & Benefits Review*, 2006, 38: 36—49.

方(即关键业务领域)?如何组合资源进行投资(即薪酬项目)?应当对员工的什么进行投资(即员工工作行为和工作绩效)?这些投入资源的受益者是谁(即不同员工群体与薪酬的关联)?员工如何获得和感受这些资源(即资源分配政策和沟通)?这些投入资源的回报如何(即激励产生的价值)?

2. 薪酬战略与组织竞争优势的关系

组织薪酬战略与组织经营战略、人力资源管理战略、外部经营环境以及组织竞争优势之间的关系,如图1-5所示。

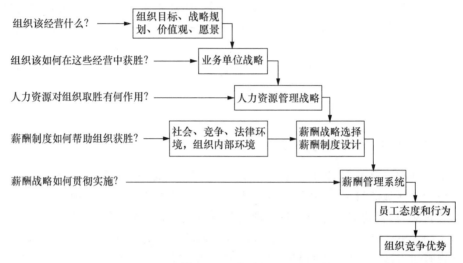

图 1-5　薪酬战略与组织竞争优势的关系

由图1-5可见,与组织适配的薪酬战略及其指导下的有效薪酬制度,能够成功应对来自社会、竞争、法规及组织内部等各方面环境压力,有力地支持组织的整体经营战略和各个业务单位的部门战略;与组织适配的薪酬战略能够通过有效的薪酬管理系统把员工、管理者和组织(或所有者)结成利益共同体,有效地激励和约束员工的态度和行为,在满足组织和员工的双向需求的同时,促进组织事业发展和战略目标的实现,从而使组织增强或保持竞争优势。

图1-5充分表明薪酬战略对增强组织竞争优势有着重要贡献。然而,并非所有的薪酬决策都是战略性的,并非所有的薪酬战略都能增强组织竞争优势,也并非所有的薪酬战略及其体系都具有抗衡对手的竞争实力。自身具有竞争实力并能增强组织竞争优势的薪酬战略和系统必须全部或部分地具备三种特质:第一,能给组织增加价值(即吸引和留住所需人才、有效控制人工成本、激励员工工作热情和工作积极性、提高员工和组织绩效等);第二,竞争对手难以仿效;第三,能与组织环境和战略相匹配。这三种特质既是构建薪酬战略和系统的三条根本路径,又是有效检验薪酬决策是否具备战略性以及薪酬战略和系统是否能增加竞争优势的三块试金石。

(二) 战略性薪酬管理的基本内涵

战略性薪酬管理,是基于广义薪酬概念及以人为本的战略性激励理念,针对特定组织内外部环境和组织战略目标,紧紧围绕战略性广义薪酬整合,将战略性激励核心理念层层贯彻到组织薪酬规划、薪酬设计和薪酬调控的具体行动中,进而搭建起一整套独具特色、富有竞争力的战略性薪酬管理框架。战略性薪酬管理实质上是一种看待薪酬管理的一整套全新理念,它不只是对员工贡献的承认或回报,更是一套把组织愿景、目标和价值观转化为具体行动的方案及支持员工实施这套行动方案的管理流程。因此,相比传统薪酬管理,战略性薪酬管理尤为强调"广义薪酬"和"战略性激励"整合:所谓"广义薪酬",即如图1-1所示,既包括传统薪酬管理所强调的外在直接薪酬(基本薪酬和绩效薪酬)和外在间接薪酬(如员工福利计划等),也包括近年来越来越受到员工重视的诸如工作保障、身份标识、给员工更富有挑战性的工作、晋升、对突出工作成绩的认可、培训机会、弹性工作时间以及优越的工作环境等内在薪酬;所谓"战略性激励",即树立"以人为本"的战略指导思想,鼓励"全员参与"和运用系统化的科学方法和人文艺术,最大限度地激发员工工作热情、积极性和创造力,以获取组织持续发展的核心竞争力和战略竞争优势;所谓"战略性激励"整合,即基于广义薪酬概念和战略性激励理念,将内在薪酬与外在薪酬进行平衡设计、整合规划与协同管理。具体来说,相比传统薪酬管理,战略性薪酬管理在以下四个方面发生了重大转变。

第一,在薪酬管理范围上,战略性薪酬管理更加强调"广义薪酬"概念,要求从过去以外在直接薪酬为重心逐渐扩展到更加宽广的领域,将越来越重视外在间接薪酬以及内在薪酬。第二,在薪酬激励时限上,要求从过去单纯以短期劳资谈判为主进行实务性干预逐渐转变为强调长期股权激励及内在精神激励。第三,在薪酬管理职能上,战略性薪酬管理在职能模块上更加强调与绩效管理的内在联动,绩效薪酬设计和操作系统已成为整个组织战略性激励管理的基础平台或主支撑点,广义薪酬的内外在有机整合对于组织绩效的战略性提升作用将越来越突出。第四,在薪酬管理层次上,战略性薪酬管理强调从过去的注重个体性、事务性、随机性和零散性的日常行政监控转变为重视团队性、战略性、规范性和制度性的薪酬规划设计与调控。

(三)战略性薪酬管理的主要特征

1. 战略性

战略性薪酬管理的关键在于根据组织经营战略、组织文化及组织内外部环境制定全方位薪酬战略;它着眼于可能影响组织绩效的薪酬方方面面,并要求运用所有可能的"弹药"——外在薪酬(基本薪酬、绩效薪酬、福利薪酬等)和内在薪酬——来达到适当的绩效目标,从而力图最大限度地发挥薪酬对于组织战略的支持功效。因此,战略性薪酬管理,强调薪酬管理与组织战略密切联系,是实现组织产品或服务、客户、市场份额、营销、质量、财务结果等方面特定战略目标的一把利刃,实际上是组织战略和组织文化的一种延伸。这种延伸具体体现在无论是直接薪酬计划与间接薪酬计划还是内在薪酬计划与外在薪酬计划,均要根据组织特定经营战略及所面临的人力资源挑战来进行及时调整,确保薪酬计划体现组织文化并有助于组织战略的顺利实现。

2. 激励性

关注绩效而不是等级秩序是战略性薪酬管理的一个至关重要的特征。正如杰伊·舒斯特和帕德里夏·津海曼所说:"传统薪酬虽然也自称奖励业绩,但实际上是以职务、职位和内部均衡为标准的。新的薪酬方法与之形成鲜明对比,它突出员工与公司业绩之间的联系,员工所获得奖励的多少是与他们自己的努力奋斗和公司业绩的节节上升相关的。纵观整体薪酬前景,新的薪酬体制将确保每个元素——基本薪酬、可变薪酬和福利都起作用。"[①]战略性薪酬管理通过薪酬体系将组织价值观、绩效期望及绩效标准等,传达给组织内每一位员工,它会对与组织战略目标保持一致的结果和行为给予报酬,并且只让那些绩效足以让组织满意及绩效优异的员工得到经济回报,对于绩效不足者,则会诱导他们离开组织。换一种说法,在战略性薪酬管理体系中,竞争性薪酬是与竞争性绩效结果直接联系在一起,员工薪酬的升降取决于个人绩效、所在团队或群体绩效及整个组织绩效。对绩效的强烈关注,充分体现了战略性薪酬管理的激励性。

3. 灵活性

战略性薪酬管理"匹配观"认为,并不存在所谓的适用于所有组织的最佳薪酬方案,甚至也不存在对于某一组织来说总是有效的薪酬计划;一旦组织发展方向发生变化,薪酬系统应当随之随时发生变化。因此,战略性薪酬管理要求组织能够根据内外部环境对组织的不同要求而设计出不同的薪酬应对方案,以充分满足组织对灵活性的要求,从而帮助组织快速及时地适应不断变化的环境和客户的需求,这也是战略性薪酬管理灵活性的充分体现。

战略性薪酬管理之所以强调薪酬系统的灵活性,是因为,尽管有效的薪酬战略将注意力集中在组织希望达到的目标上,但是它还必须保持一定的弹性,以便当组织在遇到未能预见到的困难而不得不进行变革或者出现需要强调的新重点时,能够快速地做出反应;不仅如此,组织所需要的这种对组织战略和组织文化提供支持的薪酬战略还应当是简单的、直接的和富有弹性的,这样更容易鼓励员工积极工作(复杂、严格、死板的薪酬战略,则可能会给组织带来困惑和导致员工消极行动)。

4. 创新性

尽管战略性薪酬管理也沿袭了譬如收益分享、技能工资等一些传统薪酬管理举措,但在具体使用这些传统薪酬管理措施时,却根据具体应用环境不同而因时因地因人加以改进,因此,战略性薪酬管理更为强调各种薪酬技术和管理手段的互补性和匹配性进而使它们重新焕发出生机,更好地支持组织战略和各项管理措施。比如,一旦过去的那些单一薪酬管理手段不能奏效,战略性薪酬管理就要求组织提供混合搭配,将收益分享、技能工资和弹性福利计划甚至内在薪酬计划等薪酬方案结合起来,综合反映组织战略,传播组织目标。这也即战略性薪酬管理基于传统薪酬管理的创新性的充分体现。

5. 沟通性

薪酬不仅是组织与员工之间的一种心理契约(组织承诺提供给员工各种经济性及非经济性薪酬,员工则以工作态度、工作行为、工作绩效等予以交换),也是组织—员工间的重要纽带和关键沟通要素。相比于传统薪酬管理,战略性薪酬管理更加强调"全员参与",是组织—员工间的一个十分重要的沟通工具:一方面,从组织视角通过薪酬计划将组织价值观、使命、战略、文化、愿景及对员工的绩效期望和绩效标准清晰地传递给员工,从而明

---

① 〔美〕约翰·特鲁普曼著,刘吉、张国华主编:《薪酬方案:如何制定员工激励机制》,上海交通大学出版社,2002。

确界定员工在上述每一种要素中将要扮演的角色,实现组织—员工价值观共享和目标认同,有效实现"共同愿景"价值驱动,有利于组织战略目标的实现;另一方面,从员工视角,通过为每位员工设计和制定独特的薪酬体系及通过员工薪酬体系评价、薪酬评价反馈等薪酬管理措施,鼓励员工参与薪酬管理,满足每位达成绩效目标的员工的独特需要。

三、战略性薪酬管理内容

（一）战略性薪酬管理基本框架

组织进行战略性薪酬管理的基本框架如图1-6所示。薪酬并不仅是对员工贡献的简单承认或回报,更重要的是作为一种战略性激励因子,在组织战略管理的诸多方面发挥着主导性驱动功能。所以,组织实施战略性薪酬管理:(1)在战略层面上,应首先针对组织内外部环境、所处发展阶段等将薪酬管理纳入组织发展战略和人力资源管理战略框架中,进行薪酬战略目标定位,明确组织薪酬政策导向。(2)在制度层面上,应依据公平性、有效性和合法性基本原则进行薪酬规划、薪酬设计和薪酬调控,其中,薪酬规划强调从战略规划着手,进行薪酬市场调查和财务预算并在此基础上正式确定薪酬方针政策和基本路线;薪酬设计则根据既定薪酬政策设计具体的薪酬体系,包括薪酬结构与薪酬水平两个层

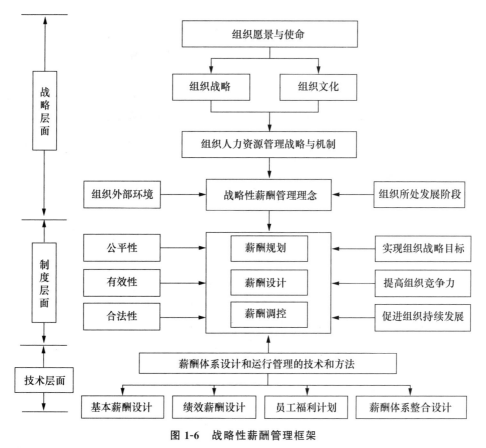

图1-6 战略性薪酬管理框架

资料来源:陈思明,《现代薪酬学》,立信会计出版社,2004。对其中部分内容作了修正。

面,构成一套周全系统、科学合理的薪酬方案;薪酬制度需要有适度的变通性、特殊的例外性和稳定的运作弹性,以弥补日常薪酬管理中的制度性空隙,这就是薪酬调控,包括有关薪酬政策和信息的有效沟通、薪酬实际支付方式的选择及薪酬执行过程中的变通调整等。

(3) 在技术操作层面,战略性薪酬管理的成功实施离不开科学合理的基本薪酬设计、绩效薪酬设计、员工福利计划和薪酬体系整合设计。

(二)战略性薪酬管理专项设计技术

如图1-6所示,战略性薪酬管理专项设计技术主要包括基本薪酬设计、绩效薪酬设计、员工福利计划及薪酬体系整合设计四大模块。

1. 基本薪酬设计

由上文所述,依据支付标准,基本薪酬包括职位薪酬体系和任职者薪酬体系两大类。形成并发展成熟于西方发达工业国家的基于职位相对价值进行基本薪酬设计的职位薪酬体系,目前已形成了一整套相当完备的标准化设计技术体系,是一种与现代工业化企业组织形成和发展需要相联系的薪酬设计思路;任职者薪酬体系则是源于更适应于现代组织学习型变革需要的薪酬设计思路,并且,任职者薪酬体系具有人本理念和人力资本理论基础作为支撑,因而将在战略性薪酬管理框架体系中有着越来越大的权重和影响。所以,战略性薪酬管理框架体系中基本薪酬设计,应坚持内部公平性和外部竞争性两大原则,通过工作职位评价、任职者技能或能力评价和薪酬市场调查,分别确定基本薪酬结构和水平,最后经过综合平衡、反复调整和不断完善,形成一套以职位薪酬为主体、多种薪酬方式并存的结构合理、水平相当的基本薪酬体系。

2. 绩效薪酬设计

绩效是组织目标的要求和体现,薪酬则体现了员工个人目标,于是,绩效与薪酬如果不相一致,便形成了组织激励的一对基本矛盾。要解决这对基本矛盾从而实现组织目标与员工个人目标和行为的一致和协同,关键在于绩效薪酬设计。

如前文所述,绩效薪酬既可基于员工个人绩效,也可基于组织中某一业务单位、群体、团队甚至整个组织绩效;既可基于短期绩效,也可基于长期绩效。相对于基于员工个人绩效的薪酬设计,基于组织群体长期绩效的整体绩效薪酬设计及整合管理,对组织而言更具战略意义,当然操作难度也更大,更具现实挑战性。有关基于组织群体长期绩效的薪酬设计,西方企业界和管理学家们在实践中进行了大量的探索工作并取得了一系列丰富的、有成效的实践成果,包括收益分享计划、利润分享计划、长期股权激励计划、综合绩效薪酬激励计划等多种模式。组织实施战略性薪酬管理进行绩效薪酬设计中,有关绩效与薪酬的整合与联动设计,可针对组织内外部环境、所处发展阶段、组织发展战略及人力资源管理战略等,对不同职能部门和业务类别的员工群体特点、组织中长期发展目标等,有针对性地设计各具特色的绩效薪酬体系,尤其是基于团队或组织绩效的长期绩效薪酬体系,以使员工个人目标和组织目标最大限度地一致起来,充分调动他们的积极性和创造性以实现组织目标。

3. 员工福利计划

员工福利是组织支付给员工的外在间接薪酬部分,它既是组织薪酬管理制度的重要组成部分,也是社会保障制度的重要组成部分。由前文所述,员工福利计划包括法定福利和组织提供的各种补充福利。员工法定福利是指根据国家法律规定组织必须强制实施的福利项目,包括组织为员工提供养老保险、医疗保险、工伤保险、失业保险、住房公积金和法定休假(包括公休假日、法定假日、带薪休假和病假);组织提供的各种补充福利即组织根据实际需要自行设置的一系列补充福利项目,比如,以补充医疗保险及团体人寿、意外伤害和健康保险为主要内容的员工健康保障计划,以住房补助等为主要内容的员工基金补助计划,以生活服务、心理辅导和家庭援助为主要内容的员工帮助计划,以企业年金和团体养老保险为主要内容的员工老年保障计划,以教育培训为主要内容的员工职业发展计划,以带薪休假为主要内容的休闲娱乐福利计划等。依据双因素理论,员工福利计划属于"保健因素",并且员工福利计划具有普适保健功能以及向下刚性的特点,因此,组织实施战略性薪酬管理进行员工福利计划制定时,应以法定福利要求为基准,按照组织员工素质层次、年龄结构、健康状况及生活需求等,本着"适度从紧、周而不滥"的原则,量身定制具有自助餐功能的员工福利计划,塑造与组织产品及服务品牌相适应的员工品牌形象。

4. 薪酬体系整合设计

相比传统薪酬管理,战略性薪酬管理尤为强调"广义薪酬"概念及"战略性激励"理念,因此,对于传统薪酬管理重点关注外在薪酬设计而忽视内在薪酬设计与二者整合设计,战略性薪酬管理强调内外在薪酬体系整合设计,这将是组织薪酬管理中一项极具挑战性的工作。

由前文所述,外在薪酬是指员工从组织劳动或工作自身之外获得的货币或物质性报酬,由基本薪酬、绩效薪酬和福利薪酬组成;内在薪酬,是指组织劳动及工作过程自身给员工所带来的心理感受,包括工作富有挑战性和趣味性,工作给予个人成长与发展的机会,工作赋予员工参与管理的权威感、责任感和成就感,员工工作时间弹性设计,工作赋予员工一定的社会声誉等。相比于外在薪酬的可度量性和客观外显性,内在薪酬具有典型的难以衡量和主观内隐性。因此,组织实施战略性薪酬管理进行内外在薪酬体系整合设计过程中,首先应注意内外在薪酬目标统一,均致力于既激励员工同时也支撑组织战略目标实现;其次,在进行薪酬体系整合设计中注意内外在薪酬项目设置的均衡,应考虑在长期与短期、有形与无形、物质与精神、宏观与微观、大小权重以及货币与非货币等方面对内外在薪酬项目进行分类和平衡设计。

本章小结

1. 对广义薪酬概念及形式进行了界定,指出广义薪酬分为内在薪酬和外在薪酬,其中,外在薪酬又划分为基本薪酬、绩效薪酬和福利薪酬,并从组织和员工视角分别阐述了薪酬功能。

2. 对薪酬管理概念进行描述,分析了薪酬管理的重要性,阐释了薪酬管理的目标(公平性、有效性和合法性)与主要内容,并指出薪酬管理与其他人力资源管理职能的关系。

3. 介绍了战略性薪酬管理理念的兴起,描述了战略性薪酬管理的内涵与特征,阐释了战略性薪酬管理的基本框架与四大专项设计技术。

复习思考题

1. 什么是广义薪酬？包含哪些具体形式？
2. 如何理解薪酬及薪酬管理在组织管理中的重要作用？
3. 薪酬管理的主要内容有哪些？
4. 战略性薪酬管理理念是如何产生的？
5. 什么是战略性薪酬管理？它具有什么特点？
6. 请您描述战略性薪酬管理的基本框架及四大专项设计技术。

案例讨论

HH 公司的薪酬改革

HH 公司拥有 3 000 名职工，11 个事业部。随着公司业务在全国范围内的扩展，公司老板 Y 逐渐感觉到：在长期的发展中，公司并未形成科学的管理体系，尤其是在薪酬管理体系方面存在的问题更大。起初公司人数不多，Y 单凭一双眼和一支笔就能够较好地分配个人收入了，随着人数的增加，Y 越来越感觉到这样的做法带有非常大的主观色彩，根本就谈不上公平和公正。对全公司职工调查结果表明，薪酬分配方案存在的主要问题有：薪酬分配原则不明晰，薪酬分配只凭借感觉进行，员工怨气很大；公司薪酬跟不上行业变化，老板给员工加工资没有充分根据；公司的薪酬结构即不同岗位的薪酬比例不合理。Y 于是责成人力资源部经理 F 着手制定相关薪酬政策，要求薪酬制度要明确、合理并且充分体现不同层级员工的差别。

三个月后，F 交上一份薪酬改革方案。该方案将公司的所有员工分为科研、管理、生产三大类，每类员工又分十个等级，规定科研人员实行职称工资，管理岗位实行职务工资，工人则实行岗位技术工资。在工资的配比上做了明确的规定：科研人员工资最高，是管理岗位人员的两倍，是生产工人的四倍。在此基础上还规定了奖励工资，不同岗位人员的奖励根据其完成规定任务的情况进行。F 提出，本次工资制度调整的基本原则是：所有员工的工资都不会降低，但是不同贡献的员工收入档次要拉开。Y 对 F 的想法比较欣赏，但讨论这个草案时却招致很多职工代表的非难，主要问题是不同种类员工的工资档次的划分依据不明白。一些职工代表认为，这次改革要拉大员工之间的收入差距，工资水平的制定需要以相对科学的工作分析为基础，但公司没有开展详细的工作分析。Y 觉得职工代表说得有道理，于是将 F 的报告束之高阁。那么，HH 公司下一步需要怎样做，才能解决员工薪酬这个"老大难"问题呢？

案例来源：孟祥林，"HH 公司的薪酬改革措施"，《中国人力资源开发》，2012 年第 10 期，第 57—61 页。本书采用时进行了一定的改动。

案例思考题：

1. HH 公司薪酬体系中存在哪些问题？
2. 您认为应该如何解决这些问题？

21世纪经济与管理规划教材
人力资源管理系列

第二章

基于职位的薪酬体系

【学习要点】

  职位评价四种方法的优缺点及其操作步骤
  企业实践中常用的两种职位评估方法
  职位薪酬体系的内涵与特点
  职位薪酬体系的设计流程
  职位薪酬体系的优缺点及实施条件

开篇案例

西格玛公司(Sigma, Inc.)是一家专长于遗传工程的中等规模的生物技术公司,是1996年由罗格·史密斯博士(Dr. Roger Smith)创立。史密斯博士至今仍是公司的CEO,并始终积极参与所有的雇佣和薪酬决策。他反复跟一线经理们强调,西格玛公司"要不惜一切代价招募市场上最优秀的人才"。

过去的一年中,史密斯发现公司的"家庭友好氛围"受到了破坏,对公司不满意的员工数量在逐渐增加。仅在过去一个星期就有三条与薪酬相关的抱怨/投诉,史密斯猜测这只是冰山的一角。第一条投诉是来自一位在西格玛工作了五年的软件开发师。最近有一位新雇用的软件开发师工资比他高15%,这使他感到很不舒服。史密斯解释说这样高的起薪是为了在人才紧缺的劳动力市场中从其他公司吸引高端的、有经验的程序编制员。第二个投诉来自一个软件工程师,他感觉西格玛最优秀的技术人才——可以说是生物技术公司的生命线——在薪酬上受到不公平对待,因为一线主管(用他的话来说,通常都是"失败的工程师")的工资比他们高30%。第三个投诉者是一位从西格玛创立就在该公司工作的秘书长,她对车间清洁工的工资比她高感到非常恼火。史密斯给她的解释是,低工资招不到既可靠又愿意清理和处理那些危险化学品的工人;她对史密斯的解释理由很不满意。另外,一位49岁的老工程师由于业绩不好被公司解雇了;他投诉公司存在年龄歧视,声称公司在用那些拥有短期签证并愿意以更低的工资工作的印度员工来替代年长的、工资较高的员工。

职位薪酬体系是一种传统的确定员工基本薪酬的制度。它是指对职位本身的价值做出客观评价,然后根据评价结果来确定承担这一职位工作的员工应该获取的工资水平的一种基本工资决定制度。该制度最大的特点是对岗不对人,即员工承担什么样的职位就得到什么样的薪酬。

设计职位薪酬体系分四个步骤:在岗位分析的基础上进行职位评价,基于薪酬调查了解市场薪酬水平并确定本公司的薪酬定位,最后确定薪酬结构(具体见本章第二节)。在职位薪酬体系的构建中,职位评价是最为关键的环节,也是本章介绍的重点。

第一节 职位评价方法

本节主要是介绍四种基本的职位评价方法。比较而言,排序法和分类法的操作比较简单,而要素计点法和要素比较法比较复杂。我们对前两种方法做简要介绍,而更详细地介绍要素计点法中的技术环节。

一、职位评价的内涵

职位评价,也称为职位评估、岗位评价、工作评价,是20世纪60年代初工业化国家的工业工程专家提出的,它是一种技术性管理方法,是指组织基于工作分析的结果,对职位进行研究和分级,企业据此决定一项工作与其他工作的相对价值,以便为合理的工资结构奠定基础。它把劳动者的负荷与紧张的概念抽象化,把职位系统化(人—机—环境),使职位之间具有可比性。目前这种技术方法在美国、德国、日本等国得到了广泛应用。

从人力资源管理的角度看,职位评价的目的包括:(1) 支持工作流程。职位评价过程通过使每一个职位的报酬与组织的相对贡献合为一体,并且为新的、唯一的或变化的职位设定工资水平来支持工作流程。(2) 平等对待员工。职位评价通过建立一个可行的,一致同意的,能减轻随机、偏见、误差对工资设定的影响的工资结构,以减少员工对职位间薪酬差别的不满与争端。(3) 根据组织目标指导员工行为。职位评价能向员工指明组织重视他们工作的哪个方面,以及哪些方面有助于组织的战略与成功。通过提高员工对什么是有价值的、为什么会变化的认识,职位评价还有助于员工适应组织的变化。(4) 为不同公司内部相似的职位间薪酬水平的比较提供依据,同时帮助人力资源管理者在人才市场上雇用员工时做出正确决策。(5) 遵从相关薪酬法规的规定,并为在管理者与工会组织的薪酬谈判提供理论依据。

职位评价是确定基本薪酬的依据:第一,根据职位对组织目标的达成所做出的贡献大小来支付薪酬的做法是合乎逻辑的;第二,基于员工所承担职位的相对价值来确定员工的薪酬,这样员工们会感到比较公平;第三,组织能够通过维持一种基于职位相对价值的职位结构而促成企业目标的实现。"工作评价不能消除供求关系对工资水平的影响,但它可以根据每种职业、每个工种的内在要求,把它们分类、定级。工作评价并不对每个级别的合理工资制订标准,但它指出了什么级别应当获得较高工资。它力图为建立工资结构提供公正的方法。公正体现在:如果一项工作需要相同的努力、技术和责任心,劳动报酬就应相同;而如果需要的标准提高,工资也应当提高。工作评价的目标是要实现同工同酬。"[①]

职位评价的方法分为定性评价法和定量评价法。所谓定性评价法是指那些仅仅从总体上确定不同职位之间的相对价值顺序的职位评价方法。而定量评价法则是通过一套等级尺度系统来确定不同职位的价值多少和差距。定性评价法有两种,即排序法(Ranking Method)和分类法(Classification Method);定量评价法也有两种,即要素计点法(Point-factor Method)和要素比较法(Factor Comparison Method)。

二、排序法

排序法是一种最简单的职位评价方法,它是从整体价值上,将各个工作职位进行相互比较,最后将职位分为若干等级的方法。这种方法由阿瑟·杨和乔泊·凯尔蒂于20世纪20年代初率先使用。当时他们并没有采用常规的固定标准来衡量各项职位的价值。后来,其他公司在采用该方法时开始设立一些常规标准用于职位的价值衡量。

(一) 排序法的分类

排序法包括三种基本的类型,即直接排序法、交替排序法和配对排序法(两两比较法)。

[①] 联合国国际劳工组织职工教育读本:《工资》,中国劳动出版社,1991。这里的"工资结构"是指工资差别或工资关系。

直接排序法是指简单地根据职位的价值大小从高到低或者从低到高对职位进行总体上的排序。

交替排序法又称为两极分配法，就是将各种职位按其价值排列的两极分布。通常，职位评价者就哪些职位价值最高、最低和次高、次低取得共识，然后按此标准分配所有职位。下面通过表2-1举一个简单的例子。在该表中，评定者认为需评定的六个职位中，焊工的工作最重要，而接待员的工作最不重要。因此评定者将这两个职位列在最两端，然后在剩下的四个职位中继续进行这一分配，直至将所有的职位分配完毕。

表2-1 交替排序法的示例

待排序的职位	排序结果
	价值最高的职位
剪切机工	焊工
电工	电工
冲床工	……
焊工	……
磨床工	……
接待员	接待员
	价值最低的职位

配对排序法是首先将每个需要被评价的职位与其他所有职位分别加以比较，然后根据职位在所有比较中的最终得分来划分职位的等级顺序。评分的标准是，两两相比，价值较高者得1分，价值较低者得-1分，价值相同者得0分。表2-2为某企业的六个岗位的配对排序表。根据所得分数，确定六个岗位从高到低的排序为A、D、E、C、F和B。

表2-2 某企业六个岗位的配对排序表

工作职位	A	B	C	D	E	F	总分
A		1	0	1	1	1	4
B	-1		-1	-1	0	-1	-4
C	0	1		-1	-1	0	-1
D	-1	1	1		0	1	2
E	-1	0	1	0		1	1
F	-1	1	0	-1	-1		-2

（二）排序法步骤

一般地，排序法遵循这样的操作步骤：

（1）由熟悉被评价职位的人员组成评定小组，并做好准备工作。

（2）了解情况，收集有关职位方面的资料、数据。

（3）按评定人员事先确定的评判标准，对本企业同类职位中的各职位的重要性做出评判，以最重要的排在第一位，次要、再次要的顺序往下排列。

（4）将每个职位经过所有评定人员的评定结果汇总，得到序号后，再将序号和除以评定人数得到每一职位的平均序数。最后，按平均序数的大小，由小到大评定出各职位相同价值的次序。

例如，由甲、乙、丙三人组成的评定小组对 A、B、C、D、E、F 和 G 七个岗位进行评定。结果如表 2-3 所示。根据表中计算结果，被评定的七个职位的相对价值，按重要性由大到小排列次序依次为 A、B、D、C、F、E、G。

表 2-3 排序法统计分析表

岗位	A	B	C	D	E	F	G
甲评定结果	1	3	4	2	5	6	7
乙评定结果	2	1	4	3	—	5	—
丙评定结果	1	—	2	3	6	4	5
评判序数总和	4	4	10	8	11	15	12
参加评定人数	3	2	3	3	2	3	2
平均序数	1.3	2	3.3	2.67	5.5	5	6
岗位相对价值次序	1	2	4	3	6	5	7

（三）优缺点及适用范围

排序法的最大优点是简单，而且能很快地为建立合理的工资结构提供一个能接受的基础，容易跟员工进行沟通。另一个优点是每一个职位是作为一个整体来进行比较的，因而不需要将职位分成组成要素，这样就减少了错误和争论。

排序法也有比较大的缺点：(1) 准确度较差。因为此法完全凭借评定人员的经验和认识，主观地进行评价，而评定人员的组成和各自的资格条件、能力并不是一致的，这必然会影响评定结果的准确程度。而且，此法缺乏严格详细的评判标准，使评定结果伸缩性很大，特别当某一职位受特殊因素的影响时（如在高空、高温、高寒或在有害、有毒的环境下工作）常会将职位的相对价值估计过高。(2) 排序法不能确定一个工作的价值比另一个工作的价值大多少。虽然可以知道 A 工作比 B 工作更有价值，但它们之间的量的区别却不能得出。[1] (3) 如果涉及很多工作，将每一个工作都比较是相当困难的。所以，排序法不适宜在大企业中应用，适用于生产单一、工作职位数量较少的中小企业。

三、分类法

分类法（或称为等级描述法）是排序法的改进，它是根据事先确定的类别等级，参考职位的内容进行分等。分类法的主要特点为：各种级别及其结构在职位被排列之前就建立起来。对所有职位的评估只需参照级别的定义把被评估的职位套进合适的级别里面。所以从这种角度看，分类法类似于先造好一个书架（总体职位分类），然后对书架上的每一排中所要放入的图书用一个标签（职位等级描述）来加以清晰的界定，最后再把各种书籍（职位）按照相应的定义放入不同的横排中。

---

[1] 〔美〕Thomas J. Bergmann，Vida Gulbinas Scarpello：《薪酬决策》，中信出版社，2004，第 188 页。

(一)分类法的工作步骤

1. 确定合适的职位等级数目

无论是对同一种性质的工作还是对包括各种性质工作在内的组织整体,都要确定等级数目。等级的数据取决于工作的性质、组织规模大小、职能的不同和工资政策。在一般情况下,职位的类型越多,职位间的差异越大,所需要的等级就越多,相反则越少。除此之外,企业对于职位等级设计的战略思路也会影响企业内部职位等级的数量。整个环节中,没有对所有组织都普遍适用的规则。

职位等级一般分成两种类型:分层式等级类型和宽泛式等级类型。传统的金字塔形组织结构属于分层式等级类型,它非常强调组织内部的等级以及官僚结构,因此,职位等级比较多。这种等级类型在成熟的企业中常见。实行宽泛式等级类型的企业,职位呈现平行形,职位等级的划分则不那么细致,只要职位等级能够大体反映职位间的差异即可,这种等级类型借助各种不同的职位去发展员工,企业更为重视员工的工作能力。①

2. 等级定义

等级定义是给建立起来的职位等级做出职位分类说明,它通常是对职位内涵的一种较为宽泛的描述,表明可以被分配到本等级中来的职位所承担责任的性质、所承担职责的复杂程度以及从事本等级中的这些职位上的工作所需要的技能或者职位承担者应当具备的特征。

等级定义是在选定要素的基础上进行的。因此,首先要确定基本要素,以便通过这些要素进行等级定义或分类说明。这些要素主要有职位内容概要、所承担的责任、技术要求、智力要求、所接受的指导和监督、需要的培训和经验等。

等级定义是分类法中最重要、最困难的工作,要求极高,它必须使两个等级之间的技术水平和责任大小显而易见。相对于其他工作来说,等级定义花费的精力最多,时间最长。表2-4列出了五种等级分类,根据工作名称按照升级顺序进行排列。

表2-4 职员等级分类的说明

职位等级	等级定义
三级职员	集中注意日常工作,快速而准确,在监督下工作,可能或不可能对最后结果承担责任
二级职员	不受他人监督,对工作细节十分通晓,有特别的工作技能。人员思想高度集中,特别准确、快速
一级职员	必须具备二级职员的特点,承担更多的责任
资深职员	从事技术性和多种多样的工作,偶尔要独立思考并从事困难的工作。这就要求具有特殊的办公室工作能力,并对所在部门的工作原则和业务基础有透彻的了解,在任何范围内都不受他人监督,工作只受有限的检查。人员可靠,值得信赖,足智多谋,能够制定决策
解释职员	那些从事或有能力完成工作的主要部分的人员。对工作的综合要求使其更能独立思考,而且能够超出监督或日常工作的范围去考虑更深入的问题

资料来源:康士勇,《工资理论与工资管理》,中国劳动出版社,1998。

---

① 关于职位等级的确定,我们将在后面的内容里有更为详细的介绍。而关于宽泛式等级结构实际上对应了我们在第六章中介绍的宽带薪酬,所以将在第六章中对其进行介绍。

3. 评价与分类

这个阶段是评价职位,并与所设定的等级标准进行比较,将它们定位在合适的职位等级中恰当的级别上。这要求由评价人阅读职位说明书与上述相关职位等级定义加以对照,并依照评价人对该职位工作的相对难度、所承担的职责,以及必备的知识和经验的理解,将每项职位工作分配到一个与该职位的总体情况最为贴近的职位等级中。

(二)优缺点及适用范围

分类法的优点是简单、费用少、容易理解,同时不会花费很多的时间,也不需要技术上的帮助。相对于排序法,分类法更准确、客观,因为等级定义都是以选定的要素为依据的,还由于等级的数目及其相互间的关系能在各个职位划分等级之前就确定了,所以等级结构能真实地反映有关组织的结构。

它的缺点是不能清楚地定义等级,因而造成主观地判断职位的等级。分类法经常给主观地判断职位等级留下相当大的余地,这将导致许多争论。分类法可用于多种职位的评定,但对不同系统(类型)的职位(比如管理类型职位和技术类型职位)评比存在相当大的主观性,使其准确度较差。

当一个单位较小、工作不太复杂或种类不多,以及受到时间和财力的限制不能采用其他方法时,可以采用分类法。

四、要素计点法

要素计点法,也称点数法、点体系,我国也有称之为薪点法的。该法首先是选定职位的主要影响因素,并采用一定点数(分值)表示每一因素,然后按预先规定的衡量标准,对现有职位的各个因素逐一评比、估价,求得点数,经过加权求和,得到各个职位的总点数,最后根据每一个职位的总点数大小对所有职位进行排序,即可完成职位评价过程。

(一)要素计点法的工作步骤

1. 进行工作分类

根据组织中各职位的工作性质的差异,对各职位进行归类。例如,美国管理技术学会(Management Association of America,MAA)制订的《国民职位评价方案》(National Position Evaluation Plan)把企业人员划分成四类,即生产维修、仓库、销售、服务人员;办公室、技术和业务部的一般人员;高级业务技术、管理人员;总经理等最高级管理人员。

2. 确定职位评价的薪酬要素

薪酬要素(Compensable Factors)是一个组织中多种不同的职位中都存在的、组织愿意为之支付薪酬的一些具有可衡量性质的质量、特征、要求或结构性因素。

由于在薪点法中,薪酬要素非常关键,发挥着中心作用。从战略薪酬的角度来看,它应该是指那些在工作中受组织重视,有助于追求组织战略并实现其目标的特征。因此,一个组织为了选出合适的薪酬要素,需要弄清楚具体是工作的哪些方面增加了价值。确定薪酬要素时必须要注意以下方面:

(1)以工作本身为基础。包括两个方面的内容:一是要考虑员工的参与性。员工是任何一个组织在其所开展工作领域内的专家。因此,确定薪酬要素时寻求他们对工作本身重视什么是非常重要的。二是薪酬要素的确定既要考虑要素在各个职位的共通性又要考虑到差异性。前者指的是,薪酬要素必须对准备在某一既定职位评价系统之中进行评价的所有职位来说具有共通性,如果只适用于小部分职位的薪酬要素可能会造成歧视。后者指薪酬要素在不同职位上有所差别,例如"工作环境"对于评价工作环境类似的管理类职位来说可能不是很必要的,但是对于同时评价生产类和管理类职位的职位评价系统来说就是非常必要的。

(2) 以组织的战略和价值观为基础。薪酬要素应当是有助于实现企业战略目标的。例如,战略中提出要"提供创新性的、高质量的产品与服务,以及与顾客和供应商相协作",那么,对产品创新、与顾客交往有较大责任的职位就应有较大的价值,这些要素将是薪酬要素。任何一个组织的领导层是有关公司应朝什么方向发展以及如何发展的最佳信息源泉。领导层认为在工作中哪些薪酬要素有利于创造价值至关重要。薪酬要素一定要巩固组织的文化和价值观,以及组织业务分析和工作特性。同样,组织及其战略方向的变化也可能需要报酬做出相应的变化。而如果某些要素不再支持业务战略,就应该将其剔除。

(3) 利益相关者能够接受。工资结构得到员工与管理者的接受和认可是非常重要的。各职位在工资结构中用于定位的薪酬要素也要得到认可。这要求一方面确定薪酬要素的过程中要保持科学、公正的标准,另一方面要求管理者做好薪酬管理的沟通工作。

(4) 薪酬要素必须是能够得到清晰界定和衡量的,并且那些运用薪酬要素对职位进行评价的人应当能够一致性地得到类似的结果。例如,仅仅以职位所要求的"理论与技术知识"作为对职位进行评价的要素就不能清楚、全面地反映职位对组织的贡献,评估的操作性不强。

(5) 薪酬要素之间不能出现交叉和重叠。交叉和重叠可能会导致某些薪酬要素被重复计算,出现歧视问题。但是完全消除薪酬要素之间的交叉和重叠现象也是不可能的,因此我们尽量通过薪酬要素权重的设计来使这种情况的发生控制在最低程度。

(6) 确定薪酬要素时还需要考虑的问题是:应该有多少项薪酬要素?一项研究表明,一个含有21个要素的方案与一个只有7个要素的方案所制订出的职位结构是完全一致的。而且,只需要三个要素,就能将这些职位正确地分类。20世纪40年代的研究表明,单一的技能维度能够解释90%以上的职位评价结果的差异,而三个要素通常就能说明98%—99%的差异。[①] 然而,在得知这个结论后,某家公司仍然决定继续采用有21个薪酬要素的方案,原因在于只有该方案才能得到员工的认可,而且能够达到目的。因此,薪酬要素数量的确定不是一个孤立的问题。总体而言,薪酬要素的数量应当便于管理,应当遵循择优的原则。过多的薪酬要素数量会加大职位评价者的负担,而且未必对评价结果的有效性有太多的帮助。因此选择适当数量的薪酬要素是很重要的。

此外,职位的薪酬要素可能会进一步细分为二级要素。一个行业、企业应把薪酬要素

---

① Lawshe, C. H., "Studies in Job Evaluation: II. The Adequacy of Abbreviated Point Ratings for Hourly Paid Jobs in Three Industrial Plans", *Journal of Applied Psychology*, 1945, 29(3): 177—184.

细分为哪些细小因素,应视行业、企业的不同具体情况而定。

美国管理技术协会在20世纪40年代制订的《国民职位评价方案》把一般生产、维修、仓库、销售、服务方面的职位要素归纳为四大类:即智能(包括知识、技能、经验三个子要素);责任(包括对仪器设备责任、对材料或产品责任、对他人安全责任和对他人工作责任四个子要素);体能(包括体力、注意力集中程度两个子要素);工作环境(包括工作条件和危险性两个子要素)。"生产、维修、仓库、销售、服务人员"以及另外两个类型的职位族"一般业务、技术、管理人员"与"高级业务、技术、管理人员"包括的薪酬要素详见随后的表2-5、表2-6和表2-7。

3. 确定薪酬要素的等级数量并界定各等级水平

职位的薪酬要素确定后,就需要确定每个要素的等级数量,并清晰界定各等级的水平。确定薪酬要素等级数量的基本原则是:等级数量应当能够反映出组织内部所有被评价职位在该薪酬要素上的差异程度。因此,差异程度越大,薪酬要素的等级数量就应越大,反之则相对较少一些。比如,某企业的所有职位在工作条件上的差异都不是很大,那么工作条件这一薪酬要素划分三个等级就足够了。但是如果在一个不同职位的工作条件相差很远的组织中,工作条件也许需要划分为五个等级甚至更多等级才能反映不同职位在该薪酬要素上的差异。一般地,薪酬要素细分成4—6个不同的等级。表2-6、表2-7和表2-8也表明了相应职位族薪酬要素的等级划分。

确定薪酬要素等级水平数量的同时,还需要对每个等级水平进行界定。例如,美国国家金属贸易协会为"知识"这一要素划分的等级如表2-5所示。

表2-5 美国国家金属贸易协会"知识"要素量表

	知识:执行某些任务时所需要的知识或相应的培训
等级1	所有整数的读、写、加、减;遵循一定的指示;适应固定的规格标准、直接阅读工具和类似设备;无须给出解释
等级2	对数字的加减乘除;简单使用公式、图表、绘图、规格说明、进度表和线路图;使用可以调节的测量仪器;对报告、表格、记录以及可比数据的检查;需要一定的解释
等级3	数学与复杂图表的综合运用;使用多种类型的精密测量仪器;在一个特殊的专业化领域有相当于1—3年的实际贸易培训经验
等级4	高级贸易数学与复杂图表、绘图和手册上公式的结合运用;使用任何类型的精密测量仪器。在一个人们认可的贸易、技艺、行业内达到初级专业水平;或相当于受过2年技术院校教育的水平
等级5	更高等级数学的运用,包括工程学原理的应用,以及相关实际操作的演示,要求有机械、化学或类似工程学等方面理论的综合知识。相当于4年的技术院校或大学教育的经历

资料来源:[美]George T. Milkovich, Jerry M. Newman,《薪酬管理》,董克用等译,中国人民大学出版社,2002。

界定各等级水平时应注意:(1)界定各等级时运用容易理解的术语;(2)使用基本职位的名称来规定等级的定义;(3)使人们非常清楚如何将这些等级运用于各类职位。

4. 确定各薪酬要素的相对价值

权重代表了不同的薪酬要素对于总体职位评价结果的贡献程度或者是所扮演角色的重要性程度。因此,确定各薪酬要素的相对价值就是把总共100%的权数在各要素之间进行分配,从而确定每个要素的权重。比如,前面提到的美国的《国民职位评价方案》中的"生产、维修、仓库、销售、服务人员职位"中各薪酬要素的权重:智能为50%、体能为15%、责任为20%、工作环境为15%。

权重的大小取决于企业的实际情况,以及各类职位的性质和特征。例如,对于行政系列来说,"心理需求"要素的权重要大大高于"身体要求";而对于车间职位系列来说,很可能正好相反。因此,通常由评价小组来仔细研究要素及其等级定义,然后决定每个职位系列中各要素的权重。

下面是确定权重的一种常用的方法:

(1) 权重最高的要素赋值100%,然后根据相对第一个要素重要性的百分比确定序列次高要素的赋值,以此类推。例如,决策为100%、解决问题为85%、知识为60%。

(2) 各赋值加总(在此例中是:100%+85%+60%=245%)。然后按照下列方法将其转化为100%值:

决策:100/245=0.4082×100%=40.8%

解决问题:85/245=0.3469×100%=34.7%

知识:60/245=0.2449×100%=24.5%

总值:100%

5. 确定各要素及各要素不同等级的点值

第一,确定各报酬因素点数之和,即总点数。总点数实际上是"假定"一个职位的点值,这个职位在每一个薪酬要素上都处于该薪酬要素的最高等级水平。目前,英国、美国一般使用的总点数为500点,我国台湾省为600点。总点数的多少并不影响最后确定职位结构。一般,总点数的多少以便于划分工作等级和转换货币工资为原则。如果被评价的职位数量比较多,而且价值差异比较大,那么需要使用的总点数就应该比较高一些。

第二,确定各薪酬要素的点值。将各要素的权数与总点值相乘即得到该薪酬要素的点值。薪酬要素的点值实际上反映了该薪酬要素最高等级水平被赋予的点值。

第三,确定各薪酬要素不同等级水平对应的点值。我们还需要相应地确定各薪酬要素其他等级水平对应的点值数。完成这项工作时,通常运用两种基本方法,即几何方法和算术方法。简单的理解就是,几何方法使薪酬要素不同等级水平对应的点值呈现等比数列(或近似等比数列),而算术方法则使薪酬要素不同等级水平对应的点值呈现等差数列。需要特别注意的是,各薪酬要素不同等级水平的点值之间的差异应当与界定的各等级水平间的差异相对应。比如,如果不同等级的点值之间是等距离的,那么正如我们前面所说到的,确定等级时也应该使各个等级之间等距离。

表2-6、表2-7和表2-8反映了美国的《国民职位评价方案》各职位族的薪酬要素不同等级的点值。

表 2-6　生产、维修、仓库、销售、服务人员职位评价表

要素	分值	级别	一	二	三	四	五
智能	知识	250	14	28	42	56	70
智能	经验	250	22	44	66	88	110
智能	才智、创造力	250	14	28	42	56	70
体能	体力	75	10	20	30	40	50
体能	注意力集中程度	75	5	10	15	20	25
责任	对各种仪器设备的责任	100	5	10	15	20	25
责任	对材料或产品的责任	100	5	10	15	20	25
责任	对他人安全的责任	100	5	10	15	20	25
责任	对他人工作的责任	100	5	10	15	20	25
工作环境	工作条件优劣程度	75	5	10	15	20	25
工作环境	危险性	75	10	20	30	40	50

表 2-7　一般业务、技术、管理人员职位评价表

要素	级别	一	二	三	四	五
知识		15	30	45	60	—
经验		20	40	60	80	100
职责的复杂性		15	30	45	60	—
职责明确具体程度		5	10	20	40	—
过失的危害性		5	10	20	40	—
与他人的工作联系和对他人工作的影响		5	10	20	40	—
资料的机密程度		5	10	15	20	25
对材料和产品的责任		5	10	15	20	25
工作条件		5	10	15	20	25
管理责任		5	10	—	—	—
管理范围		5	10	20	40	—

表 2-8　高级业务、技术、管理人员职位评价表

要素＼级别＼分值	一	二	三	四	五	六
知识	—	—	45	60	75	100
经验	—	—	60	80	100	125
职责的复杂性	—	—	45	60	75	100
职责明确具体程度	—	—	20	40	60	80
过失的危害性	—	—	20	40	60	80
与他人的工作联系和对他人工作的影响	5	10	20	40	60	80
资料的机密程度	5	10	15	20	25	30
对材料和产品的责任	5	10	15	20	25	—
工作条件	5	10	15	20	25	—
管理责任	5	10	20	40	60	80
管理范围	5	10	20	40	60	80

6. 评价待评职位

通过上述四个步骤，仅仅是为我们想做的职位评价提供了一套标准或者说一个"尺子"。下面，我们就可以用整个"尺子"来衡量各待评价职位的相对价值了。之所以称之为"相对价值"，是因为通过这种办法不能衡量各职位的绝对价值，并且各职位得到的评估值是和上述步骤中确定的总点值数有关系的。

进行实际的职位评估时，评价者考虑被评价职位在每个既定的薪酬要素上处于哪一个等级，根据这个等级所代表的点数确定被评价职位在该薪酬要素上的点数。将该被评价职位的各薪酬要素上得到的点值数相加，即得到该职位的相对价值。表 2-9 是依据表 2-6 的标准对某个生产职位评估的结果。

表 2-9　某个被评估的生产职位的评估结果

薪酬要素	所处等级	对应的点值
知识	4	56
经验	3	66
才智、创造力	4	56
体力	2	20
注意力集中程度	3	15
对各种仪器设备的责任	4	20
对材料或产品的责任	5	25
对他人安全的责任	3	15
对他人工作的责任	2	10
工作条件优劣程度	1	5
危险性	1	10
总点数		298

7. 建立职位等级结构

将所有待评估职位的评价点值计算出来后，主要按照点数高低加以排列，就可以获得

根据相对价值将各职位进行排序,并划分职位等级,也称为划岗归级。至此,职位评价的工作得以完成。

划分职位等级是职位评价的直接目的。在划分职位等级时,应先确定职位等级项目,依据总点数和工作等级数目确定不同等级间的点数差。点数差越多者,等级越高;点数差越少者,等级越低;点数差相同者,等级相同。

一个合理的职位等级结构首先应该是员工能够接受,同时又要体现岗位之间的差别。这样才能为合理确定薪酬奠定基础,才能起到调动员工积极性的作用。因此,进行分等时应该注意:

(1) 当分等结果与人们传统看法有出入时,应该慎重考虑,审查结果的科学性。

(2) 要把经验评估与科学测评结合起来。如可以把大家认为最累、最差或技术要求极强的岗位直接定为最高等级;又如,对裁判评价总分分等争议比较大的岗位,可以结合专家评估进行评议,从而确定等级。

前面介绍的美国《国民职位评价方案》中评价总点数为 500 点的生产、维修、仓库、销售、服务人员的工资等级(职位等级)如表 2-10 所示;评价总点数为 465 点的一般业务、技术、管理人员和总点数为 805 点的高级业务、技术、管理人员工资等级(职位等级)如表 2-11 所示。①

表 2-10 生产、维修、仓库、销售、服务人员职位等级表

职位分值	职位等级	职位分值	职位等级
139 及 139 以下	12	272—293	5
140—161	11	294—315	4
162—183	10	316—337	3
184—205	9	338—359	2
206—227	8	360—381	1
228—249	7	381 以上	1A
250—271	6		

表 2-11 一般(高级)业务、技术、管理人员职位等级表

职位分值	职位等级	职位分值	职位等级
100 及 100 以下	1	342—370	10
101—130	2	371—400	11
131—160	3	401—430	12
161—190	4	431—460	13
191—220	5	461—490	14
221—250	6	491—520	15
251—280	7	521—550	16
281—310	8	551—580	17
311—340	9	581—610	18

注:表中 1—10 级用于一般管理人员;7—18 级用于高级管理人员。

---

① 康士勇:《工资理论与工资管理》,中国劳动出版社,1997。

这里需要提出的是，根据表 2-11 和表 2-12 的职位等级确定的工资等级适用于一岗一薪制，如需一岗多薪制，可将等级细化。如表 2-11 中的第 11 级中，点数幅度是 140—161，级差为 21，可将其再分为三级：140—146 为 11A 级，147—154 为 11B 级，155—161 为 11C 级。这样，同为 11 级的岗位又形成了 A、B、C 三个内部等级，可以实现一岗多薪制。

（二）要素计点法的优缺点

要素计点法的优点包括：（1）与非量化的职位评价方法相比，计点法的评价更为精确，评价结果更容易被员工所接受；（2）运用可比性的点数可以对不相似的职位进行比较；（3）由于明确指出了职位比较的基础——薪酬要素，并且在评价过程中薪酬要素的权重有所差异，因此能够反映组织独特的需要和文化，强调组织认为有价值的那些要素。

其缺点是，方案的设计和应用耗费时间长，它要求组织必须首先进行详细的职位分析；其次，在薪酬要素的界定、等级定义以及点数权重分配等方面都存在一定的主观性，并且在多人参与时可能会出现意见不一致的现象，这些都会加大运用计点法的复杂性和难度。

五、要素比较法

要素比较法是对上述三种方法的综合，是一种量化的职位评价技术。实际上，可以将要素比较法看成是一种复杂的排序法。在一般排序法中，通常是把每个职位视为一个整体，并根据某些总体指标来对职位进行排序。而要素比较法则和要素计点法相同的是选择出多个薪酬要素，并根据这些薪酬要素分别对代表性的职位进行多次排序，以此排序结果为参照标准，推算企业其他职位的职位等级和薪酬等级。

（一）要素比较法的工作步骤

（1）确定薪酬要素。要素比较法要求评价者必须仔细、全面地做好职位分析和标准、规范的职位说明书，还需要确定用来对职位进行比较的依据或尺度即薪酬要素是什么。薪酬要素的选择和要素计点法是类似的。

（2）选取典型职位。先从全部职位中选出 15—20 个关键基准职位，而其他职位的价值则可以通过与这些典型职位之间的薪酬要素比较来得出。这些职位不仅要能代表所要研究的职位序列中的绝大多数职位，而且必须广为人知。此外，在确定了关键基准职位之后，企业还必须确定给这些关键基准职位支付的薪酬数量是合理的，即根据外部市场状况和企业内部的实际情况为这些关键基准职位定价。

（3）将每个典型职位的每个薪酬要素加以比较，按程度的高低对典型职位进行排序。其排序方法与上述介绍的"排序法"完全一致。例如对某企业的五个典型职位按照不同的薪酬要素进行排序，结果如表 2-12 所示。

表 2-12　某企业典型职位依照薪酬要素的排序

	智力	技能	责任	身体条件	工作环境
职位 A	1	1	2	4	3
职位 B	2	4	1	5	4
职位 C	3	3	4	3	2
职位 D	4	2	3	2	1
职位 E	5	5	5	1	1

(4) 评价小组对每个典型职位的工资总额按照上述薪酬要素进行分解,找出对应的工资份额。例如,上述五个岗位薪酬分解的结果如表 2-13 所示。

表 2-13　典型职位按薪酬要素分解的工资额　　　　　　　　　单位:元

每月岗位工资	智力条件		技能		责任		身体条件		工作环境	
	序号	工资额	序号	工资额	序号	工资额	序号	工资额	序号	工资额
A(125)	1	32	1	26	2	36	4	16	3	15
B(110)	2	21	4	20	1	40	5	15	4	14
C(100)	3	18	3	22	4	26	3	17	2	17
D(105)	4	(5)9	2	23	3	28	2	19	1	2
E(65)	5	(9)5	5	5	5	9	1	20	1	26

由于表 2-13 中的结果是由评定小组商定的,如遇到序号与工资额高低次序不一致的情况,例如表 2-13 中"智力条件"栏内 D 岗位和 E 岗位两者序列号分别为 4 和 5,而表 2-13 中括号内却为 5 元和 9 元。从序列号上看,D 岗位的相对价值高于 E。出现这种不一致的情形,评定小组应重新协商,使两者的顺序一致。有时,实在无法调整修正,也可以将有争议的岗位取消,重新选择一个主要的具有代表性的岗位。

(5) 建立典型职位薪酬要素等级基准表。将所有典型职位的报酬水平以及每一典型职位内部的每一种薪酬要素的薪酬水平都确定下来以后,就可以建立起一个典型职位薪酬要素等级基准表。表 2-14 显示了基于上述五个典型职位形成的基准表。

表 2-14　典型职位薪酬要素等级基准表

薪酬水平(元)	智力	技能	责任	身体	工作环境
5	职位 E	职位 E			
6					
7					
8					
9	职位 D		职位 E		
10					
11					
12					
13					

(续表)

薪酬水平(元)	智力	技能	责任	身体	工作环境
14					职位 B
15				职位 B	职位 A
16				职位 A	
17				职位 C	职位 C
18	职位 C				
19				职位 D	
20		职位 B		职位 E	
21	职位 B				
22		职位 C			
23		职位 D			
24					
25					
26		职位 A	职位 C		职位 D、E
27					
28			职位 D		
29					
30					
31					
32	职位 A				
33					
34					
35					
36			职位 A		
37					
38					
39					
40			职位 B		

(6) 使用典型职位薪酬要素等级基准表来确定其他职位的工资。通过以上五个步骤,我们才完成了一个利用典型职位报酬来确定其他职位薪酬的标准或"尺子"。评价小组成员就可以依照这个"尺子"来确定其他职位的每一薪酬要素与典型职位薪酬要素等级基准表中的哪一个或哪几个典型职位的同一要素最为接近。然后,根据与之最相近的那个或那些职位的同一薪酬要素的价值作为待评价职位在该薪酬要素上的货币价值的确定依据。当各个职位的月工资总额确定以后,将其价值归级列等,就编制出职位系列等级表。

例如,假设 G 职位与其累计后就是本职位的工资。职位 G 比较后的结果如表 2-15 所示。将各项结果相加,则:21＋23＋36＋15＋14＝109(元),故职位 G 的月工资定为 109 元。

表 2-15　G 职位工资比照表

薪酬要素	与典型职位比较	确定的货币价值（元）
智力条件	与 B 相似	21
技能	与 D 相似	23
责任	与 A 相似	36
身体条件	与 B 相似	15
工作环境	与 B 相似	14

（二）要素比较法的优缺点

要素比较法的优点是：(1) 比较精确。其每一个步骤的操作都有详细的说明，将职位特征具体到薪酬要素的做法相对于排序法和分类法而言，更加有助于评价人员的正确判断。(2) 简单易行。由于本方法是先确定主要职位的系列等级，然后以此为基础，分别对其他各类职位再进行评定，大大减少了工作量。(3) 较强的说服力。由于该方法比较精确，而且简单易行，容易被员工理解和接受。

其缺点在于，尽管解释要素比较法的标准和基本原理比较容易，但是对评价小组而言，整个评价过程会很复杂。而且，各薪酬要素的相对价值在总价值中所占的百分比，完全依靠评价人员的直接判断，会影响评定的准确性。最后，人们通常认为，当真正用金钱来评价工作时，当关键工作工资水平发生变化，基准表就显得过时了。一旦通货膨胀或其他因素导致典型职位薪酬要素等级基准表的货币价值总数发生变化，组织就需要修改典型职位薪酬要素等级基准表，这也是一些组织使用不与金钱相关联的测量方案的一个原因。[1] 总之，这种方法比较适用于岗位种类多的大型企业。

六、实践中常用的两种职位评价方法

（一）海氏工作评价系统

由美国工资设计专家 Edward Hay 于 1951 年研发的海氏工作评价系统[2]，又称为"指导图表—形状构成法"，也是一种要素评分法。由于它有效地解决了不同职能部门的不同职位之间相对价值的相互比较和量化的难度，目前已被数十个国家的近万家大企业采用。因此，我们予以简要介绍。

海氏工作评价系统认为，所有职务所包含的最主要薪酬要素有三种，每个薪酬要素又分别由数量不等的子要素构成，具体描述如表 2-16 所示。

---

[1] 〔美〕Thomas J. Bergmann, Vida Gulbinas Scarpello:《薪酬决策》，何蓉译，中信出版社，2004，第 199 页。
[2] 拥有海氏工作评价系统的合益集团（Hay Group）已于 2015 年 9 月 24 日正式被光辉国际（Korn/Ferry International）收购。

表 2-16　海氏工作评价系统薪酬要素描述

薪酬要素	薪酬要素释义	子要素	子要素释义
知识技能	要使工作绩效达到要求的水平所必需的专业知识及相应的实际运作技能的总和,它是一种必须掌握的知识储备而不论以何种方式获得	技术知识技能（Technical Know How）	对该职务所从事的职业领域的理论、实际方法与专门性知识的了解程度,分为七个层次
		管理知识的广度（Management Breadth）	为达到要求绩效水平而具备的计划、组织、执行、控制及评价的能力与技巧,不论此职务是生产型、技术型、营销型还是行政型的,总是需要这种能力（差别只是在于多少而已）,分为五个层次
		人际关系技能（Human Relation Skills）	与人一起工作和打交道的专门知识要求,分为三个层次
解决问题的能力	解决问题的能力主要体现为任职者在进行分析、评估、创造、推理、选择等活动时的思维能力	思考的环境（Thinking Environment）	指任职者思考的自由度,从几乎一切都按既定规则行事到只有抽象规定的方针目标可供遵循,分为六个等级
		思考的挑战（Thinking Challenge）	指任职者思考的难度,即需要任职者进行创造性思维的程度,从几乎不要动多少脑筋只需重复老的模式到完全无先例可供借鉴需要任职者充分发挥思维能力,分为五个等级
责任性因素	任职者对行动及其产生的后果所应负的责任	行动的自由度（Freedom of Act）	指任职者在多大程度上接受对其工作的指导,接受的指导越具体,其行动的自由度越小,接受的指导越抽象,其行动的自由度越大。一般从小到大分为四级
		影响的范围（Magnitude of Impact）	指该岗位可能影响到的经济性后果,分为六级
		影响的性质（Characteristic of Impact）	指该岗位对组织整体绩效所起的作用,分为四级

　　海氏工作评价系统将三种薪酬要素的各子要素进行组合,形成了三张海氏工作评价指导图表。表 2-17 是供知识技能水平评价用的,表 2-18 是用来评价解决问题的能力,而表 2-19 则是用来对职位责任进行评定的工具。各薪酬要素中的每个子要素都分为不同的层次,每个层次都有十分具体的说明。①

---

①　本书受到篇幅的局限就不再详细介绍,有兴趣的读者可以查阅海氏公司的网站:www.haygroup.com。

第二章 基于职位的薪酬体系

表 2-17 海氏工作评价指导图表之一：知识技能水平

管理知识的广度

人际关系技能	N. 不需要			I. 低层度			II. 同类			III. 多元性			IV. 更高等级		
	1	2	3	1	2	3	1	2	3	1	2	3	1	2	3
A. 初级程度	50	57	66	66	76	87	87	100	115	115	132	152	152	175	200
	57	66	76	76	87	100	100	115	132	132	152	175	175	200	230
	66	76	87	87	100	115	115	132	152	152	175	200	200	230	264
B. 初级职业或技术程度	66	76	87	87	100	115	115	132	152	152	175	200	200	230	264
	76	87	100	100	115	132	132	152	175	175	200	230	230	264	304
	87	100	115	115	132	152	152	175	200	200	230	264	264	304	350
C. 职业技术程度	87	100	115	115	132	152	152	175	200	200	230	264	264	304	350
	100	115	132	132	152	175	175	200	230	230	264	304	304	350	400
	115	132	152	152	175	200	200	230	264	264	304	250	250	400	460
D. 高级职业技术程度	115	132	152	152	175	200	200	230	264	264	304	350	350	400	460
	132	152	175	175	200	230	230	264	304	304	350	400	400	460	528
	152	175	200	200	230	264	264	304	350	350	400	460	460	528	600
E. 在科技或专业方面有基本的精深程度	152	175	200	200	230	264	265	304	350	350	400	460	460	528	608
	175	200	230	230	264	304	304	350	400	400	460	528	528	608	700
	200	230	264	264	304	350	350	400	460	460	528	608	608	700	800
F. 在科技或专业方面有丰富的精深程度	200	230	264	264	304	350	350	400	460	460	528	608	608	700	800
	230	264	304	304	350	400	400	460	528	528	608	700	700	800	920
	264	304	350	350	400	450	460	528	608	608	700	800	800	920	1056
G. 高级专家岗位	264	304	350	350	400	460	460	528	608	608	700	800	800	920	1056
	304	350	400	400	460	528	528	608	700	700	800	920	920	1056	1216
	350	400	460	460	528	608	608	700	800	800	920	1056	1056	1216	1400

注：其中人际关系技能中的 1、2、3，分别代表基本的人际技能、重要的人际技能和关键的人际技能。

表 2-18　海氏工作评价指导图表之二:解决问题的能力　　单位:%

		思维难度				
		1. 重复式	2. 定模式	3. 推理式	4. 应变式	5. 创新式
思维环境	A. 非常规则性	10 12	14 16	19 22	25 29	33 38
	B. 规律性	12 14	16 19	22 25	29 33	38 43
	C. 半规律	14 16	19 22	25 29	33 38	43 50
	D. 标准性	16 19	22 25	29 33	38 43	50 57
	E. 明确界定	19 22	25 29	33 38	43 50	57 66
	F. 概括界定	22 25	29 33	38 43	50 57	66 76

表 2-19　海氏工作评价指导图表之三:承担的责任

		影响的范围															
		(1) 微小的				(2) 小的				(3) 中的				(4) 大的			
		影响的性质															
		R	C	S	P	R	C	S	P	R	C	S	P	R	C	S	P
行动自由度	A. 规定性	10 12 14	14 16 18	19 22 25	25 29 33	14 16 19	19 22 25	25 29 33	33 38 43	19 22 25	25 29 33	33 48 43	43 50 57	25 29 33	33 38 43	43 50 57	57 66 76
	B. 受控性	16 19 22	22 25 29	29 33 38	38 43 50	22 25 29	29 33 38	30 43 50	50 57 66	29 33 38	38 43 50	50 57 66	66 76 87	38 43 50	50 57 56	66 76 87	87 100 115
	C. 标准性	25 29 33	33 38 43	43 50 57	57 66 76	33 38 43	43 50 57	57 66 76	76 87 100	43 60 57	57 66 76	76 87 100	100 115 132	57 66 76	76 87 100	100 115 132	132 152 175
	D. 一般规范性	38 43 50	50 57 66	66 76 87	87 100 115	50 57 66	66 76 87	87 100 115	115 132 152	66 76 87	87 100 115	115 132 152	152 175 200	87 100 115	115 132 152	152 175 200	200 23 264
	E. 指导性	57 66 76	76 87 100	100 115 132	132 152 175	76 87 100	100 115 132	132 152 175	175 200 230	100 115 132	132 152 175	175 200 230	230 264 304	132 152 175	175 200 230	230 264 304	304 350 400
	F. 方向性指导	87 100 115	115 132 152	152 175 200	200 230 264	115 132 152	152 175 200	200 230 264	264 304 350	152 175 200	200 230 264	264 304 350	350 400 460	200 230 264	264 304 350	350 400 460	460 528 608

注:影响的性质子维度中 R、C、S、P 分别代表后勤性作用、咨询性作用、分摊性作用和主要的作用。前两种作用是间接或辅助性的,后两种是直接或主角性的。

目前,海氏工作评价系统在不同国家都得到了广泛的运用。需要注意的是,对于不同国家、地区,三张图表的格式是相同的,但是,表中的具体数值是有差别的,而且关于薪酬要素等级的数量和界定都是有所差异的。本书中各表仅为示范说明所用。

利用这三张图表,就可以对特定的职位进行评估了。下面我们举例说明评估的过程。

【例】利用海氏工作评价系统的岗位评估

1. 确定知识技能水平的分值

首先应确定"项目":这包括最恰当说明岗位要求的三项知识技能要素中每一项的等级。

例如,如果评估人员对某一岗位做出如下判断:

技术知识技能　　D:高级职业的

管理知识的广度　　I:最小

人际关系技能　　3:关键的

那么该项目就是 DI3。

在指引表上,在提到 DI3 的那一栏中有三个数字:

200
230
264

为了决定采取哪一个数字,你必须回过头来看最初的判断。如果你感到 DI3 项已很好地说明了该岗位,那么可选择中间的数字。如果评估人员感到将技术知识技能提升到 E 有重要意义,则可选择较大的数字,并按照感到应提高的程度可将这种提高作为"+"来表示。例如:

D+I3　　264　　（DI+3 可得出同样的结果）

另一方面,如往下降有重要意义,那么评估人员就会选择较小的数字。例如:

D-I3　　200　　（DI-3 可得出同样的结果）

通常人际关系技能在性质上的加重往往也表现在技术知识技能和管理知识技能的重要性,所以不给人际关系"+"或"-"的等级。技术知识和管理知识被视为具有同等重要性,因此在技术知识上的"+"和在管理知识上"-"将互相抵消,记分恢复到中间的数字。两个减号或两个加号没有任何额外的意义,记分应如同一个加减号一样。

2. 确定解决问题因素的分值

还是必须确定项目,这次只含有两个数字。例如确定为 C3,则在表中相应位置为:

25%	
	29%

选择该栏中较低的百分比,除非在两个要素的任何一个要素上或在两个要素上都有一定的提高,在这种情况下选择较高的百分比。在解决问题方面我们一般不用"-"。

下一步是把该百分比应用于"知识技能"的记分,这样就可以确定解决问题的得分。如果决定是:

$$DI3 \quad 230$$
$$C3 \quad (25\%)$$

那么我们就必须加以计算:即 230 与 25% 相乘,得出的这个数字将是 57.5。因此:

$$C3(25\%) \quad 57.5$$

在记录解决问题情况时,通常不写%,例如:

$$C3(25) \quad 57.5$$

3. 确定责任性因素的分值

一旦就专门技术和解决问题确定了项目,就用同样的方法通过寻找提高或往下降的办法来确定责任性的记分。

作为我们的例子,如果确定的结果是岗位在该因素上对应的项目是 C1P,没有任何提高或下降,那么责任性的记分将为:

$$C1P \quad 66(该栏的中间数字)$$

4. 确定岗位价值

将专门技术、解决问题和责任性的分数加在一起便得出岗位的价值大小,所形成的评估将是如表 2-20 所示。

表 2-20 某岗位的海氏评价结果

薪酬要素	处于表中位置	对应的数值
专门技术	DI3	230
解决问题	C3(25%)	57.5
责任性	C1P	66
岗位评估分值		353.5

(二)美世国际职位评估法

国际岗位评估系统(IPE,International Position Evaluation)是由跨国公司美世咨询公司与数十家跨国公司共同开发形成的,经过多年的改进与更新,现已成为一个全球广泛运用的岗位评估工具。在国内,已有数百家包括一流外企、高科技公司、大型国企在内的企业运用 IPE 建立其岗位体系。这是一把衡量企业内部岗位相对价值的尺子。

IPE 系统共有四个因素、10 个纬度、104 个级别,总分 1225 分。评估的结果可以分成 48 个级别。简单说来,就是对企业中每一个职位在四个因素 10 个维度上进行评估打分,然后把所有分数加起来便可。其中这套评估系统的四个因素是指影响(Impact)、沟通(Communication)、创新(Innovation)和知识(Knowledge)。[①] 具体描述如图 2-1 所示。

IPE 系统实行四因素打分制。每一因素可再分成两个至三个维度,每一维度又有不

---

① 美世咨询:《IPE 系统评分手册》(第三版),2000。

同程度和比重之分。评估过程即为每一维度选择适当程度的过程。下面,我们将为读者具体展现如何在各因素中为各维度确定其所属的程度,以及如何把对应的程度转化成具体的分数。

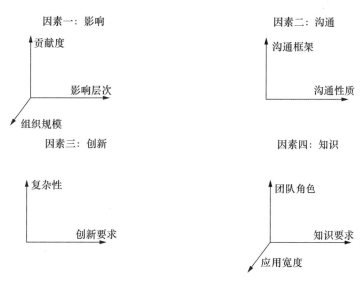

图 2-1　IPE 四因素

1. 因素一:影响

首先,应该为机构规模确定程度水平。

(1) 确定本身属于以下哪一类别的机构(见表 2-21);

(2) 利用机构类别的倍数乘机构收入、销售额、资产或预算;

(3) 利用表 2-22A 所列的程度水平,根据机构已调整的销售额或资产(单位:百万美元。若运作少于 3 年,请利用预算的营业额),挑选程度水平;

(4) 利用表 2-22B,根据总员工数目选择程度水平,对机构规模进行修正。

表 2-21　机构类别与倍数

机构类别	倍数	机构类别	倍数	机构类别	倍数
根据销售额或收入		根据成本/预算		根据资产	
制造和销售	20	制造业	20	零售或商业银行	1
商业服务	20				
投资银行	20				
装配和销售	8	研究和开发	20	地产/物业	1
保险	8				
销售	5				
零售	5	政府服务	20		
贸易	4				

表 2-22　机构规模表

程度水平	表 A（收入/预算/资产）		表 B（员工数目）	
	低	高	低	高
1		46		10
2	46	93	10	25
3	93	185	25	50
4	185	371	50	100
5	371	742	100	200
6	742	1 483	200	400
7	1 483	2 967	400	800
8	2 967	5 192	800	1 400
9	5 192	9 086	1 400	2 500
10	9 086	15 901	2 500	4 000
11	15 901	27 827	4 000	7 000
12	27 827	48 697	7 000	12 000
13	48 697	73 045	12 000	18 000
14	73 045	109 568	18 000	27 000
15	109 568	164 352	27 000	40 000
16	164 352	246 528	40 000	60 000
17	246 528	369 792	60 000	100 000
18	369 792	554 688	100 000	150 000
19	554 688	832 032	150 000	225 000
20	832 032		225 000	

其次,根据表 2-23 确定职位影响的本质,同时确定贡献水平是有限、部分、直接、重要还是主要。

表 2-23　美世国际职位评估指导图表之一:影响

影响 职位职责范围的 大小和影响本质		贡献水平				
		1	2	3	4	5
		有限 不容易辨别 贡献	部分 容易辨别贡献,对成功有间接影响	直接 作出的行动决定结果的成功与否	重要 对于主要结果的成功有显著贡献	主要 对决定主要结果的成功具权威性
1	产出 根据既定的标准和指引产出	在严密的监督和指引下,根据既定的步骤/标准履行职责 1	根据宽泛的标准工作,在职责范围内产生一些影响 2	根据特定的操作目标,在职责范围内产生直接影响 3	对于操作目标和职责范围有重要影响 4	在职责范围内,对于宏观的操作目标有主要影响 5

(续表)

影响 职位职责范围的 大小和影响本质		贡献水平				
		1	2	3	4	5
		有限 不容易 辨别贡献	部分 容易辨别 贡献,对成功 有间接影响	直接 作出的行动 决定结果的 成功与否	重要 对于主要 结果的成功 有显著贡献	主要 对决定主要 结果的成功 具权威性
2	操作 在操作目标和服 务标准范围内工 作	达到目标、产 出结果,以短 期、战术性为 主 4	设定每天的 目标,在职责 范围内有长 期的影响 5	在一职责范 围内,对设定 的目标和产 出的结果有 直接较长期 的影响 6	在一较宽的 操作范围内, 对设定的目 标和产出的 结果有重要 的影响 7	在一较宽的 操作范围内, 对设定的目 标和产出的 结果有 主要的影响 8
3	战术上 根据机构策略或 营运计划履行新 产品、过程和标 准的职责	达到长期的 目标,以战术 性为主 7	实施事务策 略时,对于事 务单位/部门 结果有部分 影响 8	实施事务策 略时,对于事 务单位/部门 结果有直接 影响 9	建立和实施 业务策略时, 对于业务单 位/部门结果 有重要影响 10	建立和实施业 务策略时,对 于业务单位/ 部门结果有主 要影响 11
4	策略上 根据机构的远 景,建立和实施 业务的长远策略	设计与建议 对机构产生 有限影响的 业务策略 10	设计与建议 对机构有部 分影响的业 务策略 11	设计与建议, 对机构有直 接影响的业 务策略 12	建立和实施 业务策略时, 对机构业务 单位结果有 重要影响 13	建立和实施业 务策略时,对 机构业务单位 结果有主要影 响 14
5	远景 带领机构发展和 达到它的使命、 远景和价值	带领一机构 在团体事务 单位内工作; 在战术问题 上(如价钱、人 力、财政等)获 得其他单位 或总部的完 全支援/指示 13	带领机构在 团体业务单 位内工作; 在业务的大 部分方面,获 得策略/政策 上的指示 14	带领机构在 团体业务单 位内工作; 获得其他单 位或总部的 完全支援或 者指引 15	带领团队业 务里各独立 单位工作; 能自己做决 定,而这些决 定可能会影 响长期的策 略 16	带领一个多元 化机构的业务 团体,创造、交 流和实施使 命、远景和价 值。典型例子 如董事局主席 17

由上述内容可知,表2-22确定的是影响因素中组织规模这一维度的分数,表2-23确定的是影响因素中贡献水平和影响层次这两个维度的综合分数。将这两个分数在表2-24影响分数转化表中找出其对应的位置后,就可得出作为IPE四因素之一的"影响"因素的最终得分。

表 2-24 影响分数转化表

影响	机构规模																			
	1	2	3	4	5	6	7	8	9	10	11	12	13	14	15	16	17	18	19	20
1 产出	5	5	5	5	5	5	5	5	5	5	5	5	5	5	5	5	5	5	5	5
2	15	15	15	15	15	15	15	15	15	15	15	15	15	15	15	15	15	15	15	15
3	25	25	25	25	25	25	25	25	25	25	25	25	25	25	25	25	25	25	25	25
4 操作	36	38	40	42	44	46	48	50	52	54	56	58	60	62	64	66	68	70	77	79
5	42	47	52	57	62	67	72	77	82	87	92	97	102	107	112	117	122	127	132	137
6	53	60	67	74	81	88	95	102	109	116	123	130	137	144	151	158	175	182	189	196
7 战术	59	67	75	83	91	99	107	115	123	131	139	147	155	163	171	189	197	205	213	221
8	76	85	94	103	112	121	130	139	148	157	166	175	184	193	217	226	235	244	253	262
9	83	93	103	113	123	133	143	153	163	173	183	193	203	228	238	248	258	268	278	288
10 策略	100	112	124	136	148	160	172	184	196	208	220	232	264	276	288	300	312	324	336	348
11	107	121	135	149	163	177	191	205	219	233	247	281	295	309	323	337	351	365	379	393
12	124	140	156	172	188	204	220	236	252	268	309	325	341	357	373	389	405	421	437	453
13 远见	131	149	167	185	203	221	239	257	275	318	336	354	372	390	408	426	444	462	480	498
14	143	163	183	203	223	243	263	283	333	353	373	393	413	433	453	473	493	513	533	553
15	151	173	195	217	239	261	283	35	357	379	401	423	445	467	489	511	533	555	577	599
16	164	188	212	236	260	284	308	367	391	415	439	463	487	511	535	559	583	607	631	655
17	172	198	224	250	276	302	328	389	415	441	467	493	519	545	571	597	623	649	675	701

2. 因素二:沟通

沟通因素评估沟通的本质与框架(范围与难度特征)。首先,通过表2-25确定沟通内容的本质及沟通的框架,然后通过表2-26 沟通分数转化表得出在"沟通"因素上的最终得分。

表 2-25　美世国际职位评估指导图表之二:沟通

沟通 沟通包括对机构内、外的沟通		框架			
		1	2	3	4
		内部共享的利益 在同一机构内,对达到目标有共同理想	外部共享的利益 在机构外,对达到目标有共同理想	内部分散的利益 在机构内,目标上的冲突阻挠共同理想达成	外部分散的利益 在机构以外,目标上的冲突阻挠共同理想达成
1	传达 通过文章、建议、动作或外表传递信息	在同一机构内获取或提供资料信息	向机构外获取或提供资料	在机构内,向他人获取和提供资料;主要方针是避免冲突	向机构外获取或提供资料;主要方针是避免冲突
2	适应和交流 通过灵活的沟通和协商达成一致	在机构内,向他人解释事实、惯例、政策等	向机构外解释机构的事实、惯例、政策等	在机构内,向他人解释事实、惯例、政策等;由于惯例或不同的观点,限制了达成共识	向机构外解释事实、惯例、政策等,由于惯例或不同的观点,限制了达成共识
3	影响 没有经过直接的行政指令而起了变化作用	在机构内,向他人解释利益所在,并说服他人接受新的概念、惯例和方法	说服机构外,双方有共同理想,使达成共识,接受新的概念、惯例和方法	在机构内,说服不愿接受新概念、惯例和方法的人	说服一些不愿接受新概念、惯例和方法的外部机构
4	商议 通过研讨和协商管理沟通,使达成一致	在机构内,说服他人接受整个建议和项目	说服机构外,双方有共同理想,使达成共识,接受整个建议和项目	在机构内,说服可能不太感兴趣参与的人,使接受整个建议和项目	说服一些不太感兴趣参与的外部机构,使接受整个建议和项目
5	策略性的商议 在一个综合或长远的架构下管理沟通,沟通技巧是很重要的一环	在机构内,与持不同观点,但有共同目标的人达成一致意见	与机构外持不同观点,但有共同利益的人达成一致意见	在机构内,与一些有不同洞察力和目标的人达成一致意见	与一些有相当不同洞察力和目标的机构以外的人达成一致意见

表 2-26　沟通分数转换表

沟通		框架			
		1	2	3	4
		内部共享的利益	外部共享的利益	内部分数的利益	外部分数的利益
1	传达	10	25	30	45
2	适应和交流	25	40	45	60
3	影响	40	55	60	75
4	商议	55	75	80	100
5	策略性的商议	70	90	95	115

3．因素三：创新

此因素评估职位所需的创新水平与复杂性。首先根据表 2-27 确定该职位所要求的创新水平及其创新的复杂程度，然后在表 2-28 创新分数转化表上找到其相应位置，得出"创新"因素上的最终得分。

表 2-27　美世国际职位评估指导图表之三：创新

创新 创立、发展或改善新的意念、技术、步骤、服务或产品		复杂性			
		1	2	3	4
		明确 清楚地指出问题和事件	困难 只是含糊地指出问题和事件	复合 任何三方面（如操作、财务和人员）中的两方面	多方面 全部三方面：操作、财务和人员
1	跟从 与程序、规范作比较	根据程序，重复地从事同一工作或活动	根据已建立和熟悉的工作活动或程序，得出结果	根据程序，面对难以管理或克服的事情与问题	根据程序，面对难以管理或克服的事情与问题
2	检查 做一点点改变	检查现有系统或过程的问题	检查和修改系统或程序，存在但是不明显的问题	针对系统或程序中存在但是不明显的问题和事情，指出问题并发掘解决方案	针对系统或程序中存在但是不明显的问题和事情，指出问题并发掘解决方案
3	修改 局部的改良	根据既定的程序，更新和改善工作方法	指出问题，更新或修改工作方法	分析复杂的事情并改善工作方法	广泛地分析复杂的多方面的事情，并改善工作方法
4	改进 提高全过程、系统或产品	根据个人经验，适应或改善方法和技术	反馈问题，适应或改善方法和技术	分析复杂的事情，适应或改善方法和技术	广泛分析复杂的多方面的事情，适应或改善方法和技术

(续表)

创新 创立、发展或改善新的意念、技术、步骤、服务或产品		复杂性			
		1 明确 清楚地指出问题和事件	2 困难 只是含糊地指出问题和事件	3 复合 任何三方面(如操作、财务和人员)中的两方面	4 多方面 全部三方面：操作、财务和人员
5	创造/概念化 把新的概念、方法和组织带进现有系统	在单一工作范围/部门内，创造/概念化新方法、技术或过程	创造/概念化新的方法、技术或程序	分析复杂的问题，然后创造/概念化新的方法、技术或程序	广泛分析复杂的多方面的事情，创造/概念化新的方法、技术或程序
6	科学化/技术突破 革命性的进步，尤其在知识或技术方面	在一特定的产品/服务范围内，把多重概念放在一起，为产品或服务确定一个新方向或一个巨大的进步	在工作范围内，把多重概念放在一起，为产品或服务确定一个新方向或一个巨大的进步	横跨各部门，分析复杂问题，把多重概念放在一起，为产品或服务确定一个新方向或一个巨大的进步	横跨各部门，广泛分析复杂的多方面的事情，把多重概念放在一起，为产品或服务确定一个新方向或一个巨大的进步

表 2-28 创新分数转换表

	创新	复杂性			
		1 明确	2 困难	3 复合	4 多方面
1	跟从	10	15	20	25
2	检查	25	30	35	40
3	修改	40	45	50	55
4	改进	65	70	75	80
5	创造/概念化	90	95	100	105
6	科学化/技术突破	115	120	125	130

4. 因素四：知识

此因素评估职位履行职责所需的基本知识。知识的获得可能是通过正规教育或工作经验。首先根据表 2-29 确定知识应用的宽度，然后根据表 2-30 确定对知识要求的程度和在团队中扮演的角色，最后通过表 2-31 知识分数转化表得出在"知识"因素的最终得分。

表 2-29 知识的宽度测量表

宽度 知识的应用	
本地 在本国或有相似文化背景的邻国的地点	1
区域 某一大陆地区（例如亚洲、北美、中东等）	2
全球 多个大陆地区	3

表 2-30 美世国际职位评估指导图表之四：知识

	知识 符合职位要求的最低知识水平	团队		
		1	2	3
		团队成员 个别贡献者，没有直接责任领导其他人	团队领导 通过领导、计划、监控等方面带领团队成员	团队经理 领导两个以上团队，决定团队的架构和成员的角色
1	有限的工作知识 技术限制在狭窄的范围	根据基本规律和标准工作	领导团队通过执行基本工作程序及标准，确保产出	领导多团队通过执行基本工作程序及标准，确保产出
2	基本工作知识 基本的技术	为自己的职位，应用系统和步骤方面的基本知识	带领团队应用系统和步骤方面的基本知识	带领多团队应用系统和步骤方面的基本知识
3	宽广的工作知识 宽广的技术	在一工作范围内应用足够的知识，或在几个相关工作范围内应用基本知识	领导团队应用足够的知识在一工作范围内，或应用基本知识在几个相关工作范围	领导多团队应用足够的知识在一工作范围内，或应用基本知识在几个相关工作范围
4	专业知识 专门的技术或知识，能掌握一特别的科目	在一工作范围内应用深入的知识，或在几个相关工作范围内应用足够的知识	领导团队应用足够的知识在一工作范围内，或应用基本知识在几个相关工作范围内	领导多团队应用足够的知识在一工作范围内，或应用基本知识在几个相关工作范围内
5	专业水平 宽广的专门技术或知识	在部门内的大部分或全部地方应用宽广的知识，以履行责任	领导团队在部门内大部分或全部地方应用宽广的知识	领导多团队在部门内大部分或全部地方应用宽广的知识

(续表)

知识 符合职位要求的最低知识水平		团队		
		1	2	3
		团队成员 个别贡献者,没有直接责任领导其他人	团队领导 通过领导、计划、监控等方面带领团队成员	团队经理 领导两个以上团队,决定团队的架构和成员的角色
6	功能性部门专才/机构通才 在机构管理层面,特别的活动、领域或部门,应用集中的专业知识	在一部门内的所有工作范围,应用宽广而深入的知识,或在多个功能部门应用实际经验,以履行责任	领导团队在部门内的所有工作范围应用宽广而深入的知识,或在多个功能部门应用实际经验	领导多团队在部门内的所有工作范围应用宽广而深入的知识,或在多个功能部门应用实际经验
7	功能性方面杰出/宽广的实际工作经验 在一职位内被肯定有最大的能力,在机构管理层面有丰富经验	在一机构的主要部门,应用宽广的专业知识与实际经验,或在单一的部门内应用超卓的专业知识,以履行职责	领导团队,在一机构的主要部门,应用宽广而实际的经验,或在单一的部门内应用超卓的专业知识	领导多团队,在多机构的主要部门,应用宽广而实际的经验,或在多部门内应用超卓的专业知识
8	宽广而深入的实际经验 在机构管理层面,有丰富而深入的经验	在一多重机构的主要部门,应用广阔而深入的实际经验,以履行责任	领导团队在一多重机构的主要部门,应用广阔而深入的实际经验	领导多团队在多重机构的主要部门,应用广阔而深入的实际经验

表 2-31 知识分数转换表

	知识	团队成员			团队领导			团队经理		
		1/1	1/2	1/3	2/1	2/2	2/3	3/1	3/2	3/3
		本国	区域	全球	本国	区域	全球	本国	区域	全球
1	有限的工作知识	15	25	35	50	60	70	75	85	95
2	基本工作知识	30	40	50	65	75	85	90	100	110
3	宽广的工作知识	60	70	80	95	105	115	120	130	140
4	专业知识	90	100	110	125	135	145	150	160	170
5	专业水平	113	123	133	148	158	168	173	183	193
6	功能性部门专才/机构通才	135	145	155	170	180	190	195	205	215
7	宽广或深入的实际经验	158	168	178	193	203	213	218	228	238
8	宽广和深入的实际经验	180	190	200	215	225	235	240	250	260

接下来,我们将 IPE 四因素的得分相加,得到一个最终的总分数。由于过少的分数差别并不能说明职位价值方面的本质差异,所以我们建议用表 2-32 总分数与职级转换表,将每个职位所得的总分转化成职位级别。

表 2-32 总分数与职级转换表

总分幅度	职级	总分幅度	职级	总分幅度	职级
26—50	40	426—450	56	826—850	72
51—75	41	451—475	57	851—875	73
76—100	42	476—500	58	876—900	74
101—125	43	501—525	59	901—925	75
126—150	44	526—550	60	926—950	76
151—175	45	551—575	61	951—975	77
176—200	46	576—600	62	976—1000	78
201—225	47	601—625	63	1001—1025	79
226—250	48	626—650	64	1026—1050	80
251—275	49	651—675	65	1051—1075	81
276—300	50	676—700	66	1076—1100	82
301—325	51	701—725	67	1101—1125	83
326—350	52	726—750	68	1126—1150	84
351—375	53	751—775	69	1151—1175	85
376—400	54	776—800	70	1176—1200	86
401—425	55	801—825	71	1201—1225	87

通过对 IPE 四因素的打分,得出最终的总分数;通过将总分数转化为职级,清晰地展现了职位间的价值差异。利用 IPE 国际职位评估系统,就可以实现对特定职位的评估了。

第二节 职位薪酬体系的设计

一、职位薪酬体系的设计流程

(一)体系设计的基础

1. 明确背景

进行职位薪酬体系设计首先需要明确企业战略、组织结构;进行环境分析;制定薪酬策略。薪酬体系的设计是以企业战略为导向的,企业应该制定符合企业定位的薪酬体系。

环境分析就是通过调查分析了解企业所处的内外环境现状和发展趋势。一个好的薪酬体系必须与环境之间具有动态适应性,尤其是那些处于创业期的企业,能否准确地进行环境分析以及根据环境分析结果制定合理的薪酬体系对于吸引和留住人才至关重要。

制定薪酬策略即在明确了企业战略以及分析了企业环境的基础上,制定有关薪酬分配的原则、标准、薪酬总体水平等,以使最终设计的薪酬体系有章可循。

2. 进行工作分析

工作分析是通过搜集信息而全面了解某一特定工作的内容或职责、权限、任职资格、工作流程、工作环境等,并对其进行描述的过程。在实践中,我们一般通过问卷法、访谈法、观察法、关键事件法、参与法、工作日志法等方法获取相关职位的信息,形成职位说明书,从而为职位评价提供重要依据。

(二)进行职位评价

职位评价就是对不同职位工作的难易程度、职权大小、任职资格高低、工作流程简易或复杂、工作环境优劣、创造价值的多少等进行比较,评估出该特定工作的相对价值。职位评价是设计职位薪酬体系最为关键的一个环节,如何选取合适的职位评价方法,如何确定职位评价主体,以及如何运作职位评价程序等对于设计一个合理的薪酬体系至关重要。

1. 职位评价方法的选择

上一节介绍了四种常用的职位评价方法,其中排序法和分类法是最为常用的定性职位评价方法,而要素计点法是最为常用的定量职位评价方法,要素比较法则不是很常用。它们在进行职位评估时,比较的标准和考察的角度是有差异的,下面便对几种主要的职位评价方法加以比较,如图 2-2 所示。

		考察的角度	
		职位要素	职位整体
比较尺度	职位与职位比较	要素比较法	排序法
	职位与尺度比较	要素计点法	分类法

图 2-2 职位评价方法的分类

在前面的分析基础上,我们对排序法、分类法以及要素计点法三种常用的职位评价方法,从客观性、精确性、信度、自我辩护性、管理负担、沟通难易、操作成本、复杂性以及组织适应性等几大方面做一个简单的比较,比较内容如表 2-34 所示。从表中我们不难看出,尽管要素计点法在管理成本以及复杂性方面比排序法和分类法要略高一些,但是它在几个有效性标准中要比另外两种方法好。事实上,这也是大多数进行职位评价的企业都采用要素计点法的一个主要原因。

表 2-34 几种主要的职位评价方法比较

	排序法	分类法	要素计点法
客观性	差	差	中等
精确性	低	低—中	中—高
信度	低	中等	中—高
自我辩护性	差	差—中	中—高
管理负担	轻	轻	中
沟通难易	容易	容易	较容易(取决于计划本身的设计)
操作成本	低	低—中	中—高
复杂性	简单	较简单	较复杂
组织适应性	强	强	强(定制时)

2. 职位评价主体的确定——组建职位评价委员会

为了确保职位评价结果的代表性和准确性,公司一般会成立职位评价委员会负责该项工作。委员会通常由所处部门、所任职位和社会生活背景各不相同的人员组成,而且这些组成人员必须自始至终参与整个职位评价过程。他们的主要任务就是分清各职位的职责权限,确定各"职位要素"以及各职位的重要性。[①]

一个公司成立的职位评价委员会可能不止一个。委员会的个数和任务,要根据企业规模来确定。一般来说,在大中型企业,可能有必要组成三个层次的机构:

第一个层次:工作评价决策委员会——这是由高层管理者组成的委员会。其任务是进行职位评价计划的制订和批准。

第二个层次:工作评价实施委员会——这是由工作评价技术人员组成的委员会,其任务是对各工作岗位进行工作分析,按各工作岗位的重要程度进行排列并确定岗位的工作等级。该委员会通常以四人至八人组成比较合适,其人员构成要求很高。通常由人事管理专家、清楚了解工作职责的部门经理以及员工代表构成。即便如此,该层次委员会在组建之后还要对其成员进行职位评价培训以确保其对所有工作有透彻的了解。

第三个层次:执行与申诉受理委员会——这是由常设的人力资源管理部门负责的委员会。其任务是日常执行与维护工作评价。主要是处理实行新的岗位等级后出现的申诉和争论,决定有争议岗位的分级是否合适;对工作内容发生变化的岗位组织复评。

职位评价委员会的成员应该能够得到必要的数据和信息补充,以便增强他们对各职位的认识,提高他们的决策能力。通常,委员会的每个成员会得到一本职位评价手册。这个手册由负责制订职位评价计划的人员编写,内容主要包括公司薪酬政策的目标、职位描述、职位评价可以采取的方法及其优缺点等。

3. 职位评价的运作程序

公司进行职位评价构建薪酬体系,需要有规范的流程,一方面保障结果的科学性和合理性,另一方面也是组织程序公平的体现,利于员工对薪酬体系的接受。我们把这个运作程序总结如图2-3所示。

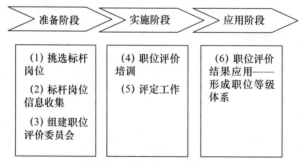

图2-3 职位评价的运作程序

(1)挑选标杆岗位。挑选标杆岗位遵循"挑中用的,挑好用的,挑够用的"三大原则,

---

① 刘园、李志群:《公司薪酬制度概论》,中国财政经济出版社,2001。

即所挑选的岗位要具备一定的代表性;所挑选的岗位可进行横向的比较(各职能部门均有涉及)和纵向的分级(部门内价值最高的岗位和价值最低的岗位尽量选取);所挑选的岗位多则不精,少则不全。

(2)标杆岗位信息收集。这里指的主要是确认标杆职位的职责描述与任职资格等信息的搜集,即进行工作分析以及准备岗位说明书。

(3)组建职位评价委员会。前面我们对此进行了介绍,此处不再赘述。

(4)职位评价培训。这里指的主要是对工作评价实施委员会的成员进行培训。培训的目标在于使委员会成员达到以下两个要求:一是在对职位描述进行分析时,能够找到相似之处;二是理解并牢记各种"职位要素"的定义与价值,从而在分析职位相关价值时能够达成一致意见。公司可以采取多种培训方法来达成以上两个目标。通常,培训的第一步就是发给每位委员会成员一份职位分析结果,一般对象为职能明确的职位。委员会成员在阅读该结果以后,写出一份职位描述。通过对其描述的比较和纠正,成员们能够加强对整个评定过程的理解。下一步就是从某个部门中抽出一组职位,对其进行评定。委员会成员要将这些职位进行排列,并且判断各"职位要素"的相对重要性。总之,对委员会成员的培训就是为了提高各成员的决策能力,使他们能够了解某职位的重要职能和难点所在,以及所要求的最低业绩水平。

(5)评定工作。一旦委员会完成了必要的培训,那么它就可以开始进行评定工作了。委员会成员在召开会议之前,最好先独立进行评定。因为在会议讨论中,可能某些成员的观点会比较强硬,而其他成员可能会动摇或迫于压力接受其观点。这样就不能保证决策的质量,违反了委员会建立的初衷。

目前美国许多公司采用这样一种做法:职位评价委员会的多数工作首先由各成员独立完成,然后通过某种通信工具(包括电话、信件或电子邮件)将其评价结果发送到一个固定地点。在这里,将集中分析所有成员的评定结果,然后返还给委员会成员。这时候,各成员将得到一份有关其他成员的评定结果和平均结果的报告。各成员在阅读该报告之后,可以对其评定做出修改,也可以维持原有结果,还可以对其评定进行说明或提供证明。在接到这些附加信息并对其分析之后,中央控制系统会再次得出相应结论。它可以采用多种方法综合委员会成员的评定结果。实际上,各成员间的不同意见比相同意见更加重要。如果一个或多个成员与其他人得出相差甚远的结论,那么就有必要对职位描述进行修改或删除某些"职位要素"。当该中央系统得出新结论时,整个委员会有必要召开一次会议,对该结论进行讨论,也可能通过讨论得到另外一个新的结论。这种方法有三个优点:一是它使委员会成员能够自由安排个人时间完成职位评价的多数工作,节省了他们的时间;二是充分考虑每个成员的意见,鼓励他们各抒己见;三是节省费用,提高效率。

(6)职位评价结果应用——形成职位等级体系。委员会对标杆岗位打分后,需要汇总所有评估者对该岗位的评分,加权平均得出该岗位的最后评估得分。紧接着将分数进行排序,相应的分数对应相应的职位等级,得分越高的岗位职位等级越高。最终将所有标杆职位归入其对应的职级,形成一个职位等级体系。职位等级体系的确定也代表着对岗位价值的确定,这是职位评价的落脚点。

无论管理者采取什么样的方法运行其职位评价委员会,都必须保持这种方法的可靠性和一致性,并且经常更新。当然,无论管理者采取哪种方法,都有一些错误是不可避免的,如有些委员会成员:(1)不能清楚比较各职位的不同;(2)对各职位的评定普通高于其他成员;(3)对各职位的评定低于其他成员;(4)对某一"职位要素"比较重视,因而会过高评价某些职位;(5)对某一"职位要素"不重视,因而会过低评价某些职位;(6)由于认识某些员工,往往会使对职位的评定变成对员工的评定。

职位评价是一项团队工作。任何个人都无法全面掌握所有职位的信息数据并对其有深入了解,因此也就无法独立完成对所有职位的评定。成功的职位评价的诀窍在于收集充足和正确的信息,并且组织一个高质量的职位评价委员会。

（三）薪酬调查

薪酬调查就是先选择标杆职位,然后通过搜集、分析市场上相关企业各职务的薪酬信息,以得到市场薪酬水平,为本企业确定企业薪酬政策线提供参考。通过薪酬调查,企业会更加明确薪酬发展趋势,不断调整和优化薪酬结构和水平。具体薪酬调查方法在本书第四章第二节会有详细介绍,此处不做赘述。

（四）确定薪酬结构

确定薪酬结构主要就是确定薪酬等级、薪距宽度以及相邻两个薪酬等级之间的交叉与重叠关系。这一步是设计职位薪酬体系的成果体现。在这一步要注意将职位薪酬结构与通过市场薪酬调查得到的外部薪酬水平相结合,即连续的薪酬区间应沿着薪酬政策线的趋势向上。

职位薪酬的设计流程具体可用图2-4表示(相关内容详细的介绍参见本书第四、第五章)。

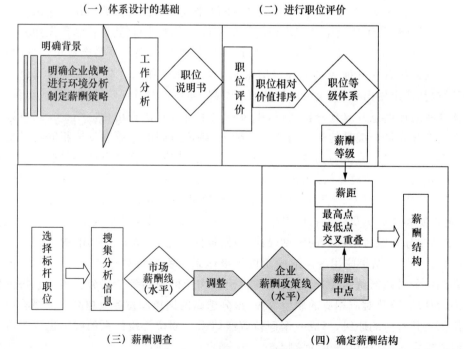

图2-4 职位薪酬的设计流程

二、职位薪酬体系的优缺点

职位薪酬体系是以职位评价为基础来确定组织中不同职位的基础薪酬。这样的逻辑也使得职位薪酬体系具有自身的优点和缺陷。

（一）职位薪酬体系的优点

（1）职位评价的突出优点，是以各个职位在整体工作中的相对重要性来确定其薪酬标准，并且能够保证同工同酬原则的实现。因此，它有利于消除工资结构中的不公正因素，维护企业工资等级间的逻辑和公正关系。同时，这样建立起来的简单工资结构，也易于为员工们理解和接受。

（2）职位评价中使用明确、系统而又简单的评价因素作为确定工资结构的基础，有助于减少在相对工资等级上的怨言。当员工对其现行工资有抱怨时，如使用的是数量评价体系，还可以提供一个核查和详细解释的基础，弄清其不公正所在之处，并通过重新评价纠正过来。

（3）职位评价为工会参与工资确定的过程提供了机会。工资结构往往是工会与企业集体协商或谈判的内容之一，而工作评价为工资结构的确定提供了一个更准确、更值得信赖的基础。因此，工作评价的实施还有利于改善劳动关系。

（4）一旦职位评估完成后，组织可以按照职位系列进行薪酬管理，这使得薪酬管理的操作比较简单，管理成本较低。

（5）员工只有到高一级的职位工作，才能提高薪酬等级。职位薪酬制不存在升级问题，员工只有变动职位，即只有到高一等级的职位上，才能提高薪酬标准。因此，晋升和基本薪酬增加之间的连带性加大了员工提高自身技能和能力的动力。

（二）职位薪酬体系的缺陷

（1）由于薪酬与职位直接挂钩，因此当员工晋升无望时，他的基本薪酬会在相当长时间内保持原来的水平，即使加薪也是依据工龄的增加或生活费用指数的调整，幅度不会很大。这样员工的工作积极性必然会受挫，甚至会出现消极怠工或者离职的现象。

（2）其适用范围会受到某些因素不同程度的制约。第一，职位评价在确定评价因素、各因素权重以及评定各种工作因素的级别上，都不可避免地带有某种程度的主观性，这样就使评价缺乏完全客观和公正的结果。第二，职位评价是一项需要很多时间和资源的技术，本身既需要专业技术人员，又需要很多投资。而且由于引进职位评价所形成的新的工资结构可能会增加劳动成本；另外，一旦职位评价计划实行，还必须常设维护机构。这样，引进职位评价所花费的成本可能会超出它所带来的好处。可以通过以下措施来克服上述缺点：首先，要力求较全面地确定影响岗位等级的因素；其次，在确定因素权重时，要吸收工会和工人代表参与决策，并考虑同行业其他公司在确定权重上的流行趋势。再次，凡能量化的因素要量化，以减少先入为主的偏见。最后，根据本单位的规模和生产经营特点来选择职位评价方法，并精心计划和实施，以节约费用。

（3）职位评价生成的薪酬结构显得过于呆板，难以充分适应生产和技术的变化。职位评价的一个基本假定是，每个岗位工作的内容是大致固定不变的，而不少现代企业的趋势是使工作、组织机构更加灵活,以充分适应生产和技术的变化。因此,再按照事先固定的任务来限定工作内容就有些牵强。职位评价具有适应基本稳定的企业组织结构的内在特征。如果企业组织结构不断变化,每个岗位的工作内容不断调整,就难以正式引进和应用职位评价。而在已经引进职位评价的情况下,就应注意对职位评价系统进行定期检查和维护,使其适应随着时间推移由于引进新技术而使工作内容和工作组织发生变化的需要。

也正是由于以上问题的存在,以及在当前人才竞争的环境下,基于任职者的薪酬体系(即技能薪酬、能力薪酬)得以产生,并在一定程度上弥补了职位薪酬存在的问题。

三、职位薪酬体系的实施条件

组织实施职位薪酬体系,能够更多地利用这种制度的优点并克服其缺点,显然可以更好地发挥职位薪酬体系的功效。因此,分析职位薪酬体系的实施条件是非常必要的。为了更好地发挥职位薪酬体系的作用,要求企业在实施职位薪酬体系之前,做到以下几个方面[①]:

1. 职位的内容已经明确化、规范化和标准化

职位薪酬体系要求组织待评价的职位必须是明确、具体的。因此,企业必须保证各项工作有明确的专业知识要求、有明确的责任。同时这些职位所面临的工作难点也是具体的、可以描述的。换言之,必须具备进行工作分析的具体条件,或者待评价的职位已经进行过工作分析,形成了工作说明书。

2. 职位的内容基本稳定,在短期内不会有很大的变动

职位薪酬体系以各职位的工作内容为基础来确定各职位等级。因此,只有当职位的内容保持基本稳定时,企业才能使工作的序列关系有明显的界线,不至于因为职位内容的频繁变动而使职位薪酬体系的相对稳定性和连续性受到破坏。

3. 组织具有按个人能力安排职位或工作岗位的机制

由于职位薪酬体系是根据职位本身的价值来向员工支付报酬的,因此,如果员工本人的能力与所担任职位的能力要求不相匹配,其结果必然会导致不公平的现象发生。故而企业必须能够保证按照员工个人的能力来安排适当的职位,既不能存在能力不足者担任高等级职位的现象,也不能出现能力较强者担任低等级职位的情况。当个人能力发生变动时,他们的职位也会随之发生变动。

4. 企业中存在相对较多的级别

在实施职位薪酬体系的企业中,无论是比较简单的工作还是比较复杂的工作,职位的级数应该相当多,从而保证企业能够为员工提供一个随着个人能力的提升从低级职位向高级职位晋升的机会。否则,一旦职位等级很少,大批员工上升到一定职位之后就无法继续晋升。其结果必然是阻塞员工的薪酬提升通道,加剧员工的晋升竞争,损伤员工的工作积极性和进一步提高技能和能力的动机。

---

① 刘昕:《薪酬管理》,中国人民大学出版社,2002。

5. 企业的薪酬水平足够高

这是因为,即使是处于最低职位级别的员工也必须能够依靠其薪酬来满足基本的生活需要。如果企业的总体薪酬水平不高,职位等级又很多,则处于职位序列最底层的员工所得到的报酬就会非常少。

本章小结

1. 介绍了职位评价的内涵、目的和方法。

2. 具体介绍了职位评价的四种常见方法:排序法、分类法、要素计点法和要素比较法,同时介绍了目前咨询公司常用的两种职位评估方法:海氏职位评价系统和美世国际职位评估法(IPE)。

3. 详细介绍了职位薪酬体系的设计流程,其中着重介绍了职位评价方法的选择、职位评价委员会的组建以及职位评价的运作程序。

4. 总结了职位薪酬体系的优缺点以及实施条件。

复习思考题

1. 进行职位评价有哪些方法?这些方法具有什么样的异同点?
2. 要素计点法的基本流程是什么?它如何体现组织独特的需要和文化?
3. 目前咨询公司常用的两种职位评估方法是什么?它们有什么不同?
4. 职位评价的主体如何确定?它的运作程序是什么?
5. 职位薪酬体系的内涵是什么?其设计流程是什么?它有哪些优缺点?它在什么样的条件下实现才具有更好的功效?

案例研究

不同职位评价方法的应用与比较

1. 案例说明

请根据某公司财会系统不同职位的说明和职位要素评价表(见案例背景材料1、2),采取不同的职位评价方法对这些职位进行评价,并比较评价结果(见案例思考题)。

2. 案例背景材料

材料1:

某公司财会系统中十项不同职务的说明如下:

(1) 财务处长。职务说明:熟悉各项会计职能,包括制备工资单、应收账目、应付账目、开具账单及其他有关活动;监控预算编制管理中会计账目的保存,并负责编制年度预算;检查财务记录与财务程序,就财务簿记程序提出建议;监督管理与培训下属人员;制备财务报告与财务分析;建立与实施决算控制;执行有关企业资金投资方面的政策。

职务智能要求:需要会计原理与实践的知识,还需要预算制定、行政管理及投资实践方面的知识,应明了国家及地方有关具体会计情境的法律与法规的运用;需具备建立、保持、分析和修正财务记录的能力以及监控领导下属职员的能力。要求大学主修企业管理或有关领域毕业,并有五年以上预算管理与决算操作方面的实际经验。

接受的监控:在公司领导班子的行政性指导下工作。

实施的监控:监督领导会计科科长、数据处理科科长及其他职能部门职员。

(2) 秘书。职务说明:完成多种行政性任务,但无领导监控责任,从事一般文字秘书工作。处理来访接待电话,传达既定计划与政策,帮助领导摆脱日常办公室琐事;保管行政性档案与机密资料;指导少数助理秘书的工作;起草及撰写函电,要求对办公室程序及政策有透彻了解。

职务智能要求:要求掌握包括档案制度、接待及电话处理在内的办公室工作方法、程序与设备的知识;函电、报告撰写知识;能正确使用语法修辞知识及一般统计与资料保管方法;能按既定政策与程序,做出正确判断,拟定函电;掌握快速记忆与听写技巧,每分钟不少于115个词;能进行打字,每分钟不少于50个词;有能力监督指导助理秘书。要求至少高中毕业或同等学力,并至少有两年工作经历。

接受的监控:在处级或以上的行政干部一般监督下工作。

实施的监控:可能要指导一名或数名助理秘书。

(3) 数据处理科科长。职务说明:制订符合给定期限的工作进度计划;指导工作计划与操作程序的正常维持;为各要求数据处理服务的部门收集与分析有关数据以确定其系统的要求;与各部门有关人员会商,以维持现有程序和开发新程序;检查正在处理的报告与数据以保证其完整性与精确性;布置、监督与检查下属的工作;了解有关的新操作技术和设备以改进本部门工作绩效。

职务智能要求:应掌握程序规划与分析的原理与技术,以及编码操作,机器程序,设备运转与维修的原理与技术知识;会计原理,统计方法,符号逻辑及监控技术与方法的知识;能对复杂程序及加工中心进行分析。要求具备主修电子数据处理、会计、数学、企业管理或有关专业大学毕业学历与三年或以上数据处理工作经验。

接受的监控:在财务处长指导下工作。

实施的监控:监督领导程序分析员、计算机操作员、键盘操作员及其他被指派的工作人员。

(4) 会计科科长。职务说明:计划与协调会计科的活动,负责按期完成要求的报表;布置工作区域及规划办公室布局;解释和采用审计师的指示与政策;指导部门年度预算的制定并陈述其根据;就有关会计程序的事务与其他有关人员会商;培训本部门主要下属并考评其工作绩效。

职务智能要求:需了解复式簿记法及其实践的知识;办公室管理实践与知识;能制备财务报表;能制备涉及收、支账目的日记分录账;能监督领导其他会计与办公室人员。要求具备会计专业大学本科毕业学历并至少有在会计或审计工作中从事负责管理方面的四年工作经验。

接受的监控:在财务处长指导下工作。

实施的监控:监督管理一小批会计师与记账员的工作。

(5) 计算机操作员。职务说明:监控与操作电子计算机;装入磁带盘、卡片箱及打印设备;将外围设备接入系统,进行常规性诊断以确定机器或程序故障的原因;将常规办法无法解决的问题呈报主管人员。

职务智能要求:掌握电子计算机系统及其有关专用输入和输出装置的知识;应能操作多种数据处理设备;能监控复杂的计算机并采取正确行动纠正机器的问题;能遵守书面指令;能进行算术运算并校核报告及报告格式的正误。要求具备高中毕业或同等学力并有两年电子计算机操作工作经验。

接受的监控:在数据处理科科长等较高技术和主管职位上的人员监督下工作。

实施的监控:无。

(6) 数据记录员。职务说明:将会计文件或统计文件或编码工作单中的信息,通过键盘操作,输入数据储存装置;校核输入数据的准确性;协助进行文件编码;进行与计算机数据输入与记录有关的日常办公室职员工作,以及按上级要求的有关工作。

职务智能要求:要求具备键盘输入数据的能力,一般文件每小时按键应达8 000次或以上,差错率不大于3%;能完成常规办公室职员工作;能遵守口头书面指令。要求高中毕业或同等学力并有一年操作数据输入的经验。

接受的监控:在较高的技术、行政或主管岗位上的工作人员的直接领导下工作。

实施的监控:无。

(7) 会计师。职务说明:筛选与检验采购单、清款单及其他与存货有关的文件;协助维持固定资产清单册及日记分录账,制备试算表、决算报告及统计报表;协助制订财务记录、程序及决算控制;答复有关预算账目状况的质询和提供有关信息。

职务智能要求:应具备会计原理、会计实践做法与程序的知识;应能设计和建立适当会计方法、报表与程序;能与他人沟通交流会计信息。要求有会计或企业管理专业大学本科毕业学历,所修会计有关课程不少于六门,不需具备相关工作经历。

接受的监控:在会计科科长监督领导下工作。

实施的监控:无。

(8) 高级账员。职务说明:制备并处理应付账款;在会计科长指导下,为初级账目员安排日常工作计划并做检核;查验、审批及筛选会计文件;查验有关工资的质询,并计算工资扣除额;制备并处理包括拖欠款处置在内的假账与账目簿记,对编制的账单进行分析及分类剖析。

职务智能要求:应掌握财务簿记工作中使用的方法与词汇的知识,包括应付款项的有关知识;能迅速而准确地把财务信息登账并进行算术运算;能制备和查检财务报表、工资单、发票与报告。要求高中毕业或同等学力及两年财务簿记工作经历。

接受的监控:在会计科科长一般监督指导下工作。

实施的监控:在会计科科长指导下,对初级账目员的日常工作进行有限的监控。

(9) 初级账员。职务说明:查验、平衡或调整账目;对统计或财务数据进行记账、检核、归纳和制表;制备或查验发票和订货单;进行算术运算;操作计算机机器和簿记造表机器;并从事上级要求的有关工作。

职务智能要求:要掌握财务簿记方法与程序的知识和办公室一般工作方法与实践的

知识;能给财务数据登账,并迅速准确地进行算术运算;能操作办公用机器并学会操作簿记机器;能遵守口头和书面指令,要求高中毕业或同等学力,并有财务簿记工作经验。

接受的监控:在会计科科长及高级账目员监控指导下工作。

实施的监控:无。

(10) 打字员。职务说明:给信函及统计财务报告打字;操作复印机及其他标准办公室设备,接受、分发及处理信函;完成编目及存档等各种办公室工作,以及承担上级要求的有关工作。

职务智能要求:掌握基本的算术与语言正确运用的知识,包括不写错别字及正确使用标点符号;能完成日常办公室工作;能遵守上级的口头与书面指示;能以至少每分钟45个单词的速度打字。高中毕业或同等学力。

接受的监控:在较高的技术行政或主管岗位上的工作人员直接指导下工作。

实施的监控:无。

材料2:

本作业的职位要素计点法练习中共选取了九种维度或因素,各自又都划分为五个等级。这里所选取的维度与"美国工业管理协会职务评价计划"(以前称为美国"美国金属商业协会")所用的颇为类似。不过赋予各因素的具体分数以及这些因素的定义则都是为本作业而专门制定出来的,带有演示性质,与实际中使用的相比要简单些。

附表1 职务因素定义与评分标准

要素名称	定义	评分标准		
		等级	分数	定义
学历	该职务所要求的正式教育年数。年数越多,分数越高	1	10	高中2年以下;
		2	20	高中2年或更多;
		3	40	高中毕业;
		4	70	大专或大学肄业;
		5	100	大学本科毕业
工作经历	在本职务要求的工作领域的工作年限。工作越久分数越高	1	25	不足1年;
		2	40	1—2年;
		3	60	2—3年;
		4	80	3—5年;
		5	100	5年或更久
任务复杂性	本职务要求进行的独立分析,判断及解决问题的活动,任务越多越频繁,所涉及因素越多样,则分数越高	1	15	任务十分简单且常规化;
		2	30	工作包括偶然的常规性问题;
		3	45	少数情况非标准原则所涵盖,要进行分析和解决问题;
		4	60	许多情况非标准原则所涵盖,要进行分析和解决问题;
		5	80	大多数情况是非常规性的要求,高主动性与判断力,包括自行制订新方法与新程序

(续表)

要素名称	定义	评分标准		
		等级	分数	定义
所接受的指导	职务要求的上级主管者给予监控与检查指导的多少。越少则分数越高	1	5	在持续的直接监督指导下;
		2	15	在直接指导下,每日或每周有上级频繁检查;
		3	40	中等程度的一般性指导,检查不频繁;
		4	60	一般性指导,要做重大非常规性决策,几个月才来检查一次;
		5	100	极为泛泛的指导,重大非常规决策,由总经理或常委检查,不频繁
判断失误的影响	可能的失误对公司其他职能的影响。影响越大,分数越高	1	5	失误只有极小的短期影响,对个人以外的影响微不足道;
		2	10	对直接的工作及一两个别人有微小的短期影响;
		3	20	中等影响,给别人工作造成短期问题;
		4	40	中等至重大影响,对若干其他部门带来较持续的问题;
		5	80	代价重大,对许多其他职能部门造成广泛的长期消极影响
与别人的接触	职务要求的与直接工作部门以外人员的交往强度。强度越多,分数越高	1	5	在少数同事和直属上司外极少或无交往;
		2	10	在直接工作部门外接触较少,沟通量不大;
		3	20	与外界有中等程度交往,只涉及常规性信息;
		4	40	有中等至频繁的交往,包括进行说明、解决问题和做出调整等;
		5	60	交往很频繁,要解释、说明、解决问题
对脑力或视力的要求	指不断监控设备、仪表或复写抄录书面材料。这方面要求越高,分数也越高	1	5	极少或没有监控设备或阅读图文要求;
		2	10	只有有限的要求,操作是重复性的,只需中等程度注意力;
		3	15	严密性工作,要求频繁集中脑力与视力;
		4	20	很严密的工作,持续集中脑力与视力;
		5	30	不断监控设备或书面数据,要求付出极精密的脑力与视力劳动
工作条件	噪音,温度涉及不舒适劳动条件的其他因素。越恶劣,分数越高	1	5	周围环境很舒适;
		2	10	偶有噪音或极端(高或低)气温;
		3	25	偶有中度噪音或极端气温;
		4	30	定期出现较高噪音或极端气温;
		5	35	极高或持续噪音或极端气温

(续表)

要素名称	定义	评分标准		
		等级	分数	定义
对下实施的领导	职务所要求进行监督管理性活动的多少与深、广度。越多,越深,越广,分数越高	1	10	不要求对别人进行监督指导活动;
		2	20	督导一位或数位个人;
		3	45	对数位涉及中等难度与中等复杂度任务的工作人员进行持续监督指导;
		4	80	对若干从事复杂任务的中等或高级技术人员进行督导,包括为他们做规划;
		5	120	对若干管理人员或专业人员进行督导,包括大量规划与协调活动

3. 案例思考题

(1) 根据上述财会系统中十项不同职务的说明,用附表 2 排出这十项职务相互总体价值的大小等级,价值最高的职务列为 1 等,最低者为 10 等。

附表 2 职务等级

职务名称	等级
财务处长	
秘书	
数据处理科科长	
会计科科长	
计算机操作员	
数据记录员	
会计师	
高级账目员	
初级账目员	
打字员	

(2) 请根据前面列有职务说明的十种财务系统的职务特点,对照上面附表 1 所给出的九种选定的评价因素的定义与评分标准,采取评分法计算出反映其对组织相对价值高低的各职务的总计分来,填入附表 3 的各栏中。

附表 3 职务分数

维度 级/分 职务	1 学历	2 工作经历	3 任务的复杂性	4 接受的指导	5 判断失误的影响	6 与别人的接触	7 对脑力或视力的要求	8 工作条件	9 对下实施的指导	10 总计分
财务处长 等级										
财务处长 分数										
秘书 等级										
秘书 分数										
数据处理科科长 等级										
数据处理科科长 分数										

(续表)

维度\级/分\职务	1 学历	2 工作经历	3 任务的复杂性	4 接受的指导	5 判断失误的影响	6 与别人的接触	7 对脑力或视力的要求	8 工作条件	9 对下实施的指导	10 总计分
会计科科长 等级										
会计科科长 分数										
计算机操作员 等级										
计算机操作员 分数										
数据记录员 等级										
数据记录员 分数										
会计师 等级										
会计师 分数										
高级账目员 等级										
高级账目员 分数										
初级账目员 等级										
初级账目员 分数										
打字员 等级										
打字员 分数										

（3）职务评价法的比较

请将附表3中所得的那十项职务的总记分,填入附表4的左边第一栏中。然后按这些分数的高低排列出等级顺序来,分数最高的列在第一,分数最低的排在第十。下一步再将附表2中用定级法所列出的顺序,抄写到附表4的第三栏中来。最后,计算出第三栏中用排序法所得等级与第二栏中按评分法转化来的等级间对应的差值来,并将结果填入最右边的第四栏中。若此两种职务评价法所获等级不一致,你将怎样解释所出现的差异呢?

附表4 定级法与评分法的比较

职务名称	（一）分数（得自附表3评分结果）	（二）按分数所得等级排序	（三）等级（自附表2定级法所得）	（四）第二栏与第三栏等级差
财务处长				
秘书				
数据处理科科长				
会计科科长				
计算机操作员				
数据记录员				
会计师				
高级账目员				
初级账目员				
打字员				

案例来源:根据余凯成、陈维政、张丽华,《组织行为学·人力资源管理案例与练习》(大连理工大学出版社,1999)中案例"企业内部工资结构设计综合作业"改编。

21世纪经济与管理规划教材

人力资源管理系列

第三章

基于任职者的薪酬体系

【学习要点】

技能薪酬体系的内涵

技能薪酬体系的设计流程

技能薪酬体系的优缺点及其相应的实施条件

能力薪酬体系的建立步骤

能力薪酬体系的利弊与实施环境

职位/技能/能力薪酬体系的比较

开篇案例

在体育界,替补队员的薪酬往往低于首发队员,这似乎是理所当然的事。但是在对于世界著名音乐剧《猫》的演员们来说,却是恰恰相反的:替补演员的周薪竟然相当于正式演员的 1.25 倍！正式演员每周要出演大约 20 场,从而获得 2 000 美元的周薪;但是替补演员们只是在后台静静地坐着,就可以拿到 2 500 美元的周薪,究竟原因何在？为什么看似职位没有正式演员重要的替补演员能拿较高的薪酬呢？

原来,替补演员虽然不一定要上场演出,但是他们通常被要求必须掌握五个不同角色的表演。一旦正式演员们因为身体不适等其他原因无法上场的时候,替补演员们随时就要救场。所以对他们支付的薪酬不是基于工作量和职位,而是基于他们个人掌握能够表演五个角色而且在关键时刻挽回演出的能力。

在传统职位薪酬方案中,员工的薪酬取决于他们所在的职位,职位的价值决定员工的价值,而且薪酬增长的前提是职位出现空缺,使得员工有晋升的机会。这通常会导致薪酬受职位所限。随着经济环境的变化和人力资源管理的发展,更多的组织采用了扁平化的组织结构以提高灵活性和效率,这就使得通过职位晋升获得薪酬提升的机会变得越来越少。同时,组织建立核心竞争力的战略需要员工具有更高的能力、承担更大的责任、解决更复杂的问题,任务的完成更依赖团队合作和较少的直接监督。员工需要做的工作已经不再局限于工作说明书中指定的任务。他们必须懂得更多,想得更多,必须对工作后果承担个人的责任。管理者也认识到要提高公司的运行效率,达到公司的经营目标,不能将员工的工作拘泥于特定的职位描述,必须鼓励他们尝试更多的工作,钻研更新的工作方法。因此,企业迫切需要新的薪酬制度支持这种新的变化。与此同时,为了留住核心人才,新的薪酬方案必须给员工成长留出空间,必须有职位头衔之外的东西去激励员工。正是在这种背景下,许多公司改变了原来仅凭职位决定员工薪酬的制度,引入了新的薪酬制度——基于任职者的薪酬方式,作为对原有薪酬制度的补充,以满足这样的要求。

基于任职者的薪酬方案(Person-based Pay Plans)包括技能薪酬方案(Skill-based Pay Plans)和能力薪酬方案(Competence-based Pay Plans)。技能薪酬方案是根据员工所掌握的与业务相关的技能数量和水平来支付工资的。这种薪酬方案广泛运用于蓝领员工。但对于白领员工,特别是知识工作者,决定他们绩效的东西不是知识与技术,而是某些品质与特征。能力薪酬体系就适应了白领员工的这种特点。在能力薪酬方案中,支付个人薪酬的依据是员工所掌握的能力,薪酬增长取决于他们能力的提高和每一种新能力的获得。本章分别对技能薪酬体系和能力薪酬体系进行介绍。

第一节 技能薪酬体系

一、技能与技能薪酬体系的内涵

(一) 技能的含义及其基本维度

在基于任职者的薪酬体系中,首先要明确这几个概念:任务(Task),是指一份用来说明一位员工需要做什么、为什么要做、如何做以及在哪里做的书面任务描述。知识(Knowledge),是指人的能力和技能发挥作用的必要的信息性基础。知识包括抽象的知识、经验性的知识以及程序性的知识。知识只有与脑力、体力和能力相结合才能够产生业绩,仅仅占有知识是不足以保证绩效达成的。能力(Ability),是指一位员工完成工作的实际能力。

技能(Skill),是能力概念的一种延展,包括了一种绩效标准在里面。一位技术工人就是指一位能够很容易、很准确、很熟练地完成工作的人。胜任力(Competency)则是技能概念的一个变种,与技能之间的差异主要在于包括能力的范围不同以及应用的职业范围不同两个方面。关于胜任力的概念,我们会在本章第二节能力薪酬体系中详细论述。总的来说,技能往往是指蓝领工作以及事务性工作所需要的工作技能,而胜任力则通常在对管理人员、专业人员、技术人员以及其他白领工作进行讨论时才会被提到。

对技能的理解,还可以从其包含的维度来看。根据技能的范围取向,技能包括这样三个基本的维度:

(1) 深度技能(Depth of Skills)。指想在某一岗位上达到好的工作绩效,员工除了需要胜任一些简单的体力活动,还需要从事一些较为复杂的活动,比如需要运用推理、数学以及语言等脑力活动方面的工作内容。这些都属于这个岗位所要求的深度技能。例如,对于负责人力资源部门薪酬的主管来说,要想成为一名薪酬专家,除了要首先了解薪酬的基本内容、构成和作用等基本知识,还需要掌握有一定深度的技能,如工资调查分析、激励工资系统设计以及如何合理设计薪酬才能实现最大化的激励作用等。他们掌握的有关薪酬的操作技巧越多,薪酬技能越有深度。

(2) 广度技能(Horizontal Skills)。指员工在某一岗位工作时,不仅需要掌握本职工作技能,还需要掌握其上游职位、下游职位或者是同级职位所要求的多种一般性技能。以需要掌握同级职位所要求的多种技能为例,零售商店的办公室职员需要学习如何完成几种工作,如记录员工出勤率、安排售货员轮班和监管办公用品的使用(如纸夹、激光打印机的墨盒)。这些工作虽然是商店经营的不同方面,但这三项工作都是以员工档案记录的基本知识为基础的。

(3) 垂直技能(Vertical Skills)。这种技能要求员工能够进行自我管理。员工在承担此类职位的工作时需要具备的所谓垂直技能包括时间规划、领导、群体性的问题解决、培训以及与其他工作群体或员工群体之间的协调等。为自我管理的工作团队设计的技能薪酬计划通常强调这类的管理技能,因为这类工作团队的成员经常需要学习如何互相管理。这类工作团队(指自我规范、自治或半自治的工作团队)的成员通常来自各个职能区域,共同合作来计划、设计和完成一项产品或服务。例如,在戴姆勒-克莱斯勒公司,来自各个职能单位(市场、财务、工程和采购)的技术人员组成团队,重新设计和制造戴姆勒-克莱斯勒新型汽车。通过这种团队的工作方法产生的最新一项革新是重新设计的 Jeep Grand Cherokee(吉普大切诺基)——一种流行的运动型跑车。Jeep Grand Cherokee 的流行归功于工作团队的智慧。这些团队利用不同员工的独特天才——包括知识和技术,共同生产出适应市场需要的(如四轮发动机、真皮座椅)价格合理的运动型跑车。

(二)技能薪酬体系

所谓技能薪酬体系或技能薪酬计划(Pay for Skill,Skill-based Pay),是指组织根据不同岗位和职务对技能的深度和广度以及员工实际所具备的水平来支付基本薪酬的一种报酬制度。这种薪酬决定体系的一个共同的特征是,员工所获得的薪酬是与知识、一种或多种技能而不是与职位联系在一起的。

技能薪酬体系跟以往薪酬体系的区别在于,以往的薪酬体系多是以职务或者工作的价值来确定报酬,关注的是工作的"产出"。而技能薪酬体系以"投入"为关注点,组织更多的是依据员工所拥有的相关工作技能而不是其承担的具体工作或职位的价值来对他们支付薪酬,并且员工的薪酬上涨也取决于员工个人所掌握的技能水平的上升或者是已有技能的改善。因此,技能薪酬体系也是能本思想的体现。

二、技能薪酬的设计流程

技能薪酬体系的设计流程的重点在于开发出一种能够使技能和基本薪酬联系在一起的薪酬计划,并且这些技能能够和相对应职位的要求匹配起来。总的来说,技能薪酬体系的设计流程主要包括以下几个步骤[①]:

(一)成立薪酬指导委员会和薪酬设计小组

由于每个企业实行的技能薪酬计划都具有其特殊性,甚至一个大型企业集团公司中,不同的事业单位内的技能薪酬计划也是有差异的。因此,技能薪酬体系的设计不能单方面由企业高层管理人员制定,而需要建立一个由企业高层管理人员组成的薪酬指导委员会和薪酬设计小组。

这两个团体的组成和分工是不同的,它们相互配合,共同完成组织技能薪酬体系的建立和实施工作。指导委员会的职责包括:(1)确保技能薪酬计划的设计与组织总体的薪酬管理哲学以及长期经营战略保持一致;(2)制定技能薪酬计划设计小组的章程并且批准计划;(3)对设计小组的工作进行监督;(4)对设计小组的工作提供指导;(5)审查和批准最终的技能薪酬计划设计方案;(6)批准和支持技能薪酬计划的沟通计划。

一个典型的技能薪酬计划设计小组由该计划所覆盖的那些员工和来自人力资源管理部门、财务部门、信息管理部门的代表所组成。小组规模取决于准备采用技能薪酬计划的每一类职位或者工作的数量。在通常情况下,某一种职位或工作中的员工数量越多,则这种类型的员工在设计小组中的人员数量也就越多,但至少应当由来自不同层次和部门的

---

① 刘昕:《薪酬管理》,中国人民大学出版社,2002。

5个人组成。

此外,还有必要挑选出一部分员工作为"主题专家"(Subject-matter Experts)。这些专家可以包括员工、员工的上级、人力资源管理部门的代表、组织开发和薪酬方面的专家以及其他一些具备工作流程知识的人。他们的作用是在设计小组遇到各种技术问题时提供协助。

(二)通过工作分析创建岗位的工作任务清单

由于技能薪酬体系将重心从员工所需完成的工作任务转移到了员工的技能水平,因此首先必须对员工所要完成的工作进行准确理解和深入分析,这样才能确定对所要完成的工作有价值的技能,从而进行技能的区分以及技能水平的划分。因此,设计技能薪酬计划的第一步就是通过工作分析创建工作任务清单,系统地描述所涉及的各种工作任务。

1. 工作任务的分析

为了描述各种工作任务,我们需要将工作任务分解为更小的分析单位,即工作要素(见表3-1)。

表 3-1 工作要素、工作任务与工作之间的区别与联系

工作名称	快餐店厨师	三明治制作工	熟食切割工
工作 (Job)	根据客户的要求准备和烹饪在很短的时间内就能交付食用的食品	准备三明治	用手工或者机器将熟食或者奶酪切成片
工作任务 (Task)	准备三明治	用手工或者机器将熟食或者奶酪切成片	
工作要素 (Element)	用手工或者机器将熟食或者奶酪切成片		

从表3-1中可以看出,一种活动被说成是工作要素,还是工作任务或者是工作,要取决于在一个工作单位中的劳动分工程度。表中从快餐店厨师、三明治制作工到熟食切割工,分工越来越细,"用手工或者机器将熟食或者奶酪切成片"也从工作要素转变成为工作。

通过对工作的详细分析,依据一定的格式和规范将每一个岗位的各项工作任务所包含的工作要素详细列出来。根据这些标准化的任务描述,我们就能理解为了达到一定的绩效水平所需要的技能的层次。

在描述工作任务时,分析者所面临的一个关键决策是,在任务描述中到底应当将信息详细到一种什么样的程度。一般认为,进行技能分析,只要强调所要完成的工作任务以及完成这些任务时需要的关键行为就可以了。

当薪酬设计小组通过工作分析获得了相关职位或工作的工作任务描述以后,还要根据需要重新对工作任务信息进行编排。这一步实际上是要求设计小组在工作任务分析的基础上,评价各项工作任务的难度和重要性程度,然后重新编排任务信息,对工作任务进行组合,从而为技能模块的界定和定价打下基础。

2. 工作任务的难度和重要性的评价

任务的重要性评价可通过考察工作任务是否在工作现场完成以及该项工作任务对于

完成工作或达成某一工作单位的目标是否重要这两个方面来进行。工作任务的难度评价是用来确定完成或者学会完成某种工作任务的困难程度。在制定技能薪酬方案时，它通常被用在确定技能水平上。需要注意的是，一项工作任务的难度和它的重要性程度之间并不具有完全的一致性。那些在重要性上得到评价最高的工作任务都是与安全以及对组织的直接经营会产生重大影响一类问题有关的工作任务。而那些在难度评分上得分最高的工作任务则是需要履行者具备较高的熟练程度、较高的判断力以及随机应变能力的工作任务。

在对工作任务进行评价时需要用到主题专家。比如，在运用任务重要性这一尺度来对组合起来的任务清单进行评价时，就应当由一位受过培训的工作分析人员去与主题专家们进行面对面的交谈。工作分析人员应当原原本本地向主题专家们揭示工作任务评价的程序，然后促使他们思考还有哪些工作任务需要增加到上述工作任务清单上去。如果遇到的新的工作任务特别多，那么让主题专家们把工作任务加以扩充或者对任务再次进行评价就很有必要。

在这个过程中，要重视对各主题专家评分的平均得分和标准差的考察，因为这两个数值反映了专家评价的偏好和误差。任务评价结果的标准差越小，表明各位专家意见的一致性越高，其评价结果的可信程度也越高。相对应，所有专家对某特定工作任务评价结果的标准差越大，表明各种专家意见一致性越低，这一评价结果的可信度也就越低。

评价结束后，还需要让各位主题专家就统计分析结果进行讨论。在对专家不同的意见进行统筹考虑之后，设计小组有必要判断这些问题对于最终的量化结果所产生的影响到底有多大，是否需要修正，如重新编写不清晰的工作任务描述，以及将有过于夸大任务难度和重要性倾向的主题专家的评价结果剔除等。

3. 工作任务的组合

工作任务（工作要素）的难度和重要性不同意味着完成各项工作任务的技能要求是不同的。而技能薪酬体系正是依据完成工作的技能标准来完成对薪酬定价的。因此，评价结束后就需要对工作任务进行重新组合。工作任务重新组合的目的在于，根据工作任务的重要性或（和）难度，把各项工作任务分成不同的等级，以便将组合好的工作任务模块分配到不同的技能等级中去，然后再设法对它们进行定价。因此，工作任务的组合为技能模块的界定和定价打下了基础。

对工作任务进行组合的方法有两种：统计方法和观察方法。

（1）统计方法是指通过要素分析的方法，运用重要性或者难度两者之中的一个或者两个评价要素对工作任务进行分组。其基本的步骤是：① 选择熟悉组织中各项工作任务的难度、重要性的多名专业人员作为评价专家；② 每个专家对各项工作任务的难度、重要性进行评分；③ 根据各专家的评分计算各项工作任务在每个评价指标上的平均得分；④ 组织专家对统计分析的结果进行讨论，对评价结果进行修订，形成相对一致的意见；⑤ 根据各项工作任务在评价指标上的得分对工作任务进行分类，形成不同的等级。

需要注意的是，要素分析要求有大量的主题专家参与，并且要求专家对统计学具有比较深的理解以便更好地分析结果，所以对实际操作提出了较高的要求。

(2) 观察方法是指受过训练的工作分析专家和主题专家一起将工作任务分配到不同的组别中。通常需要遵循下列几个步骤:① 将每一项工作任务陈述都分别写在一张纸片或者卡片上。② 根据一种规则将具有某些共通性的工作任务陈述归到一起。主题专家们应当重点考虑与工作有关的描述性字句。这种描述性字句的例子包括:技术的和人际的;管理的和非管理的;预防和维修;机械的和非机械的;体力工作和脑力工作;等等。这项工作必须由主题专家们来完成,并且至少要有两名以上的主题专家参与。③ 每一名主题专家都分别对完成归类的工作任务陈述进行比较,来确定他们对于这种分类是赞同还是不赞同。④ 将主题专家召集到一起,来讨论这些任务组合,阐述将这些工作任务划分到或不划分到某些任务类别中去的理由是否充分。⑤ 根据讨论结果,通过将工作任务在不同的任务类别之间进行转换或者是新建任务类别来重新界定工作任务类别,这一过程应当一直持续到大家的意见一致时为止。⑥ 根据每一工作任务类别所代表的任务类型来给每一个任务类别起一个名字,这些工作任务类别所代表的就是不同等级的技能。

(三) 技能类型的划分与薪酬结构的形成

1. 几组概念的关系

(1) 技能与工作任务的关系。技能这个概念实际上是逐渐将重心从工作任务本身向个人所具备的完成工作的技能所进行的一种转移。换言之,关于技能的陈述实际上就是以技能的形式对工作任务描述重新加以表达。例如,原来的表述方式可能是:需要完成的工作任务包括机械、设备故障的检修。而新的表达方式则只不过是变成了需要具备检修机械、设备故障的技能。然而,从管理的角度来说,上述这两种陈述之间的差异却是根本性的。第一种陈述使得管理层将判断的基准落脚在工作对于组织的价值上;而后者则放在员工所掌握的与工作任务相关的技能上。显然,工作任务越困难,对员工的技能要求就越高。技能与工作任务的这种关系意味着完成工作任务的组合在一定程度上实现了技能的等级划分。

(2) 技能、技能模块和技能类型的关系。在技能分析中,技能是最小单位,即对所作工作的具体说明,例如拧紧螺丝。技能模块(或称为技能区)是技能、活动或行为的集合,它与一项职位或职位的某一部分相类似,如装配产品。而技能类型是指一个工作群内水平相似的有关技能模块的集合,如装配工人。不同的技能类型反映组织内所有工作的不同技能水平。技能、技能模块和技能类型三者关系如图3-1所示。

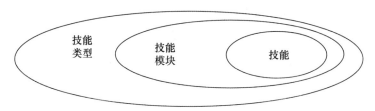

图 3-1 技能、技能模块和技能类型三者关系

2. 技能类型的划分

技能类型的划分有着不同的分类角度。在不同的划分模式下,员工技能增长的路径也是有所差别的。下面是两种常见的划分方法:

（1）按照生产环节和技能的等级水平两个维度进行划分。组织首先按照生产过程的不同环节，划分与生产过程步骤相对应的技能类型。例如，食品厂根据生产中原料采购和处理、配料、原料加工、食品检验、食品包装的工艺流程，将技能类型划分为五类。然后，每种技能类型分为三个等级，包括初级水平、中级水平和高级水平三个模块，并界定：① 初级水平的技能等级所包括的工作任务要求完成这些属于日常事务性的工作任务的员工具备一定的技术知识，按照行话来说，这个技能等级所代表的只能是学徒水平。② 中级水平的技能等级所包括的工作任务要求完成这些任务的员工必须具备中等水平的专业知识、判断能力和应变能力。在这一层次上，员工是在一定的监督之下按照组织既定的规范和标准来开展工作的。这一技能等级可以被视为熟练工人水平。③ 高级水平的技能等级所包括的工作任务需要完成这些任务的员工具备高等水平的专业知识、判断能力和应变能力。在这一层次上，员工要对自己的工作独立负责，并且只是接受相对宽泛的指导和监督。在评价这一技能水平上员工的工作绩效时，工作结果的质量是评价的一个主要标准。这一技能等级可以被视为专家级水平。这样就划分形成了 15 个不同的技能类型，如图 3-2 所示。这样，一名新员工最初从原料处理的初级水平开始，被证明在技能 A1 上合格以后，就可以接受 A2 或者 B1 方面的培训。

高级水平	A3	B3	C3	D3	E3
中级水平	A2	B2	C2	D2	E2
初级水平	A1	B1	C1	D1	E1
	原料处理	配料	原料加工	食品检验	包装

图 3-2　按照生产流程和技能等级两个维度进行技能类型的划分

（2）组织按照从事不同类型工作人员的技能要求和技能水平，将技能类型划分成基础技能、核心技能、可选择技能三个模块：基础技能是员工从事工作必须具备的基础知识和能力；核心技能是员工保证生产系统正常运转、完成本职工作任务必不可少的知识和技能；可选择技能是员工在本职工作之外附加的专业能力，是更高层次的技能，如一个电工又具有计算机应用、团队组织等技能。按照此种划分方法，员工的技能增长路径是，首先掌握必需的基础技能，再根据不同岗位的要求或者自身职业发展的设计，掌握相应的核心技能，选择性地掌握一定程度的可选择技能。

另外，还可以把这两种方法结合起来划分技能的类型。比如在上例中，在原料处理这个生产环节上，把所需要的各项技能（包括上述的三个等级水平的技能）划分为基础技能、核心技能、可选择技能。通常员工掌握技能的增加意味着岗位等级的提高。

3. 技能等级的定价与薪酬结构的形成

对技能模块的定价实际上就是确定每一个技能单位的货币价值。虽然这一操作步骤的重要性得到了广泛承认，但是至今也没有一种标准的技能等级定价方法，即并不存在一种能够将技能模块和薪酬联系在一起的标准方式。特别强调的是，在技能定价时需要遵守的一个重要原则是，组织必须确保某职位的任职者在全部具备完成该职位所需要的各项技能以后才能获得本职位的市场薪酬水平。企业在这个原则的基础上确定技能模块的相对价值。

在通常情况下我们可以按照下列几个方面的维度来确定技能模块之间的相对价值：(1) 失误的后果。由于技能发挥失误所导致的财务、人力资源以及组织后果。(2) 工作的重要性。技能对于完成组织认为非常重要的那些工作任务的贡献程度。(3) 基本的知识水平。指学习一项技能所需要的基本的数学、语言以及推理方面的知识。(4) 工作或操作的水平。工作中所包括的各种技能的深度和广度，其中包括平行工作任务和垂直工作任务。(5) 监督责任。指在该技能等级上涉及的领导能力、小组问题解决能力、培训能力以及协作能力等的范围大小。

技能类型划分的方式不同形成的薪酬结构往往也会有一定的差别。图 3-3 是某食品厂按照生产过程划分技能类型所形成的薪酬结构。组织对各种工作的每种技能类型都要有具体的规定和标准要求，再确定其相应的薪酬标准，形成组织的薪酬结构。比如，上述食品厂在规定每种技能类型和每个技能模块相对应的薪酬标准，形成了有 15 个等级的薪酬结构，如图 3-3 所示。

图 3-3 某食品厂按照生产过程划分技能类型所形成的薪酬结构

按照技能模块定价，形成的薪酬结构如图 3-4 所示，即不同类型的员工掌握不同模块的技能，而掌握不同模块的技能也可以获得相应的薪酬定价。员工通过掌握的技能模块的增加来获得薪酬水平的提高。有些企业技能不是完全按照模块组合的，而是赋予每项技能一定的点数，员工掌握了一项技能后就获得一定的点数，从而提升自己的薪酬水平。

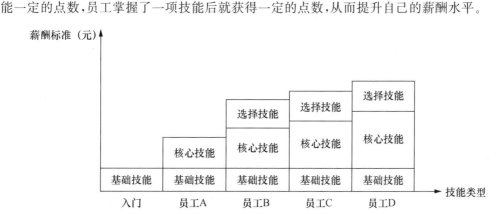

图 3-4 按对员工的技能要求划分技能类型所形成的薪酬结构

为了更好地理解,我们这里引用一个例子——FMC 公司内用于技术人员的以技能为基础的方案。① 该公司的技能薪酬方案有三种类型的技能:基础技能、选出的核心技能、选出的供选择技能,三种技能的内容如表 3-2 和表 3-3 所示,其中核心技能对于整个系统的运作都是必不可少的,并且每项核心技能都赋予一个点值。基础技能对于每个员工来说都是必备的,而核心技能和选择技能则是对不同级别的员工有不同的要求。

表 3-2 基础技能和选择技能

基础技能	选出的供选择技能	
质量课程	维护	达成一致意见
商店地板管理	后勤——JIT	职业发展
材料处理	公司安全	群体决策
危险性材料录像	几何忍耐力	公共关系
安全研习班	计算机——Lotus	团队组织能力
上岗培训研习班	计算机——Dbase III	培训
	计算机——文字处理	共同解决问题
	评价中心	行政管理
	舆论建设	

表 3-3 选出的核心技能及点数

技能	点数	技能	点数
Longeron 捏造	10	漏洞检查/修补焊接	5
控制板捏造	15	最终认可检验	10
甲壳捏造	15	焊接检查	15
终端铸造焊接	20	火焰喷射	15
润饰——油漆	20	组装检查	5
润饰——Ablative/Aubodave	20	手工组装安全度	15
润饰——表面准备	10	使用机器 MK13	25
MK13 组装	15	使用机器 MK14	25
MK14 组装	15	工具安装	10
完工检查	5	NCL 检查	30
机器检查	20	零件去油污	10
焊接	15	组织	5
		接受检查	5

公司制定的以技能为基础的技术员薪酬结构如图 3-5 所示。作为入门的技术员,必须掌握基础技能,获得的薪酬标准为 11 元/小时。为了获得技术员 A 的薪酬水平(12 元/小时),需要在掌握基础技能的基础上再掌握 40 个点数的核心技能。如果想进一步提高薪酬率,达到技术员 B 的薪酬率(13 元/小时),需要在技术员 A 的基础上,再掌握 100 个点数的核心技能点和 1 项选择技能,其他依次类推。

---

① 〔美〕George T. Milkovich, Jerry M. Newman:《薪酬管理》,董克用等译,中国人民大学出版社,2002。

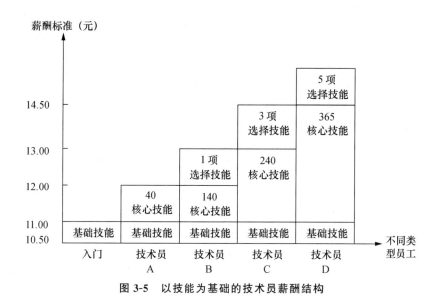

图 3-5 以技能为基础的技术员薪酬结构

（四）员工技能培训与认证

在技能分析的基础上，企业必须建立完善的技能培训体系和资格认证体系，这是技能薪酬的运行平台。实践证明，只要员工的报酬与其技能相联系，他们参与公司培训的积极性就会大大提高。因此，设计和推行技能薪酬计划的最后一个阶段是在对员工现有技能进行分析的基础上，制订出培训计划、技能资格认证计划。这是技能薪酬体系设计中技术难度最大的工作。

对员工进行技能分析的目的在于确定员工当前处于何种技能水平上。在技能定义的确定、数据的收集以及进行层次划分的过程中，需要员工提供细致、真实的信息。而在评价某员工是否具有某项技能时，应该由员工和管理者共同参与或者由员工的直接上级、同事、下级以及客户共同构成。这些人主要从各自不同的角度向被评价员工的上级提供评价意见。不过需要注意的是，在进行实际的技能评价之前，评价的各方应当对评价标准达成共识。

通过员工技能分析，确定员工现有技能和岗位需要其所具备的技能之间的差距，确定需要培训的技能。另外，对技能培训需要的确定还应该扩展到一些需要得到提高的其他一些不足之处（如基本能力的缺乏，数学、语言、推理、人际管理和沟通能力的不足等）。

培训需要确定好以后，需要进行技能培训需要分析。这个环节是仔细研究培训需求的过程，确定如何才能满足培训需求。企业在此基础上制订员工的技能培训计划。

1. 技能培训计划的制订

技能培训计划包含的基本内容包括 7 个 W：

（1）为什么要培训（Why…）：即确定培训的目的。技能培训目标的确定需要采取以下步骤：将技能培训需要按轻重缓急组成一个序列；通过筛选将培训需要转化为计划目标；培训目标可分为若干层次，从总体目标到每次培训活动的具体目标。培训目标应该采用行动性词语来表达，如"熟练掌握、正确弄清、正确完成"等。要把目标制定得越具体越好。

(2) 谁接受培训(Whom…)：这一步是选择培训对象。通过制定客观的资格审查标准,用这些标准来衡量各类人员,确保人员的合格性。

(3) 培训些什么(What…)：即确定培训内容,通过什么内容的培训才能达到目标。

(4) 谁实施培训(Who…)：即负责培训的是哪个部门或个人,还是外请专家、培训师等。不同项目培训实施者都不同。如针对生产员工来说,最好由生产团队安排每个获得特定技能证书的员工负责培训轮换到该职位的下一位员工。

(5) 如何培训(Which…)：即培训采用的方法和形式。要科学规划出培训的系统结构,需培训的课程单元、每个单元的任务、必要的材料和道具、完成时间的长短等,需要相当专业的知识。培训方法分为两大类,脱产培训(外部培训)和在职培训(内部培训)。就形式而言,外部通用的培训课程和资格认证只是整个体系的一部分,企业可以根据自身经营需要引导或指导员工接受在职培训、导师培训或者外部培训等,并通过资格认证和阶段性的再认证程序对这些技能加以确认,保证员工技能水平的保值和增值。

(6) 什么时间(When…)：确定员工参加培训的时间。按照技能的紧缺和重要程度为员工进行安排。

(7) 什么地点(Where…)：大量的培训是在企业内部进行的,特别是技能操作方面的内容。但也有很多企业因为本企业内部资源有限或为了避免因此带来的大量成本,采用外部培训的方式。比如让员工到大学或相关机构参加培训,或者将培训业务外包。

2. 技能的认证

任何薪酬计划都会要求对员工是否符合薪酬条件进行考察。以技能为基础的薪酬由于标准比较抽象,因此更需要制定相应的技能审核程序和认证制度,对员工的技能进行认真评估以验证员工是否具有某种技能,确认员工的技能水平,以作为薪酬发放的依据。实施技能薪酬计划的最后一个环节是设计一个能够确定员工技能水平的认证计划。该计划应该包含三个要素：认证者、认证所包含的技能水平以及员工通过何种方法表现出自己具备某种技能水平。

企业应组织一个认证委员会,这种由委员会进行的技能评价相对更加客观和公正。其组成人员即认证者可以来自内部,也可以来自外部。内部的认证者主要是由员工的上级和同事以及员工所从事工作领域的专家。外部评价主要是指一些由大学、商业组织以及政府发起的考试和认证计划。这些外部认证机构也是比较公正和客观的。不过,外部评价时由于外部评价者缺乏对员工所处工作环境的了解可能会导致评价失真。此外,员工在工作场合以外获得了某种知识和技能可能并不意味着其就一定能够将它运用到企业的具体工作环境之中去。

另外,为了确保员工能够将这些技能持续保持在某种水平上,还必须要有一个阶段性的资格再认证过程。当然,怎样取消那些不再具备特定技能者的原有资格的过程有时也非常重要。

三、技能薪酬体系的优缺点

（一）技能薪酬体系的优点

技能薪酬体系的优点主要表现在以下几个方面：

1. 有助于提高员工技能，促进人员内部流动，增强企业灵活性

技能薪酬实际上是以员工按组织要求所掌握的工作技能，而不是某一特定职位所要求的技能来提供报酬。技能薪酬体系很好地适应了技术变革带来的技能宽化和技能深化趋势，向员工传递了关注自身发展和不断提高技能水平的信息。因此，它激励员工根据企业要求不断开发新的知识和技能，提高在完成同一水平层次以及垂直层次的工作任务方面的灵活性和多功能性。

由于员工技能领域的扩大，在人员配置方面给企业提供了很大的灵活性，削弱了由部分员工的不可替代性给企业生产带来的负面影响。随着员工自身技能的提高，掌握多种技能的员工将不再仅仅限于做整个工作的一部分。这样技能工资制就大大提高了组织内部员工的流动性，并为员工提供了很多的发展机会。以某酒店为例，每天下午 4 点到 7 点，酒店管理者会将部分员工临时调到前台工作。因为这段时间前来登记住宿的客人非常多。7 点钟过后，部分员工又会转到餐厅工作，以满足餐厅在这段时间内对人员的大量需求。通过提高员工的流动性，管理者可以保证客人无论在登记还是就餐时都不用等待很长时间，从而用较少的人力完成了高效的工作。在这种情况下，由于部分员工不是从事固定的工作，所以原来以职位为基础的薪酬制度对这批员工来说就不适合了，而以技能为基础的薪酬制度则能够适应这种情况。由员工流动或缺勤留下来的职位空缺可以由那些掌握了多种技能的现有员工来填补，这样有利于员工和组织适应市场上快速的技术变革，从而在市场竞争中赢得优势。

员工掌握的技能越多，他们越能够成为一种弹性的资源——不仅能够扮演多种角色，而且能够更全面地理解组织的运营流程，从而更好地理解自己对于组织所做出贡献的重要性，赋予他们更强的成就感，更努力地帮助组织去实现其战略目标。同时，它在一定程度上还有利于实现工作的丰富化，有利于鼓励专业人才安心本职工作，从而保证员工队伍的稳定性，提高员工的满意度和对组织的承诺感。

2. 有利于员工个人目标与公司目标的统一

人力资源管理的一个主要目标就是尽可能地实现员工个人目标与组织目标的统一。薪酬和个人的职业发展是员工追求的最主要目标，以任职者为基础的薪酬制度表达了公司对员工的期望，提倡员工不应该拘泥于职位描述中规定的工作职责，而应该在工作的同时努力追求企业所要求的技能的提高。通过企业规定的技能的提高，一方面员工寻求更多的职责，从事更深入的工作，并为此获得更高的报酬；另一方面也为组织的发展、创新等提供了良好的条件。

3. 加强员工间的互助与合作，促进参与型管理风格的形成

技能薪酬制度可以激发员工提高技术水平、掌握多种技能的积极性，并使员工间能更好地相互配合以有效地完成工作。有学者认为，获得更多技能的工人可以完成整个生产过程的各个部分，员工之间可以进行有效的沟通，可以共同解决瓶颈问题。

由于薪酬是与员工对组织的价值而不是所完成的任务联系在一起的,因此,员工的关注点是个人以及团队技能的提高,而不是具体的职位,并且技能薪酬体系的设计本身需要员工的高度参与。所以说,这种薪酬体系有助于强化高度参与型的组织设计,提高员工的工作满意度和组织承诺度,从而在生产率提高、成本降低、质量改善的同时,降低员工的缺勤率以及离职率。

4. 满足员工的多种需要

技能薪酬制度为员工认知自身的特殊性、寻求自身多种需要的满足提供了有利的机会。薪酬与技能升级的联系使个人生存可以经由努力学习技能来获得保证;对多项技能的学习使得团队成员间共同兴趣点直线上升,随着团队的逐步形成,相互间平等交流成为可能,从而在很大程度上满足了员工人际交往的需要;全面技能的通晓使得个人的自我实现不再遥不可及。满足了以上需要的员工会更满意自己的工作,工作起来也会更为努力。

由于以上优点,技能薪酬体系目前应用十分广泛,特别是与业绩奖金、职务津贴和多样化的福利等辅助薪酬形式结合后更能充分发挥出一个健全的薪酬体系的全部动力功能。当然,考虑到在中国这样一个仍处于现代企业制度探索期内的国家,薪酬的保障和稳定功能依然十分重要,可以尝试启用技能薪酬与岗位薪酬相结合的工资制度。

(二) 技能薪酬体系的不足之处

任何一种薪酬体系都不是十全十美的,技能薪酬体系也存在以下不足:

1. 增加了组织的薪酬成本

在技能薪酬制度下,员工报酬的增加主要取决于其不断学习并掌握的新技能,这就要求组织在员工培训上进行大量的投资,以使员工能不断提高自身的技能水平。另外企业实行技能薪酬制还需要在工作分析与设计、考核等方面进行相应的配套改革。技能薪酬制度针对员工不断增加的技能付更高的报酬,因而增加了组织的人工成本。如果员工生产率的提高不能抵消因此额外增加的劳动力成本,则企业的薪酬成本可能会出现超额增长。

2. 技能薪酬体系的设计和管理较复杂

技能薪酬体系的设计和管理要比职位薪酬体系更复杂,因此它要求企业有一个更为复杂的管理结构,至少需要对每一位员工在技能的不同层级上所取得的进步加以记录。为了保证技能工资制正常、有效地运作,组织在设计技能工资方案时必须确定员工提薪所需具备的新技能的数量和种类,并在实际执行中确认员工是否已真正具备了相应的技能。所有这些都给企业提出了很高的要求,但难以得到完全满足。

3. 技能薪酬制度可能会降低组织效率

技能薪酬制度具有强烈的导向性。一方面,员工在为了获取高报酬而不断学习新技能的过程中可能会出现忽视目前本职工作、好高骛远的情况,从而组织效率会大大降低。另一方面,如果组织不能为员工提供使用其新获得的技能的机会,那么组织就无法从新技能的应用中获得收益。另外,技能薪酬制度还可能会引起员工的不公平感从而降低员工的工作效率。如果两个员工正在做相同的工作,只因为一个人掌握更多的技能而得到更多的薪金,就可能会使另一个人产生不平等的感觉从而削弱其工作的积极性。

4. 技能薪酬制度可能会限制员工和组织的发展

如果对于那些已经达到组织中最高技术等级的员工没有采取合适的措施以激励其继续学习新的技能，那么员工和组织的发展空间将会受到限制。因此组织必须解决好对员工进行持久激励的问题。

因此，尽管技能薪酬计划能够有效地对今天这种角色多元化和技能推动型的工作进行排序和提供报酬，最终帮助组织来改变员工的行为和改善绩效，但是它本身却并非是在现有薪酬战略基础上的一种激进的飞跃。员工在一开始时可能看不到自己的薪酬出现任何变化，薪酬体系的运作方式与传统薪酬体系几乎是一样的。技能薪酬计划也不要求组织一定创建新的管理过程。事实上，技能薪酬的许多要素在传统薪酬体系中就已经存在了。它仍然需要利用对职位或工作的衡量来评价技能、为技能阶梯上的每一个台阶定价以及确定薪酬的范围。

四、技能薪酬体系的实施条件与应用范围

（一）实施条件

一个组织是否应该采用技能薪酬体系，首先需要考虑两个方面的基本因素，即组织内部员工所从事工作的性质以及组织管理层对企业与员工之间关系的看法。

首先，从工作性质的角度来看，技能薪酬体系适用于以下三种技能维度，即深度技能、广度技能和垂直技能上得分比较高的职位类型。这是因为如果各职位在技能上没有表现出较大的差距，技能薪酬体系的实现就相应地会使得不同职位上员工的薪酬拉不开差距。

其次，技能薪酬体系能否在一个组织中得到应用还取决于管理层的认识。事实上，尽管外部环境变革要求组织实施技能薪酬体系，但组织采用何种薪酬制度最终还是取决于管理层对于员工的看法。因为这种看法会影响组织和员工之间心理契约的性质乃至薪酬采取的形式。图3-6描述了一个组织的组织形式以及管理层对于企业与员工之间关系的看法的各种不同组合方式。其中，横向上所体现的是管理层对于员工的态度，有敌对的态度，也有合作的态度。在敌对的管理哲学下，管理层把员工看作组织利益的竞争者，因而会想方设法控制员工在组织中所能够发挥的作用，尽量使其最小化。而员工也会采取一系列的报复行为，例如，摆出敌对的姿态，一旦组织不对其工作行为立即付酬，员工就会拒绝继续为组织做贡献。另一种状况是管理层对员工持合作态度，即组织积极地与员工之间通过合作来达成组织的目标。从纵向维度上来看，组织的形式可以划分为有机组织和官僚组织两种形式，其中后者是指具有严格职位描述的高度结构化官僚主义组织，而前者是指结构松散的一个有机系统，在这个系统中，组织成员的责任是变化的，有时甚至是重叠的。当然，我们在图3-6中所描述的仅仅是一种抽象的关系，它并不意味着组织和员工只会采取这些态度。

对于图中四个象限中的组织来说，它们都可以采用职位薪酬体系，但是如果它们想要采用技能薪酬体系，则需要具备特定的心理环境和职位结构。最适合实施技能薪酬体系的组织是那些管理层和员工都愿意进行合作，并且职位结构也允许员工可以不受传统的工作描述约束而自由发展的组织（即图3-6中位于方框2中的组织）。组织应该赋予员工独立决策，与同事一起寻找并纠正质量和其他生产问题，在所要从事的工作、薪酬以及工作满意度方面做出选择的权力。技能薪酬体系的实施需要管理层和员工对二者之间的关

	雇佣关系	
	敌对的	合作的
组织形式 有机的	1	2
组织形式 官僚的	3	4

图 3-6　技能薪酬计划适用的组织与管理类型

系持有一种长期的态度,只有这种长期观点才能保证对技能的长期强调,而这恰恰是技能薪酬体系运转的一个前提条件。同时,在技能薪酬体系设计和实施的过程中,组织和员工双方需要共同承担相应的责任和风险。

技能薪酬计划被认为是发达国家近年来发展最快的一种薪酬体系,它的实施还对企业管理提出了许多新的要求,主要体现在以下几个方面:

(1) 培训与开发成了工作的重点。在以技能为基础的报酬系统中,企业必须通过培训来保证员工技能的提高。由于薪酬直接与雇员所拥有的技能挂钩,因此雇员参加培训的积极性和主动性大大增加,改变了传统上员工被动地参加培训的现象,使培训真正成为员工和企业双赢的战略。同时,采用技能薪酬体系还能促进交叉培训,即对雇员进行培训,让其学习一项或多项技能。当工作小组需要对雇员进行工作轮换,或需要替代空缺岗位时,这种方式显得尤为重要。

(2) 必须改变招聘中对人的要求。技能薪酬体系中一个隐含的条件就是要求雇员具备不断学习的能力,因此必须改变招聘中对人的要求。传统的招聘是以职务说明书为基础而进行的,但是在这样一个不断变革、技术日新月异的社会中,每一个职位所需要的技能、知识等都在不断变化之中。职务说明书只是依据过去的经验形成的对该职位的要求,不能满足未来的需要。因此,在招聘中许多企业不再仅仅要求应聘者具有特定职位所需要的知识和技能,而是要求应聘者具备一种创新的能力,一种学习的能力,这样雇员才能在该职位工作内容、环境等发生变化的时候,仍然能够适应该职位的工作。

(3) 工作分析中要区分出一般技能和关键技能。在传统的以职位为基础的人力资源管理中,工作分析所描述的是特定职位对人的基本要求。而在以技能为基础的人力资源管理中,工作分析的内容不仅要包括完成任务所需要的基本技能,更重要的是要识别那些对完成任务和组织的发展至关重要的技能,即要区分出一般技能和关键技能。因为只有关键技能才能作为薪酬的依据。同时,还必须不断检查并及时修改工作说明书的内容,以满足不断变化的需要。

(4) 员工的职业生涯开发方式的变革。由于技能薪酬体系向员工传达的更多的是技能的发展而不是传统的职位升迁式的职业生涯发展方式。因此,在这种新的体系中,员工的职业生涯开发将更多地采取横向的职业生涯开发方式,注重工作的丰富化和扩大化,不断发现和开发转移的能力。

(5) 工作设计方式的改变。许多企业的技能薪酬体系设计的过程同时也是组织的工作再设计过程。传统的工作设计强调的是每一个人做好自己的分内事而不去过问别人的事情。在这种情况下,人是严格与职位或工作相对应的。而在实行技能薪酬体系的组织中,企业所强调的已经不再是每一个人完成自己的职位描述所严格界定的工作内容,相反,更为强调的是员工完成多种不同工作的能力。这种新的工作设计方式打破了传统的本位主义的思考方式,鼓励员工从工作流程的角度去看待自己所从事的工作及与同事之间的工作关系,同时鼓励员工不断学习新的技能。这种新的工作设计方式与工作丰富化和工作扩大化在本质上是相同的。

另外,以技能为基础的薪酬方式在建立之时,需要很大的投资。在大公司中,一般要经历6—8个月的时间才能完成这种薪酬体制的设立。同时,在实施过程中,还需要保持公司内部的稳定,这样才能保证最初的投资能够换来更大的收益。

(二) 应用范围

我们可以从两个角度来看技能薪酬体系的应用范围。

一是从人员对象上。这种薪酬制度通常适用于所从事的工作比较具体而且能够被界定出来的操作人员、技术人员以及办公室工作人员。

二是从组织对象上。技能薪酬计划首先在工厂中和其他一些蓝领工作占主导地位的场合赢得了广泛的运用。当时实施技能薪酬计划的一个主要目的是借助它来拆散一些工作范围过于狭窄的职位以及打破一些过于严格的工作规则(比如"只有电工才能换灯泡"之类的规定)。后来,技能薪酬在另外一个方面的价值也显示了出来,这就是在流程型组织中为员工提供报酬并增强对他们的激励,因为在这种组织中,速度、灵活性和生产率是至关重要的。例如,在使用装配线的制造公司,一名员工的工作要依靠至少另一名员工的工作。生产摩托车安全头盔的贝尔运动用品公司的装配工序包括给头盔上光漆和给头盔安装护目镜等几个步骤。很明显,这两项工作需要两种不同的技巧。上光漆需要能够使用自动喷漆器。具体来说,工人要有很强的文字能力,这样才能解释自动喷漆器的读出内容反映的问题。而安装护目镜需要有熟练的眼手协调配合能力。当员工学会做不同的工作时,他们可以顶替缺勤的同事,就能更好地实现生产计划。此外,随着竞争的加剧,国际企业界自从20世纪80年代以后就开始逐步修正自己的管理哲学和薪酬哲学,而技能薪酬至少在表面上适应了80年代以后开始流行的那种员工授权战略。

技能薪酬计划应用的行业也不断扩大。调查发现,技能薪酬计划在以下几类行业中有比较高的使用率:一是运用连续流程生产技术的行业,比如食品加工业、林产品行业以及冶金和化学行业;二是运用大规模生产技术的行业,比如电子行业、汽车及其零部件制造行业以及计算机生产行业等;三是服务行业;四是运用单位生产或小批量生产技术的行业,比如加工工业等。近年来,技能薪酬计划已经被广泛应用于电信、销售、银行、保险公司以及其他一些服务行业的公司,成为一种重要的薪酬决定模式。

五、技能薪酬体系实施中应注意的问题

职位薪酬体系实施的关键在于如何看待"职位",相应地,技能薪酬体系实施的关键是如何看待"技能"。在技能薪酬体系的设计问题上,需要注意以下几个方面的问题:

1. 技能的界定

技能薪酬是以组织对所支付薪酬的技能进行准确界定为基础的。企业必须明确能够作为薪酬支付依据的技能类型,并且还要将这种信息传达到每一位员工。组织不能无限制地对员工所获得的任何技能都给予报酬,否则只会带来沉重的经济压力,还有可能误导员工,使他们忽视本职工作。因此,企业只是对于扮演某些特定的角色或者从事某些特定的工作所需要的技能提供报酬。

2. 技能与薪酬的关系

企业还必须确保这些技能的总价值与市场薪酬水平之间存在密切的联系。如果某一职位需要承担者具备六种技能,那么组织必须要确保员工在全部具备这六种技能以后才能获得市场薪酬水平。

技能与薪酬的关系还体现在技能薪酬体系鼓励员工的技能向何处发展,也就是说,组织还必须确定自己所要提供报酬的那些技能开发的范围。企业到底是鼓励员工成为通才,还是鼓励他们仅仅去不断提高具有很高价值的那些特定技能?前者是提倡技能向广度发展,后者则提倡技能向深度发展。技能发展的不同趋向,也可能会使得员工的职业生涯发生相应的变化。显然,前者鼓励员工打破传统的职业通道,形成新的职业发展通道,而后者则鼓励员工沿着某一特定的职业通道跨越多级台阶来获得报酬。因此,企业必须清楚地界定好,技能薪酬计划到底是要严格限定在某一个单一职位族之内,还是设计成一个鼓励真正地跨职能培训的计划。

此外,在处理技能广度、深度与薪酬之间的关系时,企业需要遵守的一条规则是,员工向上一级或同级技能的扩展是应当得到报酬的,但是如果仅仅是低一级技能的强化,则不应当给予报酬。例如,教会专业技术人员掌握文字处理能力有助于减少秘书的工作,但是这些技术人员却不应当为此而获得报酬;但是若秘书学会了完成专业技术人员的某些任务,则应当得到报酬。

3. 注意保证员工的参与和持续沟通

在整个技能薪酬确定的过程中员工的参与和持续沟通也是很重要的一个问题。由于员工本身是技能薪酬的关注对象,因此在设计薪酬体系时,除了确保管理高层、各职能部门代表、外部专家和工会的参与,还要有部分员工代表的参与。同时,要保证所有员工都了解技能体系的设计进程、最终设计方案和作为企业付酬依据的技能类型,要听取他们的正确意见并进行持续改进。

4. 技能薪酬管理方面的问题

实施技能薪酬制度后,薪酬管理的重点要放在如何最大限度地利用员工已有的技能方面。此外,一旦员工在工作多年之后发现自己已经达到了最高的技能等级,无级可升,那么其继续学习新技能的动机就很有可能会被削弱,这时,企业可能需要考虑利用利润分享等其他一些激励手段。

另外,企业必须为技能薪酬的运行提供支持性环境。一方面,雇佣双方应该建立合作性和长期导向的心理契约。企业要授予员工独立进行决策、与同事合作处理生产问题和选择技能的权利,而双方关系的长期导向则能保证对技能的强调。另一方面,工作设计方式也要根据新的薪酬体系加以转变,它应该体现工作内容的扩大化和工作兴趣的丰富化,鼓励员工从工作流程的角度看待本职工作和工作关系,鼓励他们不断学习新的技能。

第二节 能力薪酬体系

技能薪酬方案是根据员工所掌握的与业务相关的技能数量和水平来支付工资的。这种薪酬方案广泛运用于蓝领员工,因为这些岗位工作可以具体化和量化,识别并衡量工作中所需的技术比较容易。但对于白领员工,特别是知识工作者,技能薪酬方案就明显不适用了,因为他们的工作很少能提炼出操作性的技能,决定他们绩效的东西不仅是知识与技术,而更多的是某些品质与特征。能力薪酬体系适应了白领员工的这种特点。在能力薪酬方案中,支付个人薪酬的依据是员工所掌握的能力,薪酬增长取决于他们能力的提高和每一种新能力的获得。

一、能力的概念与能力薪酬体系的兴起

(一)能力的概念

能力薪酬体系中所谓的能力严格来说实际上是一种胜任力,而不是一般意义上的能力。为行文的方便,通常以能力的概念来代替胜任力的说法。

胜任力理念的提出最早可追溯到早期的罗马人试图详细说明"好的罗马士兵"所具有的属性。后来,"管理科学之父"Taylor 把对"科学管理"的研究,称为"管理胜任力运动"(Management Competencies Movement),这也是早期对胜任力研究的典型。Taylor 所进行的"时间—动作研究"就是对胜任力进行的分析和探索。20 世纪 60 年代末、70 年代初,美国哈佛大学教授、心理学家 David McClelland 开始了对胜任力及其模型的系统研究,这在胜任力的研究历史上掀开了划时代的一页。McClelland 在他 1973 年发表的《测量胜任力而非智力》一文中提出用胜任力取代传统智力测量。他认为,用学术上的智力测验等来预测工作绩效或以后生活中的成功时,其预测度比较低,而且具有严重的偏差。本着对传统的权威概念——智力进行挑战的精神,他提出了胜任力概念,试图找出那些造成绩优者和绩效平平者之间差异的最显著特征。

长期以来,关于能力(胜任力)的定义与性质一直是美国薪酬专家争论的焦点。能力究竟是一种通过学习和实践就能够得到的技能,还是一种难以通过学习获得的内在潜质?它是公司经营必需的最低业绩要求,还是保证公司脱颖而出的更高的业绩要求?它是整个公司的特征,还是员工个人的特征?虽然对胜任力的内涵众说纷纭,典型的观点是能力的冰山模型。

能力的冰山模型认为一个人的胜任力是由知识、技能、自我认知、人格特征和动机五大要素构成的,如图 3-7 所示。其中,技能是指通过重复学习获得的在某一活动中的熟练程度。比如,办公室工作人员在打字、推销产品或者平衡预算方面的技能,操作工能够在遵循操作规程的前提下,提高单位劳动生产率的技能。知识是指一个人在某一既定领域中所掌握的各种信息。比如,办公室工作人员知道如何运用办公软件处理文件,了解公司的政策以及公司制订年度经营计划的程序,等等。自我认知(Self-concept)是一个人所形成的关于自己的身份、人格以及个人价值的概念,它是一种内在的自我,例如,自己到底是

领导者、激励者或者仅仅是一颗螺丝钉。只有当自我认知被作为一种可观察的行为表达出来时，它才会成为一个绩效问题。人格特征(Trait)是指在一个人行为中的某些相对稳定的特点以及以某种既定方式行事的总体性格倾向。如是不是一个好的聆听者，或者是否很容易产生紧迫感等。动机(Motives)是指推动、指导个人行为选择的那些关于成就、归属或者权力的思想。比如一个人希望达成个人成就并且希望影响他人的绩效。人格特征和动机同样也只有在可观察时才会成为一个与绩效进而与薪酬有关的问题。

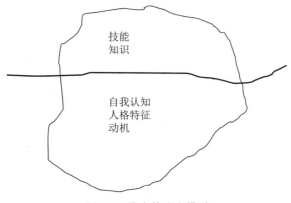

图 3-7　能力的冰山模型

从胜任力的冰山模型看，知识和技能是位于海面上的可见冰山部分，称为基准性胜任力(Threshold Competence)特征，这只是对胜任者基础素质的要求，但它不能把表现优异者与表现平平者区别开来；水下冰山部分包括自我认知、人格特征和动机等胜任力特征，可以统称为鉴别性胜任力(Differentiating Competence)特征，是区分表现优异者与表现平平者的关键因素。在组织中不同层面的职务、不同系列的职务所要求的具体胜任力的内容和水平是不同的。当然，一般而言，胜任力是针对公司的管理层、研发和技术人员等白领阶层的。

(二) 能力薪酬体系的兴起

随着世界经济一体化趋势的加强、市场竞争的加剧和高素质人才的供不应求，许多企业的大好时光已经过去，兼并、流程再造、精简、裁员等随之而来，各公司发现它们的成功比以前任何时候都更加依赖于其员工(尤其是那些具有很高专业技术和能力的员工)的技术、能力和表现。如今，员工需要掌握的不再是传统的、单纯的知识和技术，更重要的是那些无法显性化的能力(胜任力)——团队协同工作的能力、实现特定目标的能力、快速解决问题的能力、理解并满足客户需要的能力——正是这些不尽相同的能力构成了企业向员工支付薪酬的基础。将公司中表现突出、对公司的市场竞争能力有决定作用的员工的能力定为标准，然后通过相应的报酬机制鼓励其他员工发展该项能力，显然能够提升公司的整体竞争能力。正如三菱汽车集团的人力资源管理者阿特·什泰克所说，"这种报酬方式就是对员工可衡量的、对公司的业绩有着重要作用的技术、能力和表现所给予的报酬"。而这种报酬方式，就是能力薪酬。

所谓能力薪酬(Competence-based Pay)，也被称为知识薪酬(Pay for Knowledge，

Knowledge-based Pay),是指组织根据一个人所掌握的与工作有关的能力以及知识的深度和广度支付基本薪酬的一种报酬制度。与技能薪酬相对应,以能力为基础的薪酬主要适用于公司专业人员和管理人员,属于"白领工人"薪酬。两者的差别和联系可以通过图3-8 表示出来;即从组织科层体系上看,技能薪酬体系实施对象更多地倾向于组织的基础员工,而能力薪酬体系实施对象更多地倾向于组织的中高层员工(更为突出的是以战略能力为基础来决定组织的高层管理者薪酬)。能力薪酬体系的标准比较抽象,而且与具体的职位职能联系不大。比如,员工的认知能力(如分析能力)、个人价值、个人形象(如自信度)、工作动力等,甚至于人品个性都可以成为判断能力高低的标准。能力薪酬体系的设计与实施包括以下几个原则:首先是该薪酬体系设计与实施的动机是激励员工获得更高的能力与绩效;其次是能够将组织需要的员工价值传达给员工;再次是确保能力薪酬体系对所有员工公平;最后是能力薪酬体系必须服务于公司战略,奖励员工为了实现组织成功而增加的自我价值,从而促进组织战略目标的实现。[①]

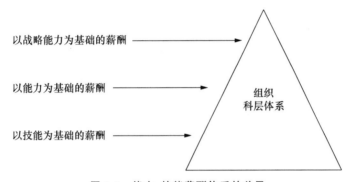

图 3-8 能力、技能薪酬体系的差异

随着经济的发展,原来那种严格的工资等级制度、详细的职位描述以及评定,已经制约了员工能力的发展。它将员工的贡献锁定在有限的几条职位职能描述中,无法拉开员工报酬的差距,从而不能充分调动员工的积极性。正如美国有位管理者所说:"我们尊崇团队意识,提倡竞争精神,将它作为我们成功的基石,而我们却用老套的报酬机制阻碍了它的发展。"事实证明,传统报酬体制已经不符合美国经济变化的要求,跟不上市场前进的脚步了。

尽管能力薪酬制度和技能薪酬制度存在若干共通之处,但对能力进行界定往往要抽象和困难得多。从能力薪酬体系的实际操作情况来看,通常可以将员工所具备的能力划分为三个层面,即核心能力、能力模块以及能力指标。首先,核心能力是指为了确保组织的成功,员工必须具备的核心技能和素质。核心能力通常是从组织的使命或宗旨陈述中抽象出来的;而这种陈述往往表明了企业的经营哲学、使命、价值观、经营战略和远景规划等。其次,能力模块着眼于将核心能力转换为可观察的行为。例如,对应于"经营洞察力"这一项核心能力,能力模块可能涵盖了组织管理成本、处理多方关系以及发现商业机

---

① Maycook E A, Ikuomola O A, Johnson O, "Managing Employee Reward: Implementing Competency Based Pay As An Alternative to Seniority Based Pay", *International Journal Of Advanced Research in Engineering & Management*, 2015, 7(4): 44—59.

会等多个维度。最后,能力指标则可以用来表示每一能力群中能力水平的可观察行为。在一定程度上,它反映出来的工作复杂程度是不同的,所需的特定能力在程度上也有不同。通过能力指标,管理者可以比较直观地界定出特定职位所需的行为密度、行为强度、行为复杂程度以及需要付出的努力程度,并根据这些指标来招募员工、评价工作和确定薪酬。

二、能力薪酬体系的操作步骤

如前所述,由于能力薪酬体系与技能薪酬体系在本质上非常接近,广义的技能薪酬体系实际上可以将能力薪酬体系包括在内。因此,能力薪酬体系的操作步骤与技能薪酬体系的操作步骤大体上是相同的,只不过在技能薪酬体系中所要分析和评价的是技能,而在这里主要是对能力进行分析和评价。下面,我们简要介绍一下能力薪酬体系的操作步骤。

(一)能力的界定与提取

能力薪酬体系准备支付报酬的对象应当是那些对有效地完成组织战略目标来说至关重要的能力。因此,能力薪酬体系的基础是确定企业准备支付薪酬的能力,而能力的确定又是应该在组织战略目标的导向下进行的。将能力薪酬体系与组织使命和战略目标联结起来的就是组织的核心能力。能力薪酬体系能否对组织的战略起到支持作用取决于能力的确定是否体现了组织的核心能力。因此在这个环节中,企业要解决的问题是,组织需要的能力是什么?

图 3-9 是组织能力的提取与分解模型,给出了提取和分解组织能力的基本思路。企业所在产业和市场的定位决定了公司战略。通过对公司战略的分析,确定公司应该

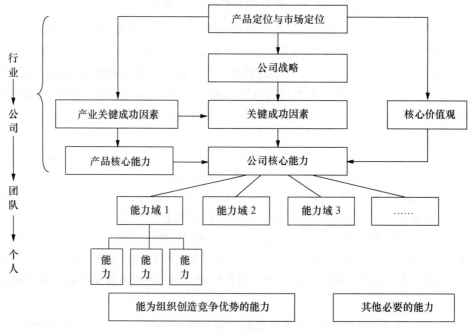

图 3-9 组织能力的提取与分解模型

具备什么样的关键成功因素,核心能力就是要确保能够使公司具备这样的关键成功因素。在这个过程中,公司价值观也会起到决定的作用,而产业的关键成功因素、产业核心能力在相应的环节也起到了影响作用。确定公司的核心能力后,还需要把这些能力要求进行分解,首先是针对不同的团队形成能力域的要求,在此基础分解成为个人所需要的能力。所有这些能力最终包括两个部分:能为组织创造竞争优势的能力和其他必要的能力。

(二) 能力的评估

在这个环节中,需要解决两个主要问题:第一,开发出能力评估的"标尺";第二,建立能力评估的保障体系。

1. 能力的评估

通常有两种思路来进行员工能力的评估:一是将组织所需要的每一项能力视为独立的技能部件,对每个技能部件设置技能等级及与之相对应的衡量标准,然后根据这些标准来衡量员工的能力;二是将组织所需要的能力细化到职位簇中,为每个职位簇开发出与其对应的任职资格体系,然后再根据任职资格的要求来衡量员工所具备的能力。这两种方法各有优劣。由于后一种思路与职位结合得比较紧密,可操作性更强,所以被很多企业采用。使用该种思路来衡量员工能力的关键点在于开发一个适应企业实际情况的任职资格体系。任职资格标准体系开发的基本思路如图3-10所示。[①]

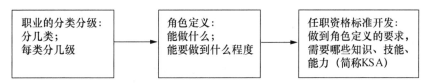

图 3-10 任职资格标准体系开发的基本思路

(1) 分类分级。任职资格从纵横两个维度明确了职位对任职者的资格要求。横的维度通过分类来实现,使同一专业线涵盖的职务的 KSA 具有较多的共性。分类不能太细(极端情况是为每个职位开发出与之对应的任职资格),也不能太粗,一般的可以基于职位簇进行调整。纵的维度通过分级实现,使不同等级对任职者的资格要求具有明显的区别。级数的多少主要取决于:一是要能拉开档次,使同一级内员工的工作能力相差不至于太大;二是要易于管理。

(2) 角色定义。角色定义规定了公司对各类各级任职者"能做什么、需要做到什么程度"的期望,基本内容包括:承担的责任大小;在本专业领域的影响;对流程优化和体系变革所起的作用;要求的知识的深度和广度、技能的高低;解决问题的难度、复杂度、熟练程度和领域。

(3) 从角色定义导出任职资格标准。任职资格标准的开发要解决的问题是,要达到在角色定义中的要求,任职者应当具备哪些能力?需要哪些专业经历?其基本步骤包括:第一,利用工作说明书等收集与职务有关的信息;第二,根据角色定义,每个角色确定3—

---

① 文跃然:《薪酬管理原理》,复旦大学出版社,2004。

5个标杆人物;第三,深度访谈标杆人物,收集要达到角色定义中的要求所必备的能力和专业经历;第四,综合、分析、校验同一专业内不同级别标杆人物访谈信息,修改并最终形成能力和专业经历要求。

为了更好地显示任职资格标准体系的开发,我们下面以某IT公司的部分职位任职资格标准体系的开发为例来进行说明。

在这个公司中,公司把职位需要的能力分为三个类别:全员核心胜任能力,是公司价值观、文化及业务需求的反映,公司全体员工都应该具备的能力;序列通用胜任能力,指在多个假设中都需要的技能和能力,但重要程度和精通程度有所不同;序列专业能力,指在某个特定角色或工作中所需要的特殊的、独特的能力。图3-11是该公司某个序列职位体系的能力模型,在这个大的序列中又包括IT咨询序列、渠道销售序列、大客户直销序列三小类的职位别。我们以其中的渠道销售序列为例做进一步说明。这个序列职位要求的能力同样包括三个方面:全员核心胜任能力包括"服务客户、精准求实、创业创新、合作共享、诚信正直"五个维度;渠道销售序列的通用核心能力包括"沟通表达能力、逻辑分析能力、协调推进能力";专业胜任能力包括"市场信息分析能力、产品技术知识能力、渠道规划建设能力、渠道管理支持能力、渠道策划实施能力"。

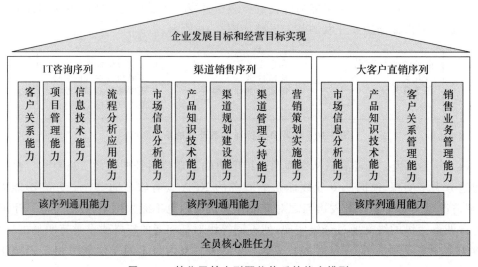

图3-11 某公司某序列职位体系的能力模型

表3-4是截取了该公司渠道销售序列的通用核心能力定义的一部分。该公司规定所有这个类别的职位都必须具备这些能力,并且不再分级。表3-5是截取该公司渠道销售序列的专业胜任能力定义的一部分,每个专业胜任能力都被分为三个级别。

表 3-4　渠道销售序列的通用核心能力(截取的部分)

沟通表达能力	逻辑分析能力	协调推进能力
• 喜欢与他人沟通,即使面对不熟悉的场合或相当多的听众时,仍不畏惧当众沟通的场面,并表现出足够的自信 • 耐心倾听他人/客户的需求,积极了解其他部门/客户公司业务流程的操作以及操作过程中的问题 • 记录、复述并确认自己与他人/客户沟通的重要信息 • 作为公司代表,能够用口头陈述和肢体语言准确地向他人/客户传递自己的意向及意向产生的背景和原因 • ……	• 从客户的支离、零散的信息中总结整理出客户的真正和可能的潜在需求 • 从多角度思考问题,能在不同事件中找到相关的联系或者确定没有关联性 • 能够将现行的业务步骤流程化,发现问题时,能快速找到关键节点和突破口 • 学会"用数据说话",善于用与本岗位相关的关键绩效指标(如销售、销售额、回款率等)解释问题,并注意以文档形式进行历史数据积累 • ……	• 根据本部门/本人的业绩目标,制订日、周、月工作计划来实施具体的工作目标 • 在处理多重任务时,能分清主次,有效利用自己和他人的时间 • 对已明确承诺的内、外客户需求和工作目标能积极寻找、协调内外部资源予以落实,并将落实的结果及时向相关客户通报 • 对于已经达成一致的沟通或协议,要列出时间推进表,有计划地监控客户方或公司内部协同部门落实 • ……

表 3-5　渠道销售序列的专业胜任能力(截取的部分)

专业胜任能力	初级	中级	高级
市场信息分析能力	• 了解进行市场分析所需信息的种类和来源/获取途径 • 利用有效资源掌握本公司相关产品或服务在其辖区市场的特点 • ……	• 研究本公司在本辖区内的相关历史数据,分析公司相关产品所在辖区的成长规律,从中获得经验 • 利用收集到的信息,预测市场的近期前景,帮助公司做好售前和售后服务等业务准备 • ……	• 充分掌握辖区内渠道、产品、市场等信息资源,了解相关产品的历史和现行市场情况,有意识建立所在辖区的情报信息体系 • 利用相关数据,分析公司相关产品的市场发展趋势,不仅发现渠道当前存在的问题,还能预见潜在的危机 • ……
产品技术知识能力	• 熟悉掌握公司相关产品的状况,包括配置、功能、价值以及服务政策等 • 了解 PC 硬件技术,如二级缓存技术,P4 较 P3 的技术改进等 • ……	• 熟悉公司所有业务产品架构和产品线全貌,并能够探询客户技术需求,采用客户易于接受的方式进行推介 • 了解竞争对手同类产品的特点以及和本公司产品的比较,从而有针对性地向客户进行比较性的介绍 • ……	• 了解 IT 行业的各种技术知识和应用知识,不断关注新的技术应用发展趋势,并能将其很好地应用到渠道销售业务中 • 除了本公司的产品,了解重要配件供应商的质量、价格、技术性能方面的状况,能参与应标中的技术应答 • ……
……	•	•	•

(4)对任职资格标准进行评审和修订。对能力和专业经历要求进行评审和修订,以保证任职资格标准的有效性和可操作性。对其评审应主要关注以下方面:① 任职资格标

准的整体框架是否合理,能力要素的界定和划分是否准确;② 任职资格标准的内容是否完整,有无重要的能力要素被遗漏,是否反映了公司未来的人才培养方向;③ 任职资格标准在应用时的可操作性如何,在确定了能力和专业经历要求是有效并可操作的情况下,形成最终的任职资格标准。

2. 能力评估的保障体系

组织应当保证能力评估过程的客观性和公平性,可以通过以下措施来实现:企业成立一个由相关领域权威组成的非常设组织"能力评审委员会",由委员会进行能力的评估;通过民主程序来实施能力评估,增加员工参与、加强沟通,以获得员工的认同;完善员工的申诉机制和意见反馈机制也是增强员工认同的途径,企业也可以将能力评估纳入员工满意度调查中。

此外,能力评估是一个动态的过程:一是能力模块和能力模块的分级标准本身就是动态的,企业应当而且必须根据战略和经营需要,定期对其进行审视和调整;二是员工能力成长本身也是动态的,因而要建立一个与之相匹配的正常的能力等级升降机制,不能像过去的职称体系一样,"一评定终身"。

(三)能力与薪酬的结合

一般来说,能力与薪酬挂钩有三种基本形式:

第一种,在职位评估中体现能力,将薪酬同职位价值挂钩。职位评估的诸多薪酬要素中,能力是一项重要的评价要素,并且通过量化方法,岗位的能力要求进行量化。这种方法在职位评估中加大了能力的权重,突出了能力的重要性。在公司同时强调任职者个人能力需要和岗位的能力要求匹配时,就间接把任职者的能力体现到了薪酬中。

第二种,将薪酬同任职资格挂钩,或者说将薪酬与个人角色挂钩。如某大型国有汽车集团下属的技术研发中心,将职位与能力挂钩,具体操作如下:该公司将员工分为技术、管理、操作三大类,涵盖了服务工人、技术工人、工程师、系统经理、总监等各类人员。在工作分析的基础上进行工作评价,由低到高分别设定九个岗级,每个岗级又划分为九个职级,并以此初步确定薪酬等级。同时拓宽薪酬空间,设立了一个上下浮动的薪酬范围。在此基础上,该公司设计了一套薪酬提升方案,方案共分为 6 级,每个能级对应不同的素质和能力。随着能级的提升,薪酬也会得到相应的提升,如表 3-7 显示。①

表 3-7　某公司根据任职者能级确定起点基本工资

职位岗级	工程师能级	起点基本工资
工程师	2 级	E4
	3 级	E6
	4 级	E8
主管工程师 系统经理	3 级	G3
	4 级	G5
	5 级	G7

---

① 陈倩、葛玉辉、赵士军等:"基于职位、绩效与能力的三位一体宽带薪酬体系设计——以 X 公司为例",《中国人力资源开发》,2010 年第 12 期,第 44—46 页。

(续表)

职位岗级	工程师能级	起点基本工资
主任工程师	4级	H4
经理	5级	H6
高级经理	6级	H8
专家级工程师	4级	I3
副总监	5级	I5
总监	6级	I7

第三种，将薪酬直接地、完全地与个人能力挂钩，这是纯粹意义上的能力薪酬，它并不计较该员工做什么事，完全依据个人能力来确定薪酬。如一家医药公司，将员工分为各个团队进行协作，取消任何职位头衔，并确定了7条对公司成功至关重要的能力衡量标准，包括创造能力、充分利用资源的能力、技术能力、团队协作能力以及客户服务质量等。公司将处于每个发展阶段的员工按照这些标准进行评估，一般每季度进行一次，必要时还进行面谈和测试。工资的提升也完全取决于员工个人能力的发展程度，而不管其短期业绩表现。

将薪酬完全与能力挂钩是一种最为激进的方式。在这里，能力的重要性极度突出。这样做可能会极大地增强员工对于提高自身能力的动力，但是有两点必须考虑到：第一，公司必须具备较为充足的培训经费来支持员工能力的发展，如果公司缺乏这方面的支付能力，那么很容易引起员工的不满，"通过能力薪酬提升员工能力"也只能成为口号，无法落到实处；第二，公司的管理能力必须较强，否则，将会导致整个薪酬成本失控，还可能会影响其他业务工作。

能力应该在多大程度上影响薪酬并没有固定的说法，薪酬设计是权变的，企业应根据自身情况来对这三种方式加以选择。但是无论是哪种挂钩方式都存在操作上的难点。第一种方法必须准确确定能力的种类，并且给能力恰当的权重；第二种方法很难客观地将能力分等分级，员工认同性差，容易流于形式；第三种方法因为过于灵活，容易导致工资的膨胀，并且可能会与同工同酬的原则发生理念上甚至法律上的冲突，这些方面都是必须引起企业关注的。

三、能力薪酬体系的利弊与实施环境

（一）能力薪酬体系的利弊

1. 能力薪酬体系的优点

员工业绩是各种能力相互作用的复杂产物，并受到薪酬机制的驱动。能力薪酬方案使得员工不断获得与其工作相关的能力，并且这种能力受到公司的重视和应用，因而无论个人还是他们所服务的组织都会受益：

一是员工获得了更多的发展机遇，而组织则获得了一支灵活性的劳动力队伍。员工不会被特定的工作描述所束缚，能方便地从一个职位流动到另一个职位，这样就提高了组织内部员工的流动性。能做更多事情的员工对一个组织具有更大的价值。

二是支持扁平型组织结构。高能力的员工队伍要求较少的监督，因此可以削减管理

层级。工作的设计可以强调员工在较大范围内的参与,而不仅考虑在狭窄的、确定的工作范围内的个人贡献。

三是鼓励员工对自身发展负责,使员工对自己的职业生涯有更多的控制力,为在组织内推行员工自我管理奠定基础。同时增强了员工控制自己报酬的能力,因为他们知道要想获得工资增长需要做些什么,即获得新的能力。

四是对组织学习具有支持作用。组织学习的基础是个人学习,能力薪酬方案可以引导员工不断地、自主地学习,通过人力资源政策与组织学习匹配起来,使得企业不断投资于学习能力的提高,为促进员工和组织的共同成长做出贡献,并最终建立起学习型组织。

2. 能力薪酬体系存在的问题

能力报酬体制虽然受到了普遍的关注,但同时也引起了很多争论。因为它对很多传统的报酬管理思想(如以职位而不是以个人为基础提供薪酬、以工作的成绩而不是个人的潜能为基础提供报酬等)提出了挑战。在美国,对与能力有关的报酬体制的批判主要集中在以下三个方面:

(1) 该体制扭曲了员工发展和改进自身潜能的真正目的。从本质上讲,员工发展自身能力应该是为了促进个人发展和提高公司业绩表现。但是,将员工的能力与报酬相结合以后,他们就会以金钱为标准衡量自身的能力,并且不愿公开谈论自己的缺点和能力的不足,因为他们知道这些缺点会影响他们的薪酬。这样,公司可能会以某些虚假的能力为基础对员工提供报酬。

(2) 员工的个人能力并不能得到准确的定义和衡量,因此以此作为报酬决策的依据是比较轻率的。美国许多评论家认为,许多公司设立的衡量员工能力的标准并不准确,有时甚至难以应用,因此不能保证员工的业绩表现会有所改善。其中,最不被认同的是员工"人品个性"这一标准。他们认为"人品个性"这一标准内容琐碎,衡量尺度不一,不仅不能对员工的能力做出公正的评判,还会导致歧视性的薪酬决策。因此以个人能力为基础提供报酬不如以市场或职位为基础更保险和稳妥。

(3) 这种体制的实施过程太过复杂,要求将员工的能力进行层层划分,并且做出相应评估。管理者必须将每个员工的表现和能力与确定的标准进行比较,再通过测试和面谈等多种方式验证其能力大小。这会给管理者带来巨大的工作量,并增长管理难度。而事实上,正是这种体制下成本管理的失败导致很多公司放弃了对它的应用。此外,为了与能力薪酬方案配套,必须为员工提供充足的培训机会,这可能导致培训费用增长过快,并且通过生产率的增长和成本的节约无法弥补这一增长。据调查,在与能力有关的薪酬体制的失败例子中,有 40% 是因为成本过高:工资成本平均上升了 15%,培训成本上升了 25%。

除此之外,最为重要的是,除非员工有机会使用他们获得所有能力,否则这些能力将变得毫无价值。因此,能力薪酬方案高度依赖基于能力的组织文化、人力资源管理的支持。

(二) 能力薪酬体系的实施环境

总之,能力薪酬方案不是灵丹妙药。基于以上对能力薪酬体系利弊的分析,结合目前能力薪酬体系的一些成功案例的考察,我们总结出成功实施能力薪酬体系特别需要注意

的几个问题如下:

(1) 首先要明确能力薪酬体系并不一定适合每一个公司,也不一定适合公司中的每个部门。一般而言,只有员工的能力在很大程度上决定公司业绩的情况下,这一机制才较为适用。比如,在科学研究、软件开发和管理咨询公司中,由于专家人员的能力高低决定了公司在行业中的地位,而且传统上以职位为基础的报酬机制并不适用于这些人员,所以以能力为基础提供报酬是合理的。另外,采用这种报酬机制的公司一般机构设置比较灵活,结构简单,工资等级宽泛,而且鼓励员工进行职位轮换。如果某公司结构复杂,职位分工明确,并采用低成本的管理策略,则显然不适宜采用这种机制。除此之外,公司的处境也决定了采用该机制的程度。比如,完全以能力为基础提供报酬的机制一般适用于处于困境的公司,或者是刚刚起步的小型公司,而大型的、结构复杂的公司则最好综合采用各种报酬机制。

(2) 管理者必须将能力薪酬方案与整体人力资源战略和组织战略相匹配。建立一套能力模型然后再制定一套新的薪酬方案还不足以达成企业的期望,这是因为,能力薪酬计划只是以能力为核心的人力资源管理系统的一个重要组成部分,是以能力为本的新型人力资源管理思想在薪酬领域中的一种体现。换言之,对能力的强调必须贯穿企业的员工招募、培训、晋升、绩效管理以及薪酬管理等整个人力资源管理系统,才能促进能力薪酬体系实现更好的效果。

(3) 建立能力薪酬体系的前提是具备一套健全的与能力有关的工作评估制度。因为该机制的采用是一个渐进过程,需要一定的实践基础和经验,同时要求在原有报酬体系中就已经存在能力这一标准。如果没有一定的经验就贸然采用该计划,那么所有的努力都是徒劳的。因此,即便是经验丰富的大公司通常也非常谨慎,很少采用那些难以衡量的能力标准(如人品个性等)。即使采用,也要花费一到两年的时间。因此,公司在采用能力薪酬体系之前,需要先搞清楚:自己对能力的定义;它在公司发展中的作用;公司员工对该体系的了解和接受程度以及公司在这方面的经验等。

(4) 通常完全以能力为基础提供薪酬并不可取。在美国大多数公司中,考虑职位的职能和作用以及员工的业绩表现都是十分必要的。这些因素与员工能力一起构成了薪酬制度的基础。能力薪酬体系并不能够完全替代传统的薪酬体制,而是要与之相融合。据调查,已经采用能力薪酬体系的公司中,有40%仍然进行职位评定,又有70%将报酬同时与员工能力和业绩相联系。这保证了公司既可以对有能力的员工进行补偿,又不会挫伤业绩表现好的员工的积极性。因此,能力只是作为确定员工报酬水平的标准之一,因而一些美国薪酬专家从更为规范和严格定义的角度称这种机制为与能力有关的薪酬,而不是以能力为基础的薪酬(即能力薪酬体系)。与能力有关的薪酬能够弥补传统上与业绩有关的薪酬机制的不足。传统薪酬机制将考察重点放在过去的业绩表现上,忽略了该业绩的实现过程以及将来的发展趋势。而与能力有关的薪酬则着重于考察员工创造新价值的潜在能力,着眼于未来。因此,理想的机制是,既对好的业绩表现进行补充,又可以考察该业绩的实现过程;既承认过去的成功,又能为将来打下基础。

当然,除以上四点外,还存在其他方面的问题(如其他薪酬机制的定期检验和调整原则同样适用于该薪酬体系;支付薪酬的能力指标应当反映出企业的核心能力;应该对员工应用在工作中的能力提供薪酬,而对于员工拥有但没能在工作中发挥的能力则不予奖励等),但这四点是每个管理者首先该考虑的问题。

总之,能力薪酬体系因为存在额外的管理和对人力资源管理方面的其他要求,所以对企业提出了一定的挑战。如果能够得到有效的运用,它就不仅能够对员工带到工作或角色上来的附加值提供报酬,而且有助于更好地实现组织的目标。

四、三种薪酬体系的基本比较

(一)实施环境要求的差异

相对职位薪酬体系而言,任职者薪酬体系对实施环境提出更高的要求。实践经验表明,任职者薪酬体系能否成功实施不在于某个衡量指标是否准确,也不在于某一工资额是否合理,而在于该计划能否与整个公司管理体制和公司环境相融合。主要包括以下几个方面:

(1)公司结构。适当的薪酬计划能够适应并巩固公司结构。比如,如果公司强调团体合作,那么在团队内部实施以技术和能力为基础的薪酬就会提高团队内成员的积极性,从而提高整个团队的能力。

(2)公司的经营目标。以技能为基础的薪酬能够提高员工的灵活性,增强其个人能力以及参与公司培训的积极性。计划的制订者应该根据公司的经营目标,确定公司对员工的要求,然后制订相应的薪酬计划促使员工达到这一要求。

(3)公司文化。如前所述,采用这种薪酬方法的公司要具有一种比较开放、员工参与性强的公司文化,这样才能充分利用员工获得的新技术与新知识。

(4)与激励薪酬的配合使用。基于任职者薪酬与激励薪酬并不相同,激励薪酬注重员工的现有业绩,而基于技能和能力的薪酬则更加注重员工的潜力,即创造更好的业绩的能力。因此,这种薪酬并不是一种完整的薪酬计划,需要绩效激励计划进行补充。通常基于任职者的薪酬与一些团队激励计划相结合,构成一个完整的薪酬机制。因为前者鼓励员工加强自身能力的培养,主要对个人提供薪酬;而后者则可以将业绩表现适当地体现在员工报酬上,有利于增强集体凝聚力,两者相得益彰。

因此,基于任职者的薪酬体系与其他薪酬方式一样,都不能完全否定或肯定,它的实施必须具备一定的外部环境,它的效果也需要时间来证明。

(二)建立流程的异同点

基于任职者的薪酬与传统上以职位为基础的薪酬方式不同,强调以员工的个人技能(能力)为基础提供薪酬。而且,只有确定员工达到技能(能力)标准时,才能对其提供薪酬。相反,以职位为基础的薪酬只要职位的职能或作用发生了就可以得到薪酬,而不管员工能否很好地履行该职能。表3-6列出了这两种薪酬方式建立流程上的区别与联系。观察此表,我们可以总结出:无论两种方法在理论基础和实施方法上有多大区别,它们的基本思路是一致的,比如都要收集关于某项工作的数据,都要对该数据进行分析,必须确定哪些因素对公司的运行起着十分重要的作用,最后皆以分析结果为依据确定薪酬水平。

表 3-6 基于职位与基于任职者的薪酬体制的建立流程之比较

步骤	基于职位的薪酬方式	基于任职者的薪酬方式	
		以技能为基础	以能力为基础
分析对象的选择与进行	职位分析、职位描述	技能分析	能力分析
评估对象的选定	"薪酬要素"等职位评定因素	员工技能	员工能力
相对价值的确定	等级排列或基点得分等评定法	确定技能水平的等级	确定能力的等级
评定结果与薪酬的确定	按职位排列确定其薪酬水平的排列	按技能证书或市场水平确定薪酬	按能力证书或市场水平确定薪酬

（三）管理要素的比较

职位薪酬体系、技能薪酬体系、能力薪酬体系除了以上区别，在薪酬管理活动涉及的管理要素上也表现出了差异。总结如表 3-7 所示。

表 3-7 三种薪酬结构的比较

比较项目	职位薪酬体系	技能薪酬体系	能力薪酬体系
评价对象	薪酬要素	技能模块	能力
价值的量化	要素的权重	技能水平	能力水平
将评定结果与薪酬水平相结合	将基点得分的排列对应于薪酬水平的排列	进行资格评定，并结合市场水平确定薪酬水平	进行资格评定，并结合市场水平确定薪酬水平
薪酬结构	基于从事的工作、市场	基于所鉴定的技能或市场	基于所鉴定的能力或市场
薪酬提升	晋升	技能的掌握	能力的培养
管理人员的责任	将员工与职位相结合；负责员工的晋升、安置与职位轮换；成本控制（工资管理）	充分应用技能；提供培训；通过培训、鉴定和工作任务对成本的控制	确保员工的能力对公司具有价值；提供培养能力的机会；通过鉴定与工作任务对成本进行控制
员工的行为	争取职位的提升	学习新技能	增强自身能力
绩效评估	以年资、业绩考核结果和实际产出为依据	以技能测试中表现出来的技能提高为依据	以能力测试中表现出来的能力提高为依据
培训效果	组织工作需要而不是员工意愿	员工意愿而不是组织需要	员工意愿而不是组织需要
培训效果	组织工作需要而不是员工意愿	员工意愿而不是组织需要	员工意愿而不是组织需要
员工晋升	需要工作空缺	不需要空缺，只要通过技能测试	不需要空缺，只要通过能力测试
优点	标准确定；培养很强的进取感；肯定已经取得的成绩	鼓励员工不断学习；灵活性强；节省人力	鼓励员工不断学习；灵活性强；潜在价值高
局限性	潜在的官僚主义；潜在的刚性	潜在的官僚主义；成本控制要求高	潜在的官僚主义；成本控制要求高

资料来源：根据 George T. Milkovich, Jerry M. Newman 著，董克用等译的《薪酬管理》，中国人民大学出版社，2002 年版以及 George T. Milkovich and John W. Boudreau, *Human Resource Management*, Richard D. Irwin, 1994, p. 572 和 Randall S. Schuler and Vandra L. Huber, *Personal and Human Resource Management*, West Publishing Company, 1993, p. 385 整理得出。

（四）小结

传统的那种严格、细致的职位薪酬体系已经越来越不能适应现代企业所面临的多变市场环境以及对员工工作灵活条件的要求。但不可否认的是，对于大多数企业来说，职位薪酬体系仍然具有很强的实用性，在薪酬决策中具有不可替代的作用。实际上，从全世界来看，采用职位薪酬体系的企业的数量要远远超过采用技能薪酬体系和能力薪酬体系的企业的数量，而即使是那些采用了技能薪酬体系和能力薪酬体系的企业，也大都是从职位薪酬体系转过来的。事实上，曾经执行过科学、完善的职位薪酬体系的企业转而实施技能薪酬体系和能力薪酬体系时会感到更为舒适和顺利，这是因为即使是采用技能和能力薪酬体系，仍然也要依赖职位薪酬体系所强调的职位的概念，尤其是不同的职位或不同系列的职位对于员工的任职资格的差异性要求。

从一定程度上来说，职位薪酬体系在操作方面比技能薪酬体系和能力薪酬体系要更为容易和简单一些，而且适用的范围也比较广。因此对于我国的许多企业和大部分工作职位来说还是比较实用的。但是从当前我国企业薪酬管理的实践来看，由于我国没有经历过大规模的科学管理阶段，所以许多企业对职位的了解和分析都很粗糙，大多数企业都没有制定规范、系统和具有实效性的职位说明书，再加上对于职位评价的技术没有能够很好地掌握，结果在实践中犯了许多明显的错误。许多企业的岗位工资制实际上是根据职位的行政级别或员工的资历来确定基本薪酬的，而不是根据真正意义上的职位来确定基本薪酬的。这些缺陷都期望在企业的进一步发展中得到完善。

本章小结

1. 分析了技能与技能薪酬体系的内涵，指出了技能薪酬的设计流程和优缺点，进而提出技能薪酬体系的实施条件、应用范围以及实施中应该注意的问题。

2. 介绍了能力的基本概念和能力薪酬体系兴起的趋势，总结了能力薪酬体系的建立步骤，分析了能力薪酬体系的利弊及其实施的环境。最后，对职位薪酬体系、技能薪酬体系、能力薪酬体系进行了比较。

复习思考题

1. 如何设计技能薪酬体系？
2. 技能薪酬体系的优缺点包括哪些？要求具有什么样的实施条件？
3. 能力薪酬体系的建立包括哪些步骤？
4. 能力薪酬体系的利弊包括哪些？其对实施环境有什么要求？
5. 比较职位薪酬体系、技能薪酬体系和能力薪酬体系的差异，以及其本质上的相同点。
6. 如何将能力薪酬体系与企业竞争战略建立起直接的联系？以你所在的组织为例，或者寻找这样的一个公司案例来辅证你的观点。

案例研究

通用磨坊公司的技能基础薪酬制

1. 公司背景

(1) 开办一家生产"即榨汁"饮料的新工厂。

(2) 生产过程的阶段:① 原料处理:接收并加工原材料,送出最终产品;② 混合:将原汁配制成果味饮料;③ 装瓶:用机器吹塑软包装瓶,装入果汁,封口;④ 包装:工人们用机器不断将封好的瓶子包装为 6 盒装,或装入箱子及货盘架上,同时要监控检测质量的机器。

(3) 传统的工作及付酬的方式:① 雇人去做每一阶段上的工作;② 使用职位评价和薪酬调查去确定每项工作的工资。

(4) 通用磨坊的做法——利用工作团队:① 组成 4 个 15 人规模的自我管理的生产团队及一个小型的后勤保障组;② 每个团队在其轮班时执行所有的操作;③ 一个工作头衔:操作员/技工。他们履行所有日常维护工作,其最重要的角色是监督和控制生产流程。他们应该能够在问题出现时便探测到生产及质量问题,并与相关的人员交流这些问题,即便是这些问题不属于自己的工作领域。

2. 技能基础薪酬方案的运作方式

(1) 技能区(技能模块):① 每一个生产阶段代表一个技能区;② 每个技能区有 3 种代表不同知识和技能提高程度等级:一级——有限的能力;二级——部分熟练;三级——完全胜任(能够分析和解决生产问题,进行一些大的维护,如重组一台机器)。

(2) 薪酬升级:① 最初,新雇员被分配到任一区并得到起薪;② 大约 3 个月后此雇员能够证明自己获得一级证书,从而可获得一次加薪;③ 该雇员开始在此技能区以二级水平工作,合格后再升入三级或进入一个新区的起始水平,整个过程再重新开始;④ 每一个雇员在一个区内必须工作到二级水平,工人们如果不能获得那个水平的证书将会被解雇;⑤ 所有的等级、价值相等。因此,获得一项升级都会得到价值相等的加薪。

(3) 培训:① 每一个技术等级都有培训;② 由生产团队安排,每个获得特定技能证书的雇员将负责培训轮换到该职位的下一位雇员;③ 员工必须等待新领域内出现空缺后才能轮换并开始培训、每个技能区有不同数目的职位,比如说,在原料处理区只有两个职位;④ 一个新雇员通常在 4、5 年内可以达到最高等级(所有区内的三级)。

(4) 授证:① 每一个技能区都分成一系列具体的任务、知识及攻关技能,这些内容列在检查表中;② 作为培训者的雇员使用检查表来确定该员工是否已获得与本区内每个技术等级相关的技能和知识;③ 当培训者认为员工已获得必要的技能后,他将推荐发给证书,这时,该员工的整个团队必须同意授证,并且无时间限制、不进行测试;④ 假如此员工在下一级(他已被授予证书的那一级)不能很好地胜任,那么该员工和培训者都将失去先前的加薪。

案例来源:Lawrence S. Kleiman,《人力资源管理:获取竞争优势的工具》,孙非译,机械工业出版社,2003。

案例思考题：

分成5—7人一组，讨论通用磨坊公司所使用的以技能为基础的薪酬系统。回答下列问题：使用这种方法支付薪酬与使用传统方法相比优点是什么？缺点是什么？你认为该公司在实施这个方案时可能遇到的实际困难是什么？

21世纪经济与管理规划教材

人力资源管理系列

第四章

薪酬水平的外部竞争性

【学习要点】

　　薪酬水平外部竞争性的含义与作用
　　薪酬水平外部竞争性策略的类型
　　薪酬调查的构成要素
　　薪酬调查的实施步骤

开篇案例

小王算得上是 A 公司的老员工了,自 2008 年大学毕业至今已经在这家公司连续工作了五年,如今的他事业上顺风顺水,压力也没有刚出来工作时大,家庭生活也稳定富足,节假日还经常能邀上三五好友出外旅游观光,按他的话说,幸福指数蹭蹭上涨。小王就职的公司属于高新技术产业,公司的产品主要涉及通信网络中的交换网络、传输网络、无线及有线固定接入网络和数据通信网络及无线终端产品,为世界各地通信运营商及专业网络拥有者提供硬件设备、软件、服务和解决方案。公司对人才的需求很大,每年都要从应届生中招收大批人才,加上该行业本来对人才的竞争就异常激励。2015 年,为吸引人才,公司决定为基层人员涨薪,调薪幅度达到 30%,这样一来,应届生到 A 公司的起薪就逼近 10 000 元/月,比同行业的其他公司高出不少。这一手段的使用,果真为公司吸引了大批人才,但是小王不高兴了:"我为公司拼死拼活打拼这么些年,如今每月拿到手的却赶不上刚入门的菜鸟,几个同事私下一合计,必须找人力资源部讨个说法。小王找到了人力资源部的刘经理,把事情一说,经理说:"你们也知道,我们这行更新换代快,对人才的要求相当高,现在招人特别是招到需要的人才不容易,竞争激烈,再者,公司的钱也不是安安逸逸就那么好拿的,公司这么做自然有公司的考虑,我也没有办法。"

从刘经理处离开,小王陷入了深思……

薪酬设计的公平目标包括内部公平、外部公平和个人公平,其中,外部公平主要体现在薪酬水平是否具有外部竞争性。本章对薪酬水平的外部竞争性以及如何实现这种外部竞争性进行介绍。

第一节 薪酬水平的外部竞争性决策

一、薪酬水平及其外部竞争性的概念

(一)定义

薪酬水平是指企业支付给不同职位的平均薪酬。薪酬水平侧重分析组织之间的薪酬关系,是相对于其竞争对手的组织整体的薪酬支付实力。一个组织所支付的薪酬水平高低无疑会直接影响到企业在劳动力市场上获取劳动力能力的强弱,进而影响企业的竞争力。

所谓薪酬的外部竞争性是指与竞争对手相比本组织的薪酬水平高低,并由此产生的企业在劳动力市场上的竞争能力大小。

(二)如何理解薪酬水平的外部竞争性

在现代竞争中,薪酬的外部竞争性是一个十分具体的概念。进一步说,将一个组织所有员工的平均薪酬水平与另外一家企业的全体员工平均薪酬水平进行比较的意义越来越小,薪酬外部性的比较基础更多地要落实在不同组织的类似职位或者类似职位族之间。

也就是,可以笼统地说甲企业的平均薪酬水平比乙企业的平均薪酬水平高,但由此说甲企业薪酬的外部竞争性一定比乙企业强,就可能会犯错误。这是因为,也许甲企业的平均薪酬水平确实很高,但是该企业的内部薪酬差距很小,重要职位和不重要职位之间的薪酬收入没有太大差异。而在乙企业中,尽管其平均薪酬水平低于甲企业的平均薪酬水平,但是该企业对于重要职位所支付的薪酬远远高于甲企业。如果此时在外部劳动力市场上存在大量能够从事不重要职位的劳动者,它不会因为支付的薪酬水平比甲企业低而雇不到人,即它在低技能劳动力的雇佣方面并不比甲企业的薪酬竞争力差。但是,在雇用能够从事重要职位的员工时,乙企业的薪酬竞争力反而比甲企业更强。这就说明,薪酬的外部竞争性应当落实到职位或职位族上,而不能简单地停留在企业层面上。

二、薪酬水平外部竞争性的作用

(一) 吸纳、保留和激励员工

Torre 等对意大利 1 500 家制造业公司的样本分析表明,内部和外部公平和员工的缺席率有关,并且薪酬的外部公平性和更低的缺席率相关。[①] 由此可见,薪酬水平在吸引和保留员工方面的重要性是显而易见的。薪酬对于普通劳动者的重要性更是不言而喻。如果企业支付的薪酬水平过低,企业在招募新人时将很难招募到合适的员工,而勉强招到的员工往往在数量和质量方面也不能尽如人意。不仅如此,过低的薪酬水平还有可能导致企业原有员工的忠诚度下降,另谋他就的可能性上升。相反,如果企业的薪酬水平比较高,则一方面企业可以很方便地招募到自己所需要的人员;另一方面也利于员工流动率的下降,这对于企业保持自身在产品和服务市场上的竞争优势是甚为有利的。

此外,较高的薪酬水平还有利于防止员工的机会主义行为,激励员工努力工作,同时降低企业的监督管理费用。这是因为,一旦这种偷懒或消极怠工行为以及其他对公司不利的行为被公司发现并因此而被解雇,员工很难在市场上找到其他能够获得类似薪酬水平的新职位。

(二) 控制劳动力成本

薪酬水平的高低和企业的总成本支出的多少密切相关,尤其是在一些劳动密集型的行业和以低成本作为竞争手段的企业中。显然,在其他条件一定的情况下,薪酬水平越高,企业的劳动力成本就会越高;而相对于竞争对手的薪酬水平越高,则提供相同或类似产品、服务的相对成本也就越高。较高的产品成本会导致较高的产品定价。在产品差异不大的情况下,消费者自然会选择较为便宜的产品。随着市场竞争的日益激烈,当今绝大多数产品市场已经由卖方市场转为买方市场,即大多数商品和劳务是处于供过于求的状态,消费者对于产品的价格是比较敏感的,在这样的情况下,劳动力的成本控制对于企业来说就显得非常重要。

---

① Torre, E. D., Pelagatti, M., and Solari, L., "Internal and external equity in compensation systems, organizational absenteeism and the role of explained inequalities", *Human Relations*, 2015, 68(3): 409, Retrieved from http://search.proquest.com/docview/1663763085 accountid=41288

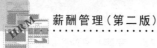

三、薪酬水平外部竞争性策略的类型

薪酬水平政策制定的目标是增强企业竞争力。在激烈的市场竞争中，人才的竞争是关键，而依靠高薪吸引人才是企业普遍实施的战略手段之一。企业在大多数情况下会面临这样的两难选择：如果工资率过低，企业就没有薪酬优势，无法吸引高质量人才，还会导致已获得人才的流失；如果工资率过高，企业具备了薪酬优势，又会面临加大成本预算、价格上涨，以及工资冻结、延滞支付等问题。因此，选择什么样的工资率和工资支付方式，是企业薪酬政策关注的焦点。

虽然企业在确定薪酬水平时会受到来自外部劳动力市场和产品市场的双重压力，但是它们仍然存在一些选择余地：企业需要做出的一个重要战略性决策就是到底是将薪酬水平定在高于市场平均薪酬水平之上，还是将其定在与市场平均薪酬恰好相等或稍低一些水平上。下面，我们将对几种常见的市场薪酬水平定位进行进一步分析。

（一）市场领先策略

市场领先策略（Market Lead Policy），即在同行业或同地区市场上保持优势的薪酬水平。采用市场领先策略一方面可以吸引和保留高质量的劳动力，可以抵消工作本身所具有的种种不利特征，比如工作压力大或者工作条件差等；另一方面，高薪酬可以降低跳槽率和缺勤率。但这种薪酬策略也有消极影响。因为高薪使得招聘更容易，这就掩盖了工作的其他方面所导致的高跳槽率（如工作任务缺乏挑战性、人际关系紧张等）。此外，还会带来高的工资成本。

一般而言，实施这种策略的企业有以下几种情况：企业处于快速成长期，目的是利用薪酬机制来吸引人才；企业效益好，崇尚劳资合作与利益分享；企业资金实力雄厚，为了体现企业实力。

（二）市场追随策略

市场追随策略（Market Match Policy）是竞争者最通常的方式，也可以被称为市场匹配策略，实际上就是根据市场平均水平来确定本企业薪酬定位的一种常用做法。追随策略力图使本企业的薪酬成本接近产品竞争对手的薪酬成本，同时使本企业吸纳员工的能力接近产品竞争对手吸纳员工的能力。这种策略能使企业避免在产品定价或保留高素质员工队伍方面处于劣势，但它不能使企业在劳动力市场上处于优势。

一般来说，在竞争性的劳动力市场上，实施市场追随策略的企业由于没有独特的优势，它们在招聘员工时往往会去参加那些大型的招聘会，以通过多花时间、广泛搜寻、精挑细选的方式来招募和雇用优质的员工。此外，采用这种薪酬策略的企业还要注意随时根据外部市场的变化调整薪酬水平，以使之与市场薪酬水平保持一致。然而，这种调整在很多情况下是存在时滞的，企业可能在一些优秀员工已经离职后才发现自己的薪酬水平已经落后于市场薪酬水平。因此，这种力图确保本企业薪酬水平与市场薪酬水平保持一致的企业必须坚持做好市场薪酬调查工作，以确切掌握市场薪酬水平。

(三)市场拖后策略

市场拖后策略(Market Lag Policy)即在同行业或同地区市场上保持较低的薪酬水平。一般而言,实施这种策略的企业有以下几种情况:受人工成本约束;企业处于衰退期或遇到财务危机;注重其他形式的补偿(高福利),注重长期报酬激励等。市场拖后策略对于企业吸引员工来说是非常不利的,而且在实施这种政策的企业中,员工的流失率往往比较高。尽管拖后策略会削弱企业吸引和保留潜在员工的能力,但是如果这种做法是以提高未来收益作为补偿的,反而有助于提高员工对企业的组织承诺度,培养他们的团队意识,并进而改善绩效。

(四)混合策略

混合策略是指企业在确定薪酬水平时,是根据职位的类型或者员工的类型来分别制定不同的薪酬水平决策,而不是对所有的职位和员工均采用相同的薪酬水平定位。也就是说,重要的技术工人的薪酬水平高于市场平均水平,而其他工人的薪酬水平等于或低于市场平均水平。此外,有些公司还在不同的薪酬构成部分之间实行不同的薪酬策略,比如总薪酬高于市场价值,但基本薪酬略低于市场平均水平,而激励薪酬远远高于市场平均水平。

混合策略最大的优点是灵活性和针对性,对于劳动力市场上的稀缺人才以及企业希望长期保留的关键职位上的人才采取薪酬领先策略,对于劳动力市场上的富余劳动力以及鼓励流动的低级职位上的员工采用追随或拖后策略,既有利于公司保存自己在劳动力市场上的竞争力,又有利于合理控制公司的薪酬成本开支。

在薪酬设计时有个专用术语叫薪酬分位,如 10P、25P、50P、75P、90P 等,它们的含义是,假如有 100 家公司(或职位)参与薪酬调查的话,薪酬水平按照由低到高排名,它们分别代表第 10 位排名(低位值)、第 25 位排名(25 分位值)、第 50 位排名(中位值)、第 75 位排名(75 分位值)和第 90 位排名(高位值)。一般认为,25P—50P 为低位值,50P—75P 为中位值,75P 以上为高位值。图 4-1 是不同分位薪酬水平的薪酬结构线示意图。

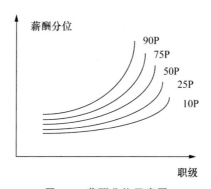

图 4-1 薪酬分位示意图

第二节 市场薪酬调查

一、薪酬调查的概述及目的

(一) 薪酬调查的概念

薪酬调查,就是通过一系列标准、规范和专业的方法,对市场上各职位进行分类、汇总和统计分析,形成能够客观反映市场薪酬现状的调查报告,为企业提供薪酬设计方面的决策依据及参考。薪酬调查是薪酬设计中的重要组成部分,重点解决的是薪酬的对外竞争力和对内公平性问题,薪酬调查报告能够帮助企业达到个性化和有针对性地设计薪酬的目的。

(二) 薪酬调查的目的

在大多数情况下,薪酬调查旨在确定基准职位的薪酬水平。其他职位的薪酬水平可以根据其相对价值和基准水平进一步确定。此外,薪酬调查还可以增强企业对竞争对手的了解,有助于企业及时调整自己的薪酬战略。薪酬调查的结果对于企业实现薪酬方面的效率、公平、合法的目标会有重要影响。具体来说,薪酬调查可以帮助企业实现以下方面的目的:

1. 调整薪酬水平

大多数公司通常对员工的薪酬水平进行定期调整,通过调查薪酬水平以便与对手不断变动的薪酬相适应。进行调整的依据是生活费水平、绩效、企业支付能力、员工资历,或者是随着竞争对手薪酬水平的调整而调薪。掌握竞争对手薪酬率的变化,对企业决定是维系还是调整薪酬水平是必不可少的。

2. 调整薪酬结构

许多企业用市场薪酬调查来检验本企业职位评价的结果。例如,在职位评价时有可能把"供应助理"职位与一些"秘书"职位置于职位结构的同一层次上。但是,如果市场调查的结果显示出这两个职位的薪酬差异很大,许多企业将会重新审视自己的评价过程,看一下自己的评价是否正确。甚至有些企业建立起独立的"秘书"职位结构。如果组织内部职位评价形成的职位结构与外部市场形成的薪酬结构不一致,整合这两种结构是个大问题。随着竞争环境的变化,越来越多的企业强调的重心从内部一致性转移到外部竞争性:过去企业更为重视的是内部职位评价,主要通过内部评价来确定不同职位之间的薪酬差距。外部薪酬调查的主要作用是为企业总体薪酬水平确定提供参考依据,它对企业内部不同职位之间的薪酬差距并无太大的影响。而现在,许多企业却是在利用薪酬调查来评价自身所做职位评价的有效性。此外,随着一些企业逐渐从以职位为基础的薪酬体系向以任职者为基础的薪酬体系转移,企业就更依赖薪酬调查来确定其薪酬水平以确保其外部竞争性。

3. 估计竞争对手的劳动成本

一些企业,特别是那些竞争激烈的商业,如零售业、汽车业或者特种钢产业,常常运用薪酬调查数据来对其竞争对手的产品定价和生产制造进行财务分析。在美国,行业劳动成本评估结果会在人工成本指数(Employment Cost Index，ECI)中列出，人工成本是劳工部公布的四种薪酬调查结果之一。人工成本数据是根据企业员工的薪酬每季度公布一次，这有利于企业把本企业薪酬与各行业或某一行业的薪酬做比较。由于行业的平均值难以反映竞争对手的薪酬状况，因此，这种比较的价值有限。如果可以通过薪酬调查获得竞争对象的情况，其价值就显得更高了。

总而言之，薪酬调查结果是进行薪酬决策的主要依据，最终会通过薪酬体系的实施影响企业的薪酬目标：效率、公平、合法。一个组织的劳动成本和产品的竞争力往往会受到薪酬调查结果的影响，由此可见调查结果对组织是如此重要，所以企业总要精心设计和组织。

二、薪酬调查的构成要素及调查方法

近年来，薪酬调查受到国内外企业的广泛专注。据统计，美国企业有93％的雇主通过薪酬调查来确定企业薪酬水平。国内大型企业也开始关注薪酬调查。薪酬调查作为一项专门性的调查活动，具有自身的特点和规律。掌握这些特点对于正确地进行薪酬调查至关重要。

（一）薪酬调查的主体

薪酬调查的主体有两类：

第一类是国家行业主管部门。行业主管部门进行薪酬调查的目的是为社会提供薪酬成本指数和有关薪酬的其他数据，发挥行业宏观指导功能。这种来源的薪酬信息属于无偿信息。如美国劳工统计局，每年都要进行全国薪酬调查(简称 NCS)，主要包括就业成本指数(ECI)调查、员工福利调查和职位薪酬调查三大调查项目。我国劳动和社会保障部门从20世纪90年代开始开展劳动力市场工资调查工作。调查范围包括城市行政区域内的所有城镇企业。调查内容为上一年度企业中有关职业(工种)在岗职工全年工资收入及有关情况。随着工资指导价位制度建设工作的推进，有条件的地区，还可调查普通劳动力的小时工资率。工资收入按国家有关规定口径进行统计。政府发布的工资指导价位的作用为：第一，发布工资指导价有利于促进劳动力市场的发展和其价格机制的形成，使劳动力市场不仅有场有市，而且有市有价；第二，政府通过建立劳动力市场工资指导价位制度，促进劳动力市场形成合理的劳动力价格水平，为劳动力供求双方协商确定工资水平提供客观的市场参考标准；第三，有了工资指导价，企业可以合理确定内部各工种的工资标准，调整内部各类人员的工资关系，克服内部工资分配上的平均主义和盲目攀比行为；第四，建立工资指导价位制度，也使政府对企业工资分配从直接管理转向间接调控、从总额调控转向水平调控，有利于促进政府职能的转换。

第二类是社会专业咨询调查机构，翰威特、华信惠悦、韬睿、美世四大咨询机构是国际上开展营利性薪酬调查的代表。这些专业机构开展薪酬调查的目的主要是为企业提供薪酬调查报告，以获取利益。需要注意的是，一些人力资源和薪酬管理学术组织和企业团体也定期进行薪酬方面的调查，发布调查信息，这些信息可以为企业制定薪酬政策提供依据，并且这些信息常常是无偿的。无偿薪酬信息的获取是比较容易的，但是信息质量可能是主要的问题，其真实性和时限性经常受到质疑。

（二）薪酬调查的客体

薪酬调查的客体是薪酬。薪酬的主要特征是秘密性，薪酬信息是一种稀缺性的企业资源，如果获取了直接竞争对手的薪酬信息，就可以掌握该企业人力资源的实力、配置状况，甚至是战略意图。因此，它对于企业来说是机密，对于个人来说是隐私，这就加大了薪酬调查的复杂性和难度。一般来讲，没有专业机构的参与，企业自身很难进行有效的薪酬调查。另外薪酬作为薪酬调查的客体，有着特定的内涵。比如美国劳工局的薪酬调查所指的工资是指直接的工作收入，不包括加班工资。统计项目包括计时工资、计件工资、佣金、风险收入和其他直接与其工资有关的报酬项目，不包括津贴、非生产性奖金及由第三方支付的费用。同时工作时间也在被调查项目之列，如每月、每周工作小时数和每年工作周数等。这些内容一般用专用的调查表格，并附有详细的文字说明。

三、薪酬调查的工作步骤

（一）明确薪酬调查的目的、内容和调查对象

薪酬调查的目的通常包括制定薪酬标准、调整薪酬水平、制定薪酬预算、控制人工成本。这些目的虽然侧重点不一样，但都需要通过了解市场上某些职位的薪酬水平来实现。只是由于目的不同，需要了解的职位多少也不一样。例如，薪酬调查的目的如果锁定为就某一个职位制定薪酬标准和调整某一职位的薪酬水平，那么我们就只需要对这一职位的市场薪酬进行调查；如果我们将薪酬调查的目的锁定为制定薪酬预算或控制人工成本，那么我们可能就将要对某些职位或企业中所有职位进行薪酬调查。因此，这个步骤主要是根据薪酬调查的目的确定要调查的企业和职位。

除此之外，在这个步骤中还需要确定被调查企业中被调查职位的薪酬项目。基准项目的选择也是技术性非常强的工作。在调查项目的选择上，明确调查目的、确定科学的调查方法，是项目选择的前提。同时，要本着精选的原则，选择最基础、最直接的项目进行调查，通过这些资料，可以分析出更多的信息资料。对企业来讲，有价值的薪酬信息包括：(1) 薪酬水平及其变动的信息，如企业平均薪酬水平、各时期薪酬水平的变动、薪酬水平的增长幅度等；(2) 薪酬等级和薪酬结构，如企业职位和职位等级结构的设计、薪酬等级差、最高等级与最低等级差、等级幅宽、相邻等级的交叉程度等；(3) 薪酬要素构成，如基本薪酬制度选择、基本薪酬与浮动薪酬比例、货币薪酬与福利薪酬的比例、绩效薪酬的设计等；(4) 薪酬管理与支付方式，如薪酬管理制度、薪酬支付形式、团队薪酬管理、员工持股与利润分享制实施情况，以及特殊员工的薪酬支付等。

需要注意的是，薪酬调查的范围包括多少企业并没有统一的规定。采取领先型薪酬策略的大企业一般仅与几个（6—10个）支付高薪酬的竞争对手交换数据。由2—3人负责的小型组织一般仅调查小的竞争对手。咨询公司进行的全国性调查一般超过100家企业。

（二）界定薪酬市场的范围

薪酬调查是一项费时、费力、成本高的工作，一个企业不可能调查清楚其他所有企业的情况，也不可能将一个企业所有的相关职位的薪酬内容都作为调查对象。薪酬调查的

本意是了解与企业在同一劳动力市场上争夺劳动力的其他企业的薪酬状况,因此,界定劳动力市场的范围、选择基准企业和基准职位是非常重要的。

1. 基准企业的选择

在调查中,不可盲目地、无针对性地选择被调查企业,应该考虑它们的性质、工作类型、管理模式与本企业是否相近,是否对企业有参考价值等。需要选择最相近、最有比较价值的企业进行调查,这些企业和职位被称为"相关市场",因为这些企业最可能与本企业竞争员工,其管理模式也最有价值。因此,一般而言,基准企业包括:与本企业竞争从事相同职业或具有同样技术员工的企业;与本企业在同一地域范围内竞争员工的企业;与本企业竞争同类产品或服务的企业。此外,也有把与本企业薪酬结构(如以职位定酬或以人定酬)相同的企业划入基准企业范畴内的。

调查企业的数量也需要考虑。为了达到经济、有效的目标,在一个相关市场中,如果企业数量比较少,可以考虑进行全面调查,或者尽量大比例的调查,这样获得的资料就会很全面;如果相关市场中企业数量多,则要确定一个有代表性的样本进行调查,最好采取随机抽样的方式确定调查对象,以避免太多的主观意向。也可将调查分解,每次只调查一个或几个方面的问题,力争获得有价值的资料。

2. 基准职位的选择

所谓基准职位是指那些在所有的企业中性质和内容相似的职位,这些职位在不同企业之间具有可比性。在选择基准职位时,需要注意的问题是:

第一,对每一个职位都要定义清楚,并且是相对稳定的,以便让负责调查的公司或人员能够确定它们的工作性质,并且可以与其他基准职位相匹配。

第二,选定的职位尽可能涵盖所有的职位等级,以便为确定企业薪酬等级结构提供参考。

第三,每个基准职位都要包含足够多的员工数量,基准职位数量的确定一般占企业全部工作岗位的1/3左右,如20—30种典型职位,这些职位性质明确、固定,分布在企业各相关部门,具有一定的代表性。只有足够大的样本才能具有代表性。

明确了所要调查的基准职位以后,就需要对基准职位进行功能和层次上的划分,并由此进一步确定调查对象。职位按其功能可分为职能职位和业务职位,职能职位一般为通用职位,业务职位一般为专项职位。对于通用职位,薪酬调查一般来讲在本地区内各企业之间进行就可以了;对于专项职位,也就是业务性很强的职位,薪酬调查的对象可能就要选择在本地区同行业内企业之间展开。另外还需要从层次上对职位进行划分。对于低层级的职位来说,比如文员、一般技术人员和半技术人员,所调查的区域应该是和公司在地理位置上比较接近的地方。对于中高级职位而言,比如市场部经理、人力资源副总经理等,所调查的区域应该更大。同样,调查所包括的行业也是应该考虑的一个问题,对于低层级的职位来说,行业之间的差别并不大;而对于中高级管理人员和技术人员来说,最好是选择可能与公司竞争人才的行业。

表4-1说明的是在界定劳动力市场时,任职资格和地理范围之间的相互影响。当任职资格的重要性和责任增加时,地理范围的局限也会随之增加。管理职位和专业技术职位的竞争范围往往是在全国范围内的。而一般职员和生产工人的竞争范围是在本地或本

地区范围内。

表 4-1 以地域和员工群体划分的相关劳动力市场

地域范围	生产工人	办公室文员	技术人员	科学家和工程师	管理专业人员	主管
本地：在相对小的区域，例如城市，以及大都市统计区域	较可能	较可能	较可能	—	—	—
区域：一个省或几个省区域	仅在供给或关键技术方面短缺	仅在供给或关键技术方面短缺	较可能	较可能	较可能	—
全国：整个国家	—	—	—	较可能	较可能	较可能
国际：几个国家范围内	—	—	—	仅在供给或关键技术方面短缺	仅在供给或关键技术方面短缺	有时

资料来源：George T. Milkovich, Jerry M. Newman,《薪酬管理》，董克用等译，中国人民大学出版社，2002。

(三) 确定薪酬调查方法

1. 主要职位比较法

这是最常用的市场调查方法，要求被调查者根据调查表对某职位的描述在其所属公司中找出与之匹配的职位，列出其工资水平和薪酬额度，并写明任该种职位的员工数目。这种调查一般涉及的都是各公司普遍设立的职位，名称固定并通用，权责较明确，职能较单一，任此职位的员工数目较大，并且在一些复杂的项目计划中从事较基础的工作。通常，调查表包含10—30个职位。为保证调查的成功，调查者应该在调查表上提供充足的信息，阐明目标职位的主要职能，以便被调查者做出正确判断。另外，了解其他公司的职位评定标准有助于本公司薪酬制度的确定。如果两个公司在职位评定中使用的"薪酬要素"相同，那么主要职位比较法是一种非常有效的市场调查方法。

2. 职位评定法

职位评定法就是将相同职位（基点或排列相同）的薪酬水平进行比较，然后得出关于同一职位的薪酬曲线，包括最高、最低和平均薪酬水平。这一方法要求参与市场调查的公司采用相同的方法进行职位评定，从而将职位比较中的错误可能性降到最低。但是，尽管各公司采用的职位评定方法相同，但是它们对职位重要性的评定仍然会有差别。比如，即使各公司都采用基点法，都采用相同的"薪酬要素"，但如果它们给予各要素的权数不同，得出的结果也会不同。所以调查者在分析调查结果时需将各公司的评定过程考虑在内。

职位评定法的另一种做法就是要求被调查公司对调查表中列出的职位进行职位描述并列明薪酬水平，而由调查者将这些信息与本公司的情况进行比较。这种方法向调查者提供了同种职位评定方法下的不同薪酬水平，为其薪酬制度的改进提供了真实有力的参考。

3. 职业分类法

这一方法是为克服主要职位比较法的缺点而发展起来的。它在所有职位中首先确定一系列基础职业类别，如会计类、生产类、人事类、采购类等。被调查的公司在每个职业类型中将其下属的职位进行排列,给出其薪酬水平和员工人数。

许多薪酬管理人员认为职业分类法有以下优点:① 被调查者不必进行本公司与其他公司职位的比较;② 它提供了更多职位的薪酬信息;③ 它简化了数据的综合过程。这些说法有一定事实依据,但是这种方法是否确实比其他方法有效并无定论。像其他调查方法一样,职业分类法有效与否取决于其具体设计、实施和分析过程。

(四)设计薪酬调查问卷并实施调查

薪酬调查一般采用问卷调查法,由企业直接发放问卷或者委托有关部门进行调查,后一种形式比较便利。因此,根据委托调查企业的要求,设计科学、高效的调查问卷是非常重要的。调查问卷可根据综合性调查和典型性调查分别设计。综合性调查除了基本工资,还包括红利、加班费、夜间加班费等辅助工资,养老金、员工股息、假期规定、医药补助等各种福利和保险待遇,以及薪酬管理的一些项目。典型性调查主要包括基本工资、实际收入、工作时间等直接相关项目。

在问卷设计完成之后,最好是先做一次内部测试,调查者可以将自己的数据试着填写一遍,或者请不参与调查的其他企业试着填写一遍,以发现需要改进的问题。最后在实施调查的过程中,调查者还要与被调查者保持联系,以确保能够回收到足够的问卷。

(五)整理调查问卷

薪酬调查时效性是很重要的,问卷回收后应立即进行整理和分析。在整理文件过程中,尽管是标准问卷的格式,但是显示在问卷上的答案仍然会存在各种各样的问题。因此,需要注意以下几个原则[①]:

1. 统计口径要一致

比如,两个企业同样实行年薪制,按照月分解后的月薪由于发放方式不同,一个是一次性发放,另一个将月薪分成基本工资和效益工资两部分发放,其中基本工资占70%,当月发放;效益工资占30%,次月考核后发放。因此,这两个企业在填答基本工资和奖金一栏时就出现了不一致的情况。一次性发放的企业将所有月薪都视为基本工资;分两次发放的企业将当月发放的70%作为基本工资,而将次月发放的30%作为奖金。那么我们在统计的时候就要针对这种情况进行一些分析,询问被调查者并让其对此做出解释,然后严格按照工资、奖金的定义进行区分,以确保统计口径的一致。

2. 统计一定要准确真实

统计不仅要注意填答的数字,也要注意卷面,这是因为填答者在填答问卷时,对一些问题把握不准时,往往用一些文字来加以注释,对于这些注释文字,统计时要加以特别注意,并根据填答者的意思做出准确的统计。

统计时还要注意数字之间的逻辑关系,两个数字单看起来没有什么问题,但是当把两者联系起来分析时,矛盾就出现了,对于这种情况要及时加以纠正。

3. 采用计算机技术

利用一些专门的数据库软件进行统计,可以提高效率,减少误差。

---

① 刘军胜:《薪酬管理实务手册》,机械工业出版社,2002。

(六)薪酬调查数据分析

调查结果有多种表示形式:可以对各种数据进行层次划分,也可以对每个数据进行具体分析。总体而言,一份好的市场调查结果应该反映收集到的所有信息,同时保持数据的质量和机密性。其价值并不在于数据的多少,而在于调查者从中获得的信息数量。

大多数调查结果的表达采取以下三种方式:列表(数据)、制图(图像)及回归分析。

1. 列表

具体方法包括数据排列、数据计算和频率分析。

(1)数据排列。如表4-2所示,将收集到的同一类数据由高到低进行排列,使分析者能够观察各数据在被调查公司间的分配。

表4-2 调查数据的排列与计算　　　　　　　　　　　　　　单位:元

公司代码	职员数	平均工资
A04	2	60.0
B52	5	58.7
C98	20	55.2
X29	24	55.1
J84	35	53.3
D44	25	52.1
C83	17	52.1
G22	12	48.6
E30	8	47.1

(2)数据计算,即将各数据进行平均计算,有以下两种方式:

① 加权平均,即将工资总额按职员总数进行平均。其中工资总额由各公司平均工资额乘以其职员数得到的数值加总而成。如表4-2,工资总额计算方法为 $2\times60.0+5\times58.7+20\times55.2+\cdots+8\times47.1=7\,853.6$,职员总数为148,所以得到的加权平均数为53.1。在此计算中,员工数多的大公司权数较大。加权平均法对于考察给定职位的市场情况非常有效。

② 简单平均,即将各公司的平均工资总额按公司数进行平均。如表4-2,简单平均的工资总额为 $60.0+58.7+55.2+\cdots+47.1=482.2$,公司数为9,所以得到的平均值为53.6。这一方法可用于比较各公司的政策。员工少的小公司和员工多的大公司在该计算中所起的作用是一样的。

在该分析中,中点指的是数据排列的中间数据,也表示为50%处(即中点以下部分占排列的50%)。一般薪酬水平较高的公司注意的是75%处,而大部分分析者主要对处于1/4和3/4之间的薪酬额(也就是调查数据的中间50%)进行考察。

(3)频率分析。若被调查公司不愿透露具体薪酬数据,则可以用频率分析法代替数据排列法。表4-3记录了在各薪酬额度内各公司平均工资出现的次数,而并没有给出各公司具体的工资额。

表 4-3　频率分析

薪酬额度	频率
45.0—47.9	1
48.0—50.9	1
51.0—53.9	3
54.0—56.9	2
57.0—59.9	1
60.0—62.9	1

2. 制图

图像的具体形式包括直线图、柱状图和饼图等。利用这一方法可以直观地反映调查结果,重视大致比例而忽略具体数据,主要服务于高层管理者的决策过程。

3. 回归分析

回归分析可以反映两种或多种要素之间的关系,并通过公式或图表显示其发展趋势。也就是说,它可以以一种或多种要素(如基薪和公司销售总额)的变化为基础,对其他要素(如现金薪酬总额)的变化趋势做出预测。另外,该方法还根据偏差的大小检验回归方程的可靠性。方程的拟合程度越接近1,预测值的准确性越强。

当然,薪酬高于平均值并不一定意味着薪酬过高,低于平均值也不等同于薪酬过低。平均薪酬并不一定是最优选择。如表 4-2 所示,如果某公司选择在 75% 处提供薪酬(即低于该薪酬水平的公司占市场的 75%),那么市场平均工资对它来说可能就是过低的薪酬。对这一问题的评价应取决于公司的目标市场、经营情况、职位职能等具体情况,而不能只抽象地比较数据。

(七) 完成调查报告

这是对薪酬调查结果的最后总结,供组织的薪酬设计和(或)薪酬调整参考,包括报告总表和薪酬报告两部分。内部应真实可靠,表述应简洁明了,应用图表形式更为直观。

1. 报告总表的主要内容

报告总表的主要内容有调查的时间、行业、地区、基准企业及数据量、物价指数(以往几年的数据及未来一年的预测指数)、薪酬变化动态(前一年、本年度和下一年度薪酬的调整比例和薪酬形式组合比例的数据)等。

2. 薪酬报告

薪酬报告的主要内容:(1) 基准职位的薪酬报告,如基本薪酬、辅助薪酬(含福利)、固定薪酬、变动薪酬、总薪酬的信息等;(2) 其他薪酬信息,如薪酬结构信息、组织数据与市场数据的比例等;(3) 薪酬政策、人才政策及其实施状况。

(八) 应用调查结果

如果调查者不对调查结果进行正确分析与归纳,那么他很可能会陷入这样的困境:(1) 采纳并不真实的信息;(2) 没有充分利用得到的调查数据。下面介绍美国公司中经验较丰富的调查者的做法。

有经验的调查者在利用调查结果之前,都要对其真实性和有效性进行评估。在多数情况下，调查结果并不像调查者期望的那样有价值。因为不同的公司、不同的人情况不同，对事物的看法也不同，所以数据的质量也参差不齐，需要先进行整理，才能用于管理者的决策过程。

当调查者拿到调查结果时，一般要问自己两个问题：(1) 怎样确定该结果是真实可信的呢？(2) 我们公司的职位与其他公司的情况有何相似之处？

要确保数据的真实性，首先要进行深入的调查，而不能从报纸杂志上随意地摘取公开信息。市场调查必须谨慎进行，它的成本与其将来能够创造的收益相比是微乎其微的，所以这一笔花费不能省。总之，市场调查是一项有价值的投资。而且，不要局限于一种信息来源，要多方收集信息，同时将自己的调查与其他市场调查相比较。因为市场调查本身就是一个比较的过程，拓宽比较的范围有利于调查者更好地了解各公司的情况。

按照以上步骤获取到数据以后，还必须检验这些数据的真实性。首先，调查者可以观察所获数据的范围。如果关于某职位的调查数据少且单一，那么最好减少它在调查报告中的分量，或者干脆不用该数据。有时各数据间是互相矛盾的，这是因为各公司的薪酬实践不尽相同。有些公司在起步阶段，某些职位由于对公司发展至为重要，所以薪酬可能与其业绩表现不一致。而有些公司可能完全按照个人或公司的业绩情况决定薪酬的高低。在进行数据分析时，要注意这些区别。

其次，要注意同类职位报酬之间的互相联系。表 4-4 中的第一种情况显示了一种合理的工资晋升制度——由试用期工资升为初级工资（晋升 33%），由初级升为中级（37%），最后由中级升为高级（40%）。尽管领取初级工资的人很少，但其工资水平与其他水平相比比较合理。而第二种情况中，初级工资比试用期工资高出将近 70%，且只比中级水平低 2.8 元。显然，第一种情况比第二种情况合理。

表 4-4　职位工资晋升制　　　　　　　　　　　　　　　　　　　单位：元

	职员数	情况 1（平均工资）	情况 2（平均工资）
高级工资	12	57.0	57.0
中级工资	15	40.7	40.7
初级工资	2	29.7	37.9
试用期工资	27	22.4	22.4

最后，调查结果应该反映公司所在行业和人才市场的情况。因此，如果竞争对手提供的数据与调查公司的情况不符，无论这些数据看上去多么不可思议，调查者都必须承认自己的公司与整个市场情况脱钩了。同时必须注意，历次的调查结果越一致，调查的价值就越大。

本章小结

1. 界定了薪酬水平及其外部竞争性的概念，总结了薪酬水平外部竞争性的作用，分析了薪酬水平外部竞争性策略的四种类型，即市场领先策略、市场追随策略、市场拖后策略以及混合策略。

2. 介绍了薪酬调查的概念和目的,分析了薪酬调查的构成要素及其特点,总结了薪酬调查的工作步骤:明确薪酬调查的目的、内容和调查对象,确定薪酬调查方法,设计薪酬调查问卷并实施调查,整理调查问卷,统计分析薪酬调查结果,完成调查报告和应用调查结果。

复习思考题

1. 如何理解薪酬水平的外部竞争性?
2. 薪酬水平外部竞争性决策包括哪几种类型?它们具有什么特点?
3. 薪酬调查的相关市场如何确定?
4. 如何实施薪酬调查?

案例研究

A 银行薪酬管理诊断

A 银行于 2007 年 6 月 1 日在深圳成立,注册资本 10 亿元。作为首家将总部设在深圳的外资法人银行,它以深圳为基地,以珠三角为发展中心,辐射全国。目前 A 银行在国内已开立了 5 家分行,6 家支行,主要业务为提供零售银行服务、企业银行服务与外汇及金融服务,更提供代理人、离岸银行、租购贷款、私人贷款、股票经纪、保险代理及顾问等服务。公司与之对应的薪酬管理制度服从三个均衡性原则:一是外部均衡性。公司的薪酬水平应该相比本地区、本行业的薪酬水平有一定的优势或者不处于劣势地位。二是内部均衡性。确保岗位的工资水平与岗位价值成正比。三是个体均衡性。确保同一岗位的个人,工资与业绩成正比。A 银行的薪酬理念为:支持经营目标、支持公司吸引和挽留人才的策略,以职位职责和职位等级高低付薪。

A 银行员工工资有三种组成形式:第一种是固定工资,第二种是固定工资加浮动工资,第三种是固定工资加绩效奖金。固定工资包括基本工资和年终双薪。基本工资主要依据薪酬原则,参照薪资架构表确定。而年终双薪也是 A 银行固定工资的一种,每一位 12 月 31 日前在职的员工都可以享受。绩效奖金主要针对销售部门的员工,由公司针对员工业绩指标完成情况及个人综合表现计算,按月发放。而浮动工资指的就是年终奖金,为基本工资的一定倍数,根据公司整体业绩和盈利情况以及员工个人上年度绩效考核成绩确定。职能部门员工薪酬结构的计算公式为:工资总额=基本工资+年终双薪+年终奖金;销售部门员工薪酬结构的计算公式为:工资总额=基本工资+绩效奖金。调查结果显示,职能部门员工固定工资占到工资总额的 90% 以上,销售部门员工固定工资占工资总额的 65%。

A 银行薪酬体系的目标是在行业的中等水平,也就是 P50 分位值的薪资水平。但是 2010 年和 2011 年市场薪酬调研的数据显示,A 银行各个职级的年度固定总薪酬远低于 P50 分位值。也就是说 A 银行的薪酬水平完全与薪酬定位相背离,不仅远低于预期水平,更处于市场的最低行列。

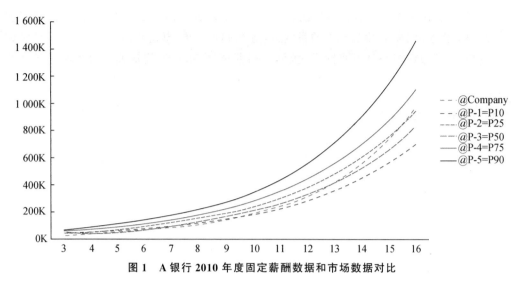

图1　A银行2010年度固定薪酬数据和市场数据对比

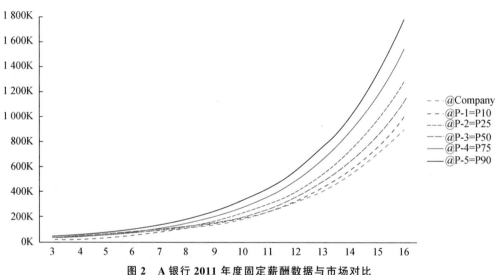

图2　A银行2011年度固定薪酬数据与市场对比

从以上回归线来看，A银行所有员工上至管理层下至普通员工的收入全部处于市场的最低水平。而且，2011年的员工收入跟市场水平的比较比2010年的形势更为严峻。从2010年来看，职等在10以下也就是A银行的主任级的员工，其年度固定总薪酬普遍在P10分位左右；职等在10以上1以下也就是经理级员工，其年度固定总薪酬高于P10分位但低于P25分位；而职等在13以上也就是高级经理级员工，其年度固定总薪酬高于P25分位但低于P50分位。但从2011年的数据来看，职等在13以下的主任级和经理级员工，其年度固定总薪酬都与市场上P10的水平持平；而职等在13以上的高级经理级员工，其年度固定总薪酬则低于P10。由此可见，A银行的薪酬水平不仅处于市场的最低水平，并且与市场的差距在逐年拉大。这是一个很危险的信号，意味着A银行的薪酬根本无法和同行竞争，不仅吸引不到需要的人才加盟，还将面临现有人才被挖角的危险。

图3是A银行不同部门员工(不含部门主管)的平均工资。从以上的数据来看，A银

行不同部门之间的收入差距不能体现对公司发展战略的支持,不能科学反映工作性质和部门重要性的不同。

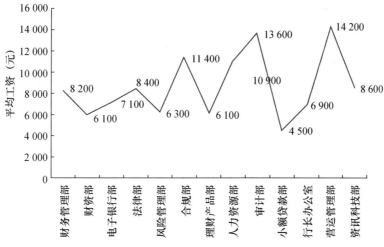

图 3 　A 银行不同部门员工(不含部门主管)的平均工资

A 银行针对薪酬与福利进行了员工薪酬满意度调查,此次调查共发问卷 130 份,共回收有效问卷 110 份,回收率约 85%。问卷对象集中在总部员工。通过对有效调查问卷的描述性统计分析,A 银行薪酬满意度的基本状况归纳如下:(1) 薪酬满意度低。对 A 银行的员工来讲,75% 的员工对薪酬福利制度感到不满意。(2) 内部公平感较差。对于"与公司内部其他人相比,您对您的薪酬水平满意吗"这个问题,45% 的员工非常不满意。(3) 外部缺乏竞争力。对于"您认为您目前的薪酬在同行具有竞争力吗"的问题,95% 以上的员工认为自己的薪酬在同行中不具备竞争力。通过对员工满意度调查和薪酬满意度调查的数据进行分析后,对 A 银行薪酬体系存在问题总结如下:(1) 员工对薪酬的满意度低,薪酬缺乏竞争力,员工内部公平感差。A 银行的薪酬水平和定位与同行业相比严重缺乏竞争性,A 银行几乎所有职位的工资水平都在市场的 P25 分位以下,远低于市场平均水平,与同行业相比也有很大的差距。对于一家处于扩张阶段的公司,这样的薪酬定位很难吸引市场上的优秀人才,并且还要面临现有员工的流失,人才的缺失将严重阻碍 A 银行的发展。(2) 薪酬制度的激励性不够。A 银行员工的固定工资占比很高,浮动工资占比极少,导致部分员工的工作积极性不高,不支持企业当前变革和发展的需要。(3) 收入差距不能体现对战略的支持。

今年以来,A 银行的离职率明显高于上年同期,达到 20%。各银行之间为了争夺人才不惜成本,以高额薪酬和优厚福利吸引人才加盟。A 银行一方面面临现有人才的大量流失,另一方面又要以更高的成本从市场上招聘人才补缺和满足扩张的需要。

资料来源:尹志红,"A 银行薪酬管理诊断",华南理工大学硕士论文,2011。作者采用时进行了改编。

案例思考题:

1. 除了上述所列问题,你觉得 A 银行还有哪些薪酬问题亟待解决?
2. 针对 A 银行薪酬管理问题,你能给出哪些改进的建议,谈谈你的想法?

21世纪经济与管理规划教材

人力资源管理系列

第五章

工资等级结构与等级制度

【学习要点】

  工资结构线、工资结构模型与工资等级表的关系
  工资等级数目的确定
  工资级差及其确定办法
  工资等级重叠度的情形与计算
  工资等级结构的设计步骤
  宽带薪酬的设计与实施条件
  常见的几种工资等级制度

开篇案例

华洋电子有限公司是由一家大型国有企业与一家外资企业合资成立。凭借着有利的市场环境和政策支持，该公司的发展突飞猛进，年销售额一度达到 20 亿元。但随着企业的快速发展，其管理上的问题逐渐显露出来，特别是薪酬体系方面的问题尤为突出。该公司的员工主要由原国有企业员工、原外资企业员工及社会招聘的员工三部分组成。这种人员结构的复杂性导致了薪酬体系的内部复杂性：原国企员工照搬国企工资水平，原外企员工按外企标准拿很高的外资企业补贴，合资公司招聘的员工按照合资工资的标准发放薪酬。三种截然不同的薪酬体系导致了薪酬管理的内部不公平性，员工对薪酬水平也存在较大的不满，严重影响了工作积极性，甚至导致核心人才的不断流失。因此，公司领导决定实施薪酬改革，统一公司内部薪酬标准。但是新的薪酬标准带有浓烈的国企色彩，固定基本工资与岗位工资占了很大的比重，而浮动绩效工资只占很少的一部分，无法体现员工间岗位、素质、贡献的差异。这与追求效率和激发员工积极性的外企薪酬标准形成了鲜明的对比。薪酬改革不但没有消除员工的不满，反而将矛盾进一步升级。

面对这样的现状，公司的管理层如何建立一个灵活性和激励性更强的薪酬体系呢？

经过职位评估的步骤，可得到表明每一职位对本企业相对价值的顺序、等级、分数或者象征性的金额。根据职位评估的结果，确定职位的实际工资值，这便是工资等级结构设计的内容，即通过工资等级结构设计来讨论职务相对价值的转换问题。经过这个步骤才真正完成工资结构的设计。本章主要从工资结构的设计、宽带薪酬结构以及工资等级制度三大方面来介绍工资等级结构与等级。

第一节 工资等级结构的设计

一、工资结构

企业工资可以分为两种结构形式，一是等级结构或称为纵向结构，是指与企业的职位等级序列相对应的工资等级结构。二是要素结构或称为横向结构，指不同的薪酬要素之间的组合。前者反映了职位之间的相对价值关系在任职者工资上的体现；后者则是员工个人因素在不同薪酬要素上的体现。关于薪酬横向结构，我们将在第八章中进行简要的介绍。本章主要论述工资的等级结构，在很多教材中，直接称其为工资结构，但是这样可能会造成初学者概念上的混淆。工资等级结构是由内部一致性和外部竞争性共同构成的，是对同一组织内部的不同职位或者不同技能之间的工资率所作的安排。

如前面章节内容所述，薪酬的外部竞争性揭示一个组织的薪酬水平与外部劳动力市场上的其他雇主所支付的薪酬水平之间的可比性程度。我们前面就职位或技能本身的价值评估讨论了内部一致性问题，内部一致性最后还是要体现在职位的货币价值即工资水平上。从这个角度上看，内部一致性是指组织内部不同职位（或不同技能）之间的相对价值比较问题。

事实上工资等级结构决策实质是在内部一致性和外部竞争性这两种薪酬有效性标准间进行平衡的一种结构。薪酬的外部竞争性是与外部劳动力市场联系在一起的,而内部一致性则反映了职位评价的结果。但是,薪酬的外部竞争性要求和内部一致性要求之间有时会产生矛盾。比如说,根据公司内部的职位评价,公司财务经理和人力资源经理的重要性和价值大小是类似的,因而这两个职位的工资水平应该大体相同。但是,在此时的外部劳动力市场上,由于人力资源经理人员的短缺,人力资源经理职位的劳动力市场价位超过了财务经理的市场价位。在这种情况下,企业就必须做出决策,到底是主要根据企业的内部岗位评价结果来定工资,还是主要根据外部劳动力市场情况来定工资。在实践中,过去往往是更多地考虑工资的内部一致性,而在当前,工资的外部竞争性要求似乎更强。

工资结构等级只是反映特定时期内外部环境的一种薪酬关系,但是企业的外部环境和内部环境以及不同职位或技能对创造企业价值的贡献大小是在不停地发生变化的,所以企业要适时调整。同时,在工资结构设计时要像一些特定的要素倾斜,要有助于员工清楚地了解他们的工作与组织之间的关系,使员工的行为与组织的目标相一致,更好地促进企业战略目标的实现。

二、从工资结构线到工资结构模型

(一) 工资结构线

1. 工资结构线的形状

工资结构线[①]是一个企业工资结构的直观表现形式,它清晰地显示出企业内各个职务的相对价值与其对应的实付工资之间的关系。换句话说,将企业内各个职务的相对价值与其对应的实付工资之间的关系用两维的直角坐标系直观地表现出来,就形成了工资结构线。

从理论上说,工资结构线可以呈现任何一种曲线形式。实际上,它们多呈现直线或由若干直线段构成的一种折线形式。这是因为工资结构首先要求具有内在公平性,这是指企业各项职务的工资是按某种一致的分配原则确定的,是可以清晰地加以说明的,在市场经济中通行的这种原则便是等价交换,也就是谁的贡献越大,对企业的价值相对越高,所获报酬就应越多。因为报酬正比于贡献,正比的关系是线性的,是一种直线关系,其对应的关系便呈现直线形式。图 5-1 中的工资结构线是线性的工资结构线,图中横坐标表示通过职位评价所获得的企业内各项工作的相对价值的分数,纵坐标表示对应的付给该工作的工资值,由此绘制出 a、b、c、d 四条典型的线性工资结构线。

图 5-1 中的 a 和 b 两条工资结构线是单一的直线,说明采用这两种结构线的企业中所有工作都是按某个统一的原则定薪的,工资值是严格正比于工作的相对价值的。a 线较陡直,斜率较大,反映采用 a 种工资结构线的企业偏向于拉大不同岗位员工的收入差距,是"锦上添花"型的;b 线较平缓,斜率较小,反映采用 b 种工资结构线的企业则偏向于照顾大多数,不喜欢收入差距悬殊,是"雪中送炭"型的。

---

① 也称为薪酬结构线。不过由于所讨论的是薪酬的基础部分(即工资),所以更多场合称为工资结构线。

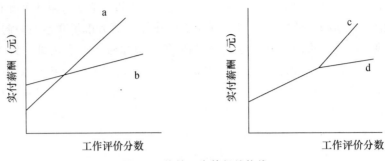

图 5-1 线性工资等级结构线

c 线和 d 线是两条折线,c 线后段斜率增大,d 线后段斜率减小。采用 c 线的企业可能是基于某一职级以上的员工为公司的骨干,对企业经营成败影响很大,是企业最宝贵的人力资源,故给予高薪以示激励;采用 d 线的企业可能是为了平息某一职级以下员工的抱怨,因而降低该职级以上员工的薪水。

但是,由于各企业还可能有其各自不同的特殊考虑,因而设计出具有其独特特征的工资结构线。现实生活中,企业基于种种原因,工资结构线往往被设计成曲线,因而表现出非线性的特征。如图 5-2 中的 e 和 f 就是两条典型的非线性工资结构线。

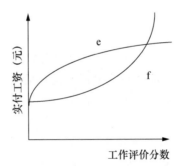

图 5-2 非线性工资等级结构线

图 5-2 的工资结构线 e 和 f 表明,工作的相对价值与付给该工作的工资额并不是按照相同的比率增长的。采用 e 线的企业,职级较低的员工工资增长速度较快,职级较高的员工工资增长速度相对较为缓慢,反映了对职级较低的员工主要是靠工资来进行激励,而对职级较高的员工,则主要用工资之外的其他方式进行激励。采用 f 线的企业,情况则相反,职级较低的员工工资增长速度较慢,而职级较高的员工工资增长速度相对较快。这主要是由于职级较低的员工社会供给量大,因而付给其相对较低的工资;而职级较高的员工社会供给量小,因而付给其相对较高的工资以增加企业对他们的吸引力。

由以上分析可以看出,工资结构设计是企业薪酬政策与管理价值观的集中体现。组织通过工资结构设计建立企业的薪酬体系,一方面使每一工作的工资都对应于它的相对价值,因而充分体现薪酬的内在公平性,另一方面则反映了组织的薪酬政策和管理价值观。因此,这种工资结构线,无所谓何者最优,何者最劣,每一企业针对内外部条件不同,需作权变处理。

2. 工资结构线的诊断作用

工资结构设计不仅能够反映内在公平性体现职位的相对价值、反映企业的薪酬政策和管理价值观。它的另一个常见用途是，用来检验已有的工资体系的合理性，为工资体系的改善提供依据。很多企业在成立之初，工资体系的设计往往没有采用合理的、系统化的设计程序，因而工资的确定是无序的、随意的，或者建立之初本是有规律的，但随着时间的推移，经历多次升降调整，变得紊乱了，这时可绘制相应的工资结构图，进行分析诊断。其具体步骤如下：(1) 选定职位评价法对企业的所有职务进行评价，获得反映它们相对价值的分数；(2) 绘制以职位评价分数为横轴、现有实付工资为纵轴的坐标系，在坐标系中找出各项工作的对应点；(3) 利用线性回归技术绘出反映各项工作对应点分布规律的特征结构线；(4) 调整偏离特征结构线的工资点。通常的做法是，对于那些位于特征结构线以下、所获工资少于按其价值应获工资的各点所代表的工作，较频繁或较大幅度予以调高，提升到与特征结构线相当的水平；对那些位于特征结构线以上、所获工资多于按其相对价值应获工资的各点所代表的工作，则不是简单地调低，而是予以暂时冻结或延期提升，这是因为人们心理上难以接受降薪的做法。或者采取增大工作负荷与责任，加强工作效率，使其相对价值相应提高的做法。

3. 基于市场状况调整的工资结构线

工资结构线原来只考虑了企业的内在公平性，但真正合理并实用的工资结构设计还必须考虑其外在公平性，即应顾及全国、地区或行业劳动力市场的供需情况、人才竞争优势的保持、人力成本的合理比重、政府法律与法规的制约等其他因素的影响。此时，工资结构图又找到了另一用武之地，并显示了其特有的便利性。

如图 5-3 所示，其中的 B 线代表的是企业通过职务评价所获的工资结构特征线，它只体现了企业的内在公平性，同时，把通过各种渠道收集来的劳动力市场情况，即地区

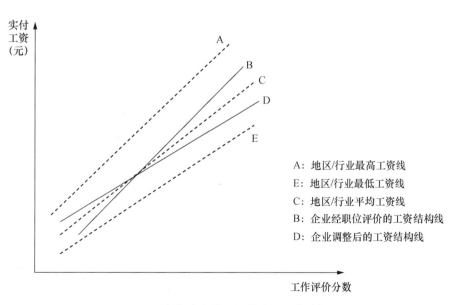

图 5-3　根据市场状况调整企业工资结构

或行业中同类企业的员工工资的数据,也画在同一张图上。例如此图中 A 线及 E 线分别代表市场上最高及最低工资。当然还需把代表市场工资平均水平(即 50%)的特征线也画上(C 线),把企业的结构特征线与那些反映市场状况的线对照一下,就能发现本公司的工资在市场上所处的地位及其竞争力的强弱了。企业结合自己的管理价值观、竞争策略、付酬实力、盈亏状况等因素,进行综合考虑后,便可对已有工资结构线酌情调整。图中的 D 线便是假设的调整后的企业工资结构线,它是在兼顾了内外在公平性等因素经全面考虑后确定的。这种线不存在标准的唯一最优解,也无简单的惯例可循,因为必须结合该企业实际内外条件来分析评判。以本图中 D 线的情况看,它基本与市场平均线重合,这可能是由于该企业采用市场跟随策略且财务实力居中等,付酬能力不是太差,但也并不太宽裕;同时说明它还未感到人才不足的迫切压力。但此线在下端高于市场平均线而上端则略低于市场平均线。这可能是该企业高层骨干实力较强,不太感到缺乏,而市场上待价而沽的这类人才较多,而他们的工资要求较高,占成本比重偏大。综合这些考虑,该企业决定对高级人才的出价略低于市场平均价。但在中下层干部,尤其是普通技工方面情况却不同,企业缺乏这类人才资源,而劳动力市场上这类人才又略偏紧俏,于是决定出价高于平均市价。这只是这家企业根据它的实际情况所做出的考虑,因此只是一个特例而已。

不难看出,调整后的特征线也不一定保持直线形状了。

虽然按上述全过程来设计企业工资结构线,能保证内外公平性,使工资系统具备公平合理的基础,但费时、费力、成本高昂。在实践中,不少企业便省去前阶段程序,直接按市场同行业的数据确定本公司工资结构。这当然还要受公司战略指导,并考虑劳动力市场状况,这样做成本降低不少,调整灵活方便,较为实用,但只能保证外部公平性,内部公平性则没有经过论证。

(二) 工资结构模型

根据综合考虑了企业内外条件后调整所得的工资结构线,就可以为相对价值不同的所有职务确定一个对应的工资值了。这在理论上是很合理的,但在实际操作上,若企业中每一种职务都各有一种独特的工资,就会给工资的发放与管理带来巨大的困难和混乱。所以在实际上总是把众多种类型的工资归并组合成若干等级,形成一个工资等级系列,这一步骤其实已成为整个工资制度建立过程中不可少的环节。这样,经职务评价而获得相对价值相近的一组职务,便被编入同一等级。图 5-4 便是一例,其中经评分法所评出的分数,每隔 50 分的一个区间便成为一个职务等级,尽管它们的相对价值并不完全相等,同一等级中的职务将付给相同的工资,因而有的吃些亏,有的占点便宜,不尽合理。但因差别不大,大大简化了管理,所以是切实可行的。职级划分的区间宽窄及职级数多少的确定并没有统一的规则,将取决于诸如结构线的斜率、职务总数的多少及企业的工资管理政策和晋升政策等因素。总的原则是,职级的数目不能少到相对价值相差甚大的职务都处于同一职级而无区别,也不能多到价值稍有不同便处于不同的职级而需作区分的程度。此外,级数太少,难以晋升,不利员工士气的提升;级数太多则晋升过频而刺激不强,徒增管理成本。实践中,有的企业工资等级系列只有 4 级至 5 级,也有企业的等级数目平均在 15 级至 20 级。

图 5-4 中每一工资等级只有一个单一的工资值,这实际上形成了一岗一薪制度。许多企业改变了同一岗位等级使用单一工资率的做法,代之以多工资率;同时,岗位之间的工资率也有部分交叉,下一等级的高位工资率可以超过上一等级的低位工资率,即实行复合岗薪制度。企业给每一等级都规定一个工资变化范围(或称为薪幅,其下限为等级起薪点,上限为顶薪点)。各工资等级的工资范围可以是一样大的,如都是平均工资±25元,即每级范围为50元;不过更常见的是工资范围随等级上升而呈累进式的扩大,如图 5-5 所示。这样,工资结构的设计工具就从工资结构线转换成为工资结构模型。

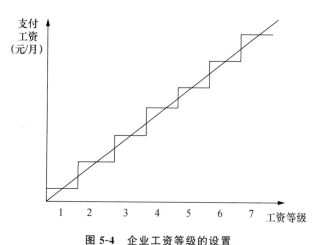

图 5-4 企业工资等级的设置

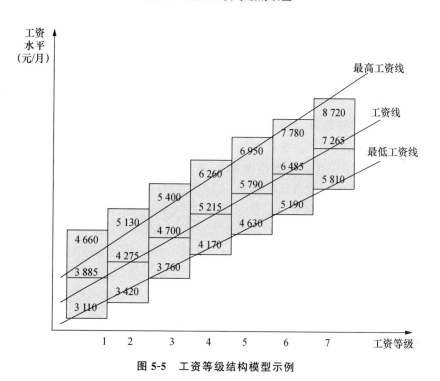

图 5-5 工资等级结构模型示例

图 5-5 反映了一个完整的工资等级结构模型。在图中,横坐标反映了工资的等级(对应职位的等级),纵坐标反映了工资的水平。该组织的工资共分为 7 个等级,等级 1 的工资为 3 110—4 660 元/月,其中中值为 3 885 元/月,其他等级依次如图所示。不同等级之间的工资水平有重叠和交叉的现象。

（三）工资等级表

工资等级结构还可以通过工资等级表表现出来。工资结构模型和工资等级表总体上是一致的,只是在表现形式上有所差别,它们是通过不同的形式来表现组织工资的等级结构。工资等级表是用来规定员工的工资等级数目以及各工资等级之间差别的一览表。它由工资等级数目、工资等级差别以及工种等级线组成,表示不同的劳动熟练程度和不同工作之间工资标准的关系。表 5-1 是一家机械制造企业的工资等级表。

表 5-1 某机械制造企业的工资等级表

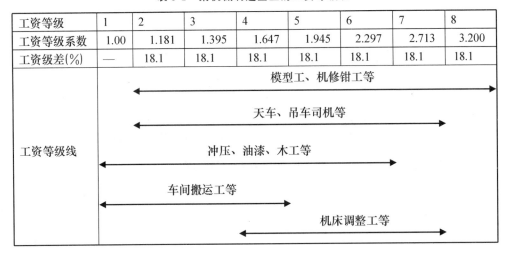

资料来源:刘雄、赵延,《现代工资管理学》,北京经济学院出版社,1997。

表 5-1 中,工资等级数目表示工资有多少个等级。工资等级是员工技术水平和员工技术熟练程度的标志,其数目多少是根据生产技术的复杂程度、繁重程度和员工技术熟练程度的差异规定的。凡是生产技术比较复杂、繁重程度及员工技术熟练程度差别较大的产业或工种,工资等级数目就应规定得多一些,反之则应少一些。

各工资等级之间的差别,简称级差,是指相邻两个等级的工资标准(即各等级职位工资水平的中间值)相差的幅度。级差有两种表示方法:一种是用绝对金额表示;另一种是用工资等级系数表示。所谓工资等级系数,就是某一等级的工资标准同第一级工资标准的对比关系,它说明某一等级的工资比第一级工资高多少倍,某一等级的工作就比最低等级的工作复杂多少倍。我们知道第一级工资标准(即最低一级的工资标准)和某一工资等级的系数,就可以求出某一等级的工资标准。

工种等级线是用来规定各工种(岗位)的起点等级和最高等级的界限。起点等级线是熟练工、学徒工转正定级后的最低工资。最高等级线是该工种在一般情况下不能突破的上限。凡技术复杂程度高、责任大以及掌握技术所需要的理论知识水平较高的工种,等级的起点就高,等级线长;反之,则起点低,等级线短。一些技术简单而又繁重的普通工种,由于体力消耗大,其等级起点较高,但等级线不宜过长。

根据表5-1,该企业在员工工资等级系列中,共设置8个工资等级,以1级为基础,各等级均按照18.1%的比例增长。在不同的工种中,模型工和机械钳工的等级线是从2级到8级;天车、吊车司机的工资等级线是从2级到7级;冲压、油漆和木工等的工资等级线是从1级到6级;搬运工从1级到4级;机床调整工从4级到7级。

三、工资等级结构的要素

目前,在工资等级结构的设计上,主要采取工资结构模型。在介绍工资等级结构的设计之前,我们首先解剖一下工资等级结构的构成要素。图5-5是其中的工资等级结构的一种情形,从中可以看出,工资等级结构的构成要素包括:(1)工资等级数目。(2)目标工资,即每个或每级职位的目标工资(通常称为中点、基准点等)。(3)工资级差,工资等级中相邻两个等级的目标工资之间的差额。(4)工资幅度,每级职位工资的浮动幅度(即以目标工资为中点,工资最低点与最高点之间的差额)。(5)工资等级重叠度(即相邻两级别间工资带的重叠程度)。(6)公司采用的工资结构数量。一些大企业对于不同的部门或不同的分公司会采取不同的工资结构,这样整个企业可能具有几个不同的工资等级结构。

需要注意的是,工资等级数目、工资级差、工资幅度、工资重叠情况这四个要素是相互依赖、相互作用的,因为在最低层等级的最低工资和最高层等级的最高工资的界限之间,任何一个要素的决定都将影响其他的三个变量。下面对工资等级结构的这些要素进行分析和介绍。

(一)工资等级数目

等级体现了公司内部各种职位或技能所处的地位。工资等级数目(Pay Grades Number)是指企业的工资等级结构由多少层级构成。等级数目的确定与下列因素有关:

(1)企业的规模、性质及组织架构。工资等级决定于岗位和职位等级。相对而言,规模大、性质复杂及纵向等级结构鲜明的企业,工资等级多;反之,规模小、性质简单、扁平型组织的岗位和工资等级则少。

(2)工作的复杂程度。工资等级表要覆盖一个工资系列的全部职务、岗位和工种,所以在确定工资等级数目时,要考虑同一工种内,或不同工种间劳动复杂程度的差别。劳动复杂程度高的,差别大,设置的工资等级数目多;反之,设置的少。

(3)工资级差。在一定的工资基金总额下,工资等级数目与工资级差呈反向关系。一般情况是,级差大,等级数目少;级差小,等级数目多。

(4)企业文化。主要考察企业能否接受较大的收入差别的企业文化。

企业间的工资等级大多在7—10级。随着组织结构的扁平化,岗位等级数目减少,每个级别之间的薪资幅度拉宽,同一岗位等级之间的工资差距加大,这就形成了所谓的"宽带薪酬结构"。

(二)目标工资与工资幅度

所谓工资幅度(Pay Rate Ranges)也被称为工资区间,是指在某一工资等级内部允许

工资变动的最大幅度。它说明的是同一个工资级别内最低工资和最高工资之间的差距。在工资幅度设计中,还涉及以下几个问题:

1. 目标工资

工资幅度的中点(中值),即目标工资或中位工资(Midpoint Pay Value),是根据前面确定的具有竞争力的工资水平设定,反映了公司对于某职位所确定的工资水平,其具体数据取决于公司的薪酬思想(是与当地市场还是全国市场相一致,是采取市场中等水平、高等水平还是低等水平?)及其信息来源。一个基本的原则是,目标工资水平应该是一个经验丰富的员工在其工作达到规定的标准时应该得到的工资。工资浮动的中点通常也称为控制点。

(1) 中值的设定。最能影响中值大小的因素可能是某职位的现行市场工资率。中值也可能来自内部数据。这一数据就是人们通常认为的该职位的标准工资率。中值与其对应的工资等级形成了工资结构线上的点,与中值相对应的一个概念是"相对比率",它通常表示员工实际获得的基本工资与相应的工资等级的中值或者是中值与市场平均水平之间的关系。这一概念可以运用在员工个人、员工群体,也可以运用在整个组织。

(2) 中值增幅的确定。在工资等级结构中,决定工资差别的一个基本的设计是中值与中值之间的差距。中值与中值的比是相邻两个工资等级中值的增长百分比。通常情况下,中值变化比较小的情况存在于工资水平较低的职位工资结构中,而中值变化较大的情况出现于高层经理层的工资结构中。在确定时要注意:中值差额越小,工资等级就越多;工资率的个数越多,越有可能支付有很小差异的职位不同的工资率;工资率的差额越大,就越容易使在职者感到不同职位之间的价值差;中值之间的差额很小可能会迫使一个组织建立不止一个工资结构。

2. 工资变动比率

(1) 工资变动比率通常是指同一工资等级内部的最高值与最低值之差和最低值之间的比率。变动比率的大小取决于职位所需的技能水平等综合因素,所以技能水平较低的职位所在的工资等级中变动率比较小,而技能水平较高的职位所在的工资等级的变动率较大。

$$工资变动比率 = (最高值 - 最低值)/最低值$$

有时,为了使用的方便,也会计算以中间值为基础的工资变动比率,这种时候,往往采用以下两种计算公式:

$$上半部分工资变动比率 = (最高值 - 中间值)/中间值$$

$$下半部分工资变动比率 = (中间值 - 最低值)/中间值$$

我们通过一个实例来对这三个概念加以说明。

【例】 以图 5-5 中的工资等级一为例。在这个工资等级中,工资的最高值为 4 660 元,中间值为 3 885 元,最低值为 3 110 元。因此:

工资变动比率 = (4 660 - 3 110)/3 110 = 50%

中间值 = (4 660 + 3 110)/2 = 3 885(元)

上半部分工资变动比率 = (4 660 - 3 885)/3 885 = 20%(相当于中间值降低 20%)

下半部分工资变动比率 = (3 885 - 3 110)/3 885 = 20%(相当于中间值提高 20%)

变动比率为50%的工资区间中值两侧的变动比率都各为20%,即最高值4 660元是中间值3 885元的120%,最低值3 110元是中间值3 885元的80%。

(2) 薪酬区间的比较比率与薪酬区间渗透度

薪酬区间的比较比率既可用于员工个人也可用于员工群体或整个组织。薪酬区间的比较比率用于员工群体或整个组织时,指某一薪酬等级的中值与市场平均薪酬的比值。它反映了员工群体或组织的薪酬在劳动力市场上的状况,组织的薪酬比较比率低于100%时,说明其提供的薪酬低于市场平均水平,不利于吸引人才。大多数的组织会尽量将薪酬比较比率控制在100%左右,既有利于控制薪酬成本又不会使自己在劳动力市场上处于劣势。

当薪酬区间的比较比率用于员工个人时,指某位员工实际获得的薪酬与相应的薪酬等级的中值的比值,它反映了该员工在相应的薪酬区间的地位,当比较比率等于100%时,说明该员工的薪酬为相应的薪酬等级的中值。员工个人的薪酬比较比率取决于员工的资历、技能、经验和绩效。任职时间较长、技能等级较高、绩效比较好的员工比较比率常常高于100%;新员工的薪酬比较比率较低。

对员工的薪酬水平分析的另一个工具是薪酬区间渗透度。薪酬区间渗透度反映的是员工的实际薪酬与薪酬区间的关系。薪酬区间渗透度的公式为:

$$薪酬区间渗透度 = \frac{实际所得薪酬 - 薪酬区间最低值}{薪酬区间最高值 - 薪酬区间最低值}$$

如果对员工多年来的薪酬比较比率和区间渗透度进行分析,就可以分析出某一员工长期的薪酬变化趋势,分析的结果可用于企业的人员的职业生涯规划。

3. 工资幅度的规则

类似于上述例题,我们可以计算出,图5-5中每个工资等级的内部变动比率都为50%。它表明在这个工资结构模型中,不同工资等级的变动比率是相同的。但是在实际应用中,不同工资等级的变动比率却并不一定要一致。企业在进行工资结构决策时,可能会根据不同的情况来分别确定不同工资等级的变动比率。不同工资等级的工资变动比率通常可以在10%—150%。

在通常情况下,工资变动比率的大小取决于特定职位所需的技能水平等综合因素,所需技能水平较低的职位所在的工资等级变动比率较小,而所需技能水平较高的职位所在的工资等级变动比率要大一些。其原因在于,较低的职位所承担的责任以及对企业的贡献是有限的,它所要求的技能员工也很快就能学会,所以如果在这些工资等级上确定比较大的工资变动比率一方面不利于企业控制成本;另一方面也不符合这些职位对企业的实际贡献以及外部劳动力市场上的平均工资水平状况。同时,由于从事这些职位工作的员工通常在组织中还会有较大的晋升空间,因此,如果员工希望获得超过这些工资等级上限的工资水平,他们可以通过谋求获得晋升或者技能的提高来进入更高一层的工资等级。相反,对于已经达到较高职位等级的员工来说,一方面这些职位所承担的责任以及对企业的贡献较大,所要求的技能也难以掌握,需要花费的时间较长,并且在这些职位上工作的员工的努力程度对于企业的经营结果影响会很大,因此,较大的工资变动率有利于对绩效不同的员工支付不同的工资,从而鼓励他们努力工作;另一方面,担任这些职位的员工的晋升空间已经比较小了,在晋升可能性不大的情况下,企业可以利用工资的不断增长对这些员工实施激励和留住资深的优秀员工。

一般来说,经验表明对于不同类别的职位工资变动比率大致在一个相对固定的范围内。不过不同的学者对此观点也不尽相同。例如,George T. Milkovich 认为,等级浮动幅度一般为10%—120%,高级管理职位等级浮动幅度通常为60%—120%;中级专业和管理职位浮动幅度为35%—60%;办公室文员和生产职位,浮动幅度为10%—25%。① 而另一种观点则如表5-2所示。

表 5-2 不同职位类别的工资变动比率

职位类别	浮动幅度
专业水平较低的服务、生产和机器维修等职位	20%—25%
行政职员、技术人员和专家助手等职位	30%—40%
高级专业人员和中等管理层	40%—50%
高级管理人员	50%以上

资料来源:刘园、李志群,《公司薪酬制度概论》,中国财政经济出版社,2001。

4. 工资幅度的确定

工资的浮动幅度主要取决于某一特定企业雇主的意愿。工资调查通常仅仅提供实际最高和最低工资值,还需要根据薪酬策略确定浮动幅度。一般地,最低值和中间值差距往往代表一位新员工成为一名称职员工所需要的时间,能很快被员工适应的职位其工资下限与中值的差距就小。工资变动范围中的最高值和最低值都是依据中间值确定下来的,其中工资幅度超过中点值到最高额是企业愿意支付其所认可绩效的工资。因此,薪酬专家认为,在确定具体浮动幅度时,管理者需考虑以下问题:

(1) 如果某职位的工资浮动幅度的确定基础为目标工资,那么该职位的试用期工资将低于目标工资多少?相反,对于资格很高的应聘者,公司所提供的最高水平工资能高于目标工资多少?

(2) 一位刚以最低工资水平受雇的无经验员工要经过多长时间才能达到目标工资所要求的经验和技术水平?一般来讲,所用的时间越长,最低工资水平和目标工资之间的差距应越大。

从上述分析可以看出,工资浮动幅度取决于权衡各种因素后的判断。此外,工资幅度设计中还涉及上下浮动幅度是否对称问题(即中心距上下限的值相等)。薪酬专家指出,虽然大多数人认为目标工资的上下浮动幅度应该对称,实际上这是不必要的。关键在于浮动幅度应该准确反映市场情况、员工个人发展情况、公司的薪酬策略以及工资与业绩之间的相关程度,该幅度是否对称并不重要。

下面是具体的确定公式。需要注意的是,这些公式假定了浮动幅度的对称性。

---

① 〔美〕George T. Milkovich, Jerry M. Newman:《薪酬管理》,董克用等译,中国人民大学出版社,2002。

一旦中点值(取决于工资结构线)和浮动幅度(取决于判断)确定后,就可以计算浮动的上限和下限:

$$下限 = 中点 \div (100\% + 1/2 \times 工资变动比率)$$
$$上限 = 下限 + 工资变动比率 \times 下限$$

例如,工资浮动幅度为30%,中点值为10 000元。

$$下限 = 10\,000 \div (100\% + 1/2 \times 30\%) = 8\,695(元)$$
$$上限 = 8\,695 + 30\% \times 8\,695 = 11\,304(元)$$

(三) 工资级差

工资级差(Pay Grade)是指工资等级中相邻的两个等级工资标准之间的差额,它表明不同等级的工作由于其复杂和熟练程度不同,支付不同的报酬。工资级差可以用绝对额、级差百分比或工资等级系数表示。

1. 工资差额的倍数

与工资级差相对应的,还有一个工资差额"倍数"的概念。它也可称为"幅度",即整个工资结构中最高工资等级与最低工资等级的目标工资的比值关系。在工资总额既定的情况下,"倍数"的确定需要考虑以下因素:① 最高与最低等级劳动复杂程度上的差别;② 政府规定的最低工资率;③ 市场可比的工资率;④ 企业工资基金的支付能力和工资结构;⑤ 科技发展的状况对劳动差别的影响。一般是随着劳动差距的缩小,工资等级表的幅度也趋于缩小。这是因为在科技进步的影响下,需要投入非熟练劳动和低熟练劳动的工作岗位在减少。而且,简单劳动的标准也在不断提高,有些劳动,过去曾被视为复杂劳动,而今却成为简单劳动了。

2. 工资级差的递增特性

工资级差应当是逐步递增的。这出于两点考虑:一是鼓励工人向高一等级努力;二是贯彻按劳分配的原则。专门的调查表明,技术熟练程度提高一级的可能性是不相同的,工人的技术等级越高,为达到更高一级所需的时间越多。这是因为,随着工人的熟练程度在较高的等级上提高,劳动的复杂程度也一级比一级增加。所以,随着工人熟练程度的提高,他们的工资标准(绝对的和相对的)应当累进递增。

3. 确定方法

具体工作中工资倍数的确定,可以先确定级差系数,然后再计算倍数;也可先确定倍数,然后再求出级差系数。工资级差设计的重要指标是级差百分比,计算公式为:

$$极差百分比 = 相邻等级薪酬中值差额 / 下一等级的薪酬中值 \times 100\%$$

(1) 工资等级之间的级差确定。企业在设计工资等级级差时一般很少采用递减的方式,因为越是高层的员工,对企业创造价值的能力差距越大。工资等级之间的级差百分比可按四种方式递增:

① 等比级差,即各等级工资之间以相同的级差百分比逐级递增,计算公式为:

$$R = \sqrt[N-1]{A}$$

式中,R 为级差公比,N 为工资等级数目,A 为工资等级表的倍数。

【例】 设 $N=8, A=3$,则等比级差 $R=\sqrt[8-1]{3}=1.17$。

等比级差有两个优点:一是工资数额以相同的百分比递增,级差随绝对额逐级扩大,但等级之间的差距并不悬殊,激励作用明显;二是便于进行人工成本预算和企业工资计划的制订。因此,它是我国长期以来应用最为广泛的一种形式。

② 累进级差。累进级差是指各等级工资之间以累进的百分比逐级递增(见表5-3)。

表 5-3　累进级差工资变动

工资等级	1	2	3	4	5	6	7	8
级差百分比	—	13	14.2	15	16	17.5	18.2	19

资料来源:刘雄、赵延,《现代工资管理学》,北京经济学院出版社,1997。

按照累进方式确定的工资级差,等级之间的绝对额悬殊,收入差距大。较之等比级差对雇员的激励作用强,适用于劳动强度大、技术差别小、需要对员工定期升级和突出个人能力的工作。

③ 累退级差,即各工资等级之间以累退的比例逐级递增(见表5-4)。

表 5-4　累退级差工资变动

工资等级	1	2	3	4	5	6	7	8
级差百分比	—	27	21.3	17.6	14.9	13	11.5	10.3

资料来源:刘雄、赵延,《现代工资管理学》,北京经济学院出版社,1997。

其特点是:级与级之间的级差系数逐渐减小,但级与级之间的工资差额绝对值相等。累退级差适用于劳动强度大、技术差别小、需要对雇员定期升级的工作。

④ 不规则级差,即各等级薪资之间按照"分段式"来确定级差百分比和级差绝对额的变化。各段分别采取等比、累进或累退等形式。例如,一些企业采用"两头小、中间大"(所谓"橄榄形")的级差,如表5-5所示。

表 5-5　不规则级差工资变动

工资等级	1	2	3	4	5	6	7	8
级差百分比	—	12	15	20	20	18	16	14

资料来源:刘雄、赵延,《现代工资管理学》,北京经济学院出版社,1997。

不规则级差在确定上较其他级差方式灵活,也比较符合工资分布的规律,在企业等级确定时,应用比较广泛。

(2) 等级系数的计算。工资等级系数是在工资等级表中,用来表示工资等级,并进一步确定各等级工资数额的一种方式,是指工资等级表中任意等级的工资,与最低等级各种工资的比值。

在等比级差形式下,确定各等级系数时可用以下计算公式为:

$$a_n = R_n - 1 \left(R = \sqrt[N-1]{A} \right)$$

式中,a_n 为某一等级的工资等级系数,R 为级差公比,n 为某一等级工资所在的等级数目,N 为最高工资等级数目,A 为工资等级表的倍数。

在累进、累退和不规则三种级差形式下,各等级的工资等级系数可以用以下公式求出:

$$a_n = a_n - 1 \times C_n + 1$$

式中,a_n 为某一等级的工资等级系数,n 为工资等级数目,C 为工资级差百分比。

表5-6是采用等比、累进、累退、不规则4种级差方式计算的工资等级变化。

表5-6 不同级差变化方式下工资等级系数的计算示例

	工资等级	1	2	3	4	5	6	7	8
等比级差	工资等级系数	1.000	1.181	1.395	1.647	1.945	2.297	2.713	3.200
	级差百分比	—	18.1	18.1	18.1	18.1	18.1	18.1	18.1
累进级差	工资等级	1	2	3	4	5	6	7	8
	工资等级系数	1.000	1.130	1.290	1.484	1.721	2.022	2.390	2.844
	级差百分比	—	13.0	14.2	15.0	16.0	17.5	18.2	19.0
累退级差	工资等级	1	2	3	4	5	6	7	8
	工资等级系数	1.000	1.270	1.541	1.812	2.082	2.353	2.624	2.894
	级差百分比	—	27.0	21.3	17.6	14.9	13.0	11.5	10.3
不规则级差	工资等级	1	2	3	4	5	6	7	8
	工资等级系数	1.000	1.120	1.288	1.546	1.855	2.189	2.539	2.894
	级差百分比	—	12.0	15.0	20.0	20.0	18.0	16.0	14.0

资料来源:刘雄、赵延,《现代工资管理学》,北京经济学院出版社,1997。

传统工资结构中,各工资级别中点水平的差距分布如下:① 行政、服务和技术性职位间为5%—10%;② 专业化职位为8%—12%;③ 中层管理职位为10%—15%;④ 高层管理职位为20%—40%。各级别之间的差距越小,工资结构中包含的级别就越多。当差距极小时,结构中会因为包含过多的工资级别,而使得某一级的职员与上一级的经理工资相差无几。相反,如果各级别之间的差距很大,公司就会拥有很少的工资级别,这样,传统工资结构与宽泛式工资结构的差别就很小了。

(四)工资等级重叠度

工资等级重叠度(Pay Grade Overlap)是指在两个相邻的工资等级之间的交叉或重叠程度。

1. 工资等级重叠的几种情形

从理论上说,在同一组织中,相邻的工资等级之间的工资区间可以设计成有交叉重叠的,也可以设计成无交叉重叠的。有交叉重叠的如图5-5所示。无交叉重叠的设计可以分为衔接式的(上一工资等级的工资区间下限与下一个工资等级的区间上限在同一条水平线上)和非衔接式(上一个工资等级的工资区间下限高于下一个工资等级的区间上限)两种形式,如图5-6所示。此外,也有混合情形的,比如低等级的有重叠,而到了高等级没有重叠的,以及重叠程度不同的情形。

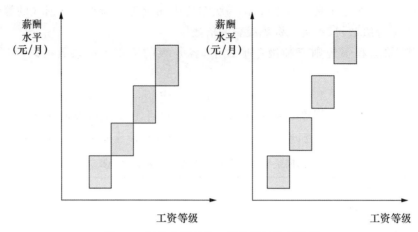

图 5-6　不发生重叠的工资等级结构示意图

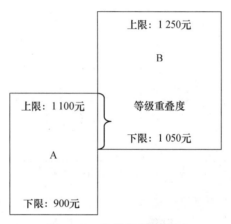

图 5-7　工资等级的重叠度

2. 工资等级重叠度的计算

如果 A 和 B 是两个相邻的工资等级，B 在较高的等级中（见图 5-7），交叉的程度为：

$$工资等级重叠度 = 100\% \times \frac{A\text{所在等级的上限} - B\text{所在等级的下限}}{A\text{所在等级的上限} - A\text{所在等级的下限}}$$

根据图 5-7，A 等级与 B 等级工资之间的重叠度为：

$$100\% \times [(1\,100 - 1\,050) \div (1\,100 - 900)] = 25\%$$

3. 工资等级重叠的原因与规则

在实践中，许多企业倾向于在相邻等级的工资等级之间有部分重叠，尤其是对中层以下的职位。它一方面可以避免因晋升机会不足而导致业绩和能力同样优秀的未晋升者的工资增长局限；另一方面，又由于为被晋升者（绩效优秀者）提供了更大的工资增长空间而对被晋升者提供了激励。而且，工资等级的重叠还有利于成本的控制。

重叠交叉程度不同会带来不同的差别。图 5-8 所示是两个极端的例子。图（1）中等级交叉的幅度较大，中点之间的差距比较小，这表明相邻两个等级中职位的差别较小。这种结构中,晋升(职位改变)不会引起工资发生大的变化。图(2)中,等级较少和浮动较少,不同等级的中点的差距较大,相邻等级之间的交叉较小,这有利于管理人员更重视晋职(晋升职位到一个新的等级),从而使工资大幅度提高。

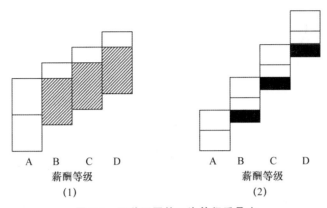

图 5-8 两种不同的工资等级重叠度

不同的等级重叠度体现不同的激励。一般而言,重叠度越大,激励作用越大。新的结构设计理念主张在不同层级的工资之间使用不同的重叠度,即低层级工资采用小重叠度,高层级工资采用大重叠度。但是,重叠的区域也不应该太大,否则会出现薪酬压缩(Compensation Compress)现象,即不用职位或技能之间的薪酬差异太小不足以反映它们之间的价值差异,甚至出现上级的工资低于下级的情况。因此,一些专家认为薪酬区间的重叠度一般不宜超过50%,即较低工资等级的薪酬范围的最高值低于相邻最高薪酬等级范围的中值。

(五) 公司采用的工资结构数量

一些大企业对于不同的部门或不同的分公司会采取不同的工资结构,这样整个企业可能具有几个不同的工资等级结构。公司采用的工资结构数取决于许多因素:(1) 公司通过兼并把业务拓展到各个行业,所以可能存在多种工资结构;(2) 职员类型的不同也会引起工资结构的不同;(3) 公司存在不同分支结构也会引起工资结构的不同。

公司采用的工资结构数最终取决于内部公平性在公司经营战略中的重要程度,以及公司管理者管理和协调各种工资结构的能力。

四、工资等级结构的设计步骤

在组织工资等级结构的设计中,需要综合考虑影响薪酬的各种因素。首先要考虑一些宏观因素对企业工资结构的影响,例如,税收、社会保险、最低工资等;其次要考虑是否按照工作族或工作系列设计工资结构,这就涉及前面所提到的"公司采用的工资结构数"。在复杂的、工作性质多样的大企业,应该对性质不同的岗位进行分类,例如分为管理系统、业务系统或产品系统等类别;最后进入实际的工资等级结构设计阶段。

工资等级结构的设计涉及以下几个主要步骤:(1) 依据薪酬调查确定市场工资水平;(2) 在职位评价的基础上确定职位等级;(3) 根据职位等级确定职位工资等级;(4) 参考

市场因素制订工资曲线；(5)设计企业工资序列并对工资率进行微调。上述步骤中前两个步骤我们在前面的章节中都进行过专门的论述，此处不再重复，这里主要介绍后三个步骤。

（一）根据职位等级确定职位工资等级

职位等级确定以后，就可以确定相应的工资等级。当企业中存在多种工作时，要按照岗位的重要性及其价值划分工资等级，每个等级中包含价值相等的若干种工作。如果不考虑员工个人之间在工作绩效和资历方面的差异，按照工作的相对价值，同一个工资等级内的各种工作都应该得到相同的工资，这就是以岗定薪的基本内涵。工资等级的设置通常包括以下内容：

（1）设置工资级别的数目。一个企业要设置多少个工资等级主要取决于组织结构和工资管理上的便利。可以根据企业和管理的需要，设置几个到十几个工资等级不等。

（2）确定最高等级工资与最低等级工资的绝对额和倍数差。前文提到为了增大员工之间的工资差异，可以将工资等级之间的差距拉大，特别是最高工资和最低工资之间的相差倍数加大到十几倍，乃至几十倍不等；如果为了缩小差距，可以相差几倍。

（3）确定两个相邻工资等级之间的差额和等级系数。如前所述，利用等比差、累进差、累退差和不规则差四种方式确定工资等级的差距。

（4）确定合理的工资等级工资率。一般可分为最低工资率、中等工资率和最高工资率三种。在确定等级工资范围时，一个简单的方式是参考市场工资率确定中点，然后根据中点工资率确定最低工资率和最高工资率。

在工资等级工资率范围的确定中，还要考虑两个重要问题：第一，外部薪酬政策。如果企业选择与市场工资率持平的薪酬政策，则中点工资率等同于市场工资率；如果选择的是高于或低于市场工资率的政策，则要做出相应的调整。第二，工资等级结构的类型，如果选择的是非复合岗工资结构（即工资等级间没有重叠），则该等级的最低工资率是下一个工资等级的最高工资率，如果是复合岗工资结构（即工资等级间有重叠），则该岗位的中点工资率要低于市场工资率。

（5）根据需要确定两个相邻的工资等级之间的重叠程度。

（二）参考市场因素制订工资曲线

绘制工资水平线，可以先设定直线的工资函数为 $y=a+bx$。其中，y 为薪酬调查市场工资水平；x 为职位评价点数；a 为截距，即 $x=0$ 时，y 的价值；b 为直线的斜率。

如果斜率 $b=0$，直线与 x 轴重合，无论职位评价的点数是多少，所有职位支付的工资都相同。运用薪酬调查得到的工资数和内部职位结构工作分析中得到的职位评价点数，解方程，可以画一条根据内部职位结构和市场工资率确定的直线。直线向上倾斜意味着点数越多工资越高。市场的工资线可写为：

职位 A 的工资 $= a +(b×$ 职位 A 职位评价的点数$)$

职位 B 的工资 $= a +(b×$ 职位 B 职位评价的点数$)$

关键在于以有效的方式来算出 a 和 b 的值，使预测的结果误差最小化。这就是最小二乘法。

用上述方法推导出来的直线即为用最小二乘法拟合出的直线（这条直线在这里又被称为工资政策线），将职位的点值代入 x，即可求得相应的 y 值，即经过平滑处理以后的各职位工资水平。

（三）设计企业工资序列并对工资率进行微调

设计企业工资序列即在每一工资等级基础上再设计岗位或岗位的工资率，工资等级与特定岗位的工资率共同决定员工的工资标准，从而建立企业的工资结构。例如，企业共设置10个工资等级，每个工资等级采用不同的工资率，而不是单一的工资率支付工资。每个工资等级采用不同的工资率有如下几个优点：第一，在劳动力市场上具有较高的灵活性，特别是在起点工资的确定上，可以具有较高的竞争性。第二，可以给绩效和资历不同的员工更多的报酬激励。因为等级工资制主要是考虑岗位价值对薪资水平的决定作用，一些员工在没有岗位空缺的情况下，其绩效和资历的贡献可以通过工资率差异来体现。

修正工资偏差是指利用一定技术修正当前的工资水平与目标工资水平之间的偏差。这种偏差一是意味着同企业内部其他岗位相比，该岗位的工资率偏高或者偏低，而这种偏离状况实质上反映了该岗位的报酬与其工作价值不符，没有体现报酬的内部公平性原则；二是意味着根据岗位评价所确定的工资等级没有完全反映管理层的意图。

对于工资水平低于目标薪资水平的工作和员工，应采取措施提高其工资水平。对于工资水平高于目标工资的工作和员工，可以采用几种办法使其工资与所从事工作的相对价值相互匹配：第一，提升或调动该员工到合适的岗位，增大工作负荷，使之与现行的工资水平匹配；第二，将该岗位的工资水平冻结，直至全体岗位的工资水平普遍提高；第三，延期提升或降低其现有的工资水平。

第二节　宽带薪酬结构

一、宽带薪酬的内涵

所谓宽带薪酬或薪酬宽带（Broad-banding），是对传统上带有大量等级层次的垂直型薪酬等级结构的一种改进或替代，仍然属于工资等级结构的范畴。根据美国薪酬管理学会的定义，宽带薪酬结构就是指对多个工资等级以及薪酬变动范围进行重新组合，从而变成只有相对少数的工资等级以及相应的较宽薪酬变动范围。宽带薪酬结构与传统结构本质相同，都是包含各种级别、允许一定波动幅度的工资制度，但是又有很多不同。传统工资结构包括很多相互重叠的等级（一般20个以上），每一级的浮动幅度为40%—60%。而宽带薪酬结构只有4—10个工资等级，每一级浮动幅度为150%以上。表5-7给出了一个某公司从传统的工资结构转化为宽带薪酬的例子。

表 5-7　宽带薪酬的一个例子　　　　　　　　　　　　单位：元

原有的等级			宽带薪酬的等级		
等级	最低额	最高额	工资带	最低额	最高额
1	1 490	1 950	1	1 500	2 630
2	1 620	2 130			
3	1 760	2 320	2	1 800	3 150
4	1 910	2 530			
5	2 070	2 760	3	2 250	3 940
6	2 250	3 010			
7	2 470	3 320			
8	2 690	3 620	4	2 700	5 200
9	2 920	3 950			
10	3 170	4 300			
11	3 450	4 690	5	3 550	6 740
12	3 750	5 120			
13	4 080	5 580			
14	4 440	6 080	6	4 610	8 770
15	4 830	6 630			
16	5 250	7 460			
17	5 810	8 280	7	6 000	11 400
18	6 440	9 200			
19	7 140	10 210			

从上面的例子可以看出，所谓宽带薪酬，实际上就是一种新型的薪酬结构设计方式，就是将原来十几甚至几十个薪酬等级压缩成几个等级，取消原来大量的狭窄工资等级带的工作间明显的等级差别，但同时将每一个薪酬等级多对应的薪酬浮动范围拉大，从而形成一种新的薪酬管理系统及操作流程。简单地说就是，薪酬级别少了，级别内部的差异变大了。

宽带薪酬的实质就是从原来注重岗位薪酬转变成注重绩效薪酬。它体现了绩效比岗位更重要的思想。在这种薪酬体系设计中，员工不是沿着公司唯一的薪酬等级层次垂直往上走。相反，他们在自己职业生涯的大部分或者所有时间里都有可能只是处于一个薪酬宽带之中，他们在企业的流动是横向的，随着能力的提高，他们将承担新的责任，只要在原来的岗位上不断地改善自己的绩效，就能获得更好的薪酬。如一个业绩优秀的销售员的薪酬可以超过销售部长，一个高级技术工人的薪酬可以超过车间主任。因此，可以说，宽带薪酬是一种真正的鼓励员工爱岗敬业、注重绩效的薪酬体系，体现了基层员工的价值，极大地调动了员工的积极性，充分利用了企业的人力资源。

二、宽带薪酬的产生与作用

宽带薪酬等级结构始于 20 世纪 80 年代末到 90 年代初，当时美国经济和世界经济的衰退已经十分严重。美国经济从 1987 年的股市暴跌开始就走下坡路了，至 1990 年正式进入衰退期,随着市场物价指数的上升和工资的调整,刚性工资结构带来的结构是,人工成本不断上升促使产品价格上涨,产品市场竞争力下降,最后导致企业破产倒闭,失业率不断攀升,美国的传统企业面临重大转型的压力。企业发生了重要的转变,其突出的特点表现为组织扁平化、流程再造、团队导向、能力导向等趋势。

在这种趋势下,传统工资结构(尤其是职位薪酬体系)出现了一些问题,主要表现为:(1)由于该体制将不同的职位划分为不同的等级,给予不同的待遇,所以如果某工作团队中包含等级不同的职位,该工资制度可能不利于团队的团结。(2)传统工资制度等级性强,薪酬的级别多,对岗位职责的描述和限定清楚,使得公司及员工难以适应工作内容复杂化和不断变化的新情况。(3)管理者通常缺乏调整和参与报酬决策的积极性,而习惯于按固定的工资结构进行支付。(4)传统工资结构以职位为基础,忽略了个人因素。它将各种职位按其对公司的重要性进行排列与等级划分,只有当某职位职能发生变化引起其地位变化时,才对其等级进行调整,并调整相应员工的工资。而员工个人技术和能力的增长并不能引起其工资的增加,进而阻碍了员工能力的提升。(5)激励短期化,只满足了员工低级层次的需求而忽略了他们的高级需求。

在这种背景下,宽带薪酬等级结构作为一种与企业组织扁平化、流程再造、团队导向、能力导向等新的管理战略相配合的新型工资等级结构应运而生。许多美国公司采用宽带薪酬结构,并非因为它是最新的工资制度,而是因为它能够满足这些公司经营策略的调整。总体而言,采用这种结构可以实现以下目标:(1)降低升职的重要性,减轻人们的等级意识;(2)增强公司对各种市场需求做出反应的灵活性;(3)打破过于细致的职位等级分割,减少复杂的职位评定成本,也强调员工间的合作、知识共享和共同进步,有利于增强团队意识与合作精神;(4)鼓励了员工个人提高技术和知识水平、激发员工工作的创造力,承认其业绩表现;(5)有利于管理人员和人力资源专业人员的角色转变,使部门经理承担起自己的人力资源管理职责、人力资源专业人员从事务性工作中脱身以关注高级管理活动;(6)鼓励横向的职位调整,提高了培育员工在组织中跨职能成长的能力、组织整体能力并有助于员工职业生涯发展;(7)宽带薪酬体系柔性高,员工参与性强,有利于形成公平机制。因此,这种工资结构反映了美国公司文化的一种重大变化:公司结构简化,管理者的人力资源管理职能加强,公司管理的灵活性增强,而且对员工的个人发展更加重视。

三、宽带薪酬设计的步骤[①]

(一)宽带薪酬设计的前期工作

一个企业要设计宽带薪酬体系前,必须要制定与本企业适应的与企业人力资源战略紧扣的薪酬战略。同时,还需要做好市场调查工作以确保薪酬体系的外部市场竞争性。为了保证宽带薪酬体系的内部公平,则需要建立清晰的岗位职责、进行公平的岗位评价、构建相应的任职资格体系和明确工资评级标准和办法。

(二)确定薪酬带的数目和薪带宽度

宽带薪酬的资带是整个宽带薪酬理论框架中的核心部分,但是宽带的数量并没有具

---

① 〔美〕George T. Milkovich, Jerry M. Newman:《薪酬管理》,董克用等译,中国人民大学出版社,2002。

体的标准。薪酬宽带数量应根据组织中不同员工的贡献差别、结合行业特点及企业发展战略来设计,各宽带间的极差标准应该体现不同层级和职位对于企业战略的贡献程度。调查数据显示,许多公司使用4—8个薪酬宽带来确定薪酬。这些薪酬带之间通常有一个分界点,或者说,在职位、技能/能力等方面的需求有不同的要求。典型的职位名称被用在每一薪酬带前来反映主要的区分,例如,助理级(新进入该职位的个人)、专业级(有经验的、有知识的团队成员)、领导级(项目或部门主管)和总监级。

图 5-9 中四个薪酬带(助理、专家、专家组组长、资深专家),每个薪酬带中包含不同职能部门的职位,或者不同职类。每个薪酬带中都包括从财务、采购、软件开发和工程师,以及市场营销等职能部门的职位。挑战在于支付给在同一薪酬带却在不同部门从事不同工作的员工多少薪酬。

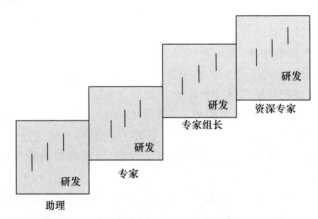

图 5-9　四个等级的薪酬宽带

"带宽"应该根据薪酬调查得到的客观数据及职位描述结果来确定,根据边际效益递减的原理,"带宽"的设计应随薪酬等级的提高而增大,以保持有效的薪酬差距,实现对不同层级的员工的有效激励,应注意各个薪酬等级的交互排列,从而在不同薪酬等级和不同管理等级员工之间,开辟一条相互竞争的渠道。

设计数量较多的宽带(薪级)和各宽带之间较大的重叠度,避免从实质上触动原有的职位晋升途径,既适当拉开薪酬差距,又不至于差距太大引起员工的动荡,可做到既考虑历史因素,又引入竞争因素。

(三)确定薪酬浮动范围和薪酬带的价位

每一个薪酬带内的薪酬浮动幅度应该根据市场薪酬调查得到的客观数据和职位描述结果来确定,极差标准应该体现不同层级和职位对于企业战略的贡献程度,由于薪酬宽带是建立在基于绩效考核的工资等级基础之上的,因此宽带内的薪酬的浮动范围也应该建立在已经确定的工资等级的薪酬水平之上,可以将宽带内最低工资等级的最低薪资水平作为宽带内薪资浮动的下限,将宽带内最高工资等级的最高薪资水平作为宽带内薪资浮动的上限来确定宽带的浮动范围。

同时在为一个工资带中每个职能部门根据市场薪酬情况和职位评价结果确定不同的薪酬等级和水平。由于工资宽带的方法是将组织内部的只能更多地根据职位和头衔或者管理级别来划分，那么不同部门处于同一级别的职位必然就处在同一个工资宽带。但是由于其承担的职责和任职资格及市场薪酬情况等不同，他们获得的工资就会不同。例如，专家级薪酬带中，三个不同的职能部门（生产、财务和研发）参照的市场薪酬率不同，如图5-10所示。因此，下一步就是确定每一个薪酬带中每个职能部门的市场薪酬率参照标准和该职能部门对企业战略的贡献程度。参照的薪酬率是根据市场数据来确定的，反映了竞争对手支付的薪酬情况。

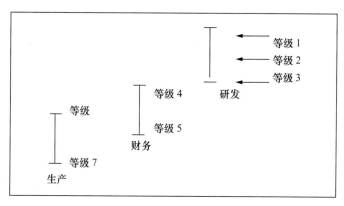

图 5-10　宽带薪酬等级内部的差异性定价

（四）薪酬带内横向职位轮换

同一薪酬带中薪酬的增加与不同等级薪酬增加相似，在同一薪酬带中，鼓励不同职能部门的员工跨部门（如从采购到财务或研发之间）流动以增强组织的适应性，提高多角度思考问题的能力。因此，职业的变化更可能是跨职能部门，而从低薪酬带到高薪酬带的跨部门流动则很少。

（五）将员工放入薪酬宽带中特定的位置

在宽带薪酬设计完毕后，企业需要解决如何将员工放入薪酬宽带中的不同位置上的问题。企业通常采用三种方法：一是绩效法，即根据员工个人的绩效将员工放入薪酬宽带中的某个位置上。企业还可以根据员工的绩效水平的变化来调节员工所处的档级，如连续三年绩效评定结果为优秀可以升一档。这适用于那些着重强调绩效的企业。二是技能法，即严格按照员工新技能的获取情况来确定他们在薪酬宽带中的位置，员工是否具备组织所要求的这些技能，则是由培训、资格证书或者是员工在工作中的表现所决定的，新技能的获得可以使员工的工资档级提升。这主要适用于那些强调新技能获取的企业。三是能力法，希望强调员工能力的企业适用，即先确定某一明确的市场薪酬水平，对于宽带内低于该水平的部分，采用根据员工的工作知识和绩效定位的方式，对于高于该水平的部分，采用根据员工的关键能力开发情况定位的方式。

（六）做好薪酬方案的控制与调整

企业需要根据企业内外条件的变化，要及时控制和合理调整薪酬水平和结构。重视宽带薪酬实施过程中细微环节的反馈，有效地控制和调整并及时化解可能的危机，以使宽带薪酬有效地推行。

四、宽带薪酬的实施条件

与传统工资结构相比,宽带薪酬也有不足之处,主要在于:(1)如果公司面临的市场变化只是暂时的,那么采用该结构带来的好处可能不能弥补其时间与金钱上的花费。因为以下三个方面的原因会使企业人力成本增加:首先,由于员工的职位轮换、岗前培训和个人发展机会增加,导致这方面的支出扩大;其次,由于部门经理人在决定工资时有更大的权限和自由,使得人力成本有可能大幅度上升;最后,宽带薪酬的设计与实施需要大量的设计、分析调查工作,需要花费大量的人力、物力、财力。(2)有时该结构表现得过于宽泛,没有明确职位界定,因此很难把握确切的工资水平,容易在另一个方面造成员工的不公平感。(3)宽带薪酬设计的推广,会使得晋升成为比较困难的事,而晋升对员工来说是非常强的精神激励。企业在应用宽带薪酬以后,员工往往出现只有薪酬的变化而没有晋升的现象,不能满足某些员工职位晋升和事业发展的需要,这就大大地打击了员工的工作热情和积极性。(4)宽带薪酬下的绩效管理难度大,花的时间多,部门经理的决策主观性强。由于宽带薪酬的评估主要来自员工对公司的绩效,绩效管理就成为公司管理的重要方面。如果绩效管理不到位,岗位的变化幅度特别大,在这样的情况下,采取宽带薪酬,员工工资浮动大起大落,会给员工的心理造成极强的不稳定感,从而导致员工对公司缺少归属感。(5)引导员工追求利益,降低组织发展的内在动力,诱发员工的雇佣思想,进而侵蚀企业文化。

正如前面所提到的宽带薪酬产生的背景,宽带薪酬能够发挥更好的功效是有条件的,宽带薪酬并不适用于所有的组织。一般而言,宽带薪酬结构适用于以员工个人为基础的薪酬方式,如以能力为基础的薪酬、以技能为基础的薪酬等。这使管理者能够根据员工个人的能力与贡献对其提供薪酬,有利于调动员工的积极性。对于战略管理不明确、组织结构形式与公司发展战略不相匹配、公司治理不够完善的企业以及劳动密集型企业不宜采用宽带薪酬管理模式。此外,宽带薪酬对实施环境还提出了其他要求,具体如下:

(1)宽带薪酬在那种新型的"无边界"组织以及强调低专业化程度、多职能工作、跨部门流程、更多技能以及个人或团队权威的团队型组织中非常有用。因为这种组织所要强调的并非只是一种行为或者价值观,它们不仅要适应变革,而且要保持生产率并且通过变革来保持高度的竞争力,因此它们希望能够建立起一种更具有综合性的方法来将薪酬与新技能的掌握、能力的成长、更为宽泛角色的承担以及最终的绩效联系在一起,同时还要有利于员工的成长和多种轨道的开发。而薪酬宽带的设计思想恰好与这种组织的上述需求相吻合。

(2)相适应的公司文化、价值观和战略。由于宽带薪酬本身并非仅仅是用来削减薪酬层级的一种工具,它实际上涉及企业的文化、价值观以及经营战略,因此企业在决定实施宽带薪酬设计时,必须审查自己的文化、价值观和经营战略与宽带薪酬设计的基本理念是否一致。宽带薪酬要求企业必须形成一种绩效文化、团队文化、沟通文化和参与文化,让全体员工能清晰地理解企业的报酬决定因素以及企业的发展策略,激励员工重视个人与企业发展的一致性,并让员工看到自己将来在企业的前途。

(3)非人力资源经理人员具有较强的人力资源管理能力。宽带薪酬的一个重要特点就是非人力资源经理人员将有更大的空间参与其下属员工的薪酬决策。这就要求非人力资源经理人员在人力资源管理方面必须有足够的成熟度，能与人力资源部门一起做出对员工的行为、态度以及工作业绩可能产生直接影响的关键性决策。此外，如果各部门都以自我为中心，不认同宽带薪酬结构，人力资源部门就很难发挥其相应的作用，而是为了内部的平衡，更多地充当"警察"的角色。而这些是与宽带薪酬设计的理念背道而驰的。

（4）企业具有配套的员工培训和开发计划。宽带薪酬结构为员工的成长以及个人职业生涯的发展提供了更大的弹性，其重要特点之一就是鼓励员工努力提高自身的能力，掌握更多的技能，以增强企业的竞争力和适应外部环境的灵活性，鼓励员工的创新性。为了达到这一目的，企业必须在实施宽带薪酬时，就各职位或各职级需要具备的能力以及配套的培训制订完善的培训开发系统，并积极推行。只有这样才能使员工能够不断获取新的技能，帮助他们充分利用宽带薪酬结构所提供的薪酬增长空间。

（5）企业是以绩效为重要的报酬决定因素。在传统等级薪酬结构下，员工的薪酬只取决于职务的提升而不在能力，但在宽带薪酬制下，企业为同一薪酬宽带内的员工提供薪酬范围较大的薪酬等级，此时员工就不需要为了增薪而去斤斤计较晋升等方面的问题，此时只要注意发展企业要求的技术和能力，做好公司强调的有价值的工作，就可以获得相应的报酬。这就要求企业必须注重员工的绩效。企业注重员工的绩效是由于员工的能力对绩效的影响大，因为宽带就是为了容纳员工能力所导致的绩效差异。一个企业若不重视员工的工作表现，必定会导致"大锅饭"的现象，在此氛围中，员工表现的优劣并不能被公平地对待，宽带薪酬制度所提供的"宽带"也就失去了意义。

第三节 工资等级制度

前两节从理论上分析了工资的等级结构：无论是基于职位还是基于任职者的技能或能力，最终都形成了工资的等级结构，而根据等级幅度又可以把等级结构分为传统的等级结构和宽带薪酬等级结构。在实践中，这种工资等级结构表现为不同的工资等级制度。本节介绍几种主要的工资等级制度。

工资等级制度是依据劳动差别来确定工资标准的一种工资制度。它在薪酬分配中居主导地位，是整个薪酬制度的核心，是其他薪酬制度的基础。沿袭过去的称谓，我们企业实行的工资等级制度包括岗位技能工资制、岗位薪点工资制、技术等级工资制、岗位等级工资制、职能等级工资制等。这些工资等级制度确定工资的标准是有差别的，按照确定标准，我们把这些工资等级制度归类为职位工资、技能工资或两者的结合，从而把传统的"人事管理"中的工资管理内容和现代的"人力资源管理"中的薪酬管理联系和统一起来。劳动经济和（或）人事管理专业在我国20世纪80年代还比较时兴，但是后来经过了一段较长时间的"冷落"，在很多学校被停办，到90年代中后期，取而代之的是现代意义的"人力资源管理"兴起。工资等级制度是我国传统意义上人事管理或工资管理中的主要内容，但是在目前的人力资源管理中，很少提及传统人事管理的工资等级制度。我们认为，我国传统的人事管理内容和现代人力资源管理内容并不是没有联系的，作为发展的第一个阶段，人事管理、工资管理中的许多内容仍然是当前人力资源管理、薪酬管理不可或缺的内容。

而且，这些内容目前在很多企业的实践中依然存在。

一、职位薪酬形式的工资等级制度

（一）岗位工资制

1. 含义

岗位工资制是指以岗位权利、责任大小、劳动强度、劳动条件、劳动技能、安全系数等评价要素确定岗位系数为支付工资报酬的依据的根据，工资以岗位为转移，岗位成为发放工资的唯一或主要标准的一种工资支付制度。它适用于专业化程度较高、分工较细、技术单一、工作对象比较固定的产业和工种。

2. 岗位工资制的特点

（1）岗位工资制按照各工作岗位的技术难易、劳动繁简和责任大小等因素来确定工资标准，每个岗位都规定明确的职责范围、技术业务要求和操作规程等，员工只有达到要求（取得上岗证）时，才能上岗工作。上岗工作后，按照岗位工资制规定的具体办法领取工资。所以岗位工资制实行的前提条件就是做好岗位评价。

（2）实行岗位工资制的员工的工资随工作岗位的变动而变动。只要岗位不变，员工的工资就不会发生变化（统一调整工资除外）。

（3）岗位工资制能有效地发挥工资调节劳动力合理流动的作用。把生产工人吸引到企业生产需要的岗位，解决长期困扰企业的某些脏、累、险、差的岗位"招不进，留不住"的矛盾。为了促使在岗工人尽其责，让那些"干与不干都一样""不适合上岗工作"的员工下岗，这样在保证员工尽职尽责完成工作任务的同时，也促进劳动力的合理流动，使之适应深化企业改革、建立现代企业制度的需要，与企业的专业分工、科学的劳动组织和定岗定员相统一，有利于巩固岗位责任制，有利于改善企业内部管理。

（4）岗位工资制能使职工在最佳年龄、贡献最大的时期通过岗位竞争获得最多的劳动报酬，有利于贯彻按劳分配原则。但是，岗位工资制只能反映不同工作岗位的劳动差别，却无法反映不同素质的劳动者在同一岗位上的劳动差别。因此，采用岗位工资制也要注意如何更好地反映各岗位内部职工技术、业务水平，特别是实际劳动贡献的差别，这就需要使岗位工资制与奖金等其他工资形式有效地配合，以充分体现同一岗位内不同贡献的职工之间的实际劳动差别。

3. 岗位工资制的形式

岗位工资制的形式主要有一岗一薪制和一岗数薪制两种形式。

（1）一岗一薪制（单一型工资标准）。显而易见，一岗一薪制是指一个岗位只有一个工资标准，而且在同一岗位上操作的职工都采用同一工资标准，各岗位工资标准与各岗位一一对应，排列顺序由低岗到高岗，组成一个统一的岗位工资标准体系。实行这一类岗位工资制时，职工工资与其本人技术能力、素质水平、工龄长短等条件无直接联系。在岗位内部不再考虑劳动差别：实行"一岗一薪"岗位工资制，岗内不再升级。新工人上岗先经过一段"试用期"或"熟练期"，期满考核合格，具备上岗资格，经企业内部用人部门同意接收其上岗操作后，即可执行所在岗的岗位工资。这种双向选择方法更有利于贯彻工资的公平合理原则。

一岗一薪制适用于专业化、自动化程度较高,流水线作业,工种技术比较单一,工作物等级、工作物对象比较固定和定岗定员比较合理,同岗工人之间劳动熟练程度的差别不显著的产业、企业或工种。

需要明确的是,一岗一薪是就一个岗位而言。并不是说某企业有若干个岗位,就应规定若干个工资标准。它可以是将本单位的所有岗位进行评价归级列等,几个劳动质量相近的岗位,共设一个岗位工资标准。

(2)一岗数薪制。一岗数薪制又称岗位等级工资制。它是为适应同岗位的工人之间劳动熟练程度存在差别而设立的。它是融合等级工资制和岗位工资制的优点,以适应岗位内部不同劳动者之间存在的技术水平和劳动贡献差异来区别不同报酬的一种工资制度。

实行一岗数薪制,各个岗位按照工作难易、技术业务复杂程度、责任大小和劳动轻重等条件划分。岗内设级别的多少是根据需要而定的。例如,为了体现同岗的不同工人之间的劳动熟练程度差别,而设一岗数级。又如,为了缓和新老工人工资矛盾,可以是一岗数级,新员工从岗内可以考核升级,逐步提高工资标准,从而使员工之间工资关系趋于合理,符合按劳分配原则,对促进员工钻研业务、技术、提高技能、努力工作、实干多做等都有重要意义。

(二)岗位薪点工资制

1. 含义

岗位薪点工资制是在岗位劳动评价"四要素"(岗位责任、岗位技能、工作强度、工作条件)的基础上,用点数和点值来确定员工实际劳动报酬的一种弹性工资制度。员工的点数通过一系列量化考核指标来确定,点值与企业和工厂、部门效益实绩挂钩。其主要特点是,工资标准不是以金额表示,而是以薪点数表示;点值取决于经济效益。

2. 岗位薪点工资制的实施要点

薪点工资制是采取比较合理的点因素分析法,根据员工的劳动(工作)岗位的因素和员工个人的表现因素,测出每个员工的点数,再加上按预先规定增加的点数,得出总点数。然后再用总点数乘以点值,即为员工的工资标准。员工的工资标准由点数和点值决定。点数的多少与员工的劳动岗位及个人劳动贡献直接联系,岗位类别高,个人劳动贡献大,表现好,点数就多;反之,点数就少。点值是与企业的经济效益直接联系的,可设置成基值和浮动值,分别与整个企业及员工所在部门的经济效益紧密相连。效益好,点值就大;反之,点值就小。

点数的确定要经过"点因素"考核或评价。"因素"是指考核评价的内容,"点"是指考核评价所得出的分数。"点因素"考核就是根据每个员工的岗位职责以及实际成绩,按考核评价标准进行评定,获得总点数,决定相应的等级。点数越多,等级(或岗位档次)越高,获得工资报酬也越多。一般来说,确定点数的内容有岗位点数、表现点数和加分点数。

(1)岗位点数的确定。首先必须拟订岗位评价的测评标准方案。根据劳动四要素,对每个岗位运用经验评估或仪器设备手段进行测评,并经过综合分析评价得出每个岗位的点数。

(2)表现点数的确定。一般分别按操作人员和管理人员制定计分标准。计分标准的

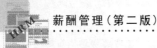

确定一般也要参考岗位(职务)劳动差别及岗位的重要性程度等情况。按计分标准,经考核评定,得出员工在考核期内的表现点数。

(3) 加分点数的确定。对于岗位点数和表现点数不能体现的,而且现阶段又必须鼓励、强调、照顾的合理因素,适用加分点数来体现。如对员工在本企业的工龄、学历、职称或做出突出贡献的情况,可采用加分点数的办法酌情增加点数。

员工个人总点数等于个人岗位点数、表现点数、加分点数的总和,个人的工资标准等于员工个人总点数乘以企业当年确定的点值。

实践中岗位薪点工资制具体操作方法是:

(1) 工作分析。企业对每一职位的具体工作职责、权限、内容、强度、环境、任职资格等进行全面的分析,在此基础上,不同职务制定相应的职务说明书。

(2) 职位评价。在全面的工作分析的基础上,对每一职务按该职务所应承担的责任、知识和技能、工作环境和其他要素等进行评价。每一职务应承担责任通常有风险责任、成本控制责任、决策责任、法律责任、指导监督责任等因素;从事该职务应有的知识和技能包括教育程度、工作经验、技术水平等因素;从事该职务的工作环境包括工作时间特征、舒适程度、危险性、工作环境对身体的影响等;从事该职务的其他要素包括体力、精力、创新、工作紧张程度等方面。综合考虑以上因素,按国际通用的方法进行评价打分,最后得出各个职位的岗位点数。

(3) 员工考评。员工考评主要是以职务说明书规定的岗位职责履行情况为标准,对员工在考核期内的表现和业绩进行评价与考核,得出每个员工的表现点数。

(4) 对员工进行综合评价,得出员工的加分点数。在确定加分点数时,企业要制定统一的评分标准,尽量做到客观公正。

(5) 对员工所在职位的岗位点数、表现点数及加分点数进行汇总,得到员工的个人总点数。

(6) 确定点值(此处也称为工资率)。影响工资率的确定因素很多,主要有企业所在的行业特征、所在地区的生活水平、企业自身经营状况等,对近期的工资进行测算,最终确定合理的点值。

(7) 计算薪点工资。点值或工资率确定以后,薪点工资就等于员工个人总点数乘以工资率。

薪点工资确定后,通常情况下,企业为了增加薪点工资的激励作用,还会将薪点工资进行必要的组合。如将薪点工资的40%固定发放,60%则根据业绩考核发放,由此得到薪点工资的另一计算公式,即薪点工资=员工个人总点数×工资率×考核系数。也有的企业将经营效益体现到员工的薪点工资中,由此又得到一个薪点工资的计算公式,即薪点工资=员工个人总点数×工资率×企业效益系数。还有企业将多种方式加以组合,以激励员工,产生良好个人努力→业绩→组织认可→个人目标实现→企业发展的良性循环。

3. 岗位薪点工资制的适应范围

薪点工资制是我国企业在工资制度改革实践中创造的一种工资模式,它的内涵和基本操作过程类似于岗位工资制,但在实际操作过程中更为灵活。它既能充分体现岗位的价值,又有助于企业根据宏观变化、业绩好坏及员工每年年终绩效考评结果进行动态弹性调整。因此,这种新工资制度刚一出现就广受企业青睐。

(三) 职务工资制

1. 含义

所谓职务工资制,就是根据职务(工种、岗位)的劳动特点与工作价值而决定工资标准的一种工资等级制度,也就是说它是主要依据工作本身的劳动质量来确定工资标准。具体地讲,它是根据职务对任职员工在文化、技能(业务、技术)、体质等方面的要求以及该职务本身的责任大小以及劳动强度、劳动环境等因素来确定工资标准的一种工资等级制度。

2. 职务工资制的特点

(1) 根据员工所担任的工作支付工资,不考虑员工的本职工作要求以外的其他能力。所以它能较好地贯彻按劳分配原则,做到同工同酬。但是,它与能力工资制相比不利于鼓励员工努力学习提高技能。

(2) 根据岗位(职务)评价的结果,确定各类职务的相对价值,规定相应的工资标准。所以它在一定程度上排除了工资标准的主观性,而是以量化指标为基础客观地确定工资标准,比较公正,易于被员工接受。

(3) 为了鼓励员工提高劳动熟练程度并安心工作,一般可以在每一个职务内再划分若干等级分别确定相应的工资标准。员工可以在所任职务内通过提级来增加工资,但达到最高工资标准时就不再变动。

(4) 工资与职务紧密挂钩,虽然有利于实现同工同酬,调动所有员工的积极性,但是这种紧密挂钩的工资安排不利于用人单位根据任务需要及时调换员工的工作岗位,而且对员工工作能力变化的适应性也较差。

3. 职务工资制的形式

职务工资制,按照其规定工资标准的方式,可以划分为以下几种:

(1) 单一型职务工资制。即每一个职务只有一个对应的工资标准。凡属同一职务的员工,均执行同一工资标准,员工只有在职务改变时才能调整工资。可见,在严格的单一型职务工资制下,如果职务不改变,从业者便无增加工资的机会,即使年龄和工龄增加时,也不可能对工资加以调整。这种方法的优点是简单易行,但若现实中严格地执行,这种工资制度则未免会显得过于生硬、呆板,而且对同一职务不同劳动差别的员工来说也不够公平,不能很好地贯彻按劳分配原则,也缺乏激励作用。故单一型职务工资制度在执行过程中,将职务没有变动时的工资调整也列入考虑范围内。

(2) 一职数级的可变型职务工资制。即每一职务内设有若干等级的工资标准,它可以根据员工的工龄、劳动熟练程度与劳动贡献在现职务内进行调整,可以保证在职务未变动情况下仍可变动工资标准。这种职务工资制形式可以很好地贯彻按劳分配原则,并发挥工资的激励职能,但不利于正确处理职务间工资关系。

(3) 职务间上下覆盖型职务工资制。即同一职务内仍可设立不同等级,但相邻职务之间的工资标准可以上下交叉、涵盖。这样它不仅具有一职数级型职务工资制的优点,还可很好地处理新老员工间、不同职务间的工资关系,便于工作的临时调动等。但是,涵盖幅度不宜过大,否则将失去职务工资制本身的特点,也不易于贯彻按劳分配原则,发挥其工资的激励作用。

二、任职者薪酬形式的工资等级制度

(一)技术等级工资制

1. 含义

技术等级工资制是按照工人所达到的技术等级标准确定工资等级,并按照确定的等级工资标准计付劳动报酬的一种制度。技术等级工资是一种技能工资制度,它的优点是能够引导企业员工钻研技术,提高个人的技术水平,缺陷是不能把员工的工资与其劳动绩效直接联系在一起。技术等级工资的一个主要作用是区分技术工种之间和工种内部的劳动差别和工资差别。这种工资制度适用于技术复杂程度比较高、工人劳动差别较大、分工较粗及工作物不固定的工种。

2. 技术等级工资制的组成要素

技术等级工资制由工资标准、工资等级表和技术等级标准三个基本因素组成。通过对这三个组成要素的分析和量化,给具有不同技术水平或从事不同工作的员工规定适当的工资等级。

(1) 工资等级表与工资标准。工资标准,是指按照时、日、周、月等时间单位规定的报酬水平,也称"工资率";工资等级表,是用来规定员工的工资等级数目、反映各等级之间工资差别关系的制度性表格,由"工资等级数目、工资等级差别、工种等级线"组成。

(2) 技术等级标准。技术等级标准的内容有:应知,是指担任某项工作所必须具备的专业理论知识;应会,是指担任某项工作所必须具备的业务能力和实际经验;工作实例,根据应知、应会列举出不同等级应该会做的典型工作项目,它要求劳动者达到"大家看得见"的技术水平和劳动技能才能升级、上岗。

(3) 技术(业务)等级标准的制定。技术(业务)等级标准应具有概括性、综合性和普遍适用性。其反映的内容应该符合先进合理的原则,既反映出现代技术、管理和专业的新成就,又必须考虑到当前员工的实际文化技术(业务)状况,使多数员工经过努力后可达到,并且还应根据情况的变化定期进行修订。每一个职务(工种)根据实际技能的复杂程度和劳动熟练程度的差别大小,可以制定单级标准,也可以制定多级标准。

由于技术(业务)等级标准是衡量和考核员工技术、业务水平的尺度和确定工资等级的基本依据,因此应该由国家主管部门统一组织制定。

为了做到既在全国范围内通用和尺度统一,又具有较强的适用性,不少国家制定有国家标准,同时又有部门、行业(单位)标准。国家标准可规定得比较原则化,具有权威性、指导性和规范性,宜粗不宜细,不必面面俱到。部门、行业则应根据国家标准的原则要求,结合本部门、本行业实际情况制定出适用的标准,标准的制定要有自上而下、自下而上的反复过程,充分反映其独具的特点和实际技术水平。

(4) 制定技术等级标准的步骤和方法。第一,由劳动工资部门和技术部门联合组成专门的机构。它由工程技术人员、劳动工资专业人员以及有实践经验的高等级技术工人所组成。第二,将有关生产部门的全部工种列成表格,并分别按工种进行产品统计,整理分类。第三,在调查研究的基础上编制与填写技术卡片,按照区分和确定劳动差别的方法为各工作物划分等级。技术卡片的填写内容主要包括工种名称、工作物名称、工作的复杂程度、精确程度、责任程度、繁重程度以及劳动环境等。第四,根据所获得的上述材料,逐级规定应知、应会,并选出典型的工作实例。第五,根据新的技术等级标准,选择有代表性的企业对工人的技术等级进行重新评定和测算,以检验新的技术标准的可行性,以及它的经济效果。

如果可行,即上报上级主管部门审批。一经批准,则在全国相应的范围内颁布实行,并在各行各业通用。技术等级标准的解释权和修改权,属于该标准的制定单位,其他单位不得任意修改。

(二)职能工资制

1. 含义

职能等级工资制是根据员工所具备的与完成某一特定职位等级工作所要求的工作能力等级(即职能等级)确定工资等级的一种工资制度。

2. 职能工资制的特点

(1)决定个人工资等级的最主要因素是个人相关的技能和工作能力,即使不从事某一职位等级的工作,但经考核评定并具备担任某一职位等级工作的能力,仍可执行与其能力等级相应的工资等级,即职位与工资并不直接挂钩。

(2)职能等级及与其相应的工资等级数目较少。其原因是,对上下相邻不同的职位等级来说,各职位等级所要求的知识和技能的差别不是很明显。所以,可以把相邻职位等级按照职位对工作能力的要求划为同一职能等级。这样制定出来的职能等级一般只有职位等级的一半甚至更少。

(3)要有严格的考核制度配套。由于决定工资等级的是个人能力等级,所以要确定一个员工的工资等级,首先要确定其职能等级。这就需要制定一套客观、科学而完整的职位等级标准和职能等级标准,并按照标准对个人进行客观、准确的考核与评定。否则,职能等级就很容易只按照资历确定。另一方面,由于员工的能力是不断提升的,但速度是不一致的,所以需建立长期的考核制度,定期对员工的职能等级进行考核。

(4)人员调整灵活,有很强的适应性,这是由第一个特点决定的。由于职能工资等级不随员工职位等级的变动而变动,因而有利于人员工作的变换和调整,也有利于企业内部组织机构随市场变化而做相应调整。

3. 职能等级工资制的形式

按照每一职能等级内是否再细化档次,职能等级工资制可以分为一级一薪制、一级数薪制。按照员工工资是否主要由职能工资决定,职能等级工资制可以分为以下两种形式:

(1)单一型职能工资制,即工资标准只按职能等级设置,职能等级工资几乎占到工资的全部。然而实践中,职能工资也包含了年龄或工龄因素,如"一级数薪"制。在同一职能等级内,个人的工资级别或档次主要由工龄长短来决定。当然这里的工龄被认为是与能力相关的。

(2)多元化职能工资制,即按职能设置的职能工资与按年龄要素或基本生活费用确定的生活工资或基础工资是并列存在的,如在全部工资中,职能工资占25%,生活工资占65%。一般趋势是,对新进人员,生活工资占较大比重,职能工资的比重较小。随着工龄的增加,生活工资的比重逐渐下降,职能工资的比重提高,直到职能工资占绝大部分。严格来说,多元化的工资已不是全部由工作能力所决定的了。

4. 职能工资制的运行环境要求

(1) 企业要达到一定的规模,必须建立分层分类的任职资格体系,通过为各职类、职种员工设计不同的职业发展通道和薪资晋升空间才能运行。

(2) 企业规范化水平达到了一定的程度,高层管理者已经意识到仅靠个人感觉难以评价员工工作绩效和调整员工工资,而必须依靠制度化的价值评价机制才能给予员工公平公正的合理回报。

(三) 年功工资制

年功工资制在日本称为年功序列工资。所谓年功,即指年龄越大,工龄越长,则劳动熟练程度越高,功劳越大。所谓序列,即等级的意思。年功序列工资制就是按年龄和本单位的工龄来决定工资等级和工资标准的一种工资等级制度。具体办法是,员工新参加工作后,按其年龄和学历决定初始级别和资历(工龄)工资,以后随着年龄(本企业工龄)的增长每年增加一次工资。

年功工资是一种纯粹以劳动者为中心的工资制度。它的基本标志是逐年定期增资,员工的基本工资和增资与本人的工作能力和所担任的工作没有直接联系。因而使得青年员工同老年员工的工资矛盾较大,不能很好地贯彻按劳分配原则,导致论资排辈思想的蔓延,不利于鼓励中青年员工努力上进,钻研技术业务。但是,它对于补偿员工过去的劳动贡献,保持平滑的年龄收入曲线(老年员工不致因年老体衰,贡献减少而收入降低过多),以及稳定员工队伍,增强凝聚力和促进企业文化建设等有一定的积极作用。在我国若单独实行这一制度,显然弊大于利,但若发挥其有利之处作为工资等级制度中的子项,则是有必要借鉴和采用的。

三、组合形式的结构工资制

结构工资制的设计吸收了技能工资和职位工资的优点,以充分发挥工资的职能。它是将构成工资标准的诸要素,分别规定工资额,然后再组合成标准工资。现在,国内外不少单位均采用这一类型的工资等级制度,但是名称不同,组合形式也有所差异。在我国称为"结构工资制"。

结构工资制既适用于管理人员,也适用于普通员工;既适用于专业化程度高、分工细的行业,也适用于技术要求高、分工粗的行业,但是,各部门、各产业、各单位在具体运用时侧重点有所不同。

(一) 结构工资制的构成

结构工资制的各个组成部分,均有其质的规定性和量的规定性,各有其职能特点和作用方式;各个组成部分之间具有内在的结构关系,互相联系,互相制约,互相补充,形成一个有机的统一体,共同体现基本经济规律和按劳分配原则的内容和要求,以发挥工资职能。结构工资制的内容与构成,可视各机关、企事业单位的工作性质与劳动特点的不同而有所不同。一般来说,结构工资制包括下面五个组成部分:

(1) 基本生活工资(在我国称为"基础工资")。这是为了保证劳动力的简单再生产其标准应根据各地区的"生活成本调查"而定。不同层次的劳动力,其再生产的费用是不一样的。因此,原则上这部分的工资额不应统一,应根据需要(通过典型调查资料)而有所区分。

(2)按照职务(岗位)的劳动复杂程度、繁重程度、精确程度、责任大小等因素决定的工资,称为职务(岗位)工资。它是结构工资制的主要组成部分,是体现劳动差别、贯彻按劳分配原则的关键。其职能主要是促进员工的工作责任心和上进心。为充分发挥这一职能作用,应该将其与考绩相结合,根据考绩增减工资,并且应建立单位内部劳动力流动制度。

(3)按照员工的综合能力而决定的工资,称为技能工资。这是为弥补职务(岗位)工资的不足,鼓励员工钻研业务、提高技能,也是对员工人力资本中教育投资的补偿,这一点对生产工人中的技术工种尤其重要。再则,企业经济效益的提高,不仅取决于管理水平,而且还取决于员工素质、综合能力。所以,在结构工资制中设立技能工资很有必要。在某些单位,还可同职务(岗位)合并,不单设。

(4)按照员工工龄决定的工资,称为年功工资或工龄津贴。它是对员工工作经验和劳动贡献的积累所给予的补偿,随着工龄而逐年增加工资。为了促使员工安心本职(本单位)工作,计发年功工资时可以采取连续工龄与一般工龄有别的方法。考虑到员工所积累的劳动贡献是随年龄的增长呈抛物形,因此可以采取青年员工的年功工资渐长、中年员工快长、老年员工慢长的办法。

(5)根据员工在全年工作中有贡献大小、成绩优异状况而决定的工资,称为奖励工资或效益工资。它激励员工工作,多做贡献,机关事业单位可结合年终鉴定和考勤考绩给予奖金。企业可以将它与平时的计时工资制和奖励制度合并,按照员工的实际劳动消耗量支付,也可以根据企业年终经济效益状况支付一次性奖金。

以上五部分,如前所述各单位可根据实际情况和生产(工作)及分配的需要,做出侧重点(比重)不一的具体规定,不必强求一律,也并非这五部分均应包括,可视实际需要而增减。总之,一切应以能够充分调动所有员工的积极性,合理安排工资关系,更好地体现按劳分配为准则。

实行结构工资制必须合理安排五个组成部分的分配比例关系。组合工资的水平要受到工资总额的制约。因此基础工资、年功工资的比重不宜过大,否则会影响到直接体现按劳分配原则的职务(岗位)工资和奖励工资的水平,如果比重过小,又将失去它们应有的职能作用。一般来讲,应先在统计调查的基础上确定基础工资水平,然后再决定职务工资、岗位工资、技能工资;年功工资则次之,奖励工资视年终效益而定。在员工的工资收入中应以职务(岗位)工资为主。

(二)结构工资制的特点

结构工资制的显著特点是既对人又对事,即它既反映劳动者在劳动能力方面的差别,也反映各职务(岗位)之间的劳动差别。此外,结构工资制还具有以下特点:

(1)具有较大的灵活性。结构工资制将员工的工资分别与本人的工龄、技能、维持基本生活、劳动贡献等因素挂钩,就可根据员工某一方面的优势而灵活地增加工资,而不会像传统的综合工资制那样没有活动的余地。

(2) 结构工资制的各个组成部分各有各的职能，分别计酬。从劳动的不同侧面和角度反映劳动者的贡献大小，发挥工资的各种职能作用。一方面，员工个人可以发挥自己的长处，通过自己某一方面的努力而增加自己的工资收入；另一方面，企业（机关、事业）单位在安排员工增加工资时可以避免一刀切的做法，对不同的员工分别安排不同的工资项目和增资水平。

(3) 青年员工与老年员工之间的工资关系可以得到合理安排。青年员工身强力壮，这是他们的优势，他们可以提供较多数量的劳动，并以此来增加工资收入；而老年员工则由于自己的技术（业务）水平高，工龄长而增加工资。各得其所，公平合理，减少矛盾。

(4) 结构工资制是以职务（工种、岗位）为核心，从而能把劳动的复杂程度、工作责任和劳动成果很好地结合起来，能够鼓励员工努力学习文化，钻研技术（业务），提高劳动效率。

(5) 适用性强。无论是机关、事业单位，还是不同类型的企业；无论是脑力劳动者，还是体力劳动者，均可实行结构工资制。

(6) 结构工资制将员工的收入与三种形态（潜在、流动、凝结形态）的劳动都挂上了钩，较准确地体现了劳动者付出劳动的差别，较好地贯彻了按劳分配原则。

（三）结构工资制的形式

目前，我国国家机关、事业单位、企业单位所普遍采用的结构工资制主要有职级工资制、岗位技能工资制两种形式。

1. 职级工资制

中华人民共和国成立以来，我国机关工作人员的工资制度先后经历了1956年和1985年两次大的改革。这两次工资制度改革，在当时都起到了积极的作用。在总结和吸收前两次工资制度改革经验的基础上，结合机构改革和公务员制度的推行，对机关现行工资制度从1993年10月1日起进行了相应的改革，建立起符合其自身特点的职务级别工资制度（以下简称职级工资制），以利于进一步调动机关工作人员的积极性，提高工作效率，更好地为改革开放和经济建设服务。

机关工作人员（除工勤人员外）实行职级工资制。其工资按不同职能，分为职务工资、级别工资、基础工资和工龄工资四个部分。其中，职务工资和级别工资是职级工资构成的主体。

(1) 职务工资。在职级工资制中，职务工资是其主要组成部分，它是体现按劳分配原则的主要内容。职务工资主要体现国家公务员的职务高低、责任轻重和工作难易程度。每一职务对应下设若干工资档次，职务层次高的，对应的工资档次少一些；职务层次低的，对应的工资档次多一些。其主要目的是保证初、中级国家机关工作人员晋升工资的需要。

(2) 级别工资。级别工资主要是按公务员的资历和能力确定的，它是职级工资制的又一重要组成部分。国家机关工作人员的级别共分为15级，一个级别设置一个工资标准。职务与级别有一定的对应关系，职务越高，对应的级别越少；职务越低，对应的级别越多。上下职务对应的级别有所交叉。一个级别对应一个工资标准，并按工作年限确定。在工资构成中增设级别工资，是职级工资制度的一个重要特点。设置级别工资，主要是从以下三个方面予以考虑的：一是考虑到全国机关干部92%以上是科级以下的工作人员，由于机关领导职数有限,尤其是在基层,受机构规格的限制,相当一部分人员难以晋升职务。设置级别工资后,可以使工作人员不提升职务也能通过晋升级别提高工资待遇,从而避免了大家都去争职务,有利于解决滥提职务和机构随意升格等弊端。二是考虑到同一职务层次的工作人员的工作年限、任职年限、承担的责任和能力等各不相同,设置级别工资则可以反映同一职务层次工作人员的上述关系,有利于调整各类工作人员之间的工资关系,有利于克服工资平均主义问题,更好地贯彻按劳分配原则。三是考虑到与军队的军衔制、公安部门的警衔制衔接起来,便于工作人员的交流与管理。

(3) 基础工资。基础工资的职能主要是保障国家机关工作人员本人及一定的赡养人员基本生活的需要。各职务人员均执行相同的基础工资。

(4) 工龄工资。工龄工资主要体现工作人员的劳动积累贡献。一般来说,年龄越大,工龄越长,则劳动熟练程度越高,劳动贡献积累越多,功劳越大。在职级工资构成中设置工龄工资部分,有利于协调工作人员的职务、贡献与资历三者之间的关系。工龄工资按工作人员的工作年限计发,一直到离退休的当年为止。工龄工资标准,并非固定不变,可以根据经济发展情况,适当进行调整。

在实行职级工资制的同时,对机关工人的工资制度相应进行改革。根据机关工人的劳动特点,技术工人实行岗位技术等级工资制,工资由岗位工资、技术等级工资和奖金三部分构成。普通工人实行岗位工资制,其工资由岗位工资和奖金两部分构成。

2. 岗位技能工资制

岗位技能工资制是以按劳分配为原则,以劳动技能、劳动责任、劳动强度和劳动条件等基本劳动要素评价为基础,以岗位和技能工资为主要内容的企业基本工资制度。从本质上说,岗位技能工资制也是结构工资制中更为规范化的一种具体形式。岗位技能工资制是在总结了传统的技术等级工资制和职务工资制的优缺点的基础上发展起来的。技术等级工资制过分偏重于评价员工本人的劳动能力,而不是评价劳动本身,它按劳动能力决定工资,工作岗位变了工资却不变。职务工资制则正相反。两者均不能全面反映员工的劳动差别,也不能全面调动员工积极性,不利于贯彻按劳分配原则。岗位技能工资制则取长补短。近年来随着改革开放的深入发展,岗位技能工资制在我国企业中应用越来越广,在实践中也取得了良好效果。

岗位技能工资制是以劳动技能、劳动责任、劳动强度和劳动环境等基本劳动要素评价为基础,以岗位和技能工资为主要单元的企业工资等级制度。它与结构工资制一样都是既对人又对事,又同属一种工资等级制度,是结构工资制中更为规范化的一种具体形式。岗位技能工资制是建立在岗位评价的基础之上,并且充分突出了岗位和技能工资这两个结构单元。它与劳动合同制、岗位责任制等相配套,更有利于贯彻按劳分配原则,能够充分调动员工努力钻研技术、业务,提高工作效率的积极性,真干实干多做贡献。岗位技能工资制主要由岗位工资和技能工资两大单元组成,辅以年功工资、效益工资等。

岗位(职务)工资是根据员工所在岗位,或所任职务的劳动复杂程度、繁重程度、精确程度、责任大小、劳动环境好坏等因素确定的。它是岗位技能工资制的主要组成部分。确定工人的岗位工资标准,首先应通过岗位评价(或称岗位功能测评)的方法,依据各岗位的劳动责任、劳动强度和劳动环境三因素来确定各岗位顺序,将各岗位依次划分为不同岗级,然后依据各岗级确定岗位工资标准,同一岗位级别同薪。不同岗位的人如果岗级相同,岗位工资标准亦相同。同样的岗位由于所处部门不同,因而劳动责任、劳动强度、劳动环境不同而造成的所入岗级不同,岗位工资标准也不相同。例如,同工种的工人,在厂部科研部门工作与在工厂车间工作相比,无论是所在岗位的责任轻重、强度大小,还是劳动环境的好坏等均不相同,因而其岗位工资标准理应与其岗位相适应,而与车间的岗位工资标准不相同。

对于技术人员和管理人员来说,同样要根据岗位评价的方法,按照他们所担任职务的劳动责任、劳动强度及劳动环境划分为初级管理(或专业技术)职务、中级管理(或专业技术)职务和高级管理(或专业技术)职务三个类别,每个类别之下再划分若干级别。总的来说,出于技术和管理岗位的特点与工人岗位相比,固定的工作内容少,活的工作内容多,因此宜粗不宜细。

技能工资是根据员工的综合劳动技能水平确定的工资,反映了员工的潜在劳动形态,它也是岗位技能工资制的主要组成部分。技能工资是为弥补岗位(职务)工资的不足,鼓励员工努力钻研技术、业务,提高技能,也是对员工智力投资的补偿。同时,由于技能工资是在全面考核员工技术(业务)能力基础上确定的,所以它会促使员工为胜任各岗位(职务)而有目的地学习、钻研,争做"多面手",也有利于提高劳动力素质和劳动效率。

一般来说,在确定技能工资时,企业的员工可分为技术工人、非技术工人以及管理与专业技术人员三类。其中,技术工人又可分为初级技工、中级技工、高级技工、技师与高级技师,每类下设若干档次。非技术工人参照初级技工的工资确定其技能工资标准。对于管理与专业技术人员来说,同岗位(职务)工资单元划分为初级、中级和高级管理(专业技术)人员,每类下设若干档次。这里需要强调的是,由于工作需要、人员结构不合理等可能存在高岗低聘、低岗高聘现象,以及同种岗位(职务)由于员工的劳动技能不同而造成完成工作质量不同、效率不同、效果不同等现象。由此可见技能工资单元是依据员工实际劳动技能而确定的,所以它与员工实际所在岗位(或职务)和贡献有时并不一致。

年功工资和效益工资作为辅助补充,前者是对劳动者工作年限的自然增长和劳动贡献的不断积累所给予的工资报酬。它是按照职工工作年限的长短计算的,主要用以解决职工在增加工资中累积贡献无法考核的问题;后者是企业经济效益差别和工人实际完成的超额劳动量的工资单元。

实行岗位技能工资制时,要有科学的岗位评价指标和标准,要科学地确定岗位工资单元与技能工资单元的比例。一般来说,技术要求高的行业和企业,其技能工资单元的比重可以大些;而劳动强度大、劳动环境差的行业和企业,其岗位工资单元比重应该大些。

本章小结

1. 对工资等级结构的原理进行了介绍,包括工资结构的内涵、工资结构的表现形式(工资结构线、工资结构模型和工资等级表)以及工资等级结构的要素。介绍了工资等级结构的设计步骤。

2. 对新兴的宽带薪酬的内涵、产生背景以及作用进行了介绍,总结了宽带薪酬设计的主要步骤,并分析了宽带薪酬的实施条件。

3. 对常见的工资等级制度进行了分类和介绍,包括职位薪酬形式的岗位工资制、岗位薪点工资制、职务工资制,任职者薪酬形式的技术等级工资制、职能工资制和年功工资制,以及组织形式的结构工资制。

复习思考题

1. 工资结构线、工资结构模型、工资等级表三者之间有什么关系?
2. 工资等级结构包括哪些要素?如何进行这些要素的设计?
3. 工资等级结构的设计步骤包括哪些?
4. 宽带薪酬产生的背景是什么?通过宽带薪酬可以实现什么样的目标?
5. 宽带薪酬设计的步骤包括哪些?
6. 宽带薪酬的优缺点是什么?在什么情况下适用?
7. 常见的几种工资等级制度具有什么样的特点?

案例研究

企业内部职务结构设计与定价

1. 案例说明

这项综合作业是为了使大家更深刻地领悟学习过的现代工资结构设计的基本原理、程序和方法而安排的。作业提供了一个模拟的典型情境,使大家通过职务评价、内部职务结构设计和个人工资确定这三个步骤,系统地、按部就班地体验一下工资结构设计的全过程。不过这毕竟不是真刀真枪的实践,只是一次大为简化了的演示性模拟作业罢了。

案例要求根据某公司财会系统不同职位的说明和职位要素评价表对其中的十个职位进行职位评价,以职位评价的结果和薪酬市场调查数据进行内部职位工资结构设计。本案例要求和本书第二章(职位薪酬体系)后面附的案例研究材料结合起来使用。

2. 案例背景材料

材料1:

关于这家公司财务系统十个职位的说明和职位要素评价表见本书第二章(职位薪酬体系)后面附的案例研究材料。

材料2:

附表1是对五家典型公司进行调查后所获得的数据,表中只列出我们感兴趣的那十种财会系统职务的平均年薪值。有几点要说明:一是即使同一企业中职务相同的员工,也会因工龄、能力、经验、绩效等不同而有差异,亦即一家公司的某一特定职务的定价,常有一个变化范围,附表1中数据是取其中间值。二是各企业的职务定价存在一定差异,这是正常现象,因为各企业自有其不同条件与策略,所取职务评价方法也可能不同,同一职务名称工作内涵也可能不同,所以定价自然有所差异了。三是这些公司都属于中外合资,其级差比国内一般企业大,这反映了西方工业国家工资政策的特点,这些数据仅做举例参考,具有演示性,不宜当作真正定价依据,公司名称亦系假名。此外,与上述第二点理由相同,各公司的这十项职务价值等级顺序也不尽一致,这也是可以理解的。

附表1　工资调查数据(年薪变化范围中间值)　　　　单位:元

公司 职务	康利	鸿运	大明	七星	联通
财务处长	5 750	4 850	5 250	5 450	4 900
秘书	2 520	1 480	1 700	2 350	1 450
数据处理科科长	4 630	3 300	3 650	4 250	3 980
会计科科长	4 550	3 430	3 860	3 790	3 680
计算机操作员	2 300	2 000	1 740	1 980	1 630
数据记录员	1 550	1 250	1 500	1 440	1 260
会计师	2 640	2 100	2 330	2 430	2 200
高级账目员	2 000	1 890	1 630	1 900	1 580
初级账目员	1 610	1 570	1 400	1 580	1 340
打字员	1 150	1 070	1 080	1 000	930

我们采取"向同行看齐"的策略,但这五家同行又各不相同,应向哪家看齐呢?显然先得找出一条有代表性的单一标准作为参照对象,并据此给自己的内部职务结构定价。这可先用计算法来求得,即取各家的算术平均值或中值作为参照标准,再利用散布点作图法分析来求得。下面将分别练习这两个步骤。但应说明:个别企业因其特别原因,工资水平定得反常的偏高或偏低,不能真正代表职务的真正价值,不具典型性,在求取参照标准时可以考虑把这类数据剔除。

案例练习题:

(1)请将上列五家参照公司各十项年薪的平均值算出,填入附表2中左边第二栏对应处。再将第二章案例研究中附表3中各职务在评分法过程中所获总计分转抄到附表2中的右边第二栏对应位置上来。

附表2　从参照标准计算出本企业各职务年薪

职务	(一)市场年薪参照值	(二)评分法所得总计分	(三)计算求得的年薪值
财务处长			
秘书			
数据处理科科长			
会计科科长			
计算机操作员			
数据记录员			
会计师			
高级账目员			
初级账目员			
打字员			

(2) 请在附图 1 的散布点图上,根据附表 2 第二栏,第三栏中给出的有关参照年薪与总计分的数据标出对应十项职务的各点来,然后用目测法绘出最适应各点散布位置的特征直线来(如有条件,用线性回归法算出,当然更准确)。也可用作图法求得截距与斜率(a 值与 b 值),从而列出代表此直线的线性方程 $y=a+bx$。虽然目测所获数据不太精确,但有了这条直线,就不难根据这十项职务的总计分,求得各自对应的年薪值了。无论用作图法还是利用那条结构方程来计算都可以。请将算得的结果填入附表 2 右侧第一栏各对应位置处。

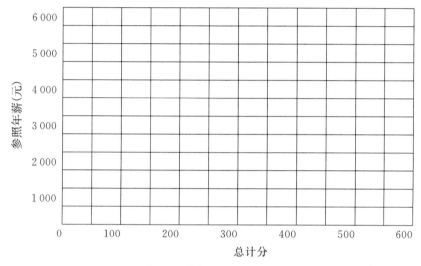

附图 1　内部工资结构定价的散点作图分析

(3) 试比较一下用散布图法算得的年薪与对应的参照年薪。它们之间有重大差异吗?如果有,请您解释一下这些差异产生的原因。

资料来源:根据余凯成、陈维政、张丽华,《组织行为学·人力资源管理案例与练习》(大连理工大学出版社,1999)中案例"企业内部工资结构设计综合作业"改编。

21世纪经济与管理规划教材

人力资源管理系列

第六章

激励薪酬计划

【学习要点】

　　激励薪酬计划的内容与实施要点
　　针对生产工人的个人激励计划内容
　　绩效工资的要素和主要种类
　　收益分享计划与利润分享计划的异同
　　长期激励薪酬计划的内涵与形式
　　员工持股计划的具体内容
　　股票期权计划与期股计划的差别
　　其他常见的股权激励方式

开篇案例

九阳股份是一家典型的民营上市公司,最早成立于1994年。2007年9月由山东九阳小家电有限公司改制成为股份制公司,2008年5月28日于深交所IPO发行上市。近些年来,家电行业整体上受到全球经济发展不均衡、透支消费等因素的负面影响。面对传统业务的持续没落,九阳股份努力寻求产品持续创新以及商业模式的转变,并且认为积极稳定管理层、留住核心人才显得尤为重要。在此背景下,九阳股份于2011年发布了股权激励方案,以期通过"金手铐"的方式实现管理层、核心骨干与股东利益的捆绑,稳住人才。

2011年2月15日,九阳股份公布了"2011年限制性股票激励计划(草案)",采用定向增发的方式以7.59元/股的价格,向公司246位激励对象授予426万只限制性股票。具体如下:面向公司的董事、高级管理人员各发行6万股,占总股本的0.03%;其余243位核心骨干(包括市场、销售中心、核心部门的经理)共发行408万股,占总股本的0.53%。该方案一经公布,立刻引来各方的激烈论战,尤其是其行权条件和行权价格饱受质疑。此后,九阳的股价更是一泻千里。2011年8月6日,九阳股份以"内外部环境发生较大变化,激励目标难以实现"为由,发布了"关于撤销公司2011年限制性股票激励计划(草案)的公告",当日九阳股份的股价再次下跌7.07%。

2014年6月6日,在撤销第一次股权激励方案三年之际,九阳股份重新推出"2014年限制性股票激励计划(草案)"及"实施考核办法",7月19日再次公布了"2014年限制性股票激励计划(草案修订稿)"。九阳股份这一次同样采用发行新股的方式,以4.42元/股的价格向包括部分董事、高级管理人员以及核心经营骨干共计119人授予729万股限制性股票。不同的是,公司高管获授股票数由原来的6万分别增加到50万、20万和10万;核心骨干由原来的243人精简为108人,股票数由408万增加到613万。这一次股权激励方案公布后各方面反应良好。2014年9月25日,九阳股份宣布此次股权激励授予完成,正式标志着第二次股权激励方案获得了阶段性的成功。

九阳股份的股权激励计划经历了由"公布"到"撤销",到"再实施"的反复过程,这一过程对我们有哪些启示呢?

资料来源:李颖、黄亚盛、伊志宏,"什么导致了民营上市公司股权激励计划的失败?",《中国人力资源开发》,2015年第10期,第80—87页。

在第一章,我们将组织的外在薪酬体系划分为三个部分,即基本薪酬、激励薪酬和福利薪酬,本章介绍其中的激励薪酬。激励薪酬的目的是在薪酬和绩效之间建立起一种直接的联系,这种绩效既可以是员工个人的绩效,也可以是组织中某一个业务单元、群体、团队甚至整个组织的绩效,从而对组织绩效目标的实现起到积极作用。传统的激励薪酬只包括奖金、分红等,在现代企业薪酬中,激励薪酬的表现形式发生了很大的变化。本章将对这些形式进行详细的介绍。

第一节 激励薪酬的概述

一、激励薪酬计划的内涵与内容

在目前的教材中,对那些具有激励性质和可变性质的薪酬(不包括福利)有不同的称谓,主要有激励薪酬、绩效薪酬、可变薪酬几种。这几种称谓着眼于薪酬的不同特征:称为"激励薪酬",是因为这种薪酬设计是为了激励实施对象;称为"绩效薪酬",是因为这种薪酬确定的依据是实施对象的绩效;称为"可变薪酬",是因为根据实施对象的绩效不同,薪酬的结果是变动的。因此,为了避免造成概念模糊,便于理解,在本书中我们把这类薪酬统一称为激励薪酬。它是指一系列按照员工个人、群体或企业业绩的预定标准支付给特定员工个人或群体的、具有奖励性质的各种薪酬(现金或股权)的总和。

传统的激励薪酬只包括奖金、分红等,随着经济的发展、企业变革的深入,激励薪酬计划的种类也越来越多。在现代企业薪酬中,激励薪酬的表现形式发生了很大的变化。对于激励薪酬,可以从两个维度来分类:从时间维度上,分为长期激励薪酬和短期激励薪酬;从激励对象维度上,分为个体激励薪酬和团队激励薪酬,如表6-1所示。

表6-1 激励薪酬体系的内容

时间		激励对象	
		个体	团队
时间	短期	计件制 工时制 佣金制 绩效工资 一次性奖励 特殊绩效认可计划	小组奖励计划 收益分享计划 利润分享计划 成功/目标分享计划
	长期	股票所有权计划 (现股计划、期股计划、期权计划)	

需要注意的是,这种划分并不是绝对的。比如一次性奖励计划同样可能针对群体;股票所有权计划更多地针对个人,但并不表明这种激励薪酬计划不能针对群体。关于各项激励薪酬计划的具体内容,我们将在本章中按照短期激励薪酬计划和长期激励薪酬计划分为两节专门介绍。

二、激励薪酬计划的优缺点与实施要点

(一)激励薪酬计划的优缺点

激励薪酬计划的实施主要是为了发挥其激励作用。概括地说,激励薪酬计划的优点主要表现在:

第一,明确的目标导向。由于激励薪酬计划往往有明确的绩效目标,因此,它能够把员工的努力集中在组织认为重要的目标上,有利于组织引导员工的工作行为以达成企业

的目标，从而避免员工的行为脱离组织的战略主线而形成本位主义倾向。

第二，显著的激励性。激励薪酬对员工的激励力度要远远高于基本工资。基本工资是相对固定并且具有"刚性"的，即在通常情况下它总是不断上涨，而不会下降。激励薪酬并不是年复一年地累积，雇员要想每年都取得高薪，必须不断改进其工作质量，提高其个人、团队和组织的工作绩效。另外，当今迅速变动的市场环境意味着员工必须不断增强自身的适应能力以提高组织的环境应变力。而通过设计各种将员工兴趣与公司目标紧密结合的激励薪酬制度，可以增强员工学习新技能、适应新环境的意愿，从而提高员工的技能柔性并增强组织的市场应变能力。

第三，节约成本，提高生产率。随着全球市场竞争日趋激烈，许多实际工资水平较低而生产率和质量相似（或更高）的国外竞争者逐渐进入国内市场。相对较高的劳动力成本使国内企业失去了市场竞争力。如果公司经营业绩良好，它能够提供给雇员高于市场水平的薪酬，但当相反的情况出现时公司就无力承担了，因为继续支付高额的薪酬很可能会导致破产。在这种情况下，设计良好的激励薪酬体系在激励员工达成更好的绩效和帮助削减成本这两方面是非常有效的。因为激励薪酬是与结果的实现联系在一起的变动成本，而基本工资是与产出无关的固定成本。当薪酬中的一部分随公司业绩变化时，薪酬成本变得有弹性，而且可以根据公司面临的竞争压力和经济状况进行调整。当经营业绩良好时，奖金可以非常诱人；状况不佳时可以获得自动的成本削减，从而提高企业的生存能力。

很多研究已经证明，激励性计划与组织绩效的提升之间存在一种可计量的关系。当然，生产率的提高不仅限于产品制造行业。当激励与组织目标相联系时，服务性组织、非营利组织和政府机构也同样发现效率大大提高。在推行员工奖金计划之后，塔科贝尔公司降低了食品成本，并改进了客户服务质量。

不过，激励薪酬计划也存在一些潜在的缺点：第一，在激励薪酬计划中所使用的产出标准可能无法保证足够的准确和公正，在产出标准不公正的情况下，激励薪酬计划很可能会流于形式；第二，激励薪酬计划有可能导致员工之间或者员工群体之间的竞争，而这种竞争可能不利于组织的总体利益；第三，在激励薪酬计划的设计和执行过程中还有可能增加管理层和员工之间产生摩擦的机会，因为在许多激励薪酬计划当中都存在讨价还价的问题；第四，激励薪酬计划实际上是一种工作加速器，有时员工收入的增加会导致企业出台更为苛刻的产出标准，这样就会破坏企业和员工之间的心理契约；第五，激励薪酬公式有时非常复杂，员工可能难以理解。

（二）激励薪酬计划的实施要点

激励薪酬计划的优点使得越来越多的企业在使用它，而这种薪酬计划的缺点也使得其实施过程必须非常谨慎，以扬长避短。在实施过程中应当注意以下要点：

第一，激励薪酬计划必须与组织的战略目标及文化和价值观保持一致，并与其他经营活动相协调。实现企业战略目标或经营目标以及维护企业的价值规范是实施激励薪酬计划最主要的目的，但是如果组织的价值观和战略目标不清晰或者是员工对其不理解，就很可能会发生企业所奖励的行为和结果与组织的目标相背离的情形。事实上，在实践中经常发生这样的情况，从局部看设计非常合理的激励薪酬计划，最终对企业绩效所产生的影响却是不利的。这就告诫我们，成功的激励薪酬计划必须保证员工目标与组织特性、组织目标和组织战略规划的一致性。

第二，建立有效的绩效管理体系。激励薪酬计划以员工、员工群体乃至组织整体的绩效作为奖励支付的基础。如果没有公平合理、准确完善的绩效评价系统，激励薪酬就成了无源之水、无本之木。因此，企业不仅要明确自己所要实现的目标是什么，什么样的员工行为有利于目标的实现，同时还要明确，企业将如何对这些目标的实现进行衡量、监督以及管理。如果没有明确的、具体的、可衡量的、富有挑战性的绩效指标，经营目标就会成为模糊不清的东西，以激励绩效为目的的激励薪酬计划最终就会蜕变成另外一种形式的"大锅饭"。

第三，建立有效的沟通渠道。由于激励薪酬计划要求员工能够承担一定的风险，企业必须在制定过程中让员工参与，听取员工的建议。因此，企业应当能够及时为员工提供正确做出决策所需要的各种信息。同时，企业还需要就绩效进展情况向员工提供经常性的反馈，以帮助员工提高达成既定目标的可能性。实际上，在有些时候，激励薪酬计划对信息传递功能的强调甚至要超过对报酬支付功能的强调。在实践中，我们也常常会看到，仅仅为降低固定成本而实行的激励薪酬计划往往会以失败而告终。沟通的另外一个重要作用是让员工看到绩效和薪酬之间到底存在怎样的联系，避免员工对报酬和绩效以及目标之间联系的模糊认识。

第四，保持一定的动态性。激励薪酬计划是围绕企业的经营目标、经营环境以及员工的工作内容、工作方式等而发生不断变化的。因此，过去取得成功的激励薪酬计划不一定能够持续有效。当企业经营的内外部环境发生较大变化时，企业需要对原有的激励薪酬计划进行较大的修改和补充，甚至需要重新设计激励薪酬计划。

第二节　短期激励薪酬计划

短期激励薪酬计划是根据个人或者群体在较短时期（一般为1年及1年以下）内的绩效表现，进行浮动性薪酬支付。本节分为个人激励薪酬计划和团体激励薪酬计划两个部分进行介绍。

一、个人激励薪酬计划

个人激励薪酬计划就是根据员工个人的工作绩效对员工进行奖励的一种薪酬计划。由于激励薪酬计划是根据某些事先确定好的客观的绩效标准来支付薪酬的，因此，所有的奖励计划都有一个共同的特点，即找到一个可以用来与之进行比较进而确定奖励金额的绩效标准。在个人激励薪酬计划中，这一标准就是员工个人的绩效。个人激励薪酬计划主要包括针对生产工人的个人激励计划、绩效工资、一次性奖金和特殊绩效认可计划等。

（一）针对生产工人的激励薪酬计划

相对其他员工而言，生产工人工作的一个明显特点就是其工作时间和结果（即产量）较容易度量。因此，其激励薪酬计划往往具有独特性，可以从不同的维度进行分类。

第一个维度是工资率的确定方法。各种激励计划或者以单位时间的产品为基础，或者以单位产品的时耗为基础来确定工资率。因为不同的工作任务有不同的操作循环周期。对于那些循环周期较短的工作任务，通常以给定单位时间内必须完成的产品数量为确定工资率的标准;而对于那些循环周期较长的工作任务,应根据单位产品的时耗来确定工资率。而生产工人的激励薪酬计划正是以其能否在指定时间内完成工作任务为基础确立的。

第二个维度是产出水平与工资率的关系。通常有两种方式,一种是无论产量多少,工资率是一个常数,保持不变。另一种则是将工资率作为产出函数的变量。例如,相对于产量达不到既定标准的员工,产品超出既定标准的员工能够获得更高的工资率。

根据这样两个维度,针对生产工人的激励薪酬计划可以分为以下几类,如表6-2所示。

表6-2 针对生产工人的激励薪酬计划的分类

		工资率的确定方法	
		单位时间的产量	单位产量的时耗
产量与工资率的关系	工资率为常量的产量水平函数	(1) 直接计件工资制	(3) 标准工时制
	工资率为变量的产量水平函数	(2) 差别计件工资制 多重计件工资制	(4) 五五分成计划 罗恩计划 甘特计划

1. 直接计件工资制

直接计件工资制是最古老,也是使用最广泛的激励形式。它是通过确定产品的计件工资率,将工人的收入和产量直接挂钩。按照直接计件制,每生产一个单位的产品就会得到事先规定数目的工资,工资直接随产量函数变动。大多数计件工资计划都有一定数量的产量基数,即劳动定额。而且,大多数计划中都规定有一个必须保证的工资最低保障线。表6-3是直接计件工资制的一个例子。

表6-3 直接计件工资计划的例子

规则:
    计件工资标准(根据时间研究确定的工作定额):10 单位产品/小时
    工资最低保障线(如果完不成工作定额):5元/小时
    激励工资率(产出超过10个单位时的每单位产品):0.50元/单位产品

个人产出	所得的工资
10 单位或者低于10 单位产品	5 元/小时(最低保障)
20 单位产品	20×0.5=10(元/小时)
30 单位产品	30×0.5=15(元/小时)

直接计件工资制是应用最广泛的方法。它简单易行,且员工容易理解,激励效果明显。但最大的不足在于难以确定合理的标准。标准太高会导致劳动纠纷,而标准太低,员工非常容易达到则会导致过高的劳动成本。很多企业让管理层和员工共同决定这个标准。在有工会的企业中,绩效标准往往通过谈判以合同文本的形式得到确认。对于那些个人贡献很难区分和衡量的工作,或者那些员工无法对其产出施加控制的工作,都不适合用直接计件工资制。另外,计件工资主要是从产品数量上反映劳动成果,难以衡量优质产品、原材料节约和安全生产等方面的劳动指标。

2. 差额计件工资和多重计件工资

差额计件工资和多重计件工资都是以标准产量为依据,根据实际产量水平的不同确定不同的工资率。差额计件工资包含了两个工资率。如果工人在给定时间内的产量高于标准产量,就按第一种工资率计算工资水平,这个工资率要高于规定的工资率标准。反之,如果实际产量低于标准产量,那就按第二种工资率计算工资水平。多重计件工资在原理、操作方面和差额计件工资基本相同,只是它设定了多个计件工资率。表 6-4 给出了两种计件工资的例子。

表 6-4 差额计件工资和多重计件工资的示例

工作定额:每小时 10 个单位
标准工资:5.0 元/小时
计件工资率如下:

产出情况	差额计件工资		多重计件工资	
	每单位的工资率	工资	每单位的工资率	工资
7 单位/小时	0.5 元/单位	3.5 元	0.5 元/单位	3.5 元
8 单位/小时	0.5 元/单位	4.0 元	0.5 元/单位	4.0 元
9 单位/小时	0.5 元/单位	4.5 元	0.6 元/单位	5.4 元
10 单位/小时	0.5 元/单位	5.0 元	0.6 元/单位	6.0 元
11 单位/小时	0.7 元/单位	7.7 元	0.7 元/单位	7.7 元
12 单位以上	按工资率等同于 11 单位/小时的标准计算			

表 6-4 中,实行差额计件工资制度时,当产出低于和等于工作定额(10 单位/小时)时,工资率为 0.5 元/单位;当产出高于工作定额时,所有产出的工资率都为 0.7 元/单位。而实行多重计件工资制度时,根据产出情况划分三个工资率水平,当产出为 7 或 8 单位/小时,工资率为 0.5 元/单位;当产出为 9 或 10 单位/小时,工资率为 0.6 元/单位;当产出高于 10 单位/小时,工资率为 0.7 元/单位。因此,总共有三个工资率。

显然,这两个计划都旨在激励工作效率高的员工,惩罚工作效率低下的员工。

3. 标准工时制

标准工时制是按照在标准时间内完成工作的情况来计算工资的激励计划。如果员工能够在少于预期的标准时间内完成工作,他们的工资仍然按标准时间乘以其小时工资率计算。比如,如果装配一个半吨重卡车引擎的标准时间是 5 小时,而一个机械师在 4.5 小时内完成了工作,其工资便是机械师小时工资率乘以 5 小时。

标准工时制具有直接计件制的各种特征,它的优点在于计件报酬不必随着每一次产出率变化而重新计算。对于重复动作少、技巧要求很高的长周期工作和职位来说,标准工时制要比直接计件制更为实用。尽管标准工时制可以鼓励员工生产更多的产品,但是雇主必须确保设备的运转和产品的质量不会由于员工为了得到额外的收入而降低。这种方式的科学运用必须保证员工始终以相同的努力程度和工作质量进行工作。

4. 其他工时激励计划

第一种是 Halsey 五五分成计件工资计划。它是通过时间研究确定完成一项任务的标准时间限额。如果员工能以低于限额的时间完成任务,节约的时间产生的成本的节约在员工和雇主之间进行五五分配。

第二种是 Rowan 计件工资计划。同 Halsey 计划类似,主张在工人和雇主之间分摊由工作时间低于定额时间而产生的成本节余。而 Rowan 计划的主要不同在于,随着节约的时间增加,工人能够分享的收益所占的比例是上升的。例如,完成一项任务的标准时间是 8 小时,某人 7 个小时完成工作,则此人得到 20% 的成本节约奖励,如果他能够在 6 小时内完成,则可得到 30% 的成本节约奖励。

第三种是甘特计划。它将完成工作的时间标准有意设置成需要工人非常努力才能达到的水平。不能在时间定额内完成任务的工人只能得到预先确定的保障工资。这样的结果是,只要实际工时等于或少于工时定额,工人报酬的增长就会快于产量的增长。

(二)绩效工资

正如第一章在对薪酬体系的界定中指出,绩效工资和激励薪酬一样也具有激励性。正是由于这个共同点,我们并没有把绩效工资单独列出,而是把其归于激励薪酬之列。

1. 绩效工资的含义

绩效工资又称为绩效加薪,是将员工基本薪酬的增加与其在某种绩效评价体系中的评价结果联系起来的一种激励薪酬计划。因此,绩效工资取决于员工的绩效水平,是对员工过去工作行为和工作结果的认可。需要注意的是,与其他激励薪酬相比绩效工资是基本工资基础上的永久性增加。因此,也有教材把绩效工资划为基本工资部分。我们认为在绩效工资确定之前和确定之时,它属于激励薪酬的范畴,而确定之后并转化为基本工资的一部分,它就不再属于激励薪酬的范畴了。

绩效工资是用来奖励优秀的工作表现或业绩、创造未来工作动力和帮助雇主保留有价值的员工的。通常的做法是在基本工资基础上实行一定的绩效工资率,例如达到基本的绩效标准则实现一定比例(如 2%)的绩效加薪,对于那些绩效高于平均水平的员工,则确定更高的绩效工资率(如 3%)。

2. 绩效工资的关键要素

绩效工资包含三个关键要素,即加薪幅度、加薪时间和加薪方式。

(1)加薪幅度。绩效工资的加薪幅度主要取决于企业的支付能力、企业对绩效工资激励效果的预期、企业的薪酬水平与市场薪酬水平的对比关系(见表 6-5),还跟员工的岗位和企业内部相对收入水平等因素有关。

表 6-5　市场化绩效工资的示例　　　　　　　　　　　　单位:%

与市场平均薪酬水平的对比 \ 绩效评价等级	大大超出期望水平	超出期望水平	达到期望水平	低于期望水平
超过 15% 左右	4	2	1	0
超过 8% 左右	7	5	2	0
基本持平	8	6	3	0
低 8% 左右	10	8	4	0
低 15% 左右	12	10	6	0

(2) 加薪时间。加薪时间往往是跟企业的绩效考核周期联系在一起的。企业的绩效考核可能会一年进行一次,也可能会实行半年考核或季度考核。一般情况下,企业会在每年年末根据员工的绩效考核结果确定具体的绩效工资率。当然,为了防止薪酬水平的过度增长,减轻成本压力,也有企业采取几年一次的绩效加薪制度。

(3) 加薪方式。企业可以采取基本薪酬累积增长的方式,也可以采取一次性加薪的方式。前者会给企业带来较大的成本压力,因为企业的总体基本薪酬水平始终处于增长状态;一次性加薪是常规的年度绩效工资的一种变通措施,可以减轻企业的成本压力,而企业也可以通过加大一次性加薪力度的做法来增加其激励力度。

3. 绩效工资的种类

按照绩效工资决策所运用的变量多少,我们可以将绩效工资计划分为以下三种类型。[①]

(1) 仅以绩效为基础的绩效工资计划。在这种形式下,加薪的唯一依据是员工绩效评价等级的高低。这种绩效工资计划的优点在于企业容易预算和控制成本,便于管理,因此运用最为普遍(见表6-6)。

表6-6 仅以绩效为基础的绩效工资计划:以基本工资为准

员工	当前的薪酬(元)	加薪百分比(%)	绝对加薪额(元)
A	2 500	2.0	50
B	3 500	2.0	70
C	4 500	2.0	90

注:假定A、B、C三名员工的绩效评价等级相同,得到相同的加薪百分比。

采用这种绩效工资计划的一个结果是,在基本薪酬不同的情况下,即使员工的绩效水平相同,基本工资高的员工所得到的绝对加薪幅度必然会高于基本工资低的员工。这种做法有其合理之处,因为对于建立在科学职位评价基础之上的薪酬体系来说,处于不同薪酬等级上的员工对企业的贡献是有差异的。但另一方面,这种形式可能会导致企业内部的薪酬差距过大,不利于企业的团队建设。

为了避免上述情况的出现,也可采取以员工所在薪酬范围的中点为基准来实施绩效工资(见表6-7),这就减缓了那些位于薪酬宽带高层人员的加薪速度,使得同一薪酬宽带中,绩效相同的员工的绝对加薪幅度相同,增强了组织的内部一致性。

表6-7 仅以绩效为基础的绩效工资计划:以所在薪酬范围的中值为基准

员工	当前的薪酬(元)	以薪酬范围中值为基础的绩效工资(%)	绝对加薪额(元)	实际加薪百分比(%)
A	2 500	2.0	70	2.8
B	3 500	2.0	70	2.0
C	4 500	2.0	70	1.6

注:假定员工A、B、C在同一个薪酬等级,并且B的薪酬为这个薪酬等级的中值。

---

① 刘昕:《薪酬管理》,中国人民大学出版社,2002。本书做了一定的改动。

(2) 以绩效和相对薪酬水平为基础的绩效工资计划。这种绩效工资计划通常以绩效和内部或外部相对薪酬水平为基础,大多用于传统型组织和薪酬结构比较复杂的组织(见表6-8)。这种加薪方案是以四分位或百分位方法为依据或者以市场比较比率为依据,其中四分位或百分位是指员工个人薪酬在企业内部薪酬体系的位置,如表6-8中的"一分位"指该员工薪酬水平在企业处于后1/4位置,也就是说,处于企业中倒数的1/4位置;市场比较比率是指员工个人薪酬与市场平均薪酬水平之间的比较。

表6-8 以绩效和相对薪酬水平为基础的绩效工资计划   单位:%

绩效水平 \ 薪酬水平	一分位	二分位	三分位	四分位
优异	8	6	4	3
胜任	7	5	3	2
合格	5	4	2	1
不满意	0	0	0	0

这种绩效工资计划的操作方式是,首先判断员工的薪酬水平与内部或外部市场平均薪酬水平之间的关系,然后决定加薪幅度。如果员工的薪酬已经达到比较高的水平,则企业会在同等条件下酌情考虑降低员工的加薪幅度;而如果员工的薪酬水平较低,则企业会在同等条件下适当调高加薪幅度。

表6-8说明,对于不同薪酬水平的员工,在绩效水平相同的情况下,加薪幅度也不同。采用这种绩效工资计划可以有效地控制报酬成本,维持薪酬结构的完整性,并有利于减少以资历为基础的薪酬计划所带来的不公平性,同时可以适当控制给那些薪酬水平已经很高(与内部平均薪酬水平以及外部市场平均水平相比较)的员工支付越来越高的薪酬。

(3) 引入时间变量的绩效工资计划。绩效工资计划中更科学也更复杂的一种方式是引入时间变量,即在绩效和相对薪酬水平的基础上再引入时间变量。表6-9给出了这项计划的一个具体示例。

表6-9 以绩效、相对薪酬水平和时间变量为基础的绩效工资计划

绩效水平 \ 薪酬水平	一分位	二分位	三分位	四分位
优异	8%—9% 6—9个月	6%—7% 9—11个月	4%—5% 10—12个月	3%—4% 12—15个月
胜任	6%—7% 8—10个月	4%—5% 10—12个月	3%—4% 12—15个月	2%—3% 15—18个月
合格	4%—5% 9—12个月	3%—4% 12—15个月	2%—3% 15—18个月	0
不满意	0%—2% 12—15个月	0	0	0

从表6-9中可以看出,绩效水平较高的员工所获得的加薪幅度较大而且频率更高,而

绩效一般和绩效低于一般水平的员工则需要等待较长的时间才能获得加薪,而且加薪的幅度较低。这种绩效加薪计划最大的优点是十分灵活,企业可根据自己的经营状况和员工的绩效水平确定加薪幅度和加薪周期。经营状况良好时,可给予较高的加薪幅度,而在企业经营状况不佳时,可以适当减少加薪频率。另外由于其能够为绩效优异的员工提供大量、频繁的加薪,激励强度较前两种更大。但这种计划管理难度比较大,如果操作不当,也有可能为企业带来额外的成本负担。

(三)一次性奖金

为了避免固定薪酬成本的不断增加,越来越多的企业正在用一次性奖金取代绩效工资。例如,员工在每年年终时根据本人在过去一年中的工作绩效结合公司经营状况得到一次性奖金,并不计入基本工资。它具有如下特点:

(1)较强的针对性和灵活性。企业可针对某项特别工作或任务制定一次性奖金制度,完成任务或绩效优异才能得到,也可以根据工作需要,灵活决定其标准、范围和奖励周期等。

(2)弥补基本工资制度的不足。基本工资确定下来后相对固定,跟员工的工作绩效没有关系,它对员工起的是保险作用。而一次性奖金却把员工的业绩和其收入直接联系起来,可以起到较强的激励作用。另外,基本工资的"刚性"会使企业面临日趋繁重的成本压力,而一次性奖金只在员工达到企业设定的绩效标准之后才会支付。

(3)较强的激励性。在各种工资制度和工资形式中,奖金的激励作用是最强的。一方面由于一次性奖金是以现金的形式即期发放,另一方面是由于奖金完全是依据个人劳动贡献来确定的。通过奖金可以使雇员的收入与劳动贡献联系在一起,起到奖励先进的作用。

(4)将员工贡献、收入及企业效益三者有机结合。一次性奖金既随着企业的经济效益而波动,又能体现个人对企业效益的贡献。例如,当企业经营效益好时,企业和员工的总体奖金水平都提高,但个人奖金不一定与总体水平同步提高,因为每个人的贡献是有差异的;反之,企业经营效益不变,总体收入水平下降,但贡献大的员工的奖金收入不一定会下降,甚至会脱离总体奖金水平而提高。

(四)特殊绩效认可计划

1. 特殊绩效认可计划的含义

特殊绩效认可计划是指在个人或部门远远超出工作要求,表现出特别的努力而实现了优秀的绩效或做出了重大贡献的情况下,组织额外给予的一种奖励与认可。奖励的形式多种多样,可以是现金、股票,也可以是非现金的表扬、实物或旅游等。

特殊绩效认可计划的激励作用不仅限于被激励者,也会鼓励所有员工为企业做出超额贡献,使员工通过谨慎地承担风险以获得奖励认可。这种激励计划有助于吸引那些能够做出卓越贡献的员工加入和留在企业中。

2. 特殊绩效认可计划的作用

特殊绩效认可计划对于企业的薪酬战略体系有着显著的强化作用,主要表现在以下几个方面:

（1）有利于奖励那些与企业的价值观和文化相一致的行为，强化企业的战略目标。企业可以通过设置灵活多样的绩效认可计划告诉员工什么样的行为和结果是受到鼓励的，引导员工关注企业的各种目标。例如，企业通过奖励员工所提出的改善效率和优化流程的建议，以实现强化效率的目标。

（2）实现薪酬体系的成本有效性最大化。特殊绩效认可计划采用现金和非现金两种形式。在许多情况下，员工对奖励价值的感受并不取决于其经济价值，而是来自这种奖励所带来的社会性认可。特殊绩效认可计划通过社会性认可褒奖员工的贡献，其成本有效性远高于其他一些激励计划。

（3）提高薪酬体系的灵活性。从激励的角度来说，能够感知到自己在企业中的重要性以及受企业赏识的员工，无疑会更积极地为企业的成功做出贡献。相对于传统的激励薪酬如奖金、福利等，尽管也能让员工感觉到自己的价值，然而这些传统的手段灵活性都比较差，不能对员工的行为提供及时而具体的反馈。特殊绩效认可计划则有助于弥补这一缺陷，它为让员工感知自己的重要性和价值提供了更多的机会。

3. 特殊绩效认可计划的种类

（1）超额绩效奖励：超额绩效奖励是对员工或团队大大超越预期工作的优秀绩效实施的奖励。此时，按照传统或正式的绩效加薪方式能够给予员工的回报有限，但员工或团队为组织创造的利益却远远超出预期，特殊绩效认可计划能够让组织更好地感谢和鼓励员工。

（2）周边绩效奖励：周边绩效奖励是对那些因周边行为表现突出而被组织高度认可，或通过周边行为为组织做出重大贡献的员工或团队进行的奖励。具体形式有出勤奖、员工建议奖、伯乐奖、工作年限奖等。表 6-10 列举了一些特殊绩效认可计划的示例。

表 6-10 特殊绩效认可计划的奖励内容

奖励对象	奖励内容
超额绩效	显著增加产量与销售量（超额奖） 新产品与新市场的开发 产品质量奖/工作质量奖
周边绩效	能力开发（自我开发） 强化安全与卫生意识（安全奖） 新技术的开发与引进（发明创造奖、技术改进奖） 提案与建议计划

（五）个人激励薪酬计划的实施条件

个人激励薪酬计划固然有其制度的优点，但是也存在一些突出的缺点，主要表现在如下方面[①]：

第一，个人激励薪酬计划对于传统制造业中的生产类员工来说是比较适用的，但对于

---

① T. Wilson, "Is It Time to Eliminate the Piece Rate Incentive System?", *Compensation and Benefits Review*, 1992. 24(2): 43—49.

企业中的管理性工作和专业性工作则很难采用个人激励薪酬计划。因为对从事这类"知识型工作"的员工来说,没有具体可衡量的物质产出,并且每一位员工与其他员工之间的工作关系都非常紧密,因而很难区分员工的个人绩效。即使能够克服这种对个人绩效进行客观衡量的障碍,但对这种类型的工作而言,团队工作方式可能会比个人工作方式对企业更有利,而个人激励薪酬计划显然不利于团队工作方式的形成。

第二,个人激励薪酬计划可能会阻碍企业的技术进步和员工的相互学习。个人激励薪酬计划中绩效衡量标准是影响个人收益的关键因素。因此,产出标准的变动很有可能会造成员工对企业的不信任感。在这种情况下,由于担心新技术可能导致产出标准的改变(往往是提高),员工们可能不愿意提出采用新生产方法的建议,甚至会产生一种抵制新技术应用的倾向。另一方面,一些有经验的老员工为了保持自己的相对生产优势,可能不愿意对新员工的入职培训提供必要的帮助。有经验的工人在在职培训方面不愿合作,也使得灰心丧气的新员工的流动率不断上升。

第三,个人激励薪酬计划往往会导致员工"顾此失彼"。所谓"顾此失彼"是只去做那些有利于提高报酬的事情,而对其他的事情则不管不问。由于个人激励薪酬计划在大多数情况下都是以产出数量为基础,而质量只作为一种限定性要求。这样员工就倾向于追求达到质量要求的最低水平而不会主动去改进产品质量。此外,单纯的个人奖励计划还有可能会导致员工不注意设备的保养和维护、滥用设备,或者是通过浪费资源来达成个人的绩效。

第四,个人激励薪酬计划不利于员工掌握多种不同的技能。如果员工的报酬取决于他们的生产速度和产量,那么他们就不愿意去学习新的技能,因为员工如果去学习新的技术,常常会导致他们的生产速度放慢甚至停止生产,在短期内减少个人收入。因此,这种奖励计划鼓励个人技能的专业化,不利于员工掌握多种技能。

基于以上缺陷,要想成功地实施个人激励薪酬计划,就必须具备下面几个条件:

(1) 员工的工作结果应是自己能够控制的。也就是说,员工本人对自己的工作进度和工作完成情况有充分的控制力,其他员工的工作状况不会对员工的绩效产生影响。这样个人激励薪酬计划才会有较强的激励作用。

(2) 绩效标准必须清楚明确,便于衡量,且在特定的考核周期内具有稳定性。组织必须事先确定清晰易懂的绩效标准,使员工明确自己需要怎么做能够达到好的绩效并获得高的奖励。另外该计划还要求企业所处的经营环境、所采用的生产方法以及资本—劳动力要素组合相对稳定。这样针对员工个人的绩效标准也会在一定时期内保持稳定,如果企业经营环境或者技术条件、生产方式等不断发生变化,绩效标准必然要随之发生改变,这样就会破坏个人激励薪酬计划原有的奖励公式,影响员工积极性的发挥。

(3) 企业要有规范的人力资源管理制度。从管理方面来看,由于个人奖励计划大多是诱导生产效率提高为出发点的,因此它实际上会鼓励员工在同一岗位上长期工作,提高工作的熟练性。这样,企业就必须在整体的人力资源管理制度上强调员工个人的专业性及其优良的绩效,比如为员工提供专业化的培训、为员工设计单一的职业发展通道,等等。

二、团队激励薪酬计划

（一）团队激励薪酬计划的内涵与优缺点

1. 团队激励薪酬计划的内涵

团队是由具有互补性技能、致力于共同目的或业绩目标，并且互相负有责任联系的人组成的整体。现实当中很多工作并不是一个人的力量就能够完成的，需要以团队的形式来进行，如流水线作业、部门业绩的实现等。如果仅根据个人绩效来支付团队成员的薪酬，那么员工就会把自己当成独立工作的个人，而不会把自己的行为与整个的团队相联系。而如果将团队成员的薪酬与整个团队的工作结果联系起来的话，那么员工就会更紧密地团结和配合来完成团队目标。

团队激励薪酬计划是奖励员工的集体绩效，而不是每个员工的个人绩效。在此处，我们主要对团队的激励薪酬计划进行介绍。在第九章第二节"团队的薪酬管理"中，我们将介绍团队的薪酬体系以及不同团队薪酬管理方式的差别。两个部分的内容互相补充。

2. 团队激励薪酬计划的优缺点

团队激励薪酬计划增加了员工对决策过程的参与，促进了生产过程中的创新，不仅增强了薪酬的激励效果，提高了生产效率，还有力地推动了公司团队文化的发展，使员工对企业更忠诚。例如，在通用汽车公司的 Saturn（萨杜恩）分公司，每个小组都进行自我管理，包括管理预算和决定聘用谁。有效的小组合作最终造就了质量卓越的 Saturn 汽车。

团队激励薪酬计划把员工个人的薪酬与集体绩效联系在一起，这在一定程度上增加了员工的风险。另外，团队激励涉及内部公平的问题，如果分配不公平极易使员工产生不满情绪，同时还会影响员工的工作效率，增加业绩优异者流动的风险。波音公司采用小组合作的方法来生产 777 型喷气式客机。该小组一共有 200 多个跨越各个职能的成员，虽然他们对每一架飞机的建造都做出了贡献，但个人贡献的大小显然是不一样的。安装飞机室内装饰的工作没有保障每架飞机的空气动力装置完整的工作重要。如果都付给相同的工资，显然会削弱员工的积极性，增加员工的离职。而且，团队激励计划中如果绩效标准模糊或监督不力还可能产生"搭便车"效应。

团队激励计划主要包括小组奖励计划、收益分享计划、利润分享计划和成功/目标分享计划。

（二）小组奖励计划

小组奖励计划是指人数较少的一个班组的成员在达到具体目标之后共同分享一笔奖金。在小组奖励计划中，公司是在小组达到事先设定的绩效标准，如顾客满意度、安全标准、质量和生产记录后，才给组内的每个成员发放奖金。

组内的奖金分配有如下三种方式：

（1）组员平均分配奖金。这种方式可以加强组员的合作以尽可能多地获得奖金，但组员认为个人贡献或绩效不同时不适用。

（2）组员根据其对小组绩效的贡献大小得到不同金额的奖金。这种方式可能会导致一些员工为了增加收入只考虑自己的绩效而不顾集体绩效。因此，有的企业采取一种折中的办法,即把一部分奖金根据个人绩效来发,剩下的一部分根据小组绩效来发。

(3)根据每个组员的基本工资占小组所有成员基本工资的比例确定其奖金比例。这种方法给组员的奖金和他们的基本工资成比例。这种方法假设基本工资高的员工对公司的贡献大。

小组奖励计划可以鼓励组员学习新的技术,并且承担更广泛的工作责任。在小组中工作的员工不再只是服从主管的命令,他们必须为实现小组的生产目标而制订计划。在小组奖励计划中,每个组员只有在实现小组目标后才能得到奖金。这就要求加强团队内部和团队间的合作,奖励员工作为组员而承担的额外义务和获得的技术和知识,并鼓励组员达到小组事先设定的目标。

但在该项计划中,小组的绩效要靠每个人的努力才能完成,一个员工的失误可能会影响所有员工的薪酬。例如,在变压器的生产线上,可能有 10 名员工在进行同样的操作。他们必须一起工作才能成功地完成全部任务。如果有 9 名员工完成了任务,但另一个人没完成,则整个小组的生产率将受到影响。然而,在这种情况下工作压力很大,以至于这个人将面临要么达到小组的标准要么离开小组的选择。要避免这种情况的出现,必须一方面鼓励老员工成为新员工的顾问或师傅,另一方面鼓励组内成员的团结和互相帮助。

(三)收益分享计划

1. 收益分享计划的内涵及其优缺点

收益分享计划是以一个部门或整个企业生产率的提高为基础,并将由此带来的收益的增加或成本的节约在员工与企业之间进行分配。收益分享计划以薪酬为纽带把员工的个人目标和企业目标联系起来,鼓励员工共同努力以实现企业的生产率目标,包括提高既定时间的产量,减少单位产品的生产时间,或节约完成工作的总体时间等。

收益分享计划的主旨在于鼓励员工参与进而提高公司的绩效,它可以被看成是一种管理方式或管理哲学,通过向员工提供参与组织管理实践的机会,使员工充分发挥积极性。员工通过参与能够更了解公司的实际情况,正所谓"离实际越近的人,越清楚问题所在",这样就可以找出解决方案,使员工自身和公司都获得利益。

这种激励薪酬计划的优点是:第一,使那些从事间接服务的、个人业绩不容易观察的员工可以得到奖励;第二,使员工看到组织整体的贡献,促进员工自身的成就感。值得一提的是,收益分享计划适用于工作领域技术改进的同时并不强迫生产效率的提高。例如,流水线工人提高生产效率的能力可能受到限制,因为加快传送带的运转速度可能会危害工人的安全。

收益分享计划的缺点是可能引起小组之间的恶性竞争。另外,生产效率低的员工在工作团队中有搭便车的现象,会对生产效率高的员工产生消极的影响。一旦达不到目标收益,容易使团队内部员工之间产生矛盾。

2. 收益分享计划的种类

斯坎伦计划、拉克计划和生产率分享计划是最早提出,也是公司最常用的三种收益分享计划。在收益分享计划刚刚提出时,雇主一般照搬这些计划。现在,人们对这些传统的计划加以修改以满足自身的特殊需要,或者采取混合式的计划。

(1)斯坎伦计划。斯坎伦计划是收益分享计划最早的形式,其目的是降低劳动力成本而不影响员工的积极性。1935年,美国拉波因特钢铁公司由于管理不善,员工积极性不高,使企业濒临破产。当时是美国俄亥俄州帝国钢铁厂工会主席的约瑟夫·斯坎伦制订了一个提高生产率的计划。该计划规定,如果工厂的劳动力成本占产品销售额的比率低于某一特定的标准,雇员将获得货币奖励。假定标准劳动力成本为24万美元,由于实际的劳动力成本为21万美元,所以节约下来的劳动力成本为3万美元。工厂获得成本节约的50%,而雇员则获得另外的50%。这项计划被称为斯坎伦计划。斯坎伦计划的实施不仅使拉波因特公司免于破产,而且被推广到其他公司。

斯坎伦计划的特别之处是强调雇员的参与。斯坎伦认为,假如雇员致力于公司的目标,他们会进行自我指导、自我控制,在给予一定机会时接受并主动承担责任。一个典型的斯坎伦计划,包括如下六个实施步骤:

第一步,确定收益增加的来源。例如,劳动成本的节约表示生产率的提高,次品率的降低表示产品质量的提高和生产材料成本的节约等。

第二步,将各种收益增加额相加得到收益增加总额。

第三步,收益提留或弥补上期亏空,提留比例一般是现期增益的1/4左右。

第四步,确定员工分享的比重,根据比重计算分享总额。

第五步,计算分享收益系数,即员工可得的增益总额与当期工资总额之比。

第六步,用分享系数乘以各员工的工资,所得结果为该员工分享收益的数额。

实际的分享公式要根据公司的具体需要进行设计。一般来说,公司都以劳动力成本与生产销售价值的比率为依据。假定SVOP等于销售收入和库存产品价值的总和。

斯坎伦比率=劳动力成本/SVOP

斯坎伦比率越低,劳动力成本相对于SVOP而言越低。公司的目标是尽力降低这一比率。下面结合一个例子来说明斯坎伦计划分配奖金的方法,如表6-11所示。

表6-11 斯坎伦计划分配奖金的方法

过去三年某制造公司的数据:
平均劳动力成本=44 000 000(元)
平均的SVOP=83 000 000(元)
斯坎伦比率=劳动力成本/SVOP=44 000 000/83 000 000=0.53
执行月2014年7月的数据:
SVOP=7 200 000(元)
计划的劳动力成本=0.53×7 200 000=3 816 000(元)
总劳动力成本=3 100 000(元)
节约成本=3 816 000-3 100 000=716 000(元),可以作为奖金分配给员工

(2)拉克计划。拉克(Rucker)计划不仅关注劳动力成本的节约,而且更为重视整个组织生产成本的节约。它类似于斯坎伦计划,是艾伦·拉克于1933年提出的。斯坎伦计划和拉克计划都强调员工的参与,两者的主要区别在于他们用以衡量生产效率的公式不同。拉克计划采用增值公式衡量生产效率。

拉克比率是判断支付奖金与否的依据。

价值增值＝销售额－原材料、供给以及耗用的服务价值
总雇佣成本＝雇员的总雇佣成本(包括工资、薪金、所得税及附加的报酬)
拉克比率＝价值增值/总雇佣成本

与斯坎伦比率相比，公司希望拉克比率越高越好。下面也结合一个例子来说明拉克计划分配奖金的方法，如表6-12所示。

表6-12　鲁克计划分配奖金的方法

过去一年某制造公司的数据：

销售额＝7 500 000(元)
原材料成本＝3 200 000(元)
各种供给成本＝250 000(元)
各种服务(如责任保险、基本维护保养费等)的费用＝225 000(元)
总雇佣成本＝2 400 000(元)
则：
价值增值＝销售额－原材料、供给以及耗用的服务价值
　　　　＝7 500 000－(3 200 000＋250 000＋225 000)＝3 825 000(元)
拉克比率＝价值增值/总雇佣成本＝1.59

执行月2014年7月的数据：

价值增值＝670 000(元)
总雇佣成本＝625 000(元)

收益分享的结果分析：

实际拉克比例＝670 000/625 000＝1.07，低于标准拉克比率，因此得不到任何收益分享的奖金。
执行月雇员要想获得奖励，价值增值必须超过：1.59×625 000＝993 750(元)

(3) 生产率分享计划。生产率分享计划由Mitchell于1973年提出，他从实物方面衡量生产效率的提高，而不像斯坎伦计划和拉克计划那样用节省下来的货币价值衡量生产效率。这种计划的目的是使用更少的劳动时间生产更多的产品。生产率分享计划偏重于为雇员提供生产产品的刺激奖励。

生产率分享计划以劳动时间比率公式作为基础。通过分析历史数据，估计出完成一件产品所需的劳动时间并制定出一项标准。然后用标准劳动时间与实际劳动时间的比率来衡量生产效率。与斯坎伦计划和拉克计划不同的是，雇员参与并不是生产率分享计划的主要特征，同时，工人可能会每周领取一次奖金。

在利用生产率分享计划对多个群体或某个工厂进行衡量时，一种可以依赖的衡量基础是过去一段时期内的平均生产效率。通过考虑某群体的总产出与该群体所用工作总时间之比，可以设定针对所有雇员有效的衡量标准。

这一衡量生产率的原则可通过以下例子进行说明：假设一个只生产一种产品的工厂有100名雇员，在50周内生产了50 000单位的产品，雇员的总工作时间为200 000小时，每单位产品耗费的平均时间为200 000/50 000＝4小时。将这一结果作为衡量生产效率的基础。假定工厂实行了一项效率增进分享计划，如果单位产品耗时低于过去平均单位产品4小时的标准，雇员和管理人员就可以平分由生产效率提高所带来的收益。在某一

周内,如果 102 名雇员总共工作了 4 080 小时,并生产了 1 300 单位的产品,产出的价值是 1 300×4.0=5 200 小时,收益是 5 200-4 080=1 120 小时。其中的一半,即 560 小时由所有雇员分享。换算成工资,按每个雇员一周的工资计算,每个人将获得 560/4 080=13.7% 的额外支付。管理人员也将获得 560 小时的收益。原来产品的单位劳动力价值是 4 个小时,现在包括生产率分享支付在内的单位产品耗费的时间是(4 080+560)/1 300=3.57 小时。因此,把生产率的分享收益支付给雇员之后,单位产品耗费的时间就减少了。

3. 收益分享计划的实施要点

收益分享计划鼓励员工参与,通过共同努力实现企业的生产率目标,这一计划让员工能够享受由自身努力所带来的收益,增强员工的主人翁意识和忠诚度。收益分享计划既是一种管理方法又是一种管理哲学,在实施过程中应该注意以下要点:

(1) 建立有效的制度和渠道让员工参与企业的生产决策。员工总是比管理人员更加了解自身的工作,收益分享计划如果没有员工的参与就失去了存在的意义,企业应制定明确的参与制度,让员工清晰界定自己的角色,明白自己的参与方式。

(2) 注重承诺,建立组织和员工的互利信任关系。企业应恪守自己对员工收益分享计划的承诺,树立正确的组织范例,员工才能积极响应并参与其中。员工的承诺则表明其愿意为组织贡献自己的智慧,和组织共同进步。

(3) 奖励应与个人贡献相一致。无论是哪种类型的收益分享计划,都是以员工对组织的贡献为基础的,员工获得的奖励应能体现自身的努力程度和贡献大小。

(四) 利润分享计划

1. 利润分享计划的内涵与特点

所谓利润分享计划是指把企业盈利状况的变动作为衡量业绩的标准,超过目标利润的部分在整个企业的全体员工之间进行分配,使每个员工得到的利润份额相同或与基本工资成比例。与收益分享计划相似,利润分享计划促使员工把对自己利益的关注转移到企业整体利益中,以合伙人的身份致力于企业发展的各个方面。不同的是,利润分享计划的报酬支付是建立在利润这一组织绩效指标评价基础上的,而收益分享计划则是针对收益的增加或者成本的节约的差额。

由于利润分享计划将员工利益与企业的发展联系在一起,使员工对组织和组织的利润目标有更高程度的认同感,这样员工对公司的发展更关心,并努力工作,提高生产率。同时这项计划使得企业的人工成本具有可变性,只有达到预定的利润目标才会给员工发放奖励。

尽管利润分享计划有许多优点,但它也有不足之处。企业利润受外部影响较大,并非单靠员工的个人努力就能达到。如果由于经济不景气、气候因素、国家的突发性事件等员工无法控制的因素使得企业利润水平没有超过预定的目标,那么即使是最优秀的员工也无法得到奖励。如果该计划在连续的几年里不能支付,它将对生产率和员工积极性产生负面影响。此外,在实行利润分享计划的情况下,绝大多数的做法是每个员工得到的利润份额都相同或者与每个员工的基础工资成比例,因此有"大锅饭"的嫌疑。

2. 利润分享计划的种类

利润分享计划主要包括现金利润分享计划和延期利润分享计划两种形式。严格来看,延期利润分享计划属于长期激励薪酬计划,因为它也属于利润分享计划,我们就在这里进行介绍。

(1) 现金利润分享计划。现金利润分享计划是利润分享最简单的形式,是把当年利润的一部分直接作为红利以现金的形式在企业的全体员工之间进行分配,也就是说,员工当年就能拿到这部分收入。

现金利润分享的计算分为两个步骤:

第一,从公司总利润中提出利润分享基金。有的企业每年分配给员工的金额是由雇主决定的,更多的企业采取设定一套用于每年分配利润份额的公式。从总利润中提取利润分享基金有几种方法:① 按固定的比例提取,如按 5% 的比例提取;② 分成不同的利润提取段,例如,达到目标利润部分先提取 8%,超过目标部分再提取 10%;③ 在达到一定标准后才能提取利润,否则没有利润分享。

第二,将利润分享基金在员工之间进行分配,也可按照两种方法:一是按照员工年收入的比例分配,或者按照薪酬等级的比例分配,等级越高,提取的比例越大;二是按照员工在实际分配期内的贡献进行分配,贡献越大,提取的比例越高。相比之下,方法二更能体现公平,但实施难度也较大。

在这种比较简单的财务参与形式中,收入同员工绩效的某些衡量指标直接挂钩,尽管这种形式的吸引力随着时代变化有涨有落,但却在整个工业时期中一直被广为使用。

(2) 延期利润分享计划。延期利润分享是一种长期的激励形式。企业委托管理机构,将员工实得利润分配额按预定比例将一部分存入员工个人账户,并在一定时期后支付给员工。这种奖金类似于养老保险,将奖金延迟支付,可以累积到较高的金额,为员工增添一些保障。这种方式因企业所有制性质、企业文化等延期期限亦有所不同。通常来讲,国企性质的企业可能采取延期到退休一次性补偿给员工的方式,而民企或三资企业则多采取较短的期限且每年返还比例相同或不同的方式。在某些国家,员工离开公司时若尚未退休,则这笔奖金不会发给员工。这对员工跳槽形成了一定的约束。

与现金分享相反,延期利润分享有一定的长期激励作用,但短期激励性较弱。因此企业通常将两种方式结合,与员工约定将一定比例的利润奖励以现金计划的方式年度兑现,其余作为递延部分延期发放。与现金现付制在领到钱时就缴税不同的是,在递延制下,员工只有在退休后,从账户中取钱时才缴税。如果想要从这个账户中提前支取的话,就得缴纳很大一笔税金罚款。

3. 利润分享计划与收益分享计划的比较

利润分享计划和收益分享计划都是以员工的参与为基础,把员工的个人利益和企业的整体利益结合起来,通过诸如产品质量的提高、成本的降低、工作方法的改进、产量的提高等,鼓励员工为企业的发展做贡献来增加自身的收益。

收益分享计划和利润分享计划之间存在本质的区别。

第一,实施范围不同。利润分享计划通常是在整个组织范围内来实施的,而收益分享计划通常是在各个部门内部来实施的。

第二,业绩的衡量角度不同,进而对员工的激励力度不同。收益分享计划并不使用企业层面的绩效衡量指标(利润),而是对某一群体或者部门的绩效进行衡量,准确地说,它不是要分享利润的一个固定百分比,而是与生产率、质量改善、成本有效性等方面的既定目标达成联系在一起的。显然,这些成本、质量和效率指标比利润指标更容易被员工们理解和控制。而利润分享计划中涉及目标利润的确定、管理阶层的决策质量、当期利润的核算方法,而且利润的最终形成还要受到经济周期等企业外部各种因素的影响。因此,员工对利润的增加或者减少是难以观察和控制的。在利润分享计划中,员工努力与个人收益之间的联系被减弱了,这也使得利润分享计划的激励效果减弱。

第三,奖励支付周期不同。收益分享计划下的奖励支付通常比利润分享计划下的奖励支付周期更短。在很多组织中,收益分享计划的收益分配依据的是月绩效(尽管也有些组织根据年绩效来实施收益分享),并且通常不采取延期的方式支付,比利润分享相对较为及时。从某种意义上来说,收益分享计划实际上把利润分享计划和个人绩效奖励计划的优点结合了起来。一方面,收益分享计划与利润分享计划相同,都比个人绩效奖励计划更有利于员工关注范围更大一些的目标,促进员工以及整个公司在绩效改善方面形成伙伴关系;但另一方面,收益分享计划又与利润分享计划不同,它几乎还能像个人绩效奖励计划那样对员工进行激励。

第四,收益分享计划具有真正的自筹资金的性质,因为作为收益分享基础的这些收益是组织过去无法挣取或者节约出来的钱。这些钱是经过员工们的努力之后创造出来的,而不是企业从自己的口袋里掏出来的。所以,它不会对组织的收益存量产生压力。这是收益分享计划的一个非常重要的特征,也是其得到企业界普遍欢迎的一个重要原因。

(五) 成功分享计划

1. 成功分享计划的内涵及特点

成功分享计划又称目标分享计划,它是基于平衡记分卡和目标管理的思想,将企业的综合绩效指标化解为各经营单元的经营目标,在当年超过经营目标的情况下对全体员工所进行的奖励计划。成功分享计划的关键在于为每个经营单位确定一整套的公平目标,这种目标要求经营单位通过努力去超越其在上一绩效周期(通常是一年)内所达成的某些绩效目标。

与利润分享计划和收益分享计划相比,成功分享计划有其明显的特点:首先,成功分享计划关注的目标是部门或团队层次上的广泛绩效指标体系,既包括财务指标,又包括质量、客户满意度等各方面绩效的改善,学习与成长以及流程的改进等领域。利润分享计划关注的主要是组织层次的利润指标;收益分享计划则主要关注部门或团队层次与成本有效性相关的财务指标。其次,成功分享计划通过组织上下共同参与目标的制定,使员工对于这一计划的内容、自身努力与这一计划实现之间的关系等更加了解,从而激励效应更大。

2. 成功分享计划的实施要点

成功分享计划在实施的过程中需要注意以下要点:成功分享计划需要为参与该计划的经营单位设定操作模型;成功分享计划要求经营单位中的每一个员工都要全面参与;成功分享计划要求管理层与基层员工共同制定目标,而不是采取自上而下的传统的目标制定方式;成功分享计划鼓励持续不断的绩效改进;成功分享计划有结束的时候,即有一定的周期。

第三节　长期激励薪酬计划

一、长期激励薪酬计划的内涵和重要性

（一）长期激励薪酬计划的内涵

长期激励薪酬计划又称长期激励计划，主要指根据超过一年（通常是 3—5 年）的绩效周期来评定员工的绩效并据此对员工进行激励。长期激励薪酬计划把员工的收益与组织的长期绩效联系在一起，激励员工为组织长期绩效考虑，避免员工的短期行为。长期激励计划还能够培养员工的所有者意识，有助于企业招募和保留高绩效的员工，从而为企业的长期资本积累打下良好的基础。

长期激励薪酬计划的最初目的是激励和引导企业高层管理人员的行为。随着这项计划的发展，越来越多的企业开始将这项计划运用到中层管理人员甚至是普通员工的激励当中。长期激励薪酬计划的主要形式是股权激励，主要包括股票持有计划、股票期权计划和期股计划。

（二）长期激励薪酬计划的重要性

长期激励薪酬计划对企业和员工来说，都具有十分重要的意义。具体表现在以下几个方面：

1. 长期激励薪酬计划有利于吸引和稳定优秀人才

长期激励薪酬计划通过让员工参与利润分配，不仅肯定了员工对企业的贡献，而且可以增强员工的归属感和认同感，激发员工的积极性和创造性，对员工的激励作用非常大。另外由于这种激励方式的着眼点在长期，很多企业也对各种激励计划的实施条件进行了各种各样的规定。这样一来，员工只有长期留任才能获得丰厚的回报，这也有助于优秀人才的留任。

2. 长期激励薪酬计划将促使公司业绩的提升

长期激励薪酬计划着眼于企业的长期绩效，对企业的长远发展具有很好的促进作用，主要在于以下两方面：

首先，长期激励薪酬计划有利于管理人员决策的科学化。传统体制下，由于管理人员不需要对决策后果承担直接责任也不能从中获得利益，其决策的随意性比较强，经常出现不计风险的盲目决策或刻意规避风险的保守决策。当建立经营者和所有者共同利益机制后，管理人员在日常管理或需要采取重大决策时就会慎重得多。如果对决策后果并无十分把握，管理人员的决策过程必然趋向民主化，会接受其他员工的意见。为了增大公司的利益，同时也使其个人利益最大化，管理人员会反复斟酌、权衡以选择最佳和最可行的决策，这在某种程度上有利于减少轻率的、盲目的或武断的决策并避免由此造成的损失。

其次，长期激励薪酬计划有利于管理效率的提升。实施长期激励计划后，管理人员会因为自己的经营业绩而获得奖励或惩罚，这种预期的收益或损失具有一种导向作用，它会大大提高管理人员的积极性、主动性和创造性。管理人员在这种预期收益或损失的导向

下努力工作,一般可以获得好的业绩并因此受益,而受益后又形成更强的导向作用,激励管理人员加倍努力。企业因此步入一种良性循环,管理效率大幅度提高。

3. 激发员工的创新意识

员工一般具有风险规避倾向,在工作过程中需要进行风险较大的决策时,由于不能享受风险收益,而且要承担职业声誉受损的风险,使他们有"不求有功,但求无过"的想法,企业可能会因此失去许多发展的机会。实施长期激励机制之后,员工成为公司的股东,具有企业剩余价值的索取权,能够分享高风险带来的高收益。风险和收益的对称,促使员工大胆地进行技术创新和管理创新,采用各种新技术降低成本,通过提高劳动生产率来获取更多的利润,从而较好地解决了其风险规避的问题。

4. 有利于员工关注企业的长期发展,减少短期行为

对员工的传统考核主要集中在本年度和上年度财务数据的比较,而本期财务数据不能反映那些长期投资的收益,客观上刺激了经营决策的短期行为,不利于公司长期、稳定地发展。而长期激励计划不仅关注公司本年度实现的财务指标,而且关注公司将来的价值创新能力。另外,员工在通过考核后,在任期内得到力度较大的奖励,并且部分奖励是采取延期支付的形式。这就刺激员工在任期范围内关注企业的长期发展,以保证自己延期实现的股权激励部分不缩水,并且可以因此得到长期增回报,这可以进一步弱化员工的短期行为,使其着力于提高公司的未来价值。

二、员工持股计划

员工持股计划是指企业内部员工出资认购本公司的部分股票或股权,并委托员工持股管理委员会管理运作,管理委员会代表持股员工进入董事会参与表决和分红。从严格意义上讲,员工持股计划所涉及的持股对象更广,包括普通员工在内,而股权激励计划更多的是面向少数核心、骨干员工。

实施员工持股计划的目的在于通过承认员工劳动力产权,使员工获得参与企业利润分配和资本收益的权利,从而建立起约束与激励机制,将员工个人利益和企业的经济效益紧密联系起来,从长远的角度改善企业的经营绩效。

(一) 员工持股计划的类型

员工持股计划有两种形式,即杠杆型的员工持股计划和非杠杆型的员工持股计划。在两种计划下,企业都将建立一个员工持股计划信托基金会,每年给予该计划一定的股权或现金,用于购买相应的股票。信托基金会将为员工管理这些股票,并定期通知员工其账户的价值。股权的分配可以根据员工的工资或资历进行。当员工离开企业或退休时,他们可以将股票出售给公司,如果股票公开交易,他们可以在公开市场上出售这些股票。

1. 杠杆型的员工持股计划

杠杆型的员工持股计划主要是利用信贷杠杆来实现的,可以向银行和其他金融机构借款来购买股票。这种做法涉及员工持股计划基金会、公司、公司股东和贷款机构四个方面。首先,成立一个员工持股计划信托基金会。然后,由公司担保,该基金会出面以实行员工持股计划为名向银行或金融机构贷款购买公司股东手中的部分股票。购入的股票由

信托基金会掌握,并利用因此分得的利润及由公司其他福利计划(如员工养老金计划等)中转来的资金归还贷款的利息和本金。随着贷款的归还,按事先确定的比例将股票逐步转入员工账户,贷款全部还清后,股票即全部归员工所有。

这一持股计划的要点是:(1)银行或金融机构贷款给公司,再由公司借款给员工持股信托基金会,或者由公司做担保,由银行直接贷款给员工持股信托基金会;(2)信托基金会用借款从公司或现行的股票持有者手中购买股票;(3)公司每年向信托基金会提供一定的免税的贡献份额;(4)信托基金会每年用公司取得的利润和其他资金,归还公司或银行的贷款;(5)当员工退休或离开公司时,可按照一定条件取得股票或现金。

2. 非杠杆型的员工持股计划

非杠杆型的员工持股计划是指由公司每年向该计划贡献一定数额的公司股票或用于购买股票的现金。这个数额一般为参与者工资总额的 25%。当这种类型的计划与现金购买退休金计划相结合时,贡献的数额比例可达到工资总额的 25%。

这种类型计划的要点是:(1)由公司每年向该计划提供股票或用于购买股票的现金,员工不需做任何支出;(2)由员工持股信托基金会持有员工的股票,并定期向员工通报股票数额及其价值;(3)当员工退休或因故离开公司时,将根据一定年限的要求相应取得股票或现金。

(二)员工持股计划的要素

从历史过程来看,我国的员工持股制主要是伴随企业股份制或股份合作制改造而产生的。近些年来,员工持股计划正成为上市公司实现长效激励以及国有企业深化改革的利器。员工持股计划的要素主要包括股票来源、资金来源、持股范围与规模、持股期限等内容。

1. 股票来源

企业推行员工持股计划所需的股票来源主要有以下几种:上市公司回购、二级市场购买、认购非公开发行的股票、公司股东自愿赠与等。

(1)上市公司回购。这是指上市公司利用现金等方式,从股票市场上购回本公司发行在外的一定数额的股票以用于员工持股计划。

(2)二级市场购买。这是一种比较常见的方式,即通过委托外部管理人认购资产管理计划,包括直接购买和杠杆购买两种类型。这种办法实施起来比较简单,员工认同度也较高。

(3)认购非公开发行的股票。即企业采用非公开的方式面向特定对象发行股票。通过这种方式既满足了公司的资金需求,又实现了员工持股的目的。但是由于非公开发行股票的价格优势不够明显且锁定期较长,因此其短期激励效果会打折扣。

(4)公司股东自愿赠与。即大股东通过自掏腰包的方式向员工持股计划提供所需股票,公司股东自愿赠与是极少数情况,也难以成为主流模式。

2. 资金来源

员工持股计划的资金来源比较多元化,归纳起来主要包括以下几种方式:

(1)员工自筹。员工按照自愿原则筹集资金,主要为员工的合法薪酬和自筹资金,这是员工持股资金的主要来源之一。

(2) 公司提取的激励基金。即公司按照一定的条件全额提取激励基金以供员工购买股票；或者公司提取一部分的激励基金，员工以一定比例的合法资金参与其中。这种方式把员工个人和公司结合起来，一方面体现了员工持股计划激励力度，另一方面对员工也产生一定的约束。

(3) 控股股东自助。控股股东为员工自筹资金提供贷款担保，向银行或资产管理机构借款，或者由股东和员工共同设立资产管理计划，借助资产管理计划购买公司的股票。

(4) 由员工劳动积累形成的公益金、集体福利基金、工资基金、奖励基金等提取一定比例向职工个人配发股权或股份。

3. 持股范围和规模

员工持股计划面向公司的全体员工，包括普通员工和管理层人员在内。员工持股计划所持有的股票总数不包括其在公司首次公布公开发行的股票上市前获得的股份、通过二级市场自行购买的股份即通过股权激励获得的股份。原则上所持股票总数累计不得超过公司股本总额的10%，单个员工所持股票总数累计不得超过公司股本总额的1%。[①] 各公司应根据自身的规模、经营状况和员工购买力，综合考量以确立具体的持股规模。

4. 持股期限

每期员工持股计划的持股期限不得低于12个月，以非公开发行方式实施员工持股计划的，持股期限不得低于36个月，自上市公司公告标的股票过户至本期持股计划名下时起算；上市公司应当在员工持股计划届满前6个月公告到期计划持有的股票数量。[②]

(三) 员工持股计划的管理

1. 管理机构

员工持股计划的管理机构主要包括持有人会议、员工持股计划管理委员会和具有资产管理资质的第三方管理机构。

(1) 持有人会议。持有人会议由员工持股计划全体持有人组成，是员工持股计划的最高管理权力机构。持有人通过持有人会议选举产生管理委员会，由管理委员会作为管理方，负责员工持股计划的日常管理。

(2) 员工持股计划管理委员会。企业可以通过成立员工持股计划管理委员会自行管理员工持股计划。员工持股计划管理委员会是由参加该计划的企业员工通过持有人会议选举产生，管理委员会主要负责监督员工持股计划的日常管理，代表持有人行驶股东权利或者授权资产管理机构行使股东权利。企业自行管理本公司员工持股计划的，应当明确持股计划的管理方，切实维护员工持股计划持有人的合法权益。

(3) 具有资产管理资质的第三方机构。企业可以自行管理本公司的员工持股计划，也可以委托具有资产管理资质的机构进行管理。这些机构主要包括信托公司、保险资产管理公司、证券公司和基金管理公司等。企业通过委托资产管理机构管理员工持股计划的，应当与资产管理机构签订资产管理协议，以明确双方的权利和义务，切实维护员工持股计划持有人的合法权益。

---

① 中国证监会制定并发布《关于上市公司实施员工持股计划试点的指导意见》(2014)。
② 同上注。

2. 股权管理

员工持股计划的股权设置问题直接关系到员工的切身利益。员工通过持股计划获得的股票,享有标的股票的权益,具有占有、使用、收益和处分该股票的权利。在持股计划的存续期内,持有人不得将股票转让、抵押或质押、担保或偿还债务;员工离职、退休、死亡或者遭遇其他不再适合参加持股计划的事由,其所持股份权益依照员工持股计划约定的方式处置。

三、股票期权计划

股票期权计划主要是针对高层管理人员设计的,是授予管理人员在规定时间内以事先约定的价格购买一定数量的本公司普通股的权利。购股价格一般参照股票的当前市场价格确定。如果到时公司股票价格上涨,管理人员可以行使期权,以约定的执行价格购买股票并售出获利;如果公司股票价格下跌,管理人员可以放弃期权。经理人员有权在一定时期后将所购入的股票在市场上出售,但期权本身不可转让。另外,股票期权通常只给予经理人员享受公司股票增值所带来的利益增长权,一般不向经理人员支付股息。但也有公司已经开始将股票期权与股息挂钩,同时规定,只有在行使期权时才能获得股息。20世纪80年代以来,作为长期激励机制的股票期权制越来越受到世界各国的重视。2002年年初,美国《财富》500强公司中平均90%的CEO都持有公司授予的股票期权。期权奖励已经成为一种相当重要的薪酬方式,其在薪酬总额中占据的比重要远远高于工资和奖金总和。目前,股票期权制除了对公司高级管理层实施,也广泛地运用于对公司重要雇员的激励。

(一)股票期权计划的要素

在股票期权计划中,包含四个基本的要素,即股票期权的授予对象、授予数量、行权价格和有效期限。由于激励的目的和激励的力度可能不同,在具体实施股票期权计划时,对这四个要素常常有不同的规定。

1. 授予对象

股票期权的授予对象即股票期权计划所要激励的对象,也是股票期权的受益人。他们一般是那些在公司里参与决策过程的、属于公司"核心层"的高级管理人员,如董事长、总经理、核心骨干等,他们的行为影响着公司的经营活动。此外,授予对象也包括公司的中层经理,偶尔还扩大到其他一些有突出贡献或者有潜力成为公司"明日之星"的员工。在这些情况下,股票期权计划对于吸引和保留优秀人才有着非常重要的作用。

2. 授予数量

股票期权的授予数量是在股票期权计划中规定的受益人所能够购买的全部股票数量。它反映了股票期权的规模。在确定股票期权的数量时,要考虑两个问题:一是授予数量在公司总股本中所占的比例。这个比例既不能太小,也不能太大,太小起不到激励的作用,太大又会损害企业所有者的利益。二是考虑全部股票期权在不同层次管理人员之间的配比。一般来说,由于层次较高的管理人员对公司经营绩效和股票的价格有较大的影响,所以他们应当得到较多的股票期权。除此之外,不同管理人员的个人能力和表现也是影响他们所能够得到的股票期权数量的重要因素。

3. 行权价格

股票期权的行权价格是指在股票期权计划中规定的股票期权受益人购买股票的价格。在一般情况下,行权价格就是推出股票期权计划时公司股票的市场价格。但是,如果考虑到某一时期的股票市场价格并不一定能够准确地反映公司的经营状况,也可以让行权价格稍高于或者稍低于相应的市场价格,例如为市场价格的某个百分比。一般高于市价的称为溢价股票期权,低于市价的称为折价股票期权。显而易见,折价股票期权可以进一步增加激励的力度。

4. 有效期限

股票期权的受益人只能在规定期限内行使股票期权所赋予的权利,超过这一期限就不再享有此权利。这就是股票期权计划中的有效期,常常也叫作"行权期"。有效期可长可短,一般认为4—10年比较适宜。如果对有效期没有任何特殊的规定,则在有效期内,股票期权的受益人可随时购买既定价格和数量的本公司股票。然而,在许多的股票期权计划中,经常要对有效期附加一些具体的限制条件。

限制之一是在有效期内还另外规定了一个"等待期"。在该等待期内,股票期权的受益人不能行使股票期权所赋予的特权。等待期可长可短,例如3个月或者3年。附加等待期的规定意味着实际有效期的缩短。等待期的长短也可以是可变的——根据经理人员的业绩或提前或推迟(甚至取消)股票期权的实施。

限制之二是有效期的"分期",即把有效期分为若干个时期,并规定必须分期行使股票期权所赋予的权利。例如,规定在有效期内,每年只能购买股票期权所容许的总量的一部分。与等待期一样,分期也可以是灵活的——同样根据经理人员的业绩或加速或延缓股票期权的实施。在一个具体的股票期权计划中,还可以把附加等待期和分期两个规定同时在有效期内实施。例如,2016年3月,华西股份股票期权激励计划草案规定了12个月的等待期,等待期满后方可开始行权,并将行权期划分为三个阶段,第一阶段可以获得40%的股票,第二阶段可获得30%的股票,第三阶段可获得剩余40%的股票。

(二)股票期权计划的特点

股票期权具有如下几个显著的特点:

(1)与普通的期权一样,股票期权是一种"权利",而非"义务"。说它是一种权利,是因为当股票期权的拥有者决定购买股票时就可以去买,而公司则必须卖给他们;说它不是义务,是因为当股票期权的拥有者决定不购买股票时就可放弃,公司或者任何其他人都不能强迫他们购买。

(2)股票期权的权利是公司无偿"赠送"给管理人员的。也就是说,管理人员可以无偿得到这一权利而不必付出任何代价。任何一种期权都代表着一种权利,从而具有一定的"内在价值"。在市场上,期权的内在价值表现为它的价格,称为"期权价"(或"权价")。期权价的大小反映了期权内在价值的大小。期权的拥有者通常须在支付了期权价之后才能够得到相应期权。同样,股票期权也代表着一种权利,因而也具有内在价值,也有期权价。所不同的是,在股票期权计划中,作为一种激励的措施,管理人员无须支付期权价就可以得到期权。由此可见,公司"免费赠送"给管理人员的,实际上就是股票期权的期权价。

（3）与股票期权联系在一起的股票本身并不免费。尽管股票期权的权利是公司无偿赠送给经理人员的，但与这种权利联系在一起的股票本身却不是如此。管理人员可以免费得到股票期权，但却不能够免费得到股票。他必须按照事先规定好的价格去购买这些股票。这个事先规定好的价格叫作股票期权的"行权价"。值得注意的是，股票期权的"行权价"和"期权价"是两个完全不同的概念。期权价是股票期权本身的价格，或者说是股票期权这一特权的价格；而行权价则是股票期权所规定的经理人员据以购买股票的价格。在股票期权计划中，如果管理人员决定购买规定的股票的话，他们无须支付期权价，但却必须支付行权价。

四、期股计划

期股计划是企业的所有者向经营管理人员提供的一种报酬激励方式，管理人员在接受了期股计划之后就意味着其必须要购买本企业相应的股票。因此，期股计划实质上是一种有义务的权利。例如在实际操作中，企业通过向经营管理人员提供贷款作为管理人员取得期股的资金来源，管理人员对于所获得的股份享有表决权和分红权，而只有当管理人员通过所分得的红利偿还清购买期股的贷款后方可拥有所有权。这样一来，管理人员为了取得收益就必须把企业经营好，拥有可供分配的红利，否则，不仅不能兑现期股，还要面临债务偿还压力。在期股计划中，管理者每年所分得的红利首先用于偿还期股贷款，也可以留一部分用以兑现，行权期满而没有还清贷款的，须通过现金的方式偿还。管理人员任期届满，且业绩考核达到双方事先约定的标准，若不再续聘，可按照约定将期股按照每股资产净值变现，也可以保留适当比例在企业中按年度分红。

（一）期股计划的要素

期股计划的构成要素与股票期权的构成要素类似，主要有以下几个方面：

（1）期股计划受益人。期股计划的受益人即期股计划的激励对象，也是期股的购买及拥有者。期股计划受益人一般是那些具有经营决策权的公司董事、高级经理人员，以及对公司未来发展有直接影响的管理骨干和核心技术人员。这些人员影响着企业的经营决策质量和发展方向，对他们实施期股计划，将个人的长期利益与企业的长期发展联系在一起，以发挥股权激励的长期激励效应。

（2）期股的有效期，即选择权的有效时间。在规定的期限内受益人可以行使期股计划所赋予的权利，超过期限则失去此项权力。有效期自期股授予后开始，在有效期内，管理人员享有分红权，通常所得分红要首先用于偿还购买期股的贷款，只有清还购买期股的资金之后，才能真正享有期股分红。

（3）期股协议购买价格，即行权价格，是期股计划中所规定的期股计划受益人购买股票的价格，通常行权价格就是授予期股时公司股票的市场价格。

（4）期股的购买数量，即期股计划中规定的受益人所能够购买的全部股票数量。此数量因企业而异，具体确定时，要参考不同管理人员的个人能力和业绩表现，既要考虑发挥其激励与约束作用，又不能损害所有者的权益。

(二)期股与期权的区别

期股和期权作为两种不同的长期激励方式,既有区别又有联系[①]具体表现在理论和实践上的差别:

1. 理论上的联系与区别

股票期权和期股计划在理论上有共同的特点。两者都是长期的激励方式,都是从产权的角度把经理人员的报酬与公司的长期业绩联系起来,鼓励经理人员更多地关注公司的长期持续发展,从而有效地避免了企业经理人员的短期行为。但两者也存在较大的差别,股票期权激励的核心是无偿获得股票期权的权利,而期股计划激励的核心是预先享有的收益。

(1)两者的权利和义务不同。股票期权是一种无义务的权利,股票期权的拥有者在获得期权时不需要支付期权价,只有在将来行权时才支付行权价以获得股票,当然也可以选择放弃期权。期股计划是一种有义务的权利,只要经理人员选择了它,不管股票是涨还是跌,都得购买,不得放弃行权。

(2)两者获得产权的方式不同。经理人员在获得股票期权时,他实际上获得的是在约定的期限内,以预先确定的价格购买一定数量本公司股票的权利。而在期股制下,经理人员获得的不是权利,而是实物股票或股份,购股款项主要来自期股的分红所得和分期付款。

(3)两者获得产权收益的时间不同。实施股票期权时,经理人员在行权日之前不能买卖股票,因此不能获得收益。在期股制中,根据协议,允许经理人员在任期内用各种方式分期付款最终获得本公司一定数量的股份产权,在获得股份产权之前,可先行取得所购股份分红权等部分权益。

(4)两者所需承担的风险不同。期股激励预先就购买了股权或确定了股权购买的协议,经理人员一旦接受这种激励方式,就必须购买股权。当股票贬值时,经理人员需要承担相应的损失。因此,经理人员持有期股购买协议时,实际上是承担了风险的;而在期权激励中,当股票贬值时经理人员可以放弃行权,损失的只是一小部分为购买期权而付的定金,从而避免了承担股票贬值所带来的风险。

(5)期权和期股对经理人员的激励效果不同。期股激励的基本特征是"收益共享、风险共担",即经理人员在获得股权增值收益的同时,也承担了股权贬值的风险。因此,这种激励方式将引导经理人员努力工作,并以较为稳健的方式管理公司,避免过度的冒险。由于受经理人承担风险能力和实际投资能力的限制,这种股权激励形式下股权的数量不可能很大,相应地可能会影响激励的效果。在期权激励方式中,经理人只承担很小的风险,因此期权数量设计中不受其风险承担能力的限制。通过增加期权的数量,可以产生很大的杠杆激励作用。这种激励方式一方面将鼓励经理人员"创新和冒险",另一方面也有可能使经理人员过度冒险。一般来讲,期权激励的效果要大于期股激励的效果。

---

① 袁明鹏、梅小安:"论期权与期股的联系与区别",《管理现代化》2001年第5期。

2. 实践上的联系与区别

期权和期股在实际运用中,很多方面都是大致相同的,如股票来源、激励对象等,但区别也很明显。特别是在我国推行这两种激励机制的过程中,有很多混乱的地方需要澄清。

(1) 公司的性质、规模、行业不同,所选择的激励方式也应不同。国外的经验表明,期权和期股也并非对每一个公司管理层都具有激励作用。公司应该根据期权与期股的不同特点,以公司本身的性质、行业、规模为出发点,选择不同的激励机制。

一般而言,期权激励适合那些高风险、高科技、高成长性的公司。这些公司都需要大胆创新和冒险去开辟新的领域和市场,而股票期权的低风险、高收益无疑会给经理人员极大的刺激,从而最大地调动他们的潜能。对于不是高风险、高科技的非上市公司或者经营规模较大而且经营管理相对成熟、管理层次较多、集体决策为主的企业,股票期权对经理人员的挑战性也相对有限。此时易采用期股激励,以求公司的稳定发展。

(2) 根据期权和期股的不同特点,两者的授予数量也不同。从理论上讲,期权与期股的授予数量是没有限制的。但在实践中却有很多限制条件。期权的风险性较小,如果授予经理人员太多的股权,将会极大地削弱股东的权益。选择期股制时,经理人员获得期股后,可按协议逐年购买期股。购股款可用期股的分红所得支付,如果分红不足以支付,经理人员必须拿现金补足。如果股票贬值,经理人员的未来收益将会受到很大损害。因此,期股的授予数量与经理人员的资金量和风险承受能力都有密切的关系。

(3) 股票期权的行权时机与期股有所不同。股票期权的行权一般是一次性的,行权人在行权时如果资金不够,可以考虑用非现金行权的方式,即行权人并不需要拿出任何现金而通过一种折股买进的技术设计即可行权。期股的购买一般是分期分批进行的,购买者必须用现金补足购买期股的钱款。

五、其他股权激励方式

(一) 合伙人制度

"合伙人"一词并不是新鲜事物。传统意义上的合伙人是指组成合伙制企业的主体,其中普通合伙人作为企业的管理者承担无限连带责任,有限合伙人不参与企业的实际经营活动,以其出资额为限承担有限责任。而我们这里所要说的合伙人制度则有着不同的意义,是一种新的股权激励和公司治理方式。

"合伙人制度"源于阿里巴巴的上市风波,本欲在港交所上市的阿里巴巴因其所采用的"合伙人制度"违反"同股同权"的规定,最终于2014年9月19日在美国纽约证券交易所IPO,其合伙人制度也因此为大众熟知。2015年3月万科推出事业合伙人制度,更是将合伙人制度引向高潮,随后不少企业竞相提出合伙人制度。

1. 阿里巴巴合伙人制度

作为互联网行业的典范,阿里巴巴为了满足其快速发展所需要的资金经历了多轮融资,在上市前雅虎和软银已成为最大的两个股东,其创始人团队的股权受到了严重的稀释。为了在上市之后保证创始人团队的经营决策权和控制权,确保公司的使命、愿景和价值观的持续发展,阿里巴巴决定采用合伙人制度上市。

阿里巴巴的合伙人制度主要包括以下几点：

（1）合伙人。合伙人团队目前有28名成员，这些合伙人主要来自阿里巴巴集团的管理层和关联公司及分支机构的管理层，大部分是阿里巴巴的创始人。新的合伙人每年选举一次，需要通过现有合伙人提名并获得75%以上的投票，要想成为合伙人必须满足这些条件：持有公司股份；在阿里或关联公司工作5年以上；对公司有杰出贡献；高度认同公司文化，愿意为公司使命、愿景和价值观竭尽全力。合伙人拥有董事提名权和奖金分配权，无须承担无限连带责任。

（2）董事提名权。不同于传统股份制公司"同股同权"的原则，合伙人制度赋予阿里巴巴的合伙人团队半数以上的董事提名权，且此特权具有反复性。合伙人提名的董事候选人仍需经过股东大会表决，如果股东大会予以否决，合伙人可以继续提名，直至股东大会表决通过。当然，如果股东大会始终不予通过董事候选人，合伙人有权直接任命"过渡董事"，以确保董事提名权得到落实。这一特权使得阿里巴巴的管理层牢牢地把握企业的控制权，防止因股权变动而造成企业分裂，确保公司长期持续稳定发展。

（3）奖金分配权。每年向包括公司合伙人在内的公司管理层发放红利基金，基金金额为公司税前营业利润的一部分。合伙人对公司业务的贡献以及对公司使命、远景和价值观的促进将决定其分配到的红利。此外，由于合伙人没有数量上限，因此此项制度极大地激发了员工、管理层的工作热情，并以能够成为合伙人中的一员为荣。

以上三点是阿里巴巴合伙人制度的核心，此外阿里巴巴还列出了一系列限制条款，以确保其合伙人制度实施的稳定性。

阿里巴巴通过合伙人制度把企业的控制权掌握在管理层，避免了在其飞速发展过程中因股权稀释造成的管理混乱，使企业能够按照创始人的意志稳定发展，确保企业使命和愿景的持续推进，有效地保留了优质人才。这对于我国当前众多依赖持续创新和优秀人才的科技创新型企业有很大的借鉴意义。当然这一模式也会存在潜在的问题，由于合伙人拥有高于股东的控制权和决策权，会有管理者滥用权力的风险，损害中小股东甚至其他大股东的权益，因此也需要建立有效的约束机制。

2. 万科事业合伙人制度

过去几十年中国房地产事业的发展成就了一批房地产企业，2014年3月作为房地产龙头企业的万科地产推出了事业合伙人制度。万科推出事业合伙人制度一方面是为了应对来自"野蛮人"恶意收购的风险，另一方面是为了弥补其职业经理人制度的不足。不同于阿里巴巴公司层面的合伙人制度，万科的事业合伙人制度是属于项目层面的，即跟投制度和合伙人持股计划。

（1）跟投制度。所谓的跟投制度是指项目跟投制度，万科规定新项目所在一线公司的管理层和该项目管理人员必须跟随公司一起投资，普通员工可以自愿选择投资，项目的经营成果直接和员工的投资收益挂钩。万科的项目跟投制度强调员工参与和管理层的控制权，通过跟投，员工成为项目合伙人，承担无限连带责任，实现利益共享、风险共担的目的。这一措施弥补了职业经理制度激励不足、不能互担风险的问题，也有效地解决了房地产企业人员流动的问题。万科项目跟投第一单深圳嘉悦山项目税前回报率高达72.4%，事实证明项目跟投制度具有很强的激励力度。

(2) 合伙人持股计划。即把二百多人的经济利润奖金获得者纳入万科集团的合伙人持股计划中,通过盈安合伙增持公司的股份。合伙人的收益与企业的经营业绩紧密联系在一起。

与传统的股权激励相比,合伙人制度除了通过一定的股权和分红权来绑定人才,更重要的是找到志同道合共同奋斗的人,这种价值观的认同和主人翁精神是不可替代的。知识经济时代,知识与资本之前的天平已经在逐渐转移。不管是以阿里巴巴为代表的科技创新企业,还是以万科为代表的传统企业,人力资本都是极其重要的资源,企业要想获得持续的发展就必须对人力资本给予足够的重视。未来的组织将是一个合伙人的平台,许多有共同价值观、使命感的人为了一个共同事业走到一起,形成事业合伙人。但事业合伙人并不只是少数高管的事,要把员工当作合伙人看待,才能更好地激发他们的事业心和创造力。例如海尔的创客计划借由为员工提供一个广阔的平台来吸引优秀人才,为企业的长远发展注入新鲜血液。

(二) 虚拟股权

虚拟股权计划是指企业授予激励对象虚拟的股票,激励对象可以据此享受一定数量的分红权和股价升值收益,但是没有所有权、表决权,激励对象在离开企业时将自动失效。从某种意义上讲,虚拟股票可以认为是一种利润分享的计算方式。

虚拟股权不会造成企业实际股权的稀释,也不需要激励对象出资认购,减少激励对象的压力,同时又增强了其激励性。

在实践中虚拟股权的具体方式即股票增值权,是指企业授予高级管理人员在一定时期和条件下,获得规定数量的股票因其价格上升所带来的收益的权利。股票增值权的激励对象无须实际购买股票,不能拥有表决权、配股权、分红权,也不能转让和用于担保、偿还债务等。在行权期内,如果公司股价上升,经理人员可以通过行权获得股价升值的收益,而无须购买股票,行权后将获得相应现金或等值的公司股票。而在股票期权计划中,经理人员只有在有效期内购买股票后才能享受股票收益。

(三) 限制性股权

限制性股票指企业按照预先确定的条件授予经营管理人员一定数量的本公司股票,而激励对象只有在工作年限或业绩目标符合股权激励计划规定的条件,才可以出售限制性股票并从中获益。

限制性股权的限制性主要体现在获得条件和出售条件两方面。限制性股权的受益人只有在达到约定的绩效条件或者工作期限时才能获得限制性股票;此外,限制性股票还有一个不少于1年的禁售期限,在禁售期内受益人不得转让出售股票。

限制性股票的拥有者其权利和义务是对等的。在限制性股权计划中,经营管理人员通过自有资金或者公司的激励基金购买股票后,股票价格的下跌将直接影响管理人员的利益。管理人员在没有达到事先约定的业绩条件的情况下,限制性股票将会按照事先规定的条件被公司回购注销。因此,限制性股权计划具有一定的惩罚性,也有可能造成经理人员的短期行为。

本章小结

1. 介绍了激励薪酬计划的内涵和内容,并分析了激励薪酬计划的优缺点及其实施要点。
2. 介绍了短期激励薪酬计划,其中个人短期激励计划包括针对生产个人的个人激励计划、绩效工资、一次性奖金和特殊绩效奖励计划,并分析个人激励薪酬计划的实施条件,团队短期激励计划包括小组奖励计划、收益分享计划、利润分享计划以及成功分享计划。
3. 介绍了长期激励薪酬计划的内涵和重要性,详细介绍了员工持股计划、股票期权计划和期股计划,并简要介绍了长期股权激励的其他形式。

复习思考题

1. 激励薪酬计划有哪些优缺点?其实施要点包括哪些?
2. 个人激励薪酬计划具有什么优缺点?其实施条件包括哪些?
3. 收益分享计划与利润分享计划各自具有什么特点?两者有什么异同点?
4. 掌握各种主要的长期激励计划,并了解其内容和实施条件。
5. 查阅相关文献,进一步了解员工持股计划及股票期权计划在我国的实施情况,并讨论如何完善以提高其实施效果。

案例研究

2013年由陈可辛执导的电影《中国合伙人》热播,随后万科提出《事业合伙人宣言》,"合伙人"这个概念也开始越来越火,许多企业也在试图打造自己的合伙人团队。

G集团,定位于建设国内一流的创意产业生态链。公司以"创意"跨界设计、演出、电子商务等领域,搭建创意与市场对接的桥梁,打造最具中国特色的创意经济产业链和文化旅游业知名品牌。G集团下属A公司、B公司及C公司三个业务主体,发展阶段具有显著差异。其中A公司引进、自创优秀的现场演艺节目,B公司通过运营新型商业模式进行创意产品的设计与销售,C公司主要进行APP的开发与应用。

与一般的企业不同的是,在人才结构方面,G集团是典型的倒三角模式。在G集团及子公司在中高层集合了一大批创意产业的大牛,在渠道、营销、产品策划等方面发挥重要作用。而同时,操作性的工作则采取外包的形式。一批牛人的存在是G集团得以快速生存发展的重要筹码,但同时,如何能够捆绑牛人,让大家愿意在G集团这个平台上发挥个人价值,成为组织管理过程中的关键问题。一方面,G集团的事业平台可以给予牛人更大的成长空间;另一方面,G集团的董事长深刻地意识到,股权激励可以发挥重大作用,因此着手进行G集团股权激励体系的设计。

1. 股权激励方案设计

从整体股权结构安排上,本案例的股权涉及G集团、A公司、B公司、C公司四个主体。从激励人员范围上,包含集团核心人才和子公司核心人才两个层面。根据对集团和子公司核心人才的分析,整体的股权激励结构如表 6-13 所示。

表 6-13　G 集团股权激励结构

激励对象	核心影响范围说明	激励标的
集团高管	集团整体(含各子公司)	集团股份
集团部门负责人	集团整体(含各子公司)	集团股份
子公司高管	主要作用于各子公司,同时影响和带动集团相关产业发展	子公司股权+集团股份
项目、业务负责人(事业部骨干、孵化业务负责人)	负责项目或业务	集团股份+项目利润分成

2. G 集团事业合伙人团队打造

受股权激励份额的制约,子公司的 CEO 只能持有某子公司 3%—5% 的股份。虽然起到了一定的激励作用,但对于一个有事业雄心的 CEO 来说,这些股份难以实现自己真正的事业理想。同时,从 G 集团董事长的诉求来看,他并不是希望自己成为坐拥几家上市公司的幕后老板,而是希望自己能够打造一个创意产业王国,让真正有能力有本事的人,在这个王国中自由地生长,让有能力的人能够在此拥有真正的事业。因此,在股权激励之外,G 集团建立了一套事业合伙人团队机制。

事业合伙人团队不会像股权激励涉及数十名核心员工,而是聚焦于几个真正对企业发展起到决定性作用的个人。因此,我们将公司的合伙人划分为高级合伙人和初级合伙人两个层面,其中高级合伙人定义为集团/子公司的经营负责人,是对子公司发展有决定性影响的人。初级合伙人定义为集团某一专业负责人,对集团业务发展有较大影响或子公司重要业绩贡献者。其中,对于高级合伙人,G 集团未来会逐步地释放股份,让他们真正拥有公司和事业,也就是我们这里所强调的事业合伙人;而对于初级合伙人,主要是运用前文所提到的"股权激励"方式来进行捆绑和激励,更多地体现的是组织价值创造过程中对员工的回报。高级合伙人,也与公司始终处于一个相互磨合和不断相互认可的过程。在这个过程中,需要关注"高级合伙人"的三和,即"事和""人和"和"心和"。"事和"是指个人的能力能够匹配公司的发展需要;"人和"是指能够充分融入团队,并以积极的态度影响团队;"心和"是指坚信公司事业的成功,愿意以毕生精力与公司共同成就事业。因此,高级合伙人至少要在公司工作三年,并且担任子公司总经理职务,且能够得到董事会成员的一致认可。可以说,高级合伙人是一个异常严格、绝不允许出错的选拔过程。对于事业合伙人的激励,最核心的仍然是股权的出让。但是,为了避免企业创业初期人员磨合不到位、组织发展阶段不清晰等问题,并不进行股权转让。而是由公司董事会与子企业的负责人确定,在公司运转到一定规模和程度时,例如,企业利润能够达到 5 000 万元,企业估值达到 20 亿元时,G 集团大股东承诺将释放个人股份,以低于当期投资人的价格出售个人股份,使得高级合伙人能够占到公司股权的 30%—40%,大股东退居至财务投资人的角色;承诺日常经营决策由高级合伙人进行管理,且高级合伙人在 5 年内不会被辞退。G 集团通过股权激励和事业合伙人的打造,极大地激发了员工的工作热情,特别是点燃了各子公司 CEO 的事业雄心,组织规模和经营收入迅速增长,预计 2016 年的收益将能够达到 2015 年的 3 倍以上。

案例来源:石慧珺,《G 集团股权激励及事业合伙人打造》,《中国人力资源开发》,2015 年第 14 期,25—28 页。

案例思考题:

G 集团的"合伙人"目的是什么?其事业合伙人计划能否实现预想的激励效果?其难点是什么?

21世纪经济与管理规划教材

人力资源管理系列

第七章

员工福利管理

【学习要点】

　　员工福利的主要内容
　　弹性福利计划的内容与形式
　　福利设计的原则和步骤

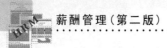

> **开篇案例**

去过海底捞的人无不被海底捞热情的员工所打动,店内到处可以看到健步如飞的传菜员、提壶疾走的服务员。他们总是很快乐,对企业所给予的待遇和支持很满意,他们也在用自己的行动回馈企业。

海底捞给员工的福利一直是为人所称颂的。海底捞的管理人员与员工都住在统一的员工宿舍,公司规定必须给所有员工租住正式小区或公寓中的两、三居室,不能是地下室。所有房间配备空调、电视、电脑,宿舍有专人员管理、保洁,员工的工作服、被罩等也统一清洗。若是某位员工生病,宿舍管理员会陪同他看病、照顾他的饮食起居。

考虑到绝大部分员工的家庭生活状况,公司有针对性地制定了许多细节上的待遇:在海底捞工作满一年的员工,若一年累计三次或连续三次被评为先进个人,该员工的父母就可探亲一次,往返车票公司全部报销,其子女还有3天的陪同假,父母享受在店就餐一次;工作年满一年以上的员工可以享受婚假及待遇;工作满3个月以上的员工父母去世,该员工可以享受丧假及补助;工作3年以上的员工可享受产假及补助;若夫妻在同一地区工作,只要有一方工作满半年,在外租房就可以享受每月60元的补助,已婚的店经理则可享受400元以内的住房补助;店经理小孩3岁以下随本人生活的,还可享受每月300元的补助。

在员工福利上,海底捞还有不少"创意"。例如,将发给先进员工的奖金直接寄给他的父母;鼓励店内员工谈恋爱,并且发放补贴;开展评比活动,评比先进个人、优秀标兵、劳模、功勋员工;各店之间常常举办友谊竞赛:篮球比赛、切羊肉比赛、各种技能竞赛,公司鼓励员工积极参与,并给予适当的奖励;公司还办起了《海捞报》,内容包括企业管理知识、职场成长故事、哲理故事、饮食文化、健康知识,越来越多的员工积极投来稿件,有的堪称佳作;员工们自发地创作了《海底捞之歌》:"唱着同样的旋律,共创美好的明天;怀着同样的梦想,时刻发奋图强。心连心,一起度过艰难;手拉手,分秒并肩作战。创造辉煌,拥有梦想,知恩图报,双手创造未来……"①

员工福利作为薪酬体系的一部分,在薪酬体系中所占的比重日益增加。与此同时,员工福利在经济当中发挥着越来越重要的作用。福利涉及组织中每一个员工的切身利益,不仅能满足其当前需要,还对其今后的工作生活起到保障作用。对于企业来说,其福利水平的高低,不仅对其预算有影响,而且对公司文化的形成、员工队伍的稳定和企业的总体绩效有很大影响。本章就对福利的内容及福利的设计和管理进行阐述。

第一节 员工福利的内容和发展

一、员工福利概论

员工福利是组织为满足劳动者的生活需要,在工资收入之外,向员工本人及其家属提供的货币、实物及一些服务形式。组织向员工提供的各种福利,是员工整个报酬系统中一

---

① 案例改编自"海底捞火锅员工激励成功法则",http://blog.sina.com.cn/s/blog_48dbd9310102duia.html。

个重要的组成部分,是其他报酬形式的有力补充。企业的福利一般是以集体的形式为员工提供全面照顾,员工平等地享有,这在一定程度上缓解了员工因按劳分配带来的生活富裕程度的差别,同时还增强了员工对企业的依附感。

相对于工资和奖金,福利可以满足员工多层次、多方面的需要,无论对于企业还是员工都有着十分重要的作用。首先,对企业而言,为了保护劳动者的利益,一般国家都会通过立法的形式规定企业必须向员工提供一定的福利,福利可以增强薪酬管理的合法性。企业提供优厚的福利可以提高其形象,增强在劳动力市场上的竞争力,培养员工的忠诚度,留住人才。此外,在许多市场经济国家,员工福利计划所受到的税收待遇往往要比货币薪酬所受到的税收待遇优惠,从而提高企业成本支出的有效性。对于员工来说,福利的全面性可以满足他们多样化的需求,使生活更加便利。集体购买的福利价格一般都比市场价格低,员工可以花更少的成本享受一些服务,而且员工的福利也不需要缴纳个人所得税,进一步减少了员工的成本。由于员工福利对于企业和员工双方具有以上的种种独特的价值,所以企业员工福利的多样化和福利水平的不断提高,是一种不可阻挡的社会趋势。

二、员工福利的内容

福利项目从性质上分为法定福利和企业补充福利两种类型:一部分是国家法律法规明确规定的各种福利,要求企业必须按政府规定的标准执行,比如各类社会保险、住房公积金、法定节假日等,称为法定福利;另一部分是由企业提供给员工全体或个人的各类福利项目,主要包括企业年金、补充医疗保险、各类员工服务计划及其他补充福利等,称为企业福利(见图 7-1)。本节将对此展开介绍。

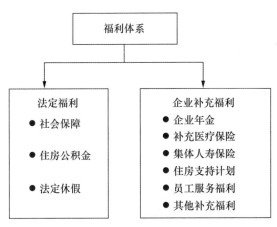

图 7-1　企业福利的构成

(一)法定福利

法定福利是组织依据国家有关法规必须为员工提供的福利,它为员工提供了工作和生活的基本保障。当员工在遭遇失业、疾病、伤残等特殊困难时给予及时救助,提高了员工防范风险的能力。

1. 社会保障

（1）社会保障的含义。社会保障是指国家和社会通过立法，采取强制手段对国民收入进行分配和再分配，形成一种特殊的消费基金，对社会成员因生、老、病、死、伤、残而丧失劳动能力，暂时失去工作，或因自然灾害和其他原因面临生活困难，所给予的物质帮助，以此来保障公民的基本生活需要和维持劳动力再生产而建立的一种制度。社会保障由社会保险、社会救济、社会福利、优抚安置等组成，其中社会保险是核心内容，本文主要介绍社会保险。

社会保险的对象是靠劳动收入维持生计的工作者，具体地说包括工人、农民和各种各样的服务工作者以及国家和地方公务员。那些拥有不动产，靠利润、利息、股息过活的雇主阶层，一般不是社会保险的对象。从目的看，社会保险旨在保护一般劳动者的基本生活不会因为出现这样或者那样的意外风险而出现无法维持的局面。在我国习惯上称社会保险为劳动保险，这主要是由于我国自中华人民共和国成立以来一直实行由企业承担本单位职工的养老、医疗、疾病以及工伤等，因此传统上的社会保险演变为由企业负担各项费用的劳动保险。社会保险一般包括养老保险、失业保险、医疗保险、工伤保险、生育保险等，即我们常说的"五险一金"中的五险，"金"则是指住房公积金。目前，企业和员工税费负担越来越重，为了降低社会保险费，中央在研究精简归并"五险一金"，根据我国"十三五"规划，建议将生育保险和医疗保险合并，将"五险一金"精简为"四险一金"。但具体改革措施还未出台，我国社会保险依然以"五险一金"为基础内容。

（2）社会保障（社会保险）的内容。**养老保险**是指国家通过立法，使劳动者在因年老而丧失劳动能力时，可以获得物质帮助以保障晚年基本生活需要的保险制度。养老保险是社会保险体系的核心，它覆盖面大、社会性强，直接关系到社会的稳定和经济的发展，因此各国政府都特别重视。

在绝大多数国家中，养老保险的给付条件都是复合性的，即被保险人必须符合两个以上的条件，才能获得养老保险金的给付。如必须达到规定年龄、达到一定缴费期或被保险人必须完全退休等。养老保险的给付标准形式是年金制度，即保险金按月或者年支付，而不是一次性给付。从目前世界各国实行养老保险的现状来看，养老保险的筹资模式大致有三种，即现收现付式、完全积累式和部分积累式。当前世界上有一些国家的养老金是由企业和个人共同负担，有个别国家则是由个人完全负担，大多数国家采取国家资助、企业负担和个人缴费的形式。

我国实施的是社会统筹和个人账户相结合的养老保险制度①，法律规定企业缴纳的基本养老保险费的比例一般不得超过企业工资总额的20%，具体比例由省、自治区、直辖市人民政府确定。少数省、自治区、直辖市因离退休人数较多、养老保险负担过重，确需超过企业工作总额20%的，应报相关部门审批。个人账户的规模统一为本人缴费工资的8%，且全部由个人缴费形成，单位缴费不计入个人账户。城镇个体工商户和灵活就业人员参加基本养老保险的缴费基数为当地上年度在岗职工平均工资，缴费比例为20%，其中8%计入个人账户，退休后按企业职工基本养老金计发办法计发基本养老金。基本养

---

① 《国务院关于完善企业职工基本养老保险制度的决定》，2005年12月3日发布实施。

老金由基础养老金和个人账户养老金组成。退休时的基础养老金月标准以当地上年度在岗职工月平均工资和本人指数化月平均缴费工资的平均值为基数,缴费每满1年发给1%。个人账户养老金月标准为个人账户储存额除以计发月数,计发月数根据职工退休时城镇人口平均预期寿命、本人退休年龄、利息等因素确定,且职工基本养老金水平要根据职工工资和物价变动等情况适当调整。

失业保险是指国家和企业对因非主观意愿、暂时丧失有报酬或有收益的工作的职工,付给一定经济补偿,以保障其失业期间的基本生活,维持企业劳动力来源的社会保障的总称。失业保险的根本目的在于保障非自愿失业者的基本生活,促使其重新就业。为避免该制度在实施过程中产生逆选择,各国均严格规定了享受失业保险的资格条件,这些条件归纳起来包括以下内容:失业者必须符合劳动年龄条件,必须是非自愿失业的,满足缴纳保费期限、投保期限、就业期限和居住期等资格条件,并且失业者必须具有劳动能力和就业愿望。

失业保险的给付原则各国普遍遵循给付标准低于相应工资水平、确保失业者及其家属的基本生活需要和权利与义务对等的原则。具体给付时,还需要考虑给付期限和给付比例。

我国现行的失业社会保险制度[①]规定了:① 失业保险金的来源。企业按本单位工资总额的2%缴纳社会保险费,员工按本人工资的1%缴纳失业保险费,政府提供财政补贴。② 享受失业保险金的条件。所在单位和本人按规定履行缴费义务满一年,非本人意愿中断就业,已办理失业登记并有求职要求,同时具备以上三个条件者才有申请资格。③ 失业保险金的标准。按照低于当地最低工资标准、高于城市居民最低生活保障标准的水平,由省、自治区、直辖市政府确定。④ 失业保险金的给付期限。最长为24个月,最短为12个月,其中累计缴费时间满一年不足五年的,给付期最长12个月;满五年不足十年的,给付期最长18个月,十年以上的给付期最长24个月。⑤ 失业保险的支持范围。包括失业保险金、领取失业保险金期间的医疗补助金、丧葬补助金、抚恤金;领取失业保险金期间接受的职业培训补贴和职业介绍补贴,国务院规定或批准的与失业保险有关的其他费用。

医疗保险也称疾病保险,是国家、企业对职工在因病或非因公负伤而暂时丧失劳动能力时,给予假期、收入补偿和提供医疗服务的一种社会保险制度。

此处的疾病是指一般疾病,其发病原因与劳动无直接关系,因此它属于福利性质和救济性质的社会保险。实行医疗保险的目的在于使劳动者患病后能够尽快得到康复,恢复劳动能力,并重新回到生产和工作岗位。

各国对于医疗保险给付条件的法律规定一般有下面几种:① 被保险人必须患病,失去工作能力,并停止工作进行治疗;② 被保险人患病时已从事具有收入的工作,并且因患病而不能从雇主方面获得正常工资或者病假工资;③ 有的国家规定被保险人必须缴足最低期限的保险费;④ 有的国家规定了等待期,在规定期间不给付疾病补助;⑤ 有的国家规定了最低工作期限。按照各国的通例,医疗保险的给付包括现金给付和医疗给付,而现金给付又有疾病现金给付、残疾现金给付和死亡现金给付三种形式。

---

① 《失业社会保险条例》,1999年1月22日发布实施。

我国实行基本医疗保险费用由用人单位和职工个人按照工资收入的一定比例共同缴纳,用人单位缴费率应控制在职工工资总额的6%左右,职工缴费率一般为本人工资收入的2%。职工个人缴纳的基本医疗保险费,全部计入个人账户。用人单位缴纳的基本医疗保险费分为两部分,一部分用于建立统筹基金,一部分划入个人账户。划入个人账户的比例一般为用人单位缴费的30%左右,具体比例由统筹地区根据个人账户的支付范围和职工年龄等因素确定。① 参加职工基本医疗保险的个人,达到法定退休年龄时累计缴费达到国家规定年限的,退休后不再缴纳基本医疗保险费,按照国家规定享受基本医疗保险待遇;未达到国家规定年限的,可以缴费至国家规定年限。个人跨统筹地区就业的,其基本医疗保险关系随本人转移,缴费年限累计计算。②

生育保险是妇女劳动者因生育子女而暂时丧失劳动能力时,由社会保险机构给予必要的物质保证,以保证母亲和孩子的基本生活及孕产期的医疗保健需要的一种社会保险。

生育保险的给付条件一般包括三点:① 被保险人在产假期间不再从事任何有报酬的工作,雇主也停发了其工资;② 被保险人所缴纳保险费的时间必须在规定的标准以上;③ 被保险人的工作时间必须达到一定的年限要求。国外生育保险政策一般分为现金给付和医疗给付。现金给付多为一次性给付及短期生育补助金,主要包括生育津贴、生育补助费和看护津贴等。至于现金给付的标准各个国家一般规定为工资的100%。医疗给付是指对产妇提供助产医疗服务,其通常包括一般医师治疗、住院及必要的药物供应、专科医师治疗、生育照顾、牙医治疗、病人运送及家庭护理服务等。

我国生育保险按属地原则组织,由企业按其工资总额的一定比例向社会保险经办机构缴纳生育保险费,建立生育保险基金。生育保险费由当地人民政府根据实际情况确定,但最高不要超过工资总额的1%。企业缴纳的生育保险费列入企业管理费用,职工个人不缴纳生育保险费。女职工生育享受产假,产假期间的生育津贴按照本企业上年度职工月平均工资计发,由生育保险基金支付。女职工生育期间的检查费、接生费、手术费、住院费和医疗费都由生育保险基金支付,超出规定的医疗服务费和药费由职工个人负担。③

工伤保险又称为职业伤害保险,是由国家或者社会给予因工伤、接触职业性有毒物质等而造成伤残、死亡等暂时或永久丧失劳动能力的劳动者及其家属提供物质帮助的一种社会保险制度。

对于工伤的定义,各国的解释不一。根据我国相关法律法规的定义,因工伤残是指在工作时间和工作场所内,因工作原因受到事故伤害的、因履行工作职责受到暴力等意外伤害的;工作时间前后在工作场所内,从事与工作有关的预备性或者收尾性工作受到事故伤害的;患职业病的;因工外出期间,由于工作原因受到伤害或者发生事故下落不明的;在上下班途中,受到非本人主要责任的交通事故或者城市轨道交通、客运轮渡、火车事故伤害的以及法律、行政法规规定应当认定为工伤的其他情形。此外,在工作时间和工作岗位,突发疾病死亡或者在48小时之内经抢救无效死亡的,或在抢险救灾等维护国家利益、公

---

① 《国务院关于建立城镇职工基本医疗保险制度的决定》,1998年12月14日发布实施。
② 《中华人民共和国社会保险法》,2011年7月1日施行。
③ 《企业职工生育保险试行办法》,1995年1月1日实施。

共利益活动中受到伤害的,以及职工原在军队服役,因战、因公负伤致残,已取得革命伤残军人证,到用人单位后旧伤复发的也均属于因公致伤的范围。①

工伤保险费由企业按照职工工资总额的一定比例缴纳,职工个人不缴纳工伤保险费。国家根据不同行业的工伤风险程度确定行业的差别费率,并根据工伤保险费使用、工伤发生率等情况在每个行业内确定若干费率档次。工伤保险实行职工工伤"无责任补偿"的原则,按照保障生活、补偿损失和康复身体的原则确定保险待遇,保障受伤害职工的合法权益。

2. 住房公积金

住房公积金指国家机关、国有企业、城镇集体企业、外商投资企业、城镇私营企业及其他城镇企业、事业单位、民办非企业单位、社会团体及其在职职工缴存的长期住房储金。

住房公积金由两部分组成,一是职工个人每月按规定从工资中扣缴的部分;二是单位每月按规定为职工个人缴存的部分,这部分是住房实物福利分配向工资货币分配转换的部分。职工个人每月缴存额等于职工每月工资总额乘以个人缴存率,单位每月缴存额等于该职工每月工资总额乘以单位缴存率,职工和单位住房公积金缴存比例均不得低于职工上一年度月平均工资的5%,有条件的城市可适当提高缴存比例。两笔资金全部存入个人账户,归职工个人所有。住房公积金应当用于职工购买、建造、翻建、大修自住住房,任何单位和个人不得挪作他用,职工退休或死亡可以销户支取全部公积金。②

住房公积金是按照"个人存储、单位资助,统一管理,专项使用"的原则建立的一种长期住房储金。住房公积金是一种义务性的长期储蓄,但本质上又不同于个人储蓄,具有普遍性、强制性和义务性、补贴性、专用性等特点。实行住房公积金制度,是国家推行住房制度改革的一项重要内容,是新的住房制度的重要组成部分,也是今后广大职工合法的住房货币分配的主要形式。住房公积金的长期积累,可以逐步提高职工的住房自我保障意识,增强职工购建住房的能力,减轻政府和单位的压力,同时也能提高城镇居民的住房建设水平和居住条件。

3. 法定休假

包括公休假日、法定休假日和带薪年休假。通过休假,使劳动者可以有一段时间离开繁重的工作,获得身体和心理上的调整,以便更好地投入到工作当中去。

(1) 公休假日。公休假日是劳动者工作满一个工作周之后的休息时间。我国实行的是劳动者每日工作时间不超过8小时、平均每周工作时间不超过44小时的工时制度,劳动者的公休假日为每周两天。我国《劳动法》第38条规定,用人单位应当保证劳动者每周至少休息一天。

(2) 法定休假日。我国法定的节假日包括元旦、春节、国际劳动节、国庆节和法律法规规定的其他休假节日。《劳动法》规定,法定休假日安排劳动者工作的,支付不低于300%的劳动报酬。除《劳动法》规定的节假日以外,企业可以根据实际情况,在和员工协

---

① 《工伤保险条例》2004年1月1日实施,《国务院关于修改〈工伤保险条例〉的决定》2011年1月1日实施。
② 《住房公积金管理条例》1999年4月3日公布实施,《国务院关于修改〈住房公积金管理条例〉的决定》2002年3月24日公布实施。

商的基础上，决定放假与否以及加班工资的数额。

（3）带薪年休假。企业在员工非工作时间里按工作时间发放工资称为带薪休假。由于现代生活的节奏加快，生活压力较大，因此员工希望能够得到更多的休闲时间以放松身心。带薪年休假就成为非常受员工欢迎的一项福利。同时，带薪休假为员工提供了从容休息的机会，使员工能够恢复旺盛的精力投入到工作中来，因此越来越多的企业主动为员工提供这种福利项目。一些智力型企业甚至放宽了带薪年休假期限，最长的已达25天。

我国《劳动法》第45条规定，国家实行带薪年休假制度。劳动者连续工作1年以上的，享受带薪年休假，职工有1年、10年及20年以上工龄的可以分别休假5天、10天和15天。

带薪休假政策的一个关键问题在于，假期是否可以累计和转换，也就是说，如果组织给予员工每年10天的带薪休假福利，某员工第一年没有使用这项权利，10天的假期是否可以顺延到第二年。人力资源和社会保障部2008年9月18日公布实施的《企业职工带薪年休假实施办法》规定，用人单位根据生产、工作的具体情况，并考虑职工本人意愿，统筹安排年休假。用人单位因生产、工作特点确有必要跨年度安排职工年休假的，可以跨1个年度安排，但应征得职工本人同意。单位确因工作需要不能安排职工年休假的，经职工同意可以不安排，但对职工应休未休的年休假天数，应按照该职工日工资收入的300%支付工资报酬，其中包含用人单位支付职工正常工作期间的工资收入。除非职工因本人原因且书面提出不休年休假的，用人单位可以仅支付其正常工作期间的工资收入。[①]

（二）企业补充福利计划

如果说法定福利是保障员工基本生存的话，企业补充福利则是企业为满足员工更高层次需求，提高员工生活水平和生活质量而提供给员工的附加福利。企业补充福利的形式是多样的，提供的服务也是多方面的，其目的是使员工对组织产生一种依赖感和忠诚感，提高组织的凝聚力。同时，补充福利也为组织树立了良好的社会形象，使其在人才市场上更具竞争力。

企业补充福利主要包括企业年金、补充医疗保险、集体人寿保险、住房或购房支持计划、员工服务福利和其他补充福利等。

1. 企业年金

社会基本养老保险制度虽然覆盖面宽，但收入保障水平较低。随着我国人口老龄化加剧、国家基本养老保险负担过重的状况日趋严重，企业年金开始成为企业建立的旨在为其员工提供一定程度退休收入保障的养老保险计划。企业可以根据其自身经济能力，从企业自有资金中的奖励、福利基金内提取。企业年金是社会基本养老保险制度的重要补充，与各种养老保障方式有机组合在一起，相互补充，以实现国家总体老年经济保障目标。

我国企业年金所需费用由企业和职工个人共同缴纳。企业缴费每年不超过本企业上年度职工工资总额的十二分之一，企业和职工个人缴费合计一般不超过本企业上年度职工工资总额的六分之一。[②] 企业年金采取基金管理的方式，企业年金运作机构在政府监

---

① 2008年9月18日发布实施的《企业职工带薪年休假实施办法》。
② 《企业年金试行办法》，2004年5月1日实施。

管下,对企业年金基金进行市场化运作。职工基本养老保险的投资还局限于银行存款、购买国债等,范围很窄。但企业年金基金投资范围则宽泛很多,主要包括金融产品、商业银行理财产品、信托产品、基础设施债权投资计划、特定资产管理计划、股指期货等。这样可以有效避免行政管理的一些弊端,减少管理成本,为投保人带来丰厚的利润。另外,即使公司倒闭,退休员工仍然可以享受养老保险。

企业年金一般分为两种形式:(1)缴费型。企业建立养老保险账户,由企业和职工定期按照一定比例缴纳保险费,等职工退休时再按照资金积累规模和投资收益确定给付金额。(2)给付型。企业按照职工的经验、资历和其他条件,为职工支付养老金。公司支付养老金在世界各国情况不同,但基本做法是用退休前5年平均工资额的1.5%乘以员工受聘年限。如果这项保险金与社会保险金合并在一起的话,可达到最终平均工资的50%以上。等职工到了一定年龄(男55—60岁,女50—55岁),企业按规章制度及企业效益提供给员工的养老金,可以每月提取,也可以每季度或每年提取。

理想的养老金计划应该是一种根据生活费用变化逐年进行调整的,以保持恒定的购买能力。想要达到此种效果,就得把一个适当比例的更大数额的资金储蓄起来。据估算,消费价格指数每增加1%,储备金就将扩大6%—10%。

2. 企业补充医疗保险

企业补充医疗保险是企业在参加城镇职工基本医疗保险的基础上,国家给予政策鼓励,由企业自主举办或参加的一种补充性医疗保险形式。企业为员工提供补充医疗保险,以减少当员工生病或遭受事故时本人及其家庭所遭受的损失。国家鼓励企业建立补充医疗保险制度并给予税收优惠,以保证企业职工和退休人员的医疗待遇水平不降低。按照《关于补充养老保险费补充医疗保险费有关企业所得税政策问题的通知》规定,自2008年1月1日起,企业根据国家有关政策规定,为在本企业任职或者受雇的全体员工支付的补充养老保险费、补充医疗保险费,分别在不超过职工工资总额5%标准内的部分,在计算应纳税所得额时准予扣除。

企业一般通过集体投保或自保的形式提供这种福利。集体投保是指企业向保险公司支付一笔费用作为保险费,当员工或其家庭发生某些事故时,保险公司可以部分或全部地赔偿其损失。从长期来说,企业所交的保费应该等于保险公司向员工支付的赔偿金与保险公司的管理费用之和,但是保险项目必须界定清楚保险的范围以及赔偿金的比率。有些企业还采取了自保的形式,自己划出一部分资金作为员工的保险金,而不再向保险公司投保。这是一种控制健康保险成本的方式,但是这种做法会将原来转嫁到保险公司的风险重新转移给企业自己,而且还会带来行政事务的增加。

3. 集体人寿保险计划

人寿保险是市场经济国家的一些企业所提供的一种最常见的福利。大多数企业都要为其员工提供团体人寿保险(Group Life Insurance),因为这是一个适用于团体的寿险方案,对企业和员工都有好处。员工可以以较低的费率购买到相同的保险,而且团体方案通常适用于所有的员工(包括新进员工),而不论他们的健康或身体状况如何。在多数情况下,企业会支付全部的基本保险费,承保金额相当于员工两年的薪酬收入。而附加的人寿保险则要员工资金承担。在个别情况下,即使是基本保险费率也按一定的比率在企业和员工之间分摊,比如 50∶50 或 20∶80。在我国,也已经有不少企业开始为员工办理集体人寿保险。

4. 住房或购房支持计划

除了住房公积金,企业为更有效地激励和留住员工,还采取其他多项住房福利项目支持员工购房。尤其是在目前房价日益高涨的状况下,住房支持计划恰好迎合了广大职工的迫切需要。根据一项对 685 家中外企业的调查结果显示,76％的员工认为最重要的补充型福利内容就是住房补贴,其次为派驻国外工作机会、晋升机会和休假等福利,可见住房支持计划对当今社会企业职工的重要性。① 住房或购房支持计划主要有以下几种形式:

(1)住房贷款利息给付计划。这是目前众多企业普遍推行的较先进的一种方案,即根据企业薪酬级别及职务级别确定每个人的贷款额度,在向银行贷款的规定额度和规定年限内,贷款部分的利息由企业逐月支付。也就是说,员工的服务时间越长,所获利息给付越多。

(2)住房津贴,指企业为了使员工有一个良好的居住环境而提供给员工的一种福利。按照员工的资历、工龄等给予员工一定的住房津贴,以缓解其在购房、租房时的经济压力,协助其在尽可能短的时间内拥有自己的住房。

(3)其他形式。如住房货币化,包含在工资中;企业购买或建造住房后免费或低价租给或卖给员工居住;为员工的住所提供免费或低价装修;为员工购买住房提供免息或低息贷款;全额或部分报销员工租房费用;为员工提供购买住房贷款担保等政策。

5. 员工服务福利

很多企业根据需要,扩大了福利的范畴,通过为员工提供各种服务,来达到激励员工的目的。员工服务福利主要包括以下方面:

(1)员工援助服务。目前在很多企业都开始实行员工援助计划(Employee Assistance Programs,EAP),帮助员工处理、分析他们面临的各种问题。如提供法律援助、职业发展咨询、家庭问题咨询和心理咨询等。员工在职业生涯当中,可能会遇到一些法律方面的问题困扰其工作和生活。企业利用聘请的法律专家为员工提供免费或优惠价的法律咨询,可以更好地解决员工的问题。另外,有些员工对自己的职业发展并不清楚,没有明确的目标,企业会聘请专门的职业指导专家为员工进行职业测评,并给予员工指导和建议,使员工对自己有一个合理的定位,这不仅有利于员工的职业发展,还使得企业资源得到合理配置,促进企业的发展。

此外,由于市场竞争的激烈,很多员工承受着越来越重的工作压力。这使得不少员工产生生理疾病或高度焦虑、精神崩溃等心理症状。而研究表明,工作压力过大会导致较低的员工身体素质和工作满意度,从而影响企业的绩效。因此,企业除了定期为员工进行生理和心理疾病的检查,还可以提供心理咨询服务,帮助员工分析问题和减轻工作压力。

(2)教育培训计划。随着外部市场环境的变化,知识技术的更新,员工需要不断学习

---

① "最受外企员工欢迎的福利 TOP10——FESCO 福利大调查",《职业》,2010 第 7 期,第 42—43 页。

才能跟得上时代的步伐。企业为增强对环境的灵活应变能力,就需要把自己改造成为具备持续学习能力的学习型组织。这对企业和员工来说都是一个挑战。企业需要持续进行培训和再教育,而员工也需要不断学习和接受培训才能有利于自己的职业发展。很多企业采取了各种方式为员工开展再教育辅助。如有的建立企业大学,为员工提供再教育;有的企业为员工设计与员工职业开发相对应的培训计划,并激励员工不断增强其知识和技能;还有的企业为降低成本,承诺员工自主学习,并为员工支付部分或全部与正规教育课程和学位申请有关的费用;有的企业为将精力集中在主营业务上,将培训和再教育业务外包。所有这些都为员工提供了一个良好的环境和条件,促进员工不断完善。

(3) 家庭援助计划。由于老龄化和双职工、单亲家庭的增加,员工照顾年迈父母和年幼子女的负担加重了。为了使员工安心工作,企业向员工提供家庭援助福利,主要有老人照顾服务和儿童看护服务。很多企业开始实行弹性工作制,方便员工合理安排时间,避免生活和工作时间矛盾。企业还可向员工提供老人照顾方面的信息,如推荐老人护理中心等,有些企业对有老人住养老机构的员工出资进行经济补偿,或直接资助养老机构,防止员工被生活琐事困扰,让员工更专心地投入工作。

目前中小学甚至幼儿园日益高涨的赞助费已成为工薪阶层十分头疼的一项支出。企业适时推出"投资小人才,留住大人才"的计划,正好迎合了他们的需求。一些企业为员工年幼的子女提供看护的场所和服务,办托儿所、幼儿园等,使员工能将精力更好地投入到工作中来。还有企业提供子女入托津贴和子女教育补助,以缓解员工的经济压力。中国微软全球技术中心甚至有专门的部门承担"保姆职责",可以帮助员工处理各种能够代办的私事,尽量减少员工不必要的麻烦,让员工更好地休息和工作。

6. 其他补充福利

(1) 交通费。企业出于缓解员工上下班交通不便的考虑,为员工的交通费提供补助,弥补员工在交通方面的支出。主要形式有:企业派专车到员工家接送其上下班;企业派班车按一定的路线行驶,上下班员工到一些集中点等车;企业按规定为员工报销上下班交通费;企业每月发放一定数额的交通补助费。

(2) 节日津贴。在各种节假日发给员工的过节费等。目前,大多数企业借节假日为员工提供一些实物、货币的补助,提高员工的整体福利水平。

除了上面介绍的福利项目之外,不同的企业还有很多特色的福利项目。如有的企业提供旅游补助、服装津贴、免费工作餐、健康检查、团体保险、俱乐部会费。有企业组织员工参加各种集体活动,以充实和丰富员工的业余生活,提高员工的生活质量。还有企业为员工提供其他的生活性服务,如餐厅及各种文化、体育、卫生、娱乐等设施,以免费或减费等优惠待遇供员工使用。也有企业提供生日礼金、节日贺礼、结婚礼金、生育补助及取暖津贴等。这些都体现了"人本主义"管理的特点。

对于我国来说,还有一种特色的福利项目:户口的调动。企业在引进人才时会承诺帮助员工甚至其家属解决户口的调动问题。户口制是我国为控制城市人口无节制地恶性膨胀而实行的政策,曾对既定目标的实现起过积极的作用。但随着经济的发展和人才流动的加速,它的消极作用日益明显。如对人才流动的无区别的限制就影响很多单位人才的引进。目前有很多城市放松了对急需人才的户口限制,国家也在进行户籍制度改革的探索。

(三) 福利的新发展:弹性福利

在实际生活中,福利薪酬往往难以产生较为理想的激励效果。大部分福利是一种"大锅饭"性质的薪酬。它通常不考虑薪酬接受者的绩效,而是组织内的员工人人有份。对企业而言,福利是一笔庞大的开支(在一些企业中能占到工资总额的50%以上)。在实际生活中,许多组织的福利不仅没有起到激励作用,甚至成为员工负担的例子也十分常见。

随着时代的发展,传统的统一福利形式已不能满足员工的不同需求。一项研究表明,70%以上的员工愿意自己多掏点钱,来换取在制订福利方案中有更大的选择权。① 以人性化管理为指导思想,在公司总体分配框架内向员工提供多种福利组合,充分体现全新福利发放形式的弹性福利制能够较好地解决这一问题。

1. 弹性福利计划的含义

弹性福利计划(Flexible Benefit Plan),又称柔性福利计划或自助餐式福利计划,即根据员工的特点和具体需求,列出一些福利项目,在一定的金额限制内,员工按照自己的需求和偏好自由选择和组合。这种方式区别于传统的整齐划一的福利计划,可以让员工根据个人需要自主选择福利项目,具有很强的灵活性,很受员工的欢迎。

弹性福利方案从本质上改变了传统福利体制,从一个福利保险模式转变为一个薪酬模式,从一个固定的福利方案转化为一个固定的资金投入方案,可以更好地发挥福利的激励作用。对于员工,弹性福利制非常强调员工参与的过程,员工参与有利于企业合理确定福利包中的内容,最大限度地满足员工多样化的需要,增强其工作满意度,改善员工与企业的关系。此外,由于弹性福利制是由企业根据员工工龄、职位、绩效等因素,规定员工可享受的最高金额,员工可以在这个限制条件下选择,企业可以因此控制成本并引导员工做出更有效率的选择。而且企业还可以凭借高激励性的弹性福利计划吸引人才,在人才市场上占据优势。

2. 弹性福利计划的类型

弹性福利计划于20世纪70年代初期起源于美国,经过了三十多年的发展,近年也开始在中国流行。根据2010年某调研结果显示,在中国12%的企业已经在实行弹性福利计划,另有33%的企业打算在未来1—3年实行,可见弹性福利计划已经成为福利领域变革的基本方向。弹性福利计划在多年的发展中已经演变出多种不同的类型。

(1)附加型。附加型弹性福利计划是最普遍的弹性福利计划。所谓附加,顾名思义就是在现有的福利计划之外,再提供其他不同的福利措施或扩大原有福利项目的水准,让员工去选择。例如,某家公司原先的福利计划包括房租津贴、交通补助费、意外险、带薪休假等。如果该公司实施附加型的弹性福利计划,它可以将现有的福利项目及其给付水准全部保留下来当作核心福利,然后根据员工的需求,额外提供不同的福利措施,如国外休假补助、人寿保险等。

企业根据员工的薪资水准、服务年资、职务高低或眷属数等因素,确定分给员工的数目不等的福利限额,员工以分配到的限额去认购所需的额外福利。有些公司甚至还规定,

---

① Carol Danehower and John Lust, "How Aware are Employees of Their Benefits?", *Benefits Quarterly* 12, No.4.

员工如未用完自己的限额,余额可折发现金。此外,如果员工购买的额外福利超过了限额,也可以从自己的税前薪酬中扣除。

(2) 核心加选择型。此种类型的弹性福利计划是由一个核心福利和弹性选择福利所组成。核心福利是为员工提供包括健康保险、人寿保险以及其他一系列企业认为所有员工都必须拥有的福利项目的组合,员工不能自由选择。但其他福利项目员工可以随意选择,这部分福利项目都附有价格,可以让员工选购。员工所获得的福利限额,通常是未实施弹性福利制度前所享有的福利,总值超过了其所拥有的限额,差额可折发现金。

(3) 弹性支用账户。弹性支用账户是一种比较特殊的弹性福利制。员工每一年可从其税前总收入中拨出一定数额的款项作为自己的"支用账户",并以此账户去选择购买雇主所提供的各种福利措施。拨入支用账户的金额不需扣缴所得税,不过账户中的金额如未能于年度内用完,余额就归公司所有,即不能在下一个年度内再用,也不能以现金的方式发放。各种福利项目的认购款项一经确定就不能挪用。例如,开在眷属抚养补助项下的款项,就不能挪用到法律咨询项下,而已开立的账户也不能用在未开设的项目上。此计划的优点是福利账户的钱免于纳税,相当于增加了净收入,所以对员工极有吸引力。缺点是行政手续过于烦琐。

(4) 套餐。这种类型是由企业同时推出不同的福利组合,每一个组合所包含的福利项目或优惠水准都不一样,员工只能就其中一个做选择。就好像西餐厅所推出来的 A 套餐、B 套餐一样,食客只能选其中一个套餐,而不能要求更换套餐里的内容。在规划此种弹性福利时,企业可根据员工的背景(如婚姻状况、年龄、有无眷属、住宅需求等)来设计。

第二节 员工福利设计

在企业薪酬体系中,工资、奖金(激励薪酬)和福利是三个不可或缺的组成部分,它们各自发挥着不同的作用。工资具有基本的保障功能,奖金具有明显而直接的激励作用,福利的激励作用则是间接而隐约的。因此在薪酬体系的设计过程中,福利项目与方案的设计经常被忽略。然而,随着人们薪酬水平的不断提高和劳动力主体的改变,员工的需求也发生变化。现金薪酬的激励作用开始下降,员工越来越重视企业所提供的福利,员工对福利的要求不仅越来越高,还日趋多元化与个性化。因此,如何设计适应企业与员工需要的福利项目与方案,提高其激励效果,就显得非常重要了。

一、员工福利设计的原则

(一) 激励性原则

福利作为薪酬体系中的一部分,其根本目标就是激励。所以企业在设计员工福利时,一定要遵守激励性原则,防止福利过度均等化、沦为保健因素,丧失激励效果。

(二) 以员工为中心原则

福利的作用就是通过满足员工的需求,为员工提供便利,达到激励员工努力工作,为企业做出更大贡献的目标。在福利设计的过程中,要打破企业为主导、员工不参与的倾向，应多与员工进行交流，把员工的需求和企业的目标相结合，使福利计划不偏离其最终目的。

(三) 独特性原则

企业福利项目设计既要考虑员工需求的满足，还要有一定的创意，让员工感受到企业的关心和尊重，获得心理上的满足，增强员工对企业的忠诚度与归属感。独特的福利项目还能成为企业吸引人才的一大优势，使企业在人才市场上占据独特的地位。

(四) 弹性原则

一成不变的福利计划无法及时满足员工需要的差异化，企业的福利计划要有弹性，以员工的实际需要作为出发点，在维持福利体系平衡的基础上，保持一定的弹性。同时还要进行动态跟踪和调查，适时调整。

(五) 成本控制原则

福利在薪酬分配中占有很大比重，且呈上升趋势，企业在满足员工的多元福利需求的同时，也要合理控制福利成本。企业应根据发展阶段和目标，制定切实可行的成本预算，在经济状况允许的范围内，尽可能地为员工提供符合员工需要的福利项目，以最小成本实现最大福利效用。

二、员工福利设计的步骤

由于各国都对企业应该提供的法定福利进行了详细的规定，企业自主性小。在实施法定福利时，企业只需按照法律标准执行，在不违反法律的前提下，选择合适的比率，尽量减少成本。所以这里讲的福利设计主要是针对补充福利。

(一) 明确福利目标

在进行具体的福利项目设计前，企业首先要对自身情况有大致的了解。企业的福利设计受到很多因素的影响，如企业规模大小和管理的灵活性，规模越大的企业可设计的福利种类越多、水平也越高，管理灵活度越大的企业，福利设计的自主性越强。所以企业首先要进行自身定位，然后明确此次福利设计的目标是注重均等化还是差异化，是适用于全体员工还是向核心人员倾斜，等等，这需要设计者确定几个问题。

1. 福利保障的对象

确定福利保障的对象即确定都有哪些员工能享受企业的福利，如福利计划是否包括兼职员工、退休人员等，以及福利计划是否根据某些标准来确定其保障的对象。目前大多数企业不向兼职员工提供福利，只有部分公司向退休人员提供福利。为了降低福利成本，企业不必向所有的职工都提供一样的福利，而是根据某种标准，加以区别对待。这些标准大致包括：

(1) 以工龄为标准。职工的福利与工龄挂钩，规定在本企业服务达到一定年限的员工才有资格享受某种福利。

(2) 以员工对企业的贡献为标准。对企业贡献大的员工可以享受较高的福利待遇。

(3) 以在职与不在职为标准。在职职工享受的一些福利，如作为福利发放的一些实物、业余教育、带薪休闲等，退休职工与下岗职工不能享受。

(4) 以每周工作时间为标准。全日工享受的福利,半日工与临时工不能享受。

2. 福利资金来源

企业必须考虑如何为福利融资。实际上,可利用的资源和经济目标在某种程度上会影响福利计划的范围。目前大部分福利计划(包括法定福利)都是半自费的,主要是因为福利成本的大幅度上涨,并且福利计划让员工负担一部分费用,还可以使他了解和认识到该项福利的价值。一个商品无论价值多大,只要是免费的,在员工看来都会显得无足轻重。况且,一个商品可以免费取得,员工自身便对成本控制不再感兴趣。

3. 福利在薪酬中的比重

企业工资总额确定以后,就要全面考虑货币化薪酬和福利各自所占的比重,既要避免取消福利,即在其薪酬体系中不考虑福利的倾向,又要避免福利无限膨胀的倾向。福利的许多积极作用是货币性工资无法实现的,因此在设计薪酬体系时,要注意保持福利的合理比重,这个比重对不同地区、不同经济性质的企业有不同的要求,需要企业根据实际情况加以确定,并且随着企业规模、发展阶段、经济实力、竞争对手的变化而进行调整。

(二) 福利调查

公司制定的福利水平低,虽然对公司的预算和扩大再生产有利,但无法满足员工多样化需要,会造成优秀人力资源流失和企业整体员工满意度的下降。公司制定的福利水平高,可以借此优势留住优秀人才,但会给企业的经营带来负担。因此,首先进行福利调查非常重要,可以从三个方面开展。

1. 企业现有福利调查

企业福利设计首先要分析现有福利的种类和覆盖群体,即企业现在的福利包括哪些项目,福利的受益群体是谁,这个福利的总成本是多少,有哪些项目是必需的,哪些产生的收益不大。如果是集团公司,各个业务单位同类群体的福利是否统一,不统一的原因是什么。调查人员首先要对企业现行的福利政策进行全面了解,并且与人力资源部相关负责人进行交谈,了解企业现在的福利状况。这一步骤主要是公司层面的,调查人员通过对政策的了解和历史数据的统计分析,可以对目前福利的实施情况有总体的了解,然后从中发现现行福利的不足之处和福利缺口。

2. 市场福利调查

与现金报酬一样,福利管理的一个重要因素是了解自己的竞争对手是怎样做的。市场福利调查为本企业的福利设计提供基准,企业可以根据首先确定的福利目标设计高于、等于或低于市场基准的福利,不至于严重脱离市场水平,在人才市场上处于劣势。

市场参考标准的选取很重要,企业在进行调查前,必须对自己进行定位,确定好自己的参照对象。一般情况下,市场调查都是以同行业的主要竞争对手为参照标准,因为主要竞争对手与本企业面临的情况相似,更有参考价值,而且竞争对手采取的措施肯定有其选择的原因,这些恰好也可能就是本企业需要解决的问题。

企业可以自己安排特定的人员开展市场调查,负责从调查的计划、实施到数据分析的全过程,调查的数据最贴合企业的需要,但这对企业工作人员的素质要求很高。企业也可以通过咨询公司来进行,咨询公司一般拥有专业的人才队伍,获取数据的渠道和方式多样,但要求花费的成本很高,有的小企业根本负担不起如此高昂的花费。此外,企业还可以借助政府部门的调查来获得有关信息,这种途径花费小,但信息的真实性和可靠性不强。无论采取何种途径,市场数据的获取都是有难度的,而且都面临真实性和全面性的考验,企业应根据自身情况选择最合适自己的市场调查方法。

3. 员工需求调查

福利就是要通过满足员工的需求,实现激励员工的目的,开展员工需求调查,了解员工需求至关重要。据相关调查显示,员工总是会大大低估企业为他们提供的福利的成本,归根结底,这都是因为企业在设计福利时没有认真考虑员工的需要,以至于为员工提供了他们不需要的福利,而那些员工迫切需要的都没有得到满足,在福利方面的巨额成本所带来的效果大打折扣。

员工福利需求调查的形式主要有两种:(1)调查问卷,调查人员向企业全体员工发放调查问卷。问卷的题目应紧贴企业现状,了解员工的需求、对现有福利的评价以及对新的福利计划的建议。调查问卷应同时包含封闭性和开放性问题,便于向员工展示企业可提供的福利,也方便员工个性化的需求。调查人员发放问卷时,应首先表明此次调查的目的和重要性,强调问卷填写的要求,鼓励员工将自己的真实想法表达出来。(2)访谈。调查者在进行访谈前应列好访谈提纲,避免在访谈过程中话题跑偏,脱离访谈的原本目的。访谈便于收集真实准确的信息,但由于受时间和受访对象数量的限制,信息存在片面性。故在选择受访者时,应兼顾各年龄段、各部门和各层次人员,尽可能使被访者具有较高代表性。

互联网的飞速发展改变了交流的途径,企业可以利用微博、微信、贴吧等网络媒体与员工互动,了解员工的想法和需求,征求员工的建议,使员工也参与到福利设计中来。这既有利于让福利设计更加合理,还是宣传企业福利的不错方法。同时,市场情况和员工需求的多变要求企业时刻关注可能的变化,调整福利计划。

另外,要处理好实现企业福利目标和引导员工享受福利的关系。企业制定福利政策时有一定的目标,员工的福利需求大多数情况下也是有目标的,那么这两个目标能否达成一致是企业能否实现福利目标的关键。企业在实施福利计划时要有意识地加以引导,将员工的福利需求引导到企业的福利目标上来。这就需要人力资源部门做好员工职业生涯规划的指导工作,并指导他们进行适合自身成长需要的福利选择。

(三)福利项目的选择和搭配

通过市场福利调查和员工需求的调查,企业可以根据福利目标和成本预算大致确定本企业福利设计中应该选择的福利项目。福利项目的选择应以实用性为导向,选择那些员工最需要的、成本收益最大的项目。福利项目的数量应适当,以能够满足员工需求为标准,不可过于单一,项目过多又会加重管理难度、增加管理成本。企业对现有福利项目的处理应该谨慎,对于那些效用不大的项目,应在征求员工意见的基础上进行取舍,切不可盲目、自主地取消掉某些福利,否则容易导致员工的不满。

根据福利项目的可变性,企业的福利计划可以分为三种类型:固定型、自助型、固定加自助型。固定型是指企业根据员工的需求和企业发展目标,设计出一系列固定不变的福利项目组合供员工选择,员工只能选择某项搭配,不能更改其中的项目。自助型则相反,是指由员工自主搭配想要的福利项目,只要在规定的范围内,可以自由选择某个福利项目。固定加自助型处于两者之间,企业首先确定一些员工必须选择的福利项目,在此之外,员工可以自由选择自己需要的项目。企业选择最多的一般是第三种类型,对于员工,这种方法既给予了一定的自主性,又可以防止员工因对福利项目不了解而乱选、错选,更好的保障员工的权利。对于企业而言,有利于其管理和控制,还可以防止员工的逆向选择行为。企业在设计福利项目的搭配时,一定要注意保留适当的弹性,防止福利成本增长过快,成为企业以后成长发展的阻碍。

（四）成本控制

近几十年,福利的绝对金额和相对比重都在大幅上升,政府的法律制度日趋完善,给企业提供的强制性要求越来越多。随着经济的发展,员工的需要日渐丰富,会产生越来越多的福利需求。由于福利具有很强的刚性,只能上不能下,企业不得不投入更多的成本在福利上。近年来,物价水平又不断上升,很多项福利的价格都在上升,这些都在很大程度上增加了企业的压力。为了应对成本上升的压力,一些企业进行了相应的改革,例如：(1)实行员工健康修炼计划(EWPs)。即改变员工在工作以及工作之外的生活中所可能发生的最终会导致员工在未来出现健康问题的那些行为,从本质上来说这是一种预防性的计划。(2)由员工承担部分费用。由员工自己承担一个规定数额的负担。员工在医疗或其他事情的支出超过规定数额后,才开始享受福利。(3)规定福利上限。(4)对不同类型员工给予不尽相同的福利内容,并确定享有特定福利项目的条件,如工龄、绩效、职位等达到什么样的程度才能享受。(5)跟福利的提供者作认真的谈判和协调,降低购买福利的成本,审查医院或其他服务单位收费的合理性。(6)某些岗位可招募临时工或兼职人员。(7)在双员工家庭中和另一方的雇主协调分担福利费用。(8)福利业务外包。通过雇用公司外部的人员来管理福利计划,这样更有利于对成本和福利的控制。而公司自己则集中精力从事生产经营。

成本控制应贯穿福利设计的全过程。在进行福利成本控制时,有必要考虑以下几个方面的要素：第一,某种福利类型的成本越高,则以此节约福利成本的机会越大;第二,福利类型的增长轨迹也非常重要,即使某种类型福利的成本在当前是可以接受的,但是其增长率可能会导致企业在未来承受巨大的成本;第三,只有当雇主在选择将多少钱投入某种类型的福利方面具有非常大自由度时,遏制福利成本的努力才会起到作用。许多法律所要求的福利计划(比如社会保障)的成本支出相对来说较为固定,它会为企业降低福利成本的努力带来一定的限制。因此,成本高、增长快、自由度大的三种类型福利是福利成本控制战略的重要控制对象。

（五）福利计划的实施和调整

福利计划的成功实施是福利设计的目标,也是检验福利设计成功与否的标准。企业在福利计划实施前,应与员工进行沟通,向员工介绍福利项目的具体内容和实施流程等信息。与员工进行交流的方式有很多,如编制福利手册;为员工提供个人福利单,详细注明福利范围和每部分的价值;开会介绍或用视听材料介绍公司福利计划的细节以及个人咨询等。这一步至关重要,如果得到员工的支持,福利计划很容易被推行。相反,如果遭到员工或工会的反对,福利计划将很难平稳落地。

福利计划的实施还需其他工作的配合,如绩效考评和薪酬工作。为了增强福利的激励作用,进而留住核心人才,提升人员品质及效率,越来越多的企业将员工福利的额度跟其业绩进行挂钩。因此,科学的绩效考核是福利制度成功的基础,企业应该在绩效考核的设计上力求严谨。对于不同类型的员工注意绩效考核方法的选择、考核主体和考核周期的确定,使考核尽可能公正、客观。此外,福利作为薪酬体系的一个组成部分,福利和薪酬的比重需维持在一个合理的水平,两者要搭配发挥激励作用。

企业设计好福利计划后,在实施的过程当中,应随时对福利系统进行监控,及时做出调整。有关福利的法律经常会发生变化,组织需要关注这些法律规定,检查自己是否适合某些法律法规的规定,一方面避免自己在不知不觉的情况下违反国家的法律法规;另一方面,企业还可以以法律法规为依据,寻求有利于自己的福利提供方式。与外部市场的直接薪酬状况变化相似,其他企业的福利实践的变化也可能对本企业产生影响。还有外部组织提供的福利成本(如保险公司提出的保险价格)所发生的变化也会对本企业的福利体系产生影响。此外,员工的需要和偏好也会随员工队伍构成的不断变化以及员工自身职业生涯的发展阶段而不断发生变化。因此,企业的外部市场环境、竞争对手的变化、企业发展阶段的不同、企业经济实力的变化、内外部劳动力的变化等因素,都要求企业及时调整薪酬福利系统,调整福利项目或力度,使其更好地为企业战略目标服务。

本章小结

1. 对员工福利的内容进行了介绍,其中法定福利包括社会保障、住房公积金和法定休假。企业补充福利计划包括企业年金、企业补充医疗保险、集体人寿保险计划、住房或购房支持计划、员工服务福利等,并对福利发展的新趋势——弹性福利进行了介绍。

2. 对员工福利的设计与管理进行了介绍,员工福利的设计主要遵循激励性原则、以员工为中心原则、独特性原则、弹性原则和成本控制原则。福利设计的流程主要包括明确福利目标、福利调查、福利项目的选择和搭配、成本控制及福利计划的实施和调整。

复习思考题

1. 我国企业员工享有的福利体系包括哪些内容?
2. 弹性福利制度有哪些类型?
3. 福利设计应遵循哪些原则?
4. 福利设计有哪些具体步骤?实施中应注意哪些问题?

案例研究

CI 公司知识型新生代员工的弹性福利体系

CI 公司是我国某知名检验认证集团下的一级子公司,主要从事管理体系认证、检验鉴定等业务,现有职工 420 余人,其中受教育程度在本科及以上的知识型新生代员工人数为233人,占公司比例的55%。CI公司自2004年成立以来,不断加强人才培养和队伍建设,狠抓制度建设与创新,使公司获得了巨大发展。为了留住和吸引更多的内外部优秀人才,CI公司于2013年开始试行弹性福利制度并且取得了不错的效果,其具体的福利方案介绍如下:

1. 福利目标

在符合国家政策的法定范围内,满足公司知识型新生代员工的福利需要,激发员工的工作积极性,提高工作的满意度。将"普惠与激励"相结合,以基本的法定福利项目作为员工生活的保障因素,而弹性福利项目作为工作激励因素,以期通过二者的整合与优化使福利的激励作用得到最大化发挥。此外,还要对福利管理成本加以适度控制,以免影响公司的健康发展。

2. 福利实施对象

CI公司的福利对象包括正式员工、非正式员工、劳务派遣员工。公司根据不同层次员工福利需要来设置全员化或者个别化的福利管理策略,以增强福利项目的适用性。如所有员工都可享有的设置为全员福利;部门主管以上层次的员工可根据自身需要选择出国进修、旅游度假等福利;生活状况困难或者家庭成员有重大疾病的员工可选择帮扶福利;等等。

3. 福利项目

公司在制订福利方案时,将弹性福利体系中的项目设计与知识型新生代员工需要层次对应,福利项目包括了基本福利和弹性福利。

(1) 基本福利(刚性福利)

为保障知识型新生代员工生理和安全上的基本需要,公司为员工提供了如下法定福利:第一,社会保险。公司根据所在行政区的相关规定,只要入职资料全部提交完毕且合同签订完成后的员工,统一办理养老保险、失业保险、工伤保险、基本医疗保险、生育保险。第二,法定假日。每周双休(除检验鉴定员外),根据国家规定,公司全员每年享受11天带薪休假,妇女节女性员工放假半天。此外,所有转正的公司员工按有关规定享有婚假、产假、丧假等带薪假。第三,住房公积金。凡入职满一年的正式员工均可享受。

(2) 弹性福利(柔性福利)

公司在于知识型新生代员工进行反复沟通的基础上,根据大部分员工的合理需求,最终确定出与员工需求基本相对应的弹性福利项目。第一,对应知识型新生代员工的社交需要的福利。社团联谊活动,公司不定期与其他公司或社团举行联谊活动,一方面可以拉近公司内部员工的距离,增进彼此之间的感情;另一方面能够扩大公司员工的人际交往范围,尤其是与其他公司举行的单身联谊会,大大满足了公司单身人士的社交需求。素质拓展训练,以通过"先行后知最后达到知行合一"的体验式学习方式,使员工通过亲身体验来挖掘自己的潜能。此外还包括举行旅游沙龙、文体活动等,员工根据自身需要酌情选择。第二,对应知识型新生代员工的尊重需要的福利。根据员工入职年份、职位高低和个人绩效,制定出多项可供员工选择的福利项目,让员工感受到公司的人文关怀与尊重。包括无息/低息住房贷款、购车补贴、EPA咨询、家庭成员重大疾病/意外伤害等商业保险、每年一次体检、返乡交通费补贴、美容美发卡、带薪旅游假等。第三,对应知识型新生代员工自我实现的需要的福利。内部轮训,对工作能力强的员工在公司的不同相关部门进行轮岗轮训,让其对公司各部门情况都有相关了解,为日后的晋升打好基础,从而留住了公司的优秀人才。出国进修,由于公司与越南、泰国、老挝等国经常有进出口检验认证等业务往来,会经常派遣员工出国进修,这既实现了员工自身的价值,也能为公司增值。还包括职业资格考试补贴、弹性工作制等。

(3) 福利项目定价

并不是说员工可以毫无限制地挑选弹性福利项目。在福利总金额一定的前提下,公司根据年终营业状况及个人的薪酬水平,为员工建立福利账户,预算出员工可运用的福利积分。员工在指定的时间内,从公司的福利菜单中自由选择福利项目。在对福利物品定价时,能够直接用货币衡量价值的福利项目,按照实际价格来定福利积分,不能直接以货币衡量的福利项目,则根据实际市场价格折算成公司内部相应的金额,再根据员工的薪酬、绩效、职位等因素来设定福利积分限额。员工在自己的需要和福利限额范围内进行福利项目选择,这样满足了不同层次员工的多样性需要,使员工福利效用最大化。出于简便目的,公司将1元人民币折合为1个福利积分。

(4) 弹性福利积分管理方案

公司制订的方案强调将员工的弹性福利与其个人绩效以及其部门绩效挂钩,以此确定员工的福利积分,即员工弹性福利积分=员工标准福利积分×个人绩效系数×团队绩效系数,员工根据自身需要和福利积分多少来选择自己的福利。为了对员工的福利积分进行高效管理,公司为员工建立了相应的电子弹性福利账户,以便员工可以适时登录个人账户选择所需的弹性福利项目,系统在每笔交易完成后自动扣除员工个人账户内的积分。值得注意的是,员工福利积分的使用需要设置一定的期限(一般为1年),周期内未使用完的积分到期将自动清零,其目的是防止过度的福利积分储蓄。

(5) 弹性福利方案的反馈

CI公司自2013年开始试行弹性福利至今已两年有余,据公司对知识型新生代员工最新的福利满意度调查数据显示,有76%的人表示对新福利政策表示满意,说明公司引入的弹性福利方案取得了巨大的成功,且这一制度还会在未来的实践中更加完善。

资料来源:伍辉延、雷霞飞."马斯洛需求理论视角下知识型新生代员工弹性福利体系设计——以CI公司为例",《管理新视界》,2015年第1期,第54—59页。

案例思考题:

CI公司的员工弹性福利包括哪些内容?分析这种福利计划是如何适应企业特性以起到支持企业发展战略的作用的。

21世纪经济与管理规划教材

人力资源管理系列

第八章

战略性薪酬管理技术

【学习要点】

薪酬战略与组织战略的匹配

薪酬战略与组织成长阶段的匹配

薪酬战略与组织文化的匹配

薪酬的横向结构设计

战略性薪酬体系的建立流程及其对薪酬管理职能的要求

开篇案例

华为不同发展阶段的薪酬战略

自1987年创立以来,华为公司由当初仅有注册资金2万元、员工6名的小公司跃身为当前全球第一大通信设备供应商及第三大智能手机厂商,员工规模达15万人,在全球有23个研究所和34个创新中心。华为的成功与其不同发展阶段的适应性薪酬战略密不可分。

(1) 1987—1994年,初创期:非货币性薪酬为主导。 成立初期的华为,基本就是一家贸易公司。1991年华为开始自主研发新型用户程控交换机,1994年华为的第一台C&C08万门交换机开局成功,自此终结了无产品、无技术的纯粹贸易时代。尽管1992年销售收入已突破1亿元,华为整体实力依然较弱,内外部资源贫乏。因此,成立伊始的华为,员工薪酬水平和福利水平均低于市场平均水平,公司主要依靠晋升、能力提升、工作氛围、创业机会、对未来成功的期望等非货币性薪酬来吸引和留住员工。此外,华为还尝试采用股权激励:1990年第一次提出内部融资、员工持股概念;1992年开始推行员工普遍持股制(但持有内部股的员工仅有分红权而无其他股东权利)。1993年华为开始针对公司战略发展急需的核心人才实施薪酬领袖战略。

(2) 1995—2005年,高速成长期:薪酬领袖战略。 高速成长期的华为,实力逐渐变得雄厚,伴随规模的扩大,人才招聘需求迅速上升,遂开始实施全面薪酬领袖战略:华为员工薪酬比国内其他厂商高出1/3左右。1997年以后,华为开始进行多元化经营,除原有的电话交换机外,还增加了数据业务、无线通信、GSM等通信领域的主导产品,快速扩张导致了对优秀人才的巨大需求,高薪领袖战略得到了进一步加强。总的来说,高速成长期的华为,薪酬体系依然相对比较简单,除了基本月薪、年终奖和股票,还有一些福利和补助。相比华为的基本月薪"领袖"水平,华为的福利不算太多,并以货币形式支付,这是因为任正非注意通过薪酬制度确保员工的工作动力,同时也十分警惕不让华为成为一个养老机构,不能染上"福利病"。此外,华为还为员工支付国内出差补助、国内离家常驻外地补助、海外出差补助、海外常驻补助四类基本补贴。

(3) 2005年以来,稳定发展期:更加丰富化的薪酬战略。 从2003年开始华为逐渐进入欧洲市场、日本市场、南美和北美市场,在2005年已经与全球几百家客户从原来的甲乙方关系转变为相互依存、相互促进的战略伙伴关系,在海外的销售额首次超过国内。至此,华为的国际化发展路线逐渐明朗,3G产品签单成功,海外业务发展迅猛,公司需要配备国际化人才。因此,2006年之后华为开始推行薪酬改革,重点是按责任与贡献付酬而非按资历付酬。华为根据岗位责任和产出贡献决定每个岗位的薪酬级别,员工薪酬则与岗位和贡献挂钩。运用任正非的话说,"我们要理解作出大贡献的员工,通过分享制,要比别人拿到手的多一些,或多得多。工作努力的一般性员工的薪酬也应比社会高20%—30%,当然工作效率也要高20%—30%……我们要尊重有经验的各级干部,让他们在流程中发挥重要的骨干作用。但按序排辈、按资历排辈会使一部分优秀员工流失。要让一些优秀人员在最佳时段走上最佳的岗位,作出最大的贡献。激活组织,焕发个人潜力,充满最大能量"。华为希望通过此次薪酬变革鼓励员工在未来的国际化拓展中持续努力奋斗,鼓励那些有奋斗精神、勇于承担责任、能够冲锋在前的员工,调整那些工作懈怠、安于现状、不思进取的老员工的岗位。

2013年7月,为了改革不适应公司战略发展的"腰粗"的"橄榄型"组织结构(华为推崇加班文化而导致),也为了加强对"思想新、冲劲足、富有活力和热情,是公司未来的管理者和专家之源"的13—14级基层员工群体的激励,华为宣布将为13—14级基层员工及2014年新招应届毕业生大幅度加薪;基层员工平均加薪幅度在30%左右,很多人的薪酬会翻番,部分人的薪酬上涨幅度甚至会超过70%。华为此次加薪显然是要借此挤走一批中间层员工,从而达到"瘦腰强腿"的目的,把那些不符合华为艰苦奋斗需求的中层淘汰掉,重塑强有力的金字塔形人才结构。

组织的薪酬战略是随着内外部条件、组织发展战略而变化的。组织只有实施与其发展战略密切相关的薪酬战略,才能取得人才优势,为组织提供持续的富有竞争性的人力资源优势,进而为组织愿景、使命、目标的实现提供强大的保证。华为薪酬战略随其内外部环境及组织战略的变革而做出相应的适应性调整即是一个成功的战略性薪酬管理的典范。

案例来源:根据网络有关资料整理。

战略性薪酬管理,即针对特定组织内外部环境和总体战略目标,紧紧围绕战略性广义薪酬,将战略性激励核心理念层层贯彻到组织薪酬规划、薪酬设计和薪酬管理的具体行动中,进而搭建起一整套独具特色、富有竞争力的薪酬管理框架。它首先应是一种管理理念,即树立战略导向思想(详见第一章);其次才是一种管理技术,即利用战略管理思想进行薪酬设计(详见本章)。本章主要介绍战略性薪酬管理技术:首先,介绍影响组织战略性薪酬管理的组织战略、成长阶段、文化及其他因素,分析组织薪酬战略如何更好地支持组织战略并与成长阶段、文化等因素相匹配;其次,由于薪酬横向结构通过对薪酬要素的不同组合而达到不同激励功效,从而有效地促进组织战略目标的实现,因此,接着讨论战略性薪酬的横向结构设计,即战略性薪酬组合模式;最后,为了确保战略性薪酬管理的顺利实现,阐释了战略性薪酬体系的建立流程、战略性薪酬管理的变革特征及实施战略性薪酬对薪酬管理职能的要求。

第一节 薪酬战略与组织战略、成长阶段

战略性人力资源管理理论指出,不同的组织战略应当采用与之相匹配的人力资源战略(含薪酬战略),方能达到更好的实施效果。组织战略通常划分为三个层次:一是组织发展战略或组织战略;二是组织经营战略或竞争战略;三是职能战略。组织战略解决的是组织规模问题(即扩张、稳定还是收缩问题);竞争战略解决的是如何在既定领域中通过一定的战略选择来战胜竞争对手的问题;职能战略解决的是各个职能部门相应的战略计划。组织战略通常包括成长战略、稳定战略和收缩战略;竞争战略通常包括成本领先战略、差异化战略和集中战略。组织所采取的战略不同,薪酬战略也必然不同。这里,我们仅探讨组织战略、竞争战略与薪酬战略的关系,阐释与不同组织战略和竞争战略相匹配的薪酬战

略。另外，处于不同成长阶段的组织，其特点有显著差异，因此，组织薪酬战略也要考虑与所处成长阶段相匹配。

一、薪酬战略与组织战略的匹配

（一）薪酬战略与成长战略的匹配

成长战略是一种关注市场开发、产品开发与创新以及合并等内容的战略，包括内部成长战略和外部成长战略两类。前者是通过整合和利用组织所拥有的所有资源来强化组织优势的一种战略，它注重的是自身力量的增强和自我扩张；后者则是试图通过纵向一体化、横向一体化或者多元化来实现组织成长的一种战略，往往是通过兼并、联合和收购等方式来扩展组织的资源或者强化其市场地位。

对于追求成长战略的组织来说，它们更加强调创新、风险承担以及新市场开发等，因此，与之相匹配的薪酬战略往往是组织与员工共同分担风险以及让员工分享组织未来的成功，这样，既帮助组织达成目标，也使员工有机会在将来获得较高的收入。于是，组织需要采用的薪酬方案应当是，在短期内提供水平相对较低的固定薪酬，同时实行奖金或股票选择权等计划，从而使员工在长期中能够得到较高的回报。而且，成长型组织对于灵活性的需要很强，因此，在薪酬管理方面，应注意适当分权，比如，适当赋予直线管理人员一定的薪酬决定权。另外，伴随着组织扩张，员工所从事的工作本身将在不断变化，因此，薪酬系统应更关注员工的技能。

具体到不同的成长战略（即内部成长战略和外部成长战略），薪酬管理的具体实施目标却不同：采用内部成长战略的组织应将薪酬管理的重心放在目标激励上；采用外部成长战略的组织则应注意组织内部薪酬管理的规范化和标准化。另外，对于采用外部成长战略的组织来说，多元化战略是其成长战略的一种重要模式。国外一些学者专门研究了多元化战略与薪酬政策的关系。依据组织理论，组织经营多元化程度越高，就越需要以组织目标来整合及控制各独立的事业单位；而薪酬制度则可以用来配合组织目标并在管理上作为主要的整合与控制手段。然而，由于多元化组织各个部门的薪酬政策经常有重叠现象，因此，薪酬设计者必须理解和掌握各种不同形式的薪酬政策，以便能配合各种性质独特的事业单位。所以，当组织采取多元化战略时，薪酬设计者必须了解每个事业部门的年度战略和长期战略，努力使薪酬计划适应组织的每一个事业部门。

（二）薪酬战略与稳定战略的匹配

稳定战略是一种强调市场份额或者运营成本的战略，它要求组织在已经占领的市场中选择出一块自身能够做好的部分，然后把它做得更好。采取稳定战略的组织往往处于较为稳定的环境中，组织的增长率较低，组织维持竞争力的关键在于能否维持住自己已经拥有的技术。采取稳定战略的组织，其人力资源管理的重点在于稳定已经掌握相关工作技术的劳动力队伍，因而，对于薪酬内部一致性、薪酬管理连续性、薪酬管理规范化及标准化等均有较高要求。所以，在薪酬管理方面，薪酬决策的集中度比较高，薪酬确定基础主要是员工所从事的工作本身；由于组织往往不强调与员工之间的风险分担，较为稳定的基本薪酬和福利所占的比重往往较大；组织一般追求与市场持平或者略高于市场水平的薪酬,但从长期来看,由于组织增长速度不快,它的薪酬水平不会有太大幅度的增长。比如,可口可乐公司于1999年开始减慢在中国的投资扩张速度,公司开始实施稳定发展战略;对应该战略,公司进行了组织结构改革和薪酬改革,将薪酬的范畴拓展至基本工资、绩效奖金、福利、股权、培训、员工参与、职业生涯规划等各方面,推行全面薪酬制度。

(三) 薪酬战略与收缩战略的匹配

收缩战略也称精简战略,通常会被那些面临严重经济困难而想要缩小一部分经营业务的组织所采用,有些组织在进行经营战略中心调整时也会实施收缩战略。这种战略往往与裁员、剥离及清算等行为联系在一起。根据采用收缩战略的组织自身特征,不难发现,实施收缩战略的组织往往以成本为重,因此,对于降低基本薪酬比重及将员工收入与组织经营业绩挂钩的愿望非常强烈;此外,许多组织往往为了留住核心人才还力图实行员工股份所有权计划,以鼓励员工与组织共担风险。蓝色巨人 IBM 公司 2005 年出售 PC 业务,将业务中心调整到软件和服务上,与此同时,增加员工薪酬中绩效薪酬部分,使得绩效最优者的收入达到绩效最差者收入的 2.5 倍,从而满足绩优者各方面的需要,鼓励员工创造高绩效,在为公司赢得优秀人才的同时一定程度上也控制了薪酬成本。

二、薪酬战略与竞争战略的匹配

Porter(1980)将竞争战略分为成本领先战略、差异化战略和集中战略三种。[①] Gomez-Mejia, Balkin 和 Cardy 等人采用 Porter 的竞争战略分类,进一步探讨了与每一类型竞争战略最匹配的战略人力资源管理活动,如表 8-1 所示。

表 8-1　Porter 竞争战略与战略人力资源管理活动(薪酬管理)的关系

组织竞争战略	成本领先战略 (价格竞争)	差异化战略 (创新性产品)	集中战略 (高品质产品)
战略特征	组织拥有低成本优势,在产品本身质量大体相同的情况下,以低于竞争对手的价格向客户提供产品以迅速提高市场占有率并获取竞争优势	强调高品质、创新设计、品牌形象及良好服务,追求产品或服务的独特性,使其价值提升。组织会投入大量研发费、广告费,掌握顾客的需求,创造差异化的竞争优势	分为成本集中战略与差异化集中战略。针对特定目标,如特定顾客、地理区域或特定产品类型,选择上述两种战略之一,来满足特定目标群的需求以取得竞争优势
人力资源战略	吸引式	投资式	参与式
HRM 活动			
工作流程: (1) 效率或创新 (2) 控制制度 (3) 工作说明 (4) 工作规划	有效率的生产 控制 明确的工作说明书 详尽的工作规划	创新 弹性 工作的广泛 松散的工作团队	同时强调效率与创新 同时强调控制与弹性 两者结合 两者结合

---

① Porter M E., *Competitive Strategy: Techniques for Analyzing Industries and Competitors*, Free Press, 1980.

(续表)

组织竞争战略	成本领先战略（价格竞争）	差异化战略（创新性产品）	集中战略（高品质产品）
招聘：			
(1) 员工来源	外部劳动市场	内部劳动市场	两者兼用
(2) 晋升阶梯	狭窄、不易转换	广泛、灵活	狭窄、不易转换
(3) 甄选决策	由人力资源部门负责甄选的过程	由部门主管负责甄选决策	结合两者
(4) 强调的甄选标准	强调技能	强调甄选与组织文化的契合	结合两者
(5) 雇用与社会化的过程	正式的雇用和社会化的过程	非正式化的雇用和社会化的过程	结合两者
绩效评估：			
(1) 时间性观念	短	长	短
(2) 行为/结果导向	结果导向	行为与结果	结果导向
(3) 个人/小组导向	个人导向	小组导向	两者结合
(4) 评估程序	一致的评估程序	特制的评估程序	两者结合
(5) 评估的用途	利用绩效评估作为控制方法	利用绩效评估作为员工发展工具	两者结合
(6) 评估范围	评估范围狭窄	多重目的的评估	两者结合
(7) 评估者	高度依赖上司评估	从多方面的投入进行评估	两者结合
培训：			
(1) 内容	应用范围局限的知识和技巧	应用范围广泛的知识和技巧	应用范围适中的知识和技巧
(2) 个人/团队为基础	个人培训	以团队为基础的跨功能培训	结合二者
(3) 在职或外部培训	在职培训	外部培训	同时采用外部与在职
(4) 自行培养或购买所需技能	公司自己培养所需技能	自公司外部购买技能	一方面自行培养，一方面自外部取得所需技能
薪酬：			
(1) 公平原则	对外公平	对内公平	对内公平
(2) 基本薪酬	低	高	中
(3) 归属感	低	高	高
(4) 雇用保障	低	高	高
(5) 变动薪酬	强调成本改进指标	强调创新指标	两者结合
(6) 薪酬计算基础	强调以工作或年薪为基础的薪酬支付方式	强调以个人能力或绩效为基础的薪酬支付方式	两者结合
(7) 集权或分权	中央集权的薪酬	分权的薪酬决策	两者结合

资料来源：Gomez-Mejia L. R., David B. Balkin, Robert Cardy, *Managing Human Resource*, Upper Saddle River, Prentice-Hall Inc., 1995。

（一）薪酬战略与成本领先战略的匹配

成本领先战略是组织拥有低成本优势，在产品本身质量大体相同的情况下，以低于竞争对手的价格向客户提供产品以迅速提高产品市场占有率并获取竞争优势的一种竞争战略。采用成本领先战略的组织，组织结构多为中央集权式，生产技术较为稳定，技术人员和职能参谋部门人员数量较少；要求员工在指定的工作范围内有稳定的表现而无须创新与突破。另外,如表 8-1 所示,基于组织视角,追求成本领先战略的组织非常重视效率,尤其是对操作水平的要求很高,它们的目标是以较低的成本去完成较多的事情,因此,主要采用"吸引式"人力资源战略,比如,严格控制人力成本,短期人员相当多,对员工培训活动不积极,绩效评估以个人绩效及短期结果导向为主,组织与员工之间就是直接、简单的利益交换关系。

追求成本领先战略的组织,相比追求其他两类战略的组织而言,薪酬水平、薪酬构成和具体的薪酬决策方面的侧重点有很大不同:(1)薪酬水平方面,这种组织会密切关注竞争对手所支付的薪酬状况,保持既不低于也不高于竞争对手的薪酬水平。(2)薪酬构成方面,组织通常会采取一定的措施提高浮动薪酬或奖金在薪酬构成中的比重,鼓励通过生产效率的不断提高和工作履行的专门化达到成本领先。一方面是为了控制总体的成本支出不至于由于薪酬成本的失控导致产品成本上升;另一方面也鼓励员工降低成本,提高生产效率。(3)薪酬决策方面更倾向于采取中央集权式。

(二)薪酬战略与差异化战略的匹配

差异化战略强调高品质、创新设计、品牌形象及良好服务,追求产品或服务的独特性以获得竞争优势。实施差异化战略的组织,通常处于不断成长与创新的环境中,生产技术较为复杂,较重视员工创新能力,技术员工比例较大、辅助员工比例适度。因此,这类组织对员工的创新力要求较高,主要采用"投资式"人力资源战略(见表 8-1)。比如,聘用较多的员工以提高组织弹性与储备多样专业技能;组织与员工倾向建立长期工作关系;重视训练、开发与劳资关系;员工工作范围较广,有些工作甚至需借助团队来完成;绩效评估主要以长期行为及团体导向为主。

薪酬是预测组织创新的重要指标之一,对影响组织创新的知识管理能力也具有显著解释力(Findikli 等,2015)[1]。因此,薪酬战略对组织差异化战略的实现至关重要,尤其是员工绩效薪酬设计。至少有四种观点表明基于组织绩效的薪酬支付计划更有利于促进组织差异化战略的实现。(1)第一种观点认为,由于基于组织绩效的薪酬支付计划通过将员工薪酬支付与组织财务绩效联系在一起,而使得组织在面临需求波动时依然能够保持盈利,从而有效降低组织经营风险。(2)第二种观点认为,实施差异化战略的组织的一个核心特征即变革与追求灵活性,因此,他们较少使用传统监督和控制式员工管理方式,取而代之以员工自我控制和自我管理;员工自我控制与自我管理能否有效实现则取决于组织是否将员工薪酬与组织成功联系在一起。有研究表明,使用诸如员工利润分享计划或收益分享计划等基于组织绩效的薪酬支付计划的组织往往较少使用正式控制,并且管理者数量大大减少。(3)第三种观点认为,实施差异化战略的组织往往有较高的变革需求,基于组织绩效的薪酬支付计划则有助于提升员工对变革的接受度和热情。具体来说,当员工意识到他们将从组织绩效的变革中获益时,依据期望理论和变革理论,员工将更可能支持这种变革,从而创造了一个更具适应性的组织,促进组织差异化战略的实现。(4)第

---

[1] Afacan Fındıklı, M., U. Yozgat and Y., "Rofcanin, Examining Organizational Innovation and Knowledge Management Capacity The Central Role of Strategic Human Resources Practices (SHRPs)", *Procedia—Social and Behavioral Sciences*,2015,181:377—387.

四种观点则认为,实施差异化战略的组织尤其需要在所有员工之间进行知识共享,由于基于组织绩效的薪酬计划是一个强调员工间合作(含知识共享)、员工参与组织绩效的特殊激励系统,所以,它对于追求创新战略的组织尤为有价值。①

除了在绩效薪酬设计方面追求基于组织绩效的薪酬支付计划,实施创新战略的组织支付给员工的基本薪酬,整体上会略高于市场平均水平或行业平均水平,并强调以个人能力为基础的技能薪酬体系;在薪酬决策上较注重分权决策;十分注重内部公平。

(三) 薪酬战略与集中战略的匹配

集中战略包括成本集中战略与差异化集中战略。无论是哪一种,采取集中战略的组织,主攻某个特定的顾客群、某产品系列的一个细分市场或某一地区市场,能够以更高的效率(更低的成本)或更好的效果(差异化)为客户服务,从而取得竞争优势。

采用集中战略的组织所关注的是如何取悦客户,希望自己以及自己的员工不仅能够很好地满足客户所提出的需要,同时还能够帮助客户发现一些他们的潜在需要,并设法满足客户的潜在需要。追求集中战略的组织采用"参与式"人力资源战略(见表8-1);组织将决策权力下放;员工以高级技术员及少许职能参谋部门人员为主,大多数员工都能参与决策,因此,对员工主动性与创新性的要求极高;培训着重于员工的沟通技巧,积极发展员工才能,并通过员工对组织目标与工作的认识,彼此产生深度认同感;员工工作丰富化,需通过自我管理及工作团队来达成;绩效评估以结果、个人与团队并重为导向。

采用集中战略与"参与式"人力资源战略的组织,在薪酬方面,结合了上述两种薪酬管理的特点。特别需要指出的是,客户满意度是这类组织最为关心的一个绩效指标,为了鼓励员工持续发掘服务于客户的各种不同途径,以及提高对客户需要做出反应的速度,这类组织的薪酬系统往往会根据员工向客户所提供服务的数量和质量支付薪酬,或者是根据客户对员工或员工群体所提供服务的评价支付奖金。

三、薪酬战略与组织成长阶段的匹配

由于组织不同成长阶段表现出不同的特征,因此,如本书图1-6所示,战略性薪酬管理强调薪酬系统的设计在依据组织发展战略、组织文化和组织外部环境的同时,还需结合组织成长阶段,实行不同的薪酬管理模式。组织处于不同的成长阶段,需要相应的薪酬战略与之匹配。

(一) 组织不同成长阶段的特征

组织生命周期理论把组织的成长与发展看作一个包含若干阶段的过程,并强调对该过程中各阶段的特征与问题进行研究。尽管不同学者对生命周期这个"过程"的阶段划分不一,更多情况下则接受将组织生命周期划分为初创、成长、成熟、衰退或再发展四个阶段。

1. 初创阶段

初创阶段是指组织的孕育和早期成长阶段。处于初创阶段的组织,产品单一,销售仅

---

① Lepak, D. P., Taylor, M. S., Tekleab, A., Marrone, J. A., Cohen, D. J., "An Examination of the Use of High-Investment Human Resource Systems for Core and Support Employees", *Human Resource Management*, 2007, 46: 223—246.

局限于某个区域;创业者承担管理组织所有事务的责任,但是他们的决策往往只是凭直觉判断;缺乏明确的管理制度,没有职位说明书和组织结构图、相关任务和个人责任没有明确界定、职责划分不明确;组织通常通过技术进步、创新或企业家精神而初具形态并获得市场机会;组织内部的交流很随意;每个人都很重视产品的生存;现金短缺现象很严重。初创阶段,组织主要关心如何通过加班加点工作、非正式沟通、简洁的组织结构、集权和个性化领导风格来获得安全的财务资源以确保生存。

2. 成长阶段

随着产品工艺和性能的不断改进及市场营销工作的展开,产品逐步被消费者接受,销售量、销售额、销售利润同步增长,开始出现稳定的现金净流入现象;与此同时,组织规模、员工队伍也在迅速扩大。这些均表明组织已经进入成长阶段。处于成长阶段的组织具有如下四个主要特征:(1)创业者作为组织领导者的绝对权威,其相应的社会地位得到了空前的确立;(2)由于组织规模和员工队伍的扩大,组织内部分工开始细化,管理层次开始裂变,从而出现了授权与控制的要求,组织结构正式化的要求也越来越强烈;(3)组织的发展对人力资源的需求迅速增加,大量新职位不断出现;(4)人力资源的大量流动使得组织人力资源管理首先从形式上健全起来,逐步形成一套标准的关于员工招聘、录用、培训、分配、考核、薪酬直至退休的详细操作规范,尤其是培训工作,得到前所未有的重视,组织内开始建立内部培训系统[①]。对处于成长阶段的组织发展,已由初始阶段受财务资源约束转变为受人力资源制约。

3. 成熟阶段

成熟阶段是组织成长的目标阶段,也称稳定阶段。处于成熟阶段的组织,其规模、市场占有率、产品销量和利润均达到最佳状态,组织营销、生产及研发能力也处于鼎盛时期,组织及产品的知名度高。该阶段,组织通常会考虑制定一些新政策以防止经营战略外泄,财务记录系统也更加完善。但是,经理人员会发现,他们的行为经常会受到这些政策和记录系统的限制;由于这些限制,他们不能直接做决策,而只能向相关机构提议;由于步入成熟阶段的组织大都配有参与决策的委员会,因此,这些提议通常需要经过相当长的时间来准备和论证,决策过程延长。另外,处于成熟阶段的组织经常会进行"整合",减少管理层次,缩减市场重点。比如,把市场重点放于一个地域较集中的高利润生产线上,放弃或剥离一些没有希望增加利润的低利润产品区域。

处于成熟阶段的组织,必然要按照组织的基本特征来进行人力资源的管理与开发,如根据组织特征、条件与手段,适时进行组织结构的扁平化和柔性化变革;努力使组织、员工尽快向学习型组织和学习型员工转变;适时调整员工绩效考核办法和考核标准,改进员工薪酬和激励手段等。

4. 衰退阶段

当组织产品市场销售额急剧下降、市场占有率和利润大幅度下降,财务状况恶化,员工离职率增加、士气低落以及组织承诺度下降,则意味着组织已经进入衰退阶段。处于衰

[①] 赵曙明、吴慈生、徐军:"企业集团成长与人力资源管理的关系研究",《中国软科学》,2002年第9期,第47—51页。

退阶段的组织,有两个特征相当明显。第一,由于技术过时,市场份额正在下降,市场本身正在逐渐消失。第二,组织官僚主义严重。具体表现在:每一事项都有程序指南,详细规定着从一打铅笔到几百万美元的资本投资等各种事件的审核程序;形式变得重于实质,从注重结果变为注重过程;组织内盲目乐观、缺乏沟通、战略保守、群体思维和互不信任的气氛浓厚;组织结构僵化,对变革的抵制使组织不再可能感知到重要环境变化,因而,组织结构、决策过程、信息管理程序越来越不适应组织需要。

进入衰退阶段的组织,其战略重点在于如何继续生存下去,因此,成本改善计划显得尤为重要,通常需要撤掉一些非盈利经营活动;另外,开发新产品或为现有产品开拓新市场,在衰退阶段又将重新被重视。

(二)薪酬战略与组织成长阶段的匹配

关于薪酬战略与组织成长阶段的匹配,Elling(1984)的建议是诸多学者中较为完善的,他曾以组织在市场上发展的四个阶段(初创、成长、成熟、衰退)来说明每个阶段所应采取的薪酬战略[①],如表8-2所示。

表8-2 组织在不同成长阶段采取的薪酬战略

生命周期 薪酬战略	初创	成长	成熟	衰退
基本薪酬	低 为了储备资金、增加投资,以促使组织成长	中 由于组织赢利能力而日益增加	中 由于组织赢利能力而已趋稳定	高 因为激励计划难以奏效
短期激励薪酬	中 组织为储备资金	高 组织为促使新发展的事业能稳定成长借此向市场占有率最高的组织挑战,以获取更大的影响力	高 为维持目前市场上的占有率	中 因为针对部分市场上占有率较低而设的激励计划,已遭遇困难
长期激励薪酬	高 因为资金短缺借此使员工与组织有同舟共济的感受	高 为建立稳固的市场地位市场价值的计划更盛行	中 因为几乎不再成长非市场价值的计划取代了市场价值计划	低 因长期的成功不再容易

资料来源:Elling B R.,"Compensation Issues of the 80's", in C. H. Fay & R. W. Beatty(eds.), *The Compensation Sourcebook*, Amherst, MA: Human Resources Development Press, 1984.

国内一些学者也探讨了薪酬战略与组织成长阶段的关系。表8-3是根据国内资料整理的薪酬战略与组织成长阶段。

---

① Elling B R.,"Compensation Issues of the 80's", in C. H. Fay & R. W. Beatty(eds.), *The Compensation Sourcebook*, Amherst, MA: Human Resources Development Press, 1984.

表 8-3　薪酬战略与组织成长阶段

组织特征	组织成长阶段			
	初始阶段	成长阶段	成熟阶段	衰退阶段
经营战略	创新、以投资促发展	投资促发展并促进市场占有率提高	以利润为中心并保持市场占有率	收回投资、减少损失
风险水平	高	中	低	中—高
人力资源管理重点	创新、吸引关键人才、刺激创业	招聘、培训	保持、一致性、奖励管理技巧	减员管理、强调成本控制
薪酬战略	吸引留住关键人才、低保障高激励	个人—团队激励、保障与激励并重	个人—团队激励、高保障低激励	奖励成本控制、保障为主
基本薪酬	低于市场水平	与市场工资率相当	等于或高于市场工资率	低于或相当于市场工资率
短期激励	股票奖励	现金奖励	利润分享、现金奖励	成本控制奖金
长期激励	股票期权（全面参与）	股票期权（有限参与）	股票购买	不可能
福利	低于市场水平	等于市场水平	等于或高于市场水平	低于或等于市场水平
激励重点	创新人才、研发部门人员	创新人才、市场开拓人员	生产经营管理和销售部门人员	成本控制人员
薪酬组织模式	高弹性模式	高弹性模式	平衡性/调和性模式	高稳定性模式

资料来源：根据张一弛（《人力资源管理教程（第二版）》，北京大学出版社，2010）和陈思明（《现代薪酬学》，立信会计出版社，2004）以及其他相关资料整理得到。

综合上述观点，我们认为，为了更有效地实现组织不同成长阶段的战略目标，薪酬战略应随组织成长阶段变动而相应作出适应性调整甚至变革：

（1）初创阶段。组织往往依靠创新和资金投资促进发展，因此，缺乏充裕的现金支持，所以，组织对员工支付的基本薪酬水平比较低，并且，薪酬构成中刚性部分（即基本薪酬）比重较小、弹性部分（即可变薪酬）比重较大；主要通过赋予股权奖励、股票期权等长期激励方式实现对创业期关键人才的激励。

（2）成长阶段。对于那些处于迅速成长阶段的组织，对优秀管理人才和研发、市场、财务及金融人才的需求大大增加，经营战略则是以投资（尤其是人力资源投资）促进组织成长。因此，处于成长阶段的组织，薪酬战略应首先强调内部公平性以建立规范化薪酬体系；其次应强调薪酬外部竞争性并提供适度长期激励；最后应适当提高基本薪酬和增加福利薪酬，提高个人绩效计发奖金的比重。

（3）成熟阶段。处于成熟阶段的组织，其经营战略基本上以保持利润、维持和争取市场份额为目标。此时，组织人力资源战略的重点在于发现和培养内部人才，强调组织效率和团队协作。所以，处于成熟阶段的组织，应更加重视薪酬内部公平性而不再过于强调外部竞争性；薪酬构成中的基本薪酬和福利薪酬的比重大，可变薪酬比重相对较少；应重视体现团队贡献的团队薪酬。

（4）衰退阶段。处在衰退阶段的组织，恰当的经营战略是收获利润并转向新的投资点。与这种战略目标相适应，薪酬战略应实行低于中等水平的基本薪酬、标准的福利薪酬，同时采用适当的刺激与鼓励措施并直接与成本控制相联系，避免提供过高的薪酬。

需要注意的是，许多组织内部存在处于生命周期不同阶段的战略经营单位，所以，薪酬战略必须也要能够体现这些差异。此外，薪酬战略不仅应该与组织当前所处阶段匹配，而且还要考虑将来组织的发展定位问题，不断评估薪酬战略，以确保薪酬战略和组织不同发展阶段战略保持动态匹配。

第二节 薪酬战略与文化

文化是指一个群体区分于其他群体的集体心智程序，它根植于人类各主要群体的价值观体系之中，并在各自发展的历史过程中不断得以巩固。目前，文化已成为解释所有组织行为的一个十分重要的因素。由于文化是一个相当复杂的概念，进行文化与战略性薪酬研究的一个可行的方法即首先识别并明确文化的主要维度，再从文化主要维度进行研究。有关跨文化研究的大量文献已经为我们提供了一些有关文化维度的概念框架，比如，Kluckhohn 和 Strodtbeck(1961)的六维文化导向和 Hofstede(1980)的五维度文化。Hofstede 的五维度文化概念主要是从国家层面探讨文化。Kluckhohn 和 Strodtbeck 的六维文化导向则含义丰富、更加直观并适应于所有类型的社会，是组织研究领域中分析文化的最全面的模型之一；不仅如此，它还可以从个体层面和总体层面分析文化，更益于理解组织研究领域的文化现象。所以，接下来，我们首先对 Hofstede 的五维度国家文化与薪酬战略的匹配作一介绍；然后阐释 Kluckhohn 和 Strodtbeck 的文化六维导向如何影响组织薪酬政策偏好[①]；最后对其他类型的组织文化对薪酬战略的影响进行总结。

一、国家文化与薪酬

（一）五维度国家文化对薪酬战略的影响

Hofstede 把国家文化分为权力距离、不确定性规避、个人主义/集体主义、长期导向/短期导向和男性/女性五个维度。五维度国家文化中任何一维的差异均会给组织薪酬战略带来影响。

（1）权力距离(Power Distance)集中反映了社会中不同群体的等级观念，是人们对组织等级制度或权力结构的接受程度。权力距离在组织中主要体现在雇员和雇主之间的地位差异。例如，委内瑞拉、菲律宾和阿拉伯国家的权力距离比较大，而澳大利亚、瑞典和新西兰的权力距离比较小。崇尚权力距离的组织，倾向于采用体现雇员之间权力距离的薪酬战略，比如，会使用一些赋予某种权力的无形奖励；而在权力距离非主导价值观的组织中，薪酬战略则倾向于强调平等化和员工参与性。

（2）不确定性规避(Uncertainty Avoidance)反映了人们对模糊性和不确定性的忍受程度。在不确定性规避较强的社会或组织中，个体倾向于较高不确定性规避，他们对不确定性的忍受程度较低。比如，意大利和希腊是不确定性规避程度高的国家，新加坡和丹麦则是不确定性规避程度低的国家。针对成员所表现出来的较高不确定性规避，组织应在

---

① Yeganeh, H, Su Z., "The effects of cultural orientations on preferred compensation policies", *The International Journal of Human Resource Management*, 2011, 21 (12): 2609—2628.

薪酬设计和安排中尽量减少可变薪酬的比例,降低因薪酬变动给个体所带来的风险,比如,雇主可能会使用官僚主义的工资政策,强调固定工资比变动工资重要,主管几乎没有工资分配决策权;针对成员表现出来的较低不确定性规避,组织可考虑使用奖金,并赋予主管工资分配决策权。

(3) 个人主义/集体主义(Individualism/Collectivism)是关于社会结构中松散性和紧密性程度的偏好倾向。东方国家提倡集体主义,一项工作一般由一个团队来完成,而且个人奖励为数不多,并且很多情况下还以非货币性薪酬的形式出现。西方国家提倡个人主义,积极承认个人贡献,并且愿意给予个人丰厚的奖励。提倡个人主义的文化更倾向于采用奖励个人业绩及个人获得的知识技能的薪酬战略;提倡集体主义的文化则更倾向于采用基于团队绩效的员工奖励计划并基于个人资历来确认员工集体参与的重要性。另外,西方国家的组织中,最高与最低薪酬水平之间的差距很大,给予员工很大的薪酬发展空间;东方国家的组织中,这一差距则相对较小。

(4) 长期导向/短期导向(Long-term oriented/Short-term oriented)反映组织成员对长远利益和近期利益的价值观。具有长期导向的文化和社会,面向未来,较注重对长期利益的考虑。当社会文化(组织文化)赋予了员工长期利益的价值观时,组织所有者在安排员工薪酬结构时,则不会过于强调通过长期导向薪酬来引导员工行为;相反,在短期导向居于主导地位的社会(组织)中,组织所有者必须通过长期导向薪酬来引导员工做出有利于组织长期发展的行为。

(5) 男性/女性(Masculinity/Femininity)是指社会中占主导地位的是男性还是女性价值观。男性价值观重视物质财富,女性价值观则鼓励关心和爱护行为。墨西哥和德国文化是典型的男性文化;芬兰和挪威文化则是典型的女性文化。男性文化薪酬战略倾向于采取性别不平等的工资政策和对妇女的家长式福利政策,如带薪产假和日托;相反,女性文化薪酬战略倾向于在进行职位评价时不考虑性别组成,并且福利的发放也不是以性别为基础。

(二) 美日文化对战略性薪酬实践的影响

综上所述,国家文化差异对薪酬战略选择有着重要影响。我们以美国文化和日本文化的差异为例,说明国家文化对战略性薪酬实践的影响。

(1) 美国文化对战略性薪酬实践的影响。美国文化是典型的个人主义,强调手段。在个人主义文化的影响下,雇员们坚信有了好的业绩就能有更高的工资,所以,他们为了良好业绩而努力奋斗。除个别组织外,大多数美国公司的薪酬实践都是奖励个人业绩(即业绩工资和激励工资)或个人获得与工作相关的知识或技能(即知识工资和技能工资)。

(2) 日本文化对战略性薪酬实践的影响。由于受到禅宗、儒教和武士道精神的影响,日本文化的主导价值观是社会协作和责任、接受现实和坚韧不拔,是典型的集体主义。社会鄙视不尊重集体利益的个人,人们珍视在团队中的成员资格,集体需要超过个人需要和自我感觉,因此,不能满足集体需要会给个人带来耻辱。这些原则体现在日本人生活的各个方面,包括就业。比如,雇主非常重视雇员与组织的从属关系,并且,雇主除了关心雇员的工作,对他们的家庭生活也很关心(因为在日本,家庭是重要的团队)。雇主通常是通过基础工资来满足雇员的家庭需要,通过资历工资来奖励雇员与组织的从属关系。

（3）美国文化和日本文化对战略性薪酬实践影响的比较。和美国组织相比，日本组织更有可能达到高水平生产，这是他们信奉的价值观所造成的。美国文化和日本文化的区别导致了两国薪酬战略的区别。根据传统，薪酬专业人员设计的美国薪酬体系主要奖励个人业绩，时间跨度也倾向于短期——通常是一年或一年以下；而在日本，由于雇主重视雇员和组织的从属关系，薪酬专业人员设计的工资体制主要是奖励雇员的忠诚和满足雇员的个人需要，并且，日本的薪酬体系随着工作中雇员需要的改变而改变，并且十分重视长期目标①。

二、文化导向与薪酬政策偏好

（一）薪酬政策

薪酬政策覆盖了薪酬哲学、薪酬基础、薪酬形式、薪酬系统设计、薪酬管理框架等有关的一系列问题。Gomez-Mejia 和 Balkin(1992)提出薪酬政策的 17 种类型，如表 8-4 所示。表 8-4 左半部分薪酬政策反映了统一运用于组织内的正式程序，因此是机械式薪酬政策；右半部分的薪酬政策则依据不同情形而做出相应反应，因此是有机式薪酬政策。17 种薪酬政策类型可分别归入薪酬支付基础、薪酬设计和薪酬管理框架三大类。② 薪酬支付基础方面的政策主要涉及决定薪酬的 9 个因素：工作 vs. 技能、绩效 vs. 资历、团队绩效 vs. 个体绩效、短期导向 vs. 长期导向、风险规避 vs. 风险偏好、公司绩效 vs. 部门绩效、内部公平性 vs. 外部公平性、层级 vs. 平等、定量测量绩效 vs. 定性测量绩效；薪酬系统设计与 4 类政策密切相关：高于市场支付水平 vs. 低于市场支付水平、固定薪酬 vs. 激励薪酬、货币薪酬 vs. 非货币薪酬、内在薪酬 vs. 外在薪酬；薪酬管理框架则包括 4 类政策：集权化 vs. 分权化、公开支付 vs. 保密支付、员工参与 vs. 没有员工参与、官僚式薪酬政策 vs. 灵活机动的薪酬政策。

表 8-4　薪酬政策类型

	A. 薪酬支付基础			B. 薪酬设计	
1	工作	技能	10	高于市场支付水平	低于市场支付水平
2	强调资历	强调绩效	11	固定薪酬	激励薪酬
3	团队绩效	个体绩效	12	货币薪酬	非货币薪酬
4	短期导向	长期导向	13	内在薪酬	外在薪酬
5	风险规避	风险偏好		C. 薪酬管理框架	
6	公司绩效	部门绩效	14	集权化薪酬支付政策	分权化薪酬支付政策
7	内部公平性	外部公平性	15	保密支付	公开支付
8	等级	平等	16	没有员工参与	员工参与
9	定量绩效	定性绩效	17	官僚式薪酬政策	灵活机动的政策

资料来源：Gomez-Mejia L, Balkin D., *Compensation, Organizational Strategy and Firm Performance*, Cincinnati, OH: South-Western Series in Human Resource Management, 1992。

---

① Martocchio, Joseph J.：《战略薪酬：人力资源管理方法(第二版)》，社会科学文献出版社，2002。

② Gomez-Mejia L, Balkin D., *Compensation, Organizational Strategy and Firm Performance*, Cincinnati, OH: South-Western Series in Human Resource Management, 1992.

人力资源管理概念在本质上是西方化的[①],所以,在任何一个非西方的国家中所进行的研究均应重点关注人力资源管理的文化相对性[②]。所以,Yeganeh 等(2011)运用主客位相结合的方法选取了其中 10 对富有文化内涵的薪酬政策,如表 8-5 所示。

表 8-5　10 对富有文化内涵的薪酬政策

1	**职位**薪酬:工作是薪酬的重要决定因素	**技能**薪酬:知识和技能是薪酬的重要决定因素
2	**团队**绩效:团队绩效评价影响薪酬	**个体**绩效:个体绩效评价影响薪酬
3	**固定**薪酬:薪酬决定于员工在组织中的身份,具有可预测性	**变动**薪酬:薪酬中的一部分取决于变动成分
4	**工作时间**:依据员工工作时间支付薪酬	基于**生产效率**支付薪酬:依据员工生产效率支付薪酬
5	**短期**导向:基于满足员工当前需要支付薪酬	**长期**导向:薪酬具有长期视野并关注未来目标
6	**非货币**薪酬:非现金的报酬,常常包括诸如工作保障、认可、员工参与决策等无形福利	**货币**报酬:为了满足员工外在需要的一系列有形现金支付
7	**层级报酬结构**:高管与一线员工薪酬差距大	**平等报酬结构**:高管与一线员工的薪酬差距不大
8	**资历**:依据资历和工龄增加薪酬	**绩效**:薪酬增长取决于绩效
9	**保密**支付:薪酬支付信息对员工保密	**公开**支付:薪酬支付信息在组织内公开
10	**低员工参与**:薪酬决策取决于管理层,员工没有参与薪酬设计,他们的感觉也不受重视	**高员工参与**:员工参与薪酬设计并十分重视员工的感觉

资料来源:Yeganeh H,Su Z.,"The effects of cultural orientations on preferred compensation policies",*The International Journal of Human Resource Management*,2011,21(12):2609—2628。

(二) Kluckhohn 和 Strodtbeck 的文化导向框架与薪酬政策偏好

Kluckhohn 和 Strodtbeck(1961)提出六维度文化导向框架:(1) 人与自然/外部环境的关系导向:主导、受制于自然/外部环境、和谐;(2) 人与人的关系导向:个人主义、集体主义、层级;(3) 时间导向:强调现在、强调过去、强调未来;(4) 人类活动导向:关注"是什么"、关注"做什么"、关注"思考什么";(5) 人类本质导向:人本善、人本恶、善恶兼具;(6) 空间概念定位:私密、公开、二者混合。Yeganeh 等(2011)接着选择了这 6 个文化导向维中 5 个维度,即人与自然的关系导向、人与人的关系导向、人类活动导向、时间导向与人类本质导向,探讨它们对上述 10 对富有文化内涵的薪酬政策的影响。

薪酬致力于吸引、留住和激励员工以达成组织预先设计的目标,是组织的核心职能之一。毋庸置疑,薪酬政策与员工文化价值观的匹配将有助于提升组织有效性;反之,二者的不匹配则将导致组织有效性的降低。因此,薪酬政策应与文化等因素相匹配或相适应。

(1) 第一个文化导向:人与自然/外部环境的关系,划分为人主导自然/外部环境、人

[①] Brewster C.,"Towards a European Model of Human Resource Management",*Journal of International Business*,1995,26,1:1—22.

[②] Sparrow P,Wu P.,"Does National Culture Really Matter? Predicting HRM Preferences of Taiwanese Employees",*Employee Relations*,1998,20,1:26—56.

与自然/外部环境和谐、人受制于自然/外部环境三种类型。人主导自然/外部环境的文化导向，是指人们试图控制、改变或利用自然/外部环境；人与自然/外部环境和谐的文化导向，是指人与自然/外部环境维持平衡；人受制于自然/外部环境的文化导向，是指人被动地适应自然/外部环境。"主导"型文化导向具体体现在个体高度的内在自我控制、目标设定、目标激励等，高度内在自我控制的个体更倾向于追求自我目标的实现和偏好以绩效薪酬为代表的结果导向薪酬政策；相反，"和谐"型和"受制于"型文化导向中，人们大多是外控型，更偏好诸如固定薪酬的行为导向薪酬政策。所以，如表8-5所示，人主导自然/外部环境文化导向下，组织更偏好或适应技能薪酬、个体绩效薪酬、可变薪酬、基于生产效率的薪酬、平等薪酬、绩效薪酬等结果导向型薪酬政策；人与自然/外部环境和谐的文化导向下和人受制于自然/外部环境的文化导向下，组织更偏好或适应诸如职位薪酬、团队绩效薪酬、固定薪酬、基于工作时间的薪酬、等级薪酬和资历薪酬等行为导向型薪酬政策。

（2）第二个文化导向：人与人的关系导向，划分为个人主义、集体主义和层级三种类型。个人主义文化导向下，个体与组织大多是契约关系，人们的信念和行为取决于个体，因此，更偏好于金钱激励和强调个体绩效的结果导向薪酬政策；集体主义文化导向下，对家庭、工作和国家的忠诚决定了个体和集体的态度和行为，个体与组织是通过道德承诺建立联系，因此，强调团队和谐与凝聚力的行为导向薪酬政策。层级文化导向类似于Hofstede的权力距离维度。[①] 层级和权力距离与社会中的不平等相关。注重层级的文化导向和高权力距离文化中，组织权威集中，高耸金字塔特征十分明显；工资和薪酬取决于管理层基于行为的主观评价；由于对权威和忠诚度的尊重，高权力距离文化或强调层级的文化导向中，组织更偏好基于资历的薪酬政策。所以，如表8-5所示，集体主义文化导向下，组织更偏好或适应职位薪酬、团队绩效薪酬、固定薪酬、强调等级的薪酬、基于工作时间的薪酬和基于资历的薪酬等薪酬政策；个人主义文化导向下，组织更偏好或适应技能薪酬、个体绩效薪酬、可变薪酬、基于生产效率的薪酬、强调平等的薪酬和绩效薪酬等薪酬政策；层级文化导向下，组织更偏好或适应职位薪酬、固定薪酬、强调层级的薪酬、资历薪酬和低员工参与度的薪酬政策。

（3）第三个文化导向：时间导向，包括强调过去、强调现在和强调未来三种类型文化导向。比如，大多数美国人更关注未来，相反，大部分传统文化则是强调过去和维持传统。强调过去的传统文化关注社会秩序，尊重传统、家庭保障和智慧，重心在于维持现状和限制可能破坏团结或传统秩序的行为或倾向；所以，强调过去的文化导向下，组织更青睐行为导向型薪酬政策，而强调现在和未来的文化导向下，组织则更适合结果导向型薪酬政策。因此，如表8-5所示，强调过去文化导向下，组织更偏好或适合职位薪酬、团队绩效、固定薪酬、基于工作时间的薪酬、等级薪酬和资历薪酬等薪酬政策；强调现在和未来文化导向下，组织更偏好或适合技能薪酬、个体绩效、可变薪酬、强调平等的薪酬和绩效薪酬等薪酬政策。

---

① Maznevski, M. L., Gomez, C. B., DiStefano, J., Noorderhaven, N., and Wu, P., "Cultural Dimensions at the Individual Level of Analysis: The Cultural Orientations Framework", *International Journal of Cross Cultural Management*, 2002, 2,3: 275—295.

(4) 第四个文化导向：人类活动导向，划分为关注"是什么"、关注"做什么"和关注"思考什么"三种类型文化导向。关注"做什么"文化导向是指人们持续从事工作任务的完成，与 Hofstede 的"男性文化"维度相关，二者均重视进取心、成就和物质成功；关注"是什么"和关注"思考什么"文化导向则强调相互依赖、服务、和谐等人类关系和生活质量。因此，如表 8-5 所示，关注"做什么"文化导向下，组织更偏好变动薪酬、技能薪酬、个体绩效薪酬、基于生产效率的薪酬、货币薪酬等薪酬政策；关注"是什么"和"思考什么"的文化导向下，组织更偏好固定薪酬、职位薪酬、资历薪酬、非货币薪酬和基于工作时间的薪酬等薪酬政策。

(5) 第五个文化导向：人类本质导向，划分为人本善、人本恶和善恶兼具三种文化导向类型。人本善文化导向认为员工值得信任，因此，允许更多员工参与，使用较少的正式控制而导致组织结构趋于扁平化；人本恶文化导向认为员工不被信任能做正确的事，因此，工作中需要对员工进行更加严格的控制，员工参与度非常低。所以，如表 8-5 所示，人本善文化导向下，组织偏好薪酬系统设计中员工的高度参与，相反，人本恶文化导向下，组织则偏好薪酬系统设计中员工的低度参与。

此外，Yeganeh 等(2011)认为，大多数薪酬实证研究都是针对西欧或北美发达国家，十分有必要对发展中国家的薪酬进行实证分析；他们运用上述五维度文化导向框架，对伊朗大型组织中的经理们进行了文化导向对组织薪酬政策偏好的调查发现，不同文化导向对薪酬政策偏好影响程度并不相同，诸如关注"是什么"文化导向和人主导自然/外部环境文化导向对薪酬政策有重要影响，强调过去和层级的文化导向对薪酬政策有中等程度的影响，强调"做什么"、个体主义、集体主义、人与自然/外部环境和谐、人本恶的文化导向则对薪酬政策稍有影响，强调未来、关注"思考什么"、人受制于自然/外部环境的文化导向则对薪酬政策没有影响。从理论上讲，这个发现意义重大，它突破了以往有关跨文化研究中"所有文化导向均具有同等重要性"的假定。另外，他们的研究也发现，不同文化导向能够解释薪酬政策差异的程度不同。比如，20%的职位薪酬与技能薪酬差异归因于文化，文化导向能够解释 6% 的基于工作时间的薪酬与基于生产效率的薪酬之间的差异，有关固定薪酬与变动薪酬的差异、货币薪酬与非货币薪酬的差异、层级薪酬与平等薪酬的差异，文化导向仅能够解释大约 13% 的差异。最后，他们还提醒，尽管文化很重要，但应将文化对薪酬的影响与政治、经济、社会系统、组织内部情境等的影响相结合进行综合考虑。

三、典型组织文化分类与薪酬战略

(一) Hay Group 组织文化分类及其薪酬战略

美国著名咨询公司合益集团(Hay Group)根据组织结构及治理方式的不同，将组织文化划分为职能型文化、流程型文化、时间型文化和网络型文化。

1. 薪酬战略与职能型文化的匹配

职能型文化的组织，管理层级分明，具有严密的自下而上的行政管理体系；权力和责任链条清晰，具有明确的责任制度；专业化分工明确，决策职能和执行职能被严格区分开；工作职位和工作内容往往是依据职能、等级等进行组织。对于职能型文化的组织来说，经营模式和市场的稳定性是至关重要的。组织会非常重视长期规划，组织发展的动力是积聚可应用的技术资源,然后通过达到高度可靠的生产率来限制风险。

职能型文化的组织中,薪酬核心元素是基本薪酬;由于强调个人的专业化,基本薪酬部分通常会包括数量较多并且跨度不大的工资等级;员工可以通过不断积累工作经验,提高工作技能来获取基本薪酬等级的提高;可变薪酬或奖金方案一般只针对那些对于组织利润具有明显影响的个体身上,如销售部门的员工或者关键领导岗位上的个体;福利作为一种可以提供长期保障和职业导向的措施,在职能型组织中也十分重要。

2. 薪酬战略与流程型文化的匹配

在流程型文化的组织中,工作是围绕履行对客户的责任及持续不断地改善质量所需要的流程来设计的,其目的是满足客户的需要并实现对质量持续不断的改进。组织战略重点首先是客户满意度;其次是对客户承诺履行的可靠性、运作和操作水平及灵活性。在这种组织中,团队工作方式占据主导地位;供应商、执行流程的团队、客户通过决策过程被联系在一起;计划、执行以及控制等职能也都尽可能地按照客户原则被重新整合。在衡量员工工作绩效上,客户的满意度相当重要。事实上,客户满意度最大化及其持续不断的改进,是这类文化类型的组织最为关注的问题。

与流程型文化相匹配的薪酬,要非常强调团队之间的内部公平性。员工一旦加入某个团队,他们的薪酬增长就主要取决于团队对于客户所发挥的影响大小(即团队价值)和团队的整体绩效表现。比如,一个负责某一流水线质量控制的小型团队和一个负责整体客户满意度的大型跨职能团队相比较,前者的价值显然不如后者的价值大。另外,与传统组织相比,流程型文化组织的薪酬范围或者薪酬等级要更宽一些。

3. 薪酬战略与时间型文化的匹配

时间型组织文化是时间型组织的主导价值观。时间型组织在20世纪90年代初开始受到重视。随着市场全球化及技术易获得性,组织越来越不满足于仅仅在质量和客户满意度方面获得竞争优势;它们开始寻找其他能够降低成本的方法,然后以一种更快的速度将新产品和服务推向市场。大大缩短生产周期和创造新产品和服务是时间型组织的头等大事。因此,时间型组织的战略重点首先是组织灵活性和技术活跃性;其次是技术和客户需要;最后才是可靠性和质量。

由于时间型组织的战略重点是组织灵活性和技术活跃性,因此,它限制管理层级的数量并鼓励员工培养多方面的专业技能。与此相对应,其基本薪酬通常会被划分为数量较少但范围较宽的薪酬宽带;个人在同一薪酬宽带中频繁上行的依据是个人所获得新技能和新能力以及承担的新责任;只有当一个人进入能够为组织带来价值增值的新层次上时,他才有可能跳到一个新的薪酬宽带中。比如,长期处于"专业技术人员"薪酬宽带中的某工程师,很可能会因具备了领导跨学科团队开发产品的能力而晋升到"资深专业技术人员"薪酬宽带中,或者晋升到"领导者"薪酬宽带中。

与流程型组织相似,时间型组织也较多采用奖金计划。由于时间型文化以相互独立的项目为核心,因而奖金支付的周期会比较短,通常以项目完成作为衡量期限,并把奖励数额建立在项目结果之上,但是奖金支付标准要比流程型组织更为严格,因为它们最为关注的是结果的达成以及达成速度的快慢。此外,时间型组织的奖金常常是阶段性的,只在项目存在期间有,项目结束后就不再支付。

4. 薪酬战略与网络型文化的匹配

网络型组织文化与网络型组织密切相关。在20世纪90年代初,伴随着组织变革所出现的"虚拟型组织"即网络型组织。网络型组织往往基于新产品、新市场或新的经营领域开发而设计,一旦这些新产品、新市场或新的经营领域被开发出来,则更适合用职能型、流程型或时间型组织来对这些新产品、新市场或新的经营领域进行管理。

网络型组织中,工作是围绕着将能够保证某一特定计划(如开发新产品)成功完成所需的各种高级专业技能和能力联结在一起而设计的;因此,网络型组织的重点并不在于具体的工作设计或者是与组织结构相适应的问题,真正重要的是人们能否有效地共同完成工作。事实上,网络型组织的目的就是将一群具有高度有效性和出众能力的人组织在一起,然后赋予他们行动的自由,从而创造出一种类似于1+1>2的情境。推动这类组织的力量是创新性、灵活性及市场创造性和渗透性。这类组织中的成功者往往是那些具有创造力、能够通过与其他人建立起有效关系而在合作中发挥才智的人。由于合作者都是具有高技能的人,因此对个人进行培训和开发的需要不大。在战略优先顺序上,网络型组织首先强调的是组织的灵活性和技术的活跃性,其次是对客户需要的反应敏感性,最后才是可靠性。

网络型组织中,每个人的薪酬都取决于他对某一特定项目的贡献,所以,网络型组织的薪酬体系更多关注竞争性的市场工资率,而对薪酬内部公平性较少关注。网络型组织中的薪酬具有某种两极分化的倾向:组织核心人才可能会得到巨额的薪酬,但他们的薪酬既有可能完全以佣金的形式提取,也有可能被授予组织股权;而其他人的薪酬则要视情况而定。此外,由于组织和员工之间的关系可能只维持几个星期或者几个月,所以这种组织中,福利几乎不存在。

(二)Glinow 组织文化分类及其薪酬战略

Glinow 依照组织运行的状态,根据"对员工关心程度"和"对绩效期望的强弱",将组织文化分为冷漠型(apathetic)、关心型(caring)、严厉型(exacting)和整合型(integrative)四大类[①],如图8-1所示。

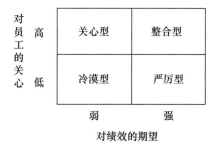

图 8-1 组织文化的分类架构

Glinow 进一步将这四种组织文化形态按照吸引、评估与维持从业人员所采用的不同

---

① Glinow M A V.,"Reward strategies for attracting, evaluating, and retaining professionals", *Human Resource Management*, 2006, 24(2): 191—206.

薪酬战略予以划分,作为协助组织设计薪酬制度的战略性思考架构,如表 8-6 所示。

表 8-6　吸引、评估与维持从业人员的薪酬战略

	吸引	评估	维持
冷漠型文化	不强调财务成果 工作安全感 合约方式 传统的	非绩效的条件 非绩效的评估 政治性行为	集中于工作的保障和自主性 吸引政治导向的专业人士
关心型文化	人员导向 工作安全感 信任与公平 弹性的福利措施	传统或合约的资源分配 合作与适合性的价值观 特质为基础的评估方式	培训发展的规划 持续培训的规划 退休福利自由化 工作年限与任期导向的薪酬
严厉型文化	财务薪酬 红利奖金 工作内容奖酬 绩效与成功导向	绩效是唯一标准 方法与结果的控制 工作相关结果的反馈 失败成本严重	利润分享 分红入股 强调内部创业精神 自主的独立副业经营
整合型文化	高于平均的薪酬和福利制度 工作安全感 工作内容奖酬 快速晋升的机会	团队绩效评价 失败不见得需要惩罚 质与量并重的衡量	以技术能力为基础的薪酬制度 晋级机会多且可能定制式 挑战性的工作 相关结果的反馈

以上我们总结了与不同组织文化体系相匹配的薪酬战略。从薪酬战略与组织文化的互相依存关系,可以看出以下几点:(1) 组织文化的改变需要组织薪酬战略的相应改变;(2) 薪酬战略的改变必须考虑不同专业员工的需求;(3) 薪酬战略必须依照组织情境与文化进行设计与评估。需要注意的是,外部市场环境日益复杂、组织自身多元化趋势和组织文化持续不断的演进,使得薪酬战略与组织文化之间的关系非常复杂。因此,管理者必须从多个维度来把握薪酬战略的变革问题,以使薪酬战略和文化之间的匹配程度达到更好。可以考虑通过以下步骤来实现薪酬战略与文化之间的良好匹配:第一,了解文化是如何演进和相互融合的;第二,了解员工是怎样发生变化的,他们的价值观和行为是否与组织文化相匹配;第三,不同的员工团体在组织内扮演何种角色;第四,再来判断,为了支持组织经营战略、价值观、行为方式及团队产出,组织究竟需要什么薪酬战略。

第三节　薪酬的横向结构:薪酬要素组合模式

我们在第五章中指出,薪酬可以分为两种结构形式:一是等级结构(或称纵向结构),是指与职位等级序列相对应的薪酬等级结构,反映了职位之间的相对价值在任职者薪酬上的体现;二是要素结构(或称横向结构),是指不同薪酬要素之间的组合,它通过薪酬要素的不同组合而形成不同的薪酬组合模式。

我们在第一章中也指出,员工从组织所获得报酬包括外在薪酬和内在薪酬;外在薪酬是指员工从组织劳动或工作自身之外获得的货币或物质性报酬,由基本薪酬、绩效薪酬和

福利薪酬组成;内在薪酬,是指组织劳动及工作过程自身给员工所带来的心理感受,包括工作富有挑战性和趣味性、工作给予个人成长与发展的机会、工作赋予员工参与管理的权威感、责任感和成就感、员工工作时间弹性设计、工作赋予员工一定的社会声誉等。所谓薪酬要素组合,即不仅考虑外在薪酬与内在薪酬的比例,还要考虑基本薪酬、绩效薪酬、福利薪酬等薪酬形式在薪酬结构中所占的比例。这是因为不同薪酬要素(如工资、奖金、股权)对员工的激励效力不同,因而,薪酬要素的不同组合便具有了不同特点和激励功效。依据组织战略目标、所处成长阶段、文化等因素,对薪酬要素进行不同组合,充分发挥每种薪酬要素的优势及它们之间的配合效应,从而最大限度地实现组织战略目标,这样的薪酬组合模式即战略性薪酬组合模式。

一、外在薪酬与内在薪酬组合模式

薪酬分配中,人们往往注重外在薪酬而忽视内在薪酬。事实上,内在薪酬也是制约薪酬结构和薪酬战略的重要因素。图 8-2 按照外在薪酬和内在薪酬的高低,以矩阵形式,把薪酬组合划分为四种类型,提供了外在薪酬和内在薪酬不同组合对薪酬战略影响的分析框架。

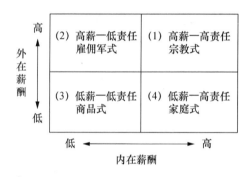

图 8-2 外在薪酬与内在薪酬的组合模式矩阵

资料来源:George T. Milkovich, Jerry M. Newman,《薪酬管理》,董克用等译,中国人民大学出版社,2002。

(1) 高薪—高责任型。即外在薪酬和内在薪酬"双高"组合。该组合使员工对组织非常信任,并有高度的责任感,甚至以宗教式的虔诚和狂热投入工作,因而,也称为宗教式。微软、惠普、丰田等公司的外在薪酬与内在薪酬组合就是典型的高薪—高责任型。

(2) 高薪—低责任型。即外在薪酬高、内在薪酬低的组合。该组合错误地把金钱关系看成是员工与组织之间全部的关系,认为"重金之下必有勇夫",忽视对员工社会心理需求的满足,因此,也称雇佣军式组合。其实,依据马斯洛的需要层次论、经济学中边际收益递减规律及分配的收入效应,高薪—低责任型片面强调高薪刺激的弊端很多。

(3) 低薪—低责任型。即外在薪酬和内在薪酬"双低"组合。该组合中员工被视为纯粹的商品,对组织缺乏信任,没有责任感,通常是组织对临时工所采用的薪酬组合方式。

(4) 低薪—高责任型。即外在薪酬低、内在薪酬高的组合。该组合试图形成一种家庭式管理氛围,调动员工的主人翁意识;然而,在实践中,较低的外在薪酬往往难以长期留住员工,也很难达到预期目标。麦当劳、星巴克等公司的外在薪酬与内在薪酬组合,就属于典型的低薪—高责任型。

所有的工作都存在外在薪酬与内在薪酬的组合,并且,外在薪酬和内在薪酬之间具有一定程度的替代性:如果一份工作的内在薪酬未达到员工期望水平,组织则需要通过提升外在薪酬以作为补充;如果一份工作的外在薪酬未达到员工期望水平,组织则需要通过提升内在薪酬以作为补充。在薪酬组合实践中,组织正是充分利用了外在薪酬与内在薪酬的替代与互补来对性质不同的工作进行薪酬组合设计以确保吸引和留住人才。比如大学教师,他们的外在薪酬相对较低,因此,就需要通过较高的内在薪酬(如较高的社会地位、他人的尊重、工作满意度、成就感等)来对较低外在薪酬进行补充。

二、外在薪酬要素组合模式

(一)外在薪酬要素的比较

组织在制定员工薪酬计划时,外在薪酬与内在薪酬间的组合固然重要,但也不可忽视两种薪酬形式自身所包含的薪酬要素间的组合,尤其是外在薪酬要素间的组合。事实上,有效地结合不同薪酬要素对于大部分员工的激励效果可能比外在薪酬与内在薪酬间的组合所发挥的激励效果要更好与更直接。比如,一种薪酬要素可能利于培养团队合作精神却不能向个人提供足够的激励,另外一种薪酬要素的激励效果恰好相反;则通过将两者相结合,就很可能达成对团队和个人激励的折中方案。

表 8-7 比较了用来承认员工贡献的各种薪酬要素。① 每一种薪酬要素,均是基于绩效来确定其在薪酬中的比例。这些薪酬要素因支付方式、支付频率、绩效衡量方式和实施对象的不同而相互区分。表 8-7 中还描述了这些薪酬要素对员工工作绩效的激励、员工吸引力、组织文化和组织成本的影响。另外,表 8-7 还提出三个附带因素可能会影响某种薪酬要素是否适合组织——组织结构、管理风格和工作类型。总之,通过表 8-7,我们可以更好地了解不同薪酬要素的特征、效果及适用的环境条件,并在此基础上根据组织具体情况和目标进行不同薪酬要素的组合设计。

表 8-7 不同薪酬要素的比较

	绩效工资	奖励工资	利润分享	所有权	收益分享	技能工资
设计特征						
支付方式	基本工资变化	奖金	奖金	产权变化	奖金	基本工资变化
支付频率 (通常情况)	每年	每周	每半年或一年	股票出售时	每月或每季度	获得技术或能力时
绩效衡量	监督者评价	产出、生产率、销售额	利润	股票价值	产量或可控制成本	技术或能力的获得
覆盖面	所有员工	对绩效有直接影响的员工	整个企业	整个企业	生产或服务部门	所有员工

---

① George T. Milkovich, Jerry M. Newman:《薪酬管理》,董克用等译,中国人民大学出版社,2002。

(续表)

	绩效工资	奖励工资	利润分享	所有权	收益分享	技能工资
后果						
绩效激励	工资和绩效之间联系很弱	清晰的绩效—薪酬联系	工资—绩效之间的联系较少	工资—绩效之间的联系非常少	在较小的单位中会产生一定的作用	鼓励学习
吸引力	向绩效较高者支付较高工资	向绩效较高者支付较高工资	有利于吸引所有员工	有助于留住员工	有利于吸引所有的员工	能够吸引学习导向型的员工
组织文化	不同群体之间的竞争	鼓励个人之间的竞争	经营的知识	所有者的感觉	支持合作,解决问题	学习和灵活的组织
成本	要求有完善的绩效评价系统	维持成本较高	将支付能力与成本联系起来	成本不随绩效变动	执行中有维持成本,经营成本可变	可能很高
附加因素						
组织结构	适用于可衡量的工作和部门	适用于各种相互独立的工作	适用于任何企业	适合大多数企业	适合较小的独立工作单位	适合大多数企业
管理风格	员工适度参与管理情况下较理想	控制	在参与式管理下作用最好	在参与式管理下作用最好	适合参与式管理	在参与式管理下用最好
工作类型	除非对群体绩效评价,否则个人化工作最好	稳定、易于衡量的个人化工作	所有类型的工作	所有类型的工作	所有类型的工作	

（二）外在薪酬要素的组合模式

构成外在薪酬的基本薪酬、绩效薪酬（激励薪酬）、福利薪酬等有其不同特点和独特功能,因此,我们可以从薪酬的差异性和刚性两个维度对外在薪酬的三种薪酬要素的特性进行衡量和分类。就差异性而言,不同员工在激励薪酬（奖金、红利、股权等）和基本薪酬上的水平差异明显高于福利薪酬;就刚性而言,基本薪酬和福利薪酬中的法定福利部分属于组织固定人工成本,缺乏弹性,而激励薪酬和福利薪酬中的企业补充福利则属于变动人工成本,其刚性较低。不过,由于企业补充福利种类繁多,相对而言,既有低差异高刚性的,也有高差异低刚性的。把这些薪酬要素的特性用矩阵图来表示,即如图8-3所示。

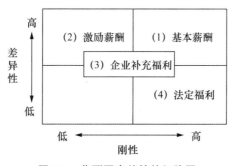

图8-3 薪酬要素特性的矩阵图

根据不同薪酬要素的差异性和刚性的区别,将外在薪酬要素按照不同比例进行组合就会形成不同特征的薪酬组合模式。

1. 高弹性模式

该模式偏向于低刚性和高差异性的组合,侧重于短期业绩激励,奖金、红利等激励薪酬所占比重较大,基本薪酬、福利薪酬比重较低。其特点是员工薪酬分配主要取决于绩效,短期激励功能强,固定人工成本支持低,但员工收入波动大,对组织缺乏安全感和寄托感,并会产生短期行为倾向。

2. 高稳定模式

该模式偏向于高刚性和较高差异性的组合,薪酬分配主要取决于员工资历、能力及组织经营状况,基本薪酬所占比重大,保险福利水平较高,奖金、红利等激励薪酬差异较小,员工收入与个人绩效的相关性较低而相对稳定。其特点是员工的安全感和对组织的忠诚感较强,员工队伍稳定;但薪酬的激励功能较低,组织承担的固定人工成本较高,已不符合战略性薪酬管理的特征。

3. 平衡性/调和性模式

该模式偏向于薪酬适度弹性和适度差异性的组合,薪酬分配中注重员工业绩、个人资历、能力和组织经营状况的有机统一。组织根据组织战略、工作流程特点、经济效益状况、组织所处成长阶段、组织文化和组织外部环境,合理确定薪酬构成形式中各个要素所占比例。尤其对于激励薪酬,该模式将长期激励形式(股权、期权)与短期激励形式(奖金)结合起来,既有较强的激励功能,又有相对的稳定性;使员工既有安全感,又能从自身利益出发关注自己的工作业绩和组织的长远发展,是战略性薪酬的一种较为理想的薪酬组合模式。然而,该模式保持适度弹性和适度差异性的"度",较难把握,对薪酬设计的要求也很高。

三、薪酬组合模式的其他影响要素

组织战略、组织发展阶段和文化,是战略性薪酬组合模式的主要影响因素,岗位层级、组织性质、员工年龄层次、员工心理因素等也会对薪酬组合模式产生重要影响。

(一)与不同组织战略特性相匹配的战略性薪酬组合模式

前文中文化导向与薪酬政策偏好部分,如表 8-4 所示,我们回顾了 Gomez-Mejia 和 Balkin(1992)提出薪酬政策的 17 种类型,表 8-4 左半部分薪酬政策反映了统一运用于组织内的正式程序,因此是机械式战略性薪酬;右半部分的薪酬政策则依据不同情形而做出相应反应,因此是有机式战略性薪酬。Gomez-Mejia(1992)将组织战略的特性界定为"多元化程度""业务关联形式"和"组织发展阶段"[①],研究了不同的组织战略特性与上述两种战略性薪酬模式的关系,结果如表 8-8 所示。

---

① Gomez-Mejia, L. R., "Structure and Process of Diversification, Compensation Strategy, and Firm Performance", *Strategic Management Journal*, 1992, 13(5): 381—397.

表 8-8　与不同组织战略特性相联系的战略性薪酬组合模式

组织战略特性	战略性薪酬模式
多元化程度	
单一产品(Single-product)	有机式薪酬战略
主导产品(Dominant-product)	混合式薪酬战略(有机式薪酬战略和机械式薪酬战略兼而有之)
相关产品(Related-product)	机械式薪酬战略
不相关产品(Unrelated-product)	有机式薪酬战略
业务关联形式	
垂直一体化(Vertical)	机械式薪酬战略
多业务(Multibusiness)	有机式薪酬战略
集团企业(Conglomerate)	有机式薪酬战略
组织发展阶段	
新兴成长的组织(Evolutionary Organizations)	有机式薪酬战略
稳定发展的组织(Steady State Organizations)	机械式薪酬战略

（二）与组织成长阶段相匹配的战略性薪酬整合模型

美国学者 Lance A. Berger 认为,薪酬战略与组织转型和组织战略密切相关,具有不同特征、处于不同成长阶段的组织应实施不同的战略性薪酬组合模式。① 他所提出的战略性薪酬整合模型如图 8-4 所示。

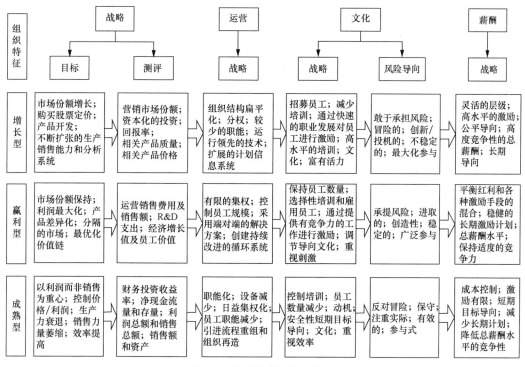

图 8-4　战略性薪酬整合模型

---

① Lance A. Berger: *The Compensation Handbook*, McGraw-Hill, 2000. 转引自文跃然主编:《薪酬管理原理》,复旦大学出版社,2004。

（1）增长型组织，关注市场份额的增长，组织职能设置比较简单，因此，多采用灵活的薪酬等级设计，重视高水平的激励，保持市场竞争力，而且激励薪酬更重视长期导向，以鼓励员工将自身利益和组织长远利益密切挂钩，鼓励创业和成长。

（2）赢利型组织，关注组织的正常运营，确保持续改进，通常采用多种激励手段并存的混合支付方式，实施稳健的长期激励计划，总薪酬水平保持适度的市场竞争力。

（3）成熟型组织，关注财务指标，组织的职能设置日益集权化，在薪酬设计方面更注意控制成本，薪酬水平的定位通常低于或跟随市场平均工资水平，以短期目标的实现为激励重点，减少长期激励。

此外，以产业的增长速度和人才的可获得性作为两个基本维度，Lance A. Berger 还提出了如图 8-5 所示的薪酬战略矩阵。

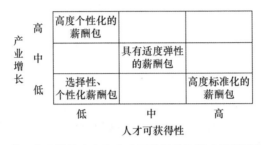

图 8-5　基于产业增长速度和人才可获得性两维度的薪酬战略矩阵

如图 8-5 所示，薪酬战略矩阵进行薪酬支付的基本思想是，在产业高速增长、人才相对紧缺的条件下，组织通常采取高度个性化的薪酬包，给予员工更大的自主选择权；在产业平稳增长、人才一般紧缺的条件下，组织通常采取具有适度弹性的薪酬包；在产业增长比较缓慢、人才较容易从市场获得的情况下，组织通常实施高度标准化的薪酬包；在产业增长比较缓慢、人才相对紧缺不易获得的情况下，组织通常针对该类人才采取选择性、个性化薪酬包。

（三）与岗位层级、组织性质、员工年龄层次等相匹配的战略性薪酬组合模式

Ellig 将薪酬基本要素划分为工资、员工福利、短期激励、长期激励和非现金报酬五个。其中，工资、短期激励和长期激励与本书所指含义相同；员工福利（Employee Benefits），是指组织所有员工提供的带薪假期、员工服务、奖励（与绩效无关）、保健、抚恤、退休保险，它更多地对应了我们所说的法定福利部分；非现金报酬（Perquisites），则指员工福利中专门为经理而设计的部分，也叫经理津贴（Executive Benefits），更多表现为隐性的或者精神的薪酬（比如宽敞而豪华的办公室），是对受法律限制的员工福利的补充。[①] 按照这五个薪酬要素的分类，Ellig 分析了这五个薪酬要素的不同组合模式。

1. 岗位层级与薪酬要素组合

组织中不同岗位层级的员工，其薪酬组合往往有较大差别；这种有差别的薪酬组合设计往往可以更好地发挥薪酬的功效。在大部分组织中，较低层员工的薪酬通常只包括工

---

① Ellig, Bruce R.；《经理薪酬完全手册》，中国财政经济出版社，2004。

资和员工福利,而最高管理层的薪酬则往往包括了全部五个薪酬要素。图 8-6 描述了各种薪酬要素的构成情况。

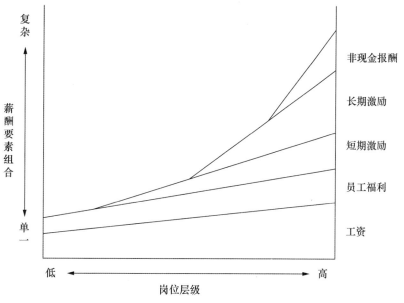

图 8-6 岗位层级与薪酬要素组合

表 8-8 更清楚地揭示了这些薪酬要素在不同岗位层级的薪酬水平上有各自不同的侧重点。例如,在 10 万美元的整体薪酬水平上,工资是薪酬总额的 75%,而整体薪酬为 500 万美元时,工资只占 20%;相反,在整体薪酬为 10 万美元时,长期激励占 2%,而整体薪酬为 500 万美元时,长期激励达到 50%。

表 8-8 可能的薪酬要素构成比例(整体薪酬=100%) 单位:%

要素	薪酬总额				
	100 000 美元	250 000 美元	500 000 美元	1 000 000 美元	5 000 000 美元
工资	75.0	55.0	40.0	30.0	20.0
员工福利	15.0	11.0	8.0	6.0	4.0
非现金报酬	—	1.0	2.0	4.0	6.0
短期激励	8.0	13.0	16.0	18.0	20.0
长期激励	2.0	20.0	34.0	42.0	50.0
合计	100.0	100.0	100.0	100.0	100.0

2. 组织性质与薪酬要素组合

(1) 新经济组织与传统经济组织的薪酬要素组合。

高科技企业是典型的新经济组织,它与传统经济组织(建立时间较长的传统组织)有许多不同。两种性质不同的组织,其薪酬要素组合也会表现出很大差异。如表 8-9 所示,传统经济组织强调工资、员工福利、短期激励,对长期激励(尤其股票期权)重视较少,而新经济组织的薪酬要素组合恰恰相反,尤为重视长期激励,特别是广泛的股票期权计划渗透整个组织,甚至对新员工和新晋升的员工也大量使用股票所有权计划。

表 8-9 新经济组织与传统经济组织的薪酬要素组合

薪酬要素	传统经济组织	新经济组织
工资	高	低
员工福利	适中	低
短期激励	高	低
长期激励	低	高
非现金报酬	适中	低

目前,传统经济组织正在尽力改变它们的薪酬做法,力求向新经济组织靠拢。然而,需要注意的是,传统经济组织不应只是改革薪酬做法,而是要利用薪酬改革来实现组织变革。

(2)营利性组织与非营利性组织的薪酬要素组合。

依据是否以营利为目的把组织划分为营利性组织和非营利性组织,进一步,依据是否公开交易和发行股票,又可把营利组织分为公开交易和私人持股两类。营利性组织和非营利性组织的薪酬要素组合存在很大差异,表 8-10 比较了两类组织的薪酬要素组合。

表 8-10 营利性组织和非营利性组织的薪酬要素组合比较

薪酬要素	营利性组织		非营利性组织
	公开交易	私人持股	
工资	适中	适中	高
员工福利	适中	适中	适中
短期激励	适中	高	适中
长期激励	高	适中	—
非现金报酬	低	适中	高

3. 员工年龄层次与薪酬要素组合

员工期望是组织确定薪酬要素组合需要考虑的重要因素,组织应根据员工特点和需要,对不同年龄层次的员工采用不同薪酬要素组合模式。员工年龄层次与薪酬要素组合关系可用表 8-11 表示。

表 8-11 员工年龄层次与薪酬要素组合关系

年龄层次	特点与需要	薪酬策略	薪酬组合
青年	有冲劲、无经验,向往物质利益,关心职业前途	鼓励创新、开拓	中等水平薪酬,与绩效挂钩的高奖励、低福利
中年	有经验,中坚力量,追求成就感和个人实现	鼓励充分利用经验和发挥技能	高薪酬,一定水平的奖金,中等水平的福利
老年	经验老到、守成,要求稳定,获得尊重	鼓励传授经验与善始善终	中等水平薪酬,低水平奖金及高福利

(四)社会比较和过度自信对战略性薪酬组合选择的影响

大量实证研究表明,个体绩效薪酬中所存在的大量社会比较,将会削弱士气、激发不道德行为和降低努力水平,进而提升个体绩效薪酬的心理成本;也有研究表明,过度自信会导致员工对他们自身能力和付出的评价有偏差,进而降低个体绩效薪酬的分选效应。因此,以社会比较和过度自信为代表的心理因素将影响组织战略性薪酬组合的选择,那些关注并重视社会比较成本和过度自信成本的组织将更倾向于选择基于团队绩效的薪酬和等级薪酬而非个体绩效薪酬(Larkin 等,2012)①。具体来说,社会比较情形下降低社会比较成本的组织战略性薪酬选择如图 8-7 所示,过度自信情形下降低过度自信成本的组织战略性薪酬选择如图 8-8 所示。

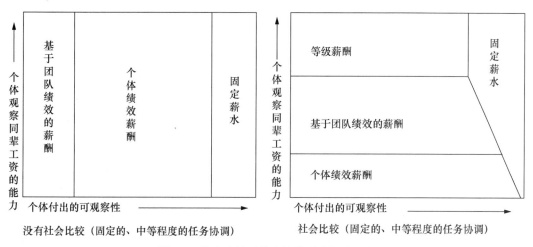

图 8-7 社会比较对战略性薪酬选择的影响

在中等程度的员工间任务协调假设和不存在社会比较情形下,图 8-7 中左图显示了代理理论的标准预测:随着个体付出可观察性的逐渐增加,组织倾向于运用个体绩效薪酬,个体绩效薪酬的运用频率较高。图 8-7 中右图则展示了社会比较是如何改变模型所预测的战略性薪酬选择的:当存在社会比较时,团队绩效薪酬和等级薪酬的运用频率要高于个体绩效薪酬的运用频率,并且,当个体观察同辈工资的能力与个体付出的可观察性双高时,组织更倾向于运用等级薪酬或固定薪水。具体来说,①当个体观察同辈工资的能力较高时,基于绩效的薪酬支付(不论是个体绩效薪酬还是团队绩效薪酬)是非常昂贵的,所以,组织将转向等级薪酬或固定薪水;②伴随着个体观察同辈工资的能力在下降,由于绩效薪酬的激励效应开始超过社会比较成本,基于团队绩效的薪酬开始越来越成为可能,当然,如果员工对同辈工资有看法,则组织不大可能选择基于个体绩效的薪酬,所以,基于团队绩效的薪酬使用频率远远比代理理论预测的频繁,因为它的社会比较成本较低;③只有在员工对同辈薪酬不太了解并且付出难以完全观察到时,组织才会考虑采用个体绩效薪酬。

图 8-8 展示了当员工过度自信时组织的战略性薪酬选择,左图是不存在过度自信情形下的战略性薪酬选择,是对图 8-7 中右图的重复。图 8-8 中右图显示,由于基于团队绩

---

① Larkin, I., L. Pierce and F. Gino, "The psychological costs of pay-for-performance: Implications for the strategic compensation of employees", *Strategic Management Journal*, 2012, 33(10): 1194—1214.

效的薪酬和等级薪酬有效区分出那些更可能感受到薪酬不公平性的过度自信的员工（分选效应），所以，过度自信提升了对这两种薪酬的需要；并且，对比左图，在过度自信情形下，即便个体付出易于观察，组织也不大可能采用固定薪水，因为过度自信的员工往往对自己的贡献和付出有偏见并且也往往高估同辈薪酬，因此，组织更倾向于选择使用基于团队绩效的薪酬。此外，基于团队绩效的薪酬在分选出那些过度自信的员工后，能够积极发挥激励员工付出效应，所以，当过度自信非常严重时，基于团队绩效的薪酬和等级薪酬将逐出最过度自信并具有潜在破坏性的员工，相比固定薪水和基于个体绩效的薪酬，更可能被采用。由此，对比图 8-8 中左图未考虑过度自信成本情形下的薪酬选择，右图显示，等级薪酬和基于团队绩效的薪酬将更可能被组织所采用。

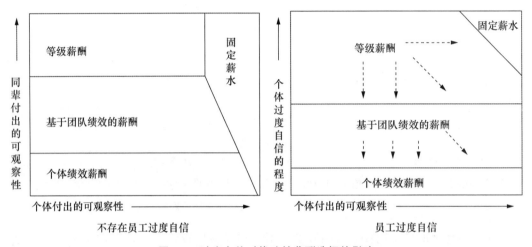

图 8-8 过度自信对战略性薪酬选择的影响

第四节 战略性薪酬管理的实现

一、战略性薪酬体系的建立流程

第一章曾指出战略性薪酬理论的两种观点，即"最佳实践观"和"匹配观"。由于战略性薪酬的"匹配观"得到了更多人的认同，所以，我们主要按照匹配观来讨论战略性薪酬体系的建立流程。依据战略性薪酬管理匹配观，薪酬战略是组织战略和人力资源战略的有机组成部分；因此，战略性薪酬体系建立的根本目的是通过薪酬战略真正体现并支持组织战略和人力资源战略。那么，按照这样的逻辑，在建立战略性薪酬体系时，首先应当理清两个重要关系，然后才能围绕这两个重要关系所涉及的问题来进行战略性薪酬体系的具体决策：

一是**薪酬管理与组织战略的关系**。薪酬战略是组织战略的重要组成部分，要处理好两者之间的关系，应重点关注以下几个问题：(1)薪酬管理计划如何对组织经营起到引导方向或支持作用；(2)薪酬管理方案如何参与组织变革；(3)薪酬管理项目如何与组织短期目标和长期战略目标有效结合。

二是**薪酬管理与人力资源战略的关系**。薪酬管理是人力资源管理的一个重要环节，薪酬战略与组织战略之间的匹配，必须借助人力资源战略方能得以实现。然而，薪酬管理不是被动地从属于人力资源管理，在很多情况下，它对人力资源战略往往发挥着导向和开拓的作用。具体而言，要处理好薪酬管理与人力资源战略之间的关系，应重点关注以下几个问题：(1) 薪酬管理如何有利于组织人力资源的开发与管理创新；(2) 薪酬管理如何增强组织的外部竞争力，使人力资源成为组织最具竞争力的资源；(3) 薪酬管理体系如何促进组织人力资源管理系统内部的协调一致，并通过薪酬机制实现公平与效率的最佳结合。

与组织战略的制定过程相类似，建立战略性薪酬体系的步骤如图 8-9 所示。

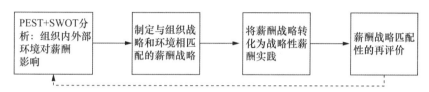

图 8-9 战略性薪酬体系的建立流程

1. 全面分析与评价组织所面临的内外部环境对薪酬的影响

组织的薪酬管理是以组织战略和经营目标为导向的，无论是组织战略和经营目标还是薪酬管理本身都受到诸多因素的影响，包括组织所处的政治法律、经济、社会及技术背景，全球竞争压力，组织文化和价值观，员工需要，工会压力等。因此，组织首先必须全面、准确地了解自己所处的内外部环境，对组织外部宏观环境进行 PEST 分析，对组织内部环境进行 SWOT 分析，全面评价这些因素对薪酬管理的影响。然后，确定为了在特定环境中取得竞争优势所采取的薪酬战略和方案。例如，麦卓尼的文化价值观中有一条是承认员工的价值，给他们提供"工作时有自我满足感、安全感，给员工提供晋升的机会，与员工共享胜利成果"。为了实现这样的价值观，公司与此相适应的薪酬战略包括"通过激励工资和股票期权来分享成功，通过工作进步以获取晋升机会"。

2. 制定与组织战略和环境相匹配的薪酬战略

薪酬战略是指特定组织关于未来存续与发展的相关薪酬分配活动目标、策略、方针等的全局性、根本性谋划。薪酬战略对于薪酬管理的计划、组织、执行和控制均具有指导方针意义：(1) 它要求组织领导层和人力资源管理者在进行薪酬分配决策、制定薪酬计划和政策时，必须从"薪酬战略"上适应组织的目标，正确把握薪酬管理的方向。(2) 它要求薪酬体系设计、薪酬制度建设、薪酬管理运行时，必须自觉接受薪酬战略的指导和规范。(3) 它力求在适配组织战略的薪酬体系中，解决好人力资源管理视角的几大战略问题：需要在员工身上投入多少资源（即计划薪酬总量）？组织能够投入多少资源（即实际薪酬总量）？资源应投资在哪些地方（即关键业务领域）？如何组合资源进行投资（即薪酬项目）？应当对员工的什么进行投资（即员工工作行为和工作绩效）？这些投入资源的受益者是谁（即不同员工群体与薪酬的关联）？员工如何获得和感受这些资源（即资源分配政策和沟通）？这些投入资源的回报如何（即激励产生的价值）？

因此，基于薪酬战略对薪酬管理实践的指导方针意义，在全面分析和评价组织所面临的内外部环境及其对薪酬影响的基础上,制定出与组织战略和环境背景相匹配的薪酬战略。

3. 将薪酬战略转化为战略性薪酬实践

薪酬战略实际上是组织在做薪酬设计时所坚持的一种导向或者是一种基本原则,因此,下一步组织所要做的是将这种原则用一定的薪酬系统或薪酬组合体现出来,或者说运用一定的技术来实现组织的战略导向要求。这一步骤实际上是从理念和原则到操作层面的跳跃。一种好的薪酬战略能否不折不扣地得到贯彻执行,薪酬技术的选择、薪酬系统的设计及其执行过程是至关重要的。这一步骤完成,组织的战略性薪酬体系至此建立了。

4. 对战略性薪酬体系匹配性进行再评价

战略性薪酬体系的设计和实施并不是一件一劳永逸的事情。组织所处的内外部环境是时刻变化的,经营战略也相应发生变化,因而,薪酬战略也必须随之而变。管理者必须不断地对其进行重新评价并适时加以更新,使之与变化了的经营环境和组织战略相适应。为了确保这一点,阶段性地对薪酬体系的匹配性和适应性进行重新评价就显得十分必要了。

在进行战略性薪酬体系建立的流程中,为了使薪酬体系更有效地推动组织战略的实现,应当遵守这样的基本逻辑(见图 8-10)。

图 8-10　制定战略性薪酬体系的基本逻辑

依据图 8-10 所示的基本逻辑,在建立战略性薪酬体系的过程中,我们必须回答以下五组问题[①]:

(1) 什么是组织成功的关键因素?为了成功地完成任务或在生产上取得期望的地位,组织必须去做什么?这包括:什么是组织?什么是组织战略?什么是业务成功的关键因素?什么是在成功因素的基本指标?什么是组织完成任务时所遇到的基本问题或行动?

(2) 什么是成功执行这些竞争战略所必需的行为或行动?这包括为取得这些成果,人们开始时需要做什么?多做还是少做,或者停止不干?什么是全体员工都要做的?什么是特定小组成员要做的?人们对了解如何去做要达到什么程度?人们对了解做这些事情的重要性要达到什么程度?

(3) 对每个特殊的目标小组应该采用什么样的计划来表彰他们的行为?表彰期望行为中的每个计划的目的是什么?这些计划可能包括基本工资计划、绩效工资计划、可变或激励工资计划、基于股票的可变工资计划等。

(4) 为了成功实现目标,每个计划都需要满足哪些要求?它是基于个人的还是小组的?它在市场上的竞争性如何?它是高回报的还是高安全性的?它是支持还是领导变革

---

① Thomas B. Wilson:《薪酬:以薪酬战略撬动企业变革》,张敏等译,中国社会科学出版社,2004。

的力量？它是应用于每一个人还是按照每个小组加以制定的？它是保持独立还是和其他薪酬项目(收益)相结合？

(5)现行的薪酬计划是否适应这些要求？每项计划在什么地方达到或超出了需求？这些计划在什么地方存在不足,为什么？变革过程应从哪里开始？组织准备为获得期望的变革投入时间、精力和资源吗？这些变革对经营中所面临的战略和现行的问题是否至关重要？

回答上述这些问题,将有助于组织顺利建立战略性薪酬体系。不仅如此,在定义每个战略目标和基本需要时,薪酬体系也将支持和推动符合新的管理理念的改革进程。

二、战略性薪酬管理的变革特征

战略性薪酬管理是在薪酬战略的基础上发展起来的一种视野更广阔、层次更高的薪酬管理类型;因此,在一定程度上,它是对传统薪酬管理理念和管理模式的否定,体现了对传统薪酬管理系统与方式的变革。这种变革主要体现在以下几个方面的转变:

1. 薪酬系统和机制的转变

战略性薪酬管理对薪酬的理解更为全面,强调整体薪酬或全面薪酬,不仅包括货币薪酬,还包括员工基于其工作结果所得到的全部薪酬;战略性薪酬管理利用战略管理的理念,灵活利用各种薪酬要素组合,对所有薪酬要素和薪酬管理系统进行开发以促进组织实现战略目标。与传统薪酬管理模式相比,战略性薪酬管理有以下特点:(1)以整体薪酬系统而非单个薪酬要素的管理为基点;(2)强调对员工行为和员工绩效的开发;(3)突出薪酬机制的激励效应;(4)带有凝重的组织文化内涵。

2. 战略基准的转变

战略性薪酬管理是站在战略高度来认识和发挥薪酬管理在组织中的作用。所谓战略高度,并不是指雇主和雇员之间的一种单纯的劳动力买卖关系,也不是简单的劳动与货币之间的交换关系,而是将组织薪酬管理整合到组织战略目标之中,并与人力资源开发管理战略紧密结合在一起,从而把薪酬管理作为实现组织战略目标的重要途径。

3. 薪酬管理目标的转变

传统薪酬管理尽管也注重对员工的激励作用,但其对员工的人性假设是把员工作为一个追求利益最大化的"经济人",仅仅将员工视为单纯依靠出卖劳动力来获取薪酬的劳动者,因此,传统薪酬管理中,员工的个人行为并没有被整合到组织的战略目标中。战略性薪酬管理则是将组织目标与员工个人目标有效结合在一起,将目标定位为如何发挥组织的人力资源优势,实现组织的发展和管理的创新。例如,薪酬计划不仅与组织的财务计划相匹配,还与组织的整体经营计划相融合;不仅要节约人工成本,还要考虑人力资源在组织各部门和各环节的合理配置。战略性薪酬政策和薪酬计划的实施,还可以起到重构组织结构,引导经营方向,增强市场竞争力和内部协调性的作用。从这种意义上讲,在战略性薪酬管理中,薪酬已不单纯是劳动力交换的媒介,已被升华为实现经营者意志和战略目标的载体。

4. 薪酬工作重点的转变

战略性薪酬管理的薪酬开发战略是包括多种薪酬要素在内的管理系统;因此,综合性、全面性和多元性是战略性薪酬管理的突出特点。传统薪酬管理的重点是货币薪酬和直接薪酬管理,这种管理模式虽然体现了按劳分配的基本原则,但难以有效地解决管理中员工的"偷懒""搭便车""按酬付劳"等行为,即存在员工内在激励问题。战略性薪酬管理将薪酬管理的重点由基础薪酬转向激励薪酬及福利薪酬的开发,体现的是基于员工最终工作结果和为组织所做的实际贡献支付薪酬的基本原则。这种重点的转变,将有助于新管理机制的生成。

5. 薪酬管理方式的转变

组织薪酬要素的多元化实质上反映的是薪酬管理模式的多元化,战略性薪酬管理正是体现了薪酬管理模式的创新。传统薪酬管理模式与组织经营之间缺乏一条联结的纽带。例如,人工成本独立核算、薪酬体系单独设计、组织效益与薪酬水平不挂钩、薪酬与工作绩效没有直接联系等。战略性薪酬管理打破了组织各环节之间分割、短期和刚性的状况,运用多元化的管理模式解决众多问题。例如,对组织高层管理者实施经营者年薪制,解决现代组织制度下委托代理制的核心问题;加大激励薪酬的比重,推行以技能和绩效为基础的薪酬制度,激励员工的积极性;将组织福利管理作为薪酬管理的补充形式,使薪酬管理更具灵活性;实施股票期权等长期激励计划;倡导精神薪酬开发等。这些薪酬管理方式的创新,在增强组织外部竞争力、提高内部效率和员工凝聚力以及促进员工职业开发等方面,均可以发挥传统薪酬管理所不能及的作用。

三、实施战略性薪酬对薪酬管理职能的要求

由于战略性薪酬体系是基于薪酬战略,在传统薪酬体系的基础上,赋予薪酬管理更多的内容;因此,战略性薪酬管理的实现必然要求组织的薪酬管理职能作出相应的调整。这种薪酬管理职能的转变突出表现在——减少传统事务性薪酬管理活动所占有的时间,增加战略性薪酬管理活动;并且,传统事务性薪酬管理活动占有时间的减少是通过提高管理效率来实现的,并非通过减少管理活动来实现的。具体来说,战略性薪酬管理对组织薪酬管理职能转变的要求主要体现在以下几个方面:

1. 薪酬战略应与组织战略目标紧密联系

组织的薪酬战略是随着内外部条件、组织发展战略而变化的。组织只有实施与其发展战略密切相关的薪酬战略,才能取得人才优势,为组织提供持续的富有竞争性的人力资源优势,进而为组织愿景、使命、目标的实现提供强大的保证。因此,战略性薪酬管理首先要在薪酬战略和组织战略目标之间建立起紧密联系。开篇案例中华为的发展历程就很好地体现了薪酬战略与其不同发展阶段的组织战略目标间的紧密匹配:初创期的华为实施整合与利用组织所拥有的全部资源以形成并强化组织优势的内部成长战略,因此,组织内外部资源贫乏,员工基本薪酬和福利水平均较低,主要依靠晋升、能力提升、工作氛围、创业机会、对未来成功的期望等非货币性薪酬吸引和留住员工;进入高速成长期的华为,由于发展壮大需要大量优秀人才,华为采取全面薪酬领袖战略;稳定期的华为,瞄准国际市场开始实施国际化发展战略,公司需要配备国际化人才,与此相适应,公司推行薪酬改革,重点是按责任与贡献付酬而非按资历付酬,希望通过此次薪酬变革鼓励员工在未来的国际化拓展中持续努力奋斗,鼓励那些有奋斗精神、勇于承担责任、能够冲锋在前的员工,调

整那些工作懈怠、安于现状、不思进取的老员工的岗位。

2. 降低事务性活动在薪酬管理中所占的比重

依据薪酬管理的活动内容及其性质,薪酬管理活动可以划分为常规管理活动、服务与沟通活动以及战略规划活动三种类型。在一些传统组织中,薪酬管理人员往往把他们2/3以上的时间消耗在一些常规性的管理活动中,比如更新职位说明书;分析劳动力市场供求状况;分发、填写以及汇总绩效评价表格;收集、分析、汇报薪酬数据等。在这种情况下,他们能够用来向员工提供个性化服务、就薪酬系统进行沟通以及制定薪酬战略规划的时间可谓少之又少。在战略性薪酬管理中,薪酬管理人员的时间将会作重新分配,用于日常管理型的活动所需花费的时间所占的比重将大幅度下降,而在服务和沟通以及战略规划方面所花费的时间则将大幅度上升。在传统组织中,薪酬日常管理活动、薪酬服务与沟通活动以及薪酬战略规划活动三者之间所花费的时间比重大约是70%、20%和10%;而在推行战略性薪酬管理的组织中,三者之间的时间比重则转变成为20%、50%和30%。

3. 实现日常薪酬管理活动的自动化

在战略性薪酬管理理念下,高效率的组织往往把有关职位、能力、角色、员工以及市场的数据整合到同一个计算机系统中去,从而在相当大的程度上实现了薪酬日常管理活动的自动化管理。事实上,常规性薪酬管理活动的自动化和系统化,是确保人力资源管理部门以及人力资源管理专业人员减少日常管理活动中所耗费时间的一个主要途径。以编制职位说明书和完成职位评价为例:传统上,职位说明书通常首先是由直线管理人员负责完成的,他们先把初稿送至主管工作分析的人力资源管理专业人员处征求意见,再由后者将其呈报到职位评价委员会集中对职位的价值进行审查与评价,最后,经过几个星期甚至几个月的时间之后,经过审定的职位说明书终稿以及职位的相应薪酬等级才会被返回到直线管理者处。而在自动化管理的情境下,管理者只需把相关数据输入并保存在电脑中或者直接通过在线专业人力资源管理软件,就可以很轻松、快速地得到严格合乎规范、经过专家认可的职位说明书。

不仅如此,许多薪酬管理软件早已超出了对工作进行对比、编写工作说明书、记录薪酬数据等功能。一些先进的薪酬管理软件还可以建立组织的薪酬模型,对不同员工和职位进行薪酬比较,从而协助管理者提升薪酬决策的效率和质量。

4. 积极承担新的人力资源管理角色

在传统组织中,薪酬管理者包括其他人力资源管理者在组织中能够发挥的作用并不都很大,尤其是许多业务部门的人将人力资源管理部门看成是一个专业狭窄、跟不上变革及功能失常的普通机构,并认为其中的管理者大都是一些知识面较窄而又目光短浅的人。

造成这种状况的原因主要有两个:第一,组织中的人力资源管理者包括薪酬管理者不能迅速地感知组织内外环境和经营战略发生的变化,不了解组织的经营和业务流程;因此,提不出对组织战略实现能够产生支持和推动作用的建议,结果只能从本职工作出发而不是从组织战略出发来做人力资源管理工作(包括薪酬管理工作)。第二,他们由于承担了很多本来应该由直线管理者承担的事务性工作,消耗了大量的精力和时间,因而难以超越事务性的工作去进行战略性的思考,所以总是与处于业务一线的其他管理人员显得格格不入。

而在推行战略性薪酬管理的组织中,战略性薪酬管理将薪酬管理与组织的其他所有管理职能进行了整合:薪酬管理不再仅仅是那些所谓的薪酬专家的事情,直线管理者甚至普通员工都要参与其中;不仅如此,战略性薪酬管理所强调的薪酬战略与组织战略、组织文化、组织内外部环境、组织所处成长阶段等相适应,要求薪酬管理者必须能够及时、准确地感知并获知组织中发生的所有变化(而并不仅仅只是薪酬方面的变化),要求他们必须摆脱繁杂琐碎并耗时的日常薪酬管理事务,使他们由官僚体制的捍卫者转变为真正可以从组织战略视角出发提出支持组织战略的具有全局性眼光的战略性薪酬方案的薪酬专家。

本章小结

1. 探讨薪酬战略与组织战略(成长战略、稳定战略和收缩战略)、竞争战略(成本领先战略、差异化战略和集中战略)的匹配以及薪酬战略与组织不同成长阶段的匹配。

2. 介绍了薪酬战略与文化的匹配,包括薪酬战略与国家文化、不同文化导向的匹配,以及 Hay Group 的组织文化分类及其薪酬战略、Gilnow 组织文化分类及其薪酬战略。

3. 对战略性薪酬组合模式进行了介绍,包括外在薪酬与内在薪酬组合模式、外在薪酬要素的不同组合模式,以及其他因素影响下的其他战略性薪酬组合模式。

4. 介绍了战略性薪酬管理体系的建立流程,描述了战略性薪酬管理的五个变革特征,阐释了实施战略性薪酬对薪酬管理职能的要求。

复习思考题

1. 组织如何依据竞争战略进行匹配的薪酬战略设计?
2. 组织不同成长阶段各自具有什么特征? 相应的薪酬战略是什么?
3. 如何通过薪酬设计使得薪酬战略和文化相匹配?
4. 如何构建战略性薪酬管理体系? 它对薪酬管理职能的要求有哪些?
5. 选择一个您所熟悉的组织,收集信息并分析该组织的薪酬战略是否体现以及如何体现组织发展战略的。

案例研究

一家新兴的薪酬咨询公司的战略性薪酬体系——用薪酬体系塑造核心价值观

当一家公司组建时,它还没有自己的文化。它就像一块干净的石板,没有传统、惯例或声望。它只有创始人的愿景、承诺、能力和价值观。它的成功取决于创始人如何成功地培养出想得到的、能够在市场上建立起竞争优势和赢得客户支持的核心能力和文化。

新公司的优势在于,塑造一个新文化比对一个已经存在的文化进行转型使之变成某种新文化要容易得多。当威尔逊集团公司的创始人开始组建一家专注于开发和设计基于绩效的薪酬体系和其他人事管理系统的咨询公司时,他就看到了这样的机会。除此之外,他还想成立一个这样的组织,它靠给客户提供咨询过日子,并且,对包括他本人在内的每个人来说,这里都是一个理想的工作场所。

一个简单的使命

威尔逊薪酬咨询公司的使命很简单而且很集中:帮助客户把各种基于绩效的薪酬体系和他们的战略及核心价值观整合到一起,进而使这些激励体系能够鼓励和强化那些组织需要用来在复杂的市场环境中获得竞争优势的行为方式。

威尔逊薪酬咨询公司的服务内容包括薪酬战略的开发和评价、基本工资和浮动薪酬计划、战略考核计划、贡献承认及绩效管理计划的开发和设计。这些服务可以针对整个组织提供,也可以针对一个组织的某些人员提供,诸如首席执行官、销售队伍、经理人或专门人才(例如信息技术人才、工程师、医生和客户服务人员等)。威尔逊薪酬咨询公司的咨询师为各行各业的公司提供咨询服务,而且大多数咨询方案都是为了满足客户的特殊需要而专门定制的。

公司自成立以来已经获得了惊人的成长,其间经受的苦与乐也只有自己能够体会到。最初,公司关心的主要问题和任何一家新企业关心的基本相同,即发展客户基础,开发切实有效的方法和工具以及管理现金流。随着公司的客户规模和服务需求的扩大,吸引和留住能够分享组织基本价值观的员工就成了公司的头等大事。

同时,公司已经接受了艰难的竞争环境和局面对自己核心价值观的考验和挑战。结果,正是这样的竞争环境给它提供了机会,使它清晰地聚焦到自己的核心业务上。诚然,威尔逊薪酬咨询公司仍然处于早期发展阶段,它今天所做的任何事情都将决定公司未来的文化和形象。因此,领导们小心翼翼地培养着这家公司,以使未来的变化最小化。

市场环境

威尔逊薪酬咨询公司的市场很复杂,但也很有吸引力。几乎没有一个公司对自己的薪酬体系感到满意,而且众多公司越来越意识到自己的薪酬体系根本不适合自己的经营战略和成功因素,因此他们想改革。当他们认识到薪酬体系在影响他们的企业文化和竞争力时,他们开始寻求能够对他们的人事管理系统提供全新思维方式的咨询师的帮助。

薪酬咨询行业的竞争格局可以分为几个层次:第一层由几个大型的咨询公司构成。它们有覆盖广泛的分支网络和全面的能力与人才储备。第二层是那些规模要小一些,但是专业化的咨询公司,它们围绕某些特定服务内容或在某个地区或行业市场上具有优势。第三层由个体咨询从业者构成,他们通常是大学教授,在薪酬方面有特殊的兴趣和专长。

许多公司已经不再迷恋大型咨询公司了。它们感到这些咨询公司对它们的需要缺乏响应、创造力和责任心。这就给那些更小规模的咨询公司提供了机会。这些小公司也许缺乏大公司具备的资源深度,但是它们常常能够作出更快的响应并为客户提供更多价值的服务。

另一个对处于第二层咨询公司有利的因素是,客户对咨询需求的不断变化。客户需要的解决方案要根据他们的需要量身定制,而不要现存的模板。他们想和在挑选过程中赢得他们信任和信心的、经验丰富的咨询师们共事,而不想和那些在合同签下后,从大公司派来的初级咨询助手们合作;他们期望的咨询师要具备深入的咨询经验和专门的咨询技巧;他们期望咨询师们所提供的解决方案能够解决他们的需求,并让他们对方案实施效果感到有信心。如果一家小咨询公司能够证明它能够满足这些要求,它就能够和大公司在同样的业务上展开竞争。

由于进入该行业几乎没有什么壁垒,威尔逊集团认为它只有通过聚焦于某个有吸引力的市场,建立一种能够提供额外价值和响应力的声誉才能赢得竞争。为了成长,它要建立的咨询公司要和其他公司有所区别,并且能够在与地区及全国性咨询公司的正面竞争中赢得客户。

为了实现这个目标,威尔逊集团需要建立一种其他公司无论大小,都难以复制的竞争优势。虽然价格竞争能够帮助公司获得市场份额,但在咨询行业它不是一个长远战略。因此更好的办法是为客户提供比对手更多的价值;这就对创新性优质服务、一套得到证明的工具与方法以及投资于成长的资源提出了要求。除此之外,它还要求公司能够吸引和留住与对手们相比更加优秀的人才。

一家新兴公司的薪酬体系

早在公司成立不久,公司创始人就意识到哪种类型的人对公司的成功至关重要。首先,他们要具备必需的技术专长;其次,他们处理人际关系的风格要和公司的核心价值观一致;最后,他们还要愿意为一家小型咨询公司工作而不是要去开办自己的公司或为一家成立多年的公司服务。

为了有效地吸引这种类型的人才,威尔逊集团需要创造一种环境,让有才能的人感到自己做出的贡献得到了真实的评价。因此,需要各种各样正式和非正式的薪酬计划来塑造想得到的公司文化。薪酬固然很重要,但灵活性、机会、挑战和知识也不例外,公司正使用这些要素来评价员工的贡献。既然威尔逊集团的业务就是为别人设计和战略保持一致的薪酬计划,那么就把给别人开的处方在自己身上先试一下。因此,威尔逊集团提出了一个薪酬战略。

对于想得到的绩效,公司需要立即给予奖赏,从而薪酬计划的核心(基础)部分应该支持员工们为创造销售收入付出的努力;同时,发放的薪酬数量应该反映员工个人的能力和绩效;而且,除奖赏员工的个人绩效外,公司还要有基于团队的激励措施,鼓励员工相互协作;此外,这种薪酬方式应该促进公司的成长和年度经营计划的实施,因此,薪酬支付除了现金形式,还应给员工提供得到股票期权的机会,让他们成为公司的利益相关者,为公司的未来承担责任。总之,薪酬价值应该反映公司的成长和竞争力的提升。最后,正式和非正式的贡献承认计划应该有助于强化员工个人或团队为支持公司核心价值观做出的特殊行为。这样,现金薪酬计划对公司战略和经营成功的驱动因素起着支持作用,贡献承认计划则强化了公司的基本价值观和想得到的企业文化。因此,它们每个都以整个薪酬体系的组成部分发挥作用,把公司的关键成功因素转化为具体的行动。

薪酬计划的描述

对专业服务公司来说,薪酬是最大的一项费用支出,现金流则一直是公司关心的一个重要问题。在威尔逊集团,咨询师们根据一个预先设定的佣金比例从自己每月向客户收取的咨询费中提取薪酬。其中,咨询费率取决于他们在自己的从业领域、项目管理和咨询业务中所具有的竞争能力;佣金率反映的是一揽子薪酬中的竞争力和风险大小。咨询师创造的收入反映了他在向客户提供高价值服务时表现出的绩效,因此,基于咨询师所创造的收入的月工资也体现了咨询师的竞争力和绩效结果。

公司一收到项目咨询费,就给咨询师们发工资,这样,他们几乎总能为自己的绩效得到立即的奖赏。从这一点来看,公司起着银行的作用,负责为他们代收咨询费。在绩效优秀的月份,咨询师们能够收到一张大额支票;但是,当咨询活动有限时,公司的收入也多不起来,那么他们收到的支票金额就会少很多。因此,公司面临的挑战是保持足够数量的咨询项目,以使每个咨询师的月收入不至于波动太大,并让他们获得的薪酬维持在目标水平上。

对新加入的咨询师来说,由于他们通常需要一个过渡期来适应新环境,所以,他们在过渡期能够得到一个有保证的基本收入,而且如果他们超出了特定咨询收入水平,他们还会挣得额外的收入。这种做法既鼓励新咨询师们增加在工作时间和精力上的投入,又不至于使他们在学习和开发自己的客户项目组合时陷入过分被动的局面。为他们设定的临界咨询收入水平和享受固定基本收入的时间取决于他们的个人背景和项目机会。当然,完全按佣金比例提取薪酬的咨询师的收入肯定比处于过渡期的新咨询师的收入高。

除了收入,所有员工还参加了一个公司范围的激励计划。设计该计划的目的是鼓励员工个人之间的相互协作和奖赏那些对公司成长和发展做出贡献的人和事。该计划使用了4—5个根据员工个人角色制定的绩效指标,其中两个指标对所有人都是相同的。第一个指标是公司销售收入的增长。如果公司销售收入增长了,那么每个人都将从中受益。第二个指标是从公司的客户满意度调查中得到的总分值。每一个咨询项目完成后,公司都会向客户发放一份调查问卷,其中涉及的绩效指标反映了公司的基本价值观、战略和关键成功因素。公司收到了客户根据这些指标提供的反馈信息后,要对这些信息列表分析,并把最终结果添加到公司的绩效考核中去。

对一些咨询师来说,第三个指标是个人销售量,公司用这个指标对咨询师创造的客户项目收入绩效评分。公司只对少数几个关键的负责业务开发的咨询师支付销售佣金,其他的咨询师则根据一个销售积分系统得到薪酬。如果两个或两个以上的咨询师一起开发了一个新客户,他们就根据各自所起的作用大小瓜分该项目的销售积分。理论上,销售积分能够高达项目咨询收入的200%,但实际上,没有人能够得到超过项目收入的11%的销售积分。在这种体系下,每个咨询师的销售目标要大于让他们单独行动能够挣得的咨询费收入。这样,公司就能够鼓励咨询师们相互协作,致力于公司整体销售业绩的提高。

还有一些咨询师能够从项目管理中得到薪酬,因此,来自他们管理项目的收入积分就成为另一个指标。咨询师的这部分绩效来自客户项目创造的收入,或在自己领导下的某个重大项目中承担的特殊任务。对销售积分体系来说,个人目标要大于让咨询师单独行动能够创造的咨询费收入。因此,咨询师个人就能够为客户和项目承担责任,并积极地参与到别人的项目中去。

还有一些并不直接产生收入的但与重要任务有关的个人绩效指标,这些任务包括:(1) 负责会议展示;(2) 为出版物撰写文章;(3) 在公司内应用新技术和实施新系统;(4) 实施从业领域或基于行业的经营计划;(5) 为公司学习或开发某种东西。

最后,当咨询师个人实现某项重要目标时,如获得了一个特殊的资格证书,或者有一篇文章被某个重要的刊物采用等,他们就会获得特殊成就分和公司的承认。这些特殊目标是在每个咨询师的配合下制定出来的,它们反映了公司在那个年度的经营目标之一。在一些情况下,咨询师们共用相同的指标,例如实施经营计划或在公司安装新信息系统。这些指标组合在一起就能够在个人绩效和团队绩效、收入创造和基础设施建设以及公司的战略目标和战术目标之间寻求平衡。

为了把这些指标组织到一起,该激励计划用一张计分卡来显示每个指标和为它们设定目标。每个咨询师都有自己的计分卡,他们得到的最终总得分是一个百分比。咨询师从激励计划中得到的奖金就等于这个百分比和预先设定的目标奖金的乘积。例如,总得分等于100%的意思就是该咨询师能够得到他的目标奖金的100%。奖金范围的限定是从最低占目标额的60%到最高150%。奖金每年支付两次,前六个月的奖金根据这六个月的绩效发放,后六个月的奖金根据全年绩效计算。

咨询师每个月都会收到所有基于咨询费收入的绩效指标的信息反馈。在合适的时候,他们还会召开员工会议讨论其他指标。计分卡为咨询师们提供了积极的绩效考核结果,每个人都能够很容易地对自己的表现好坏做出判断。

虽然公司没有上市,但是所有员工都有资格得到股票期权。股票使员工们能够触摸到公司成功中的利害关系,当公司的价值增长时,员工持有的股票价值也随之增长。董事会每年用一个基于总的年度销售收入和利润的公式来计算公司价值。什么时候(通常每隔一年至三年赠送一次)向员工赠送股票以及赠送多少,取决于员工对公司成长做出的贡献。如果咨询师创造的收入大大超出了标准的个人咨询费收入水平,或者在某些关键的从业领域开发了一些新工具和提出了新的方法,以及加强了公司基础设施的服务能力,那么他都有可能得到公司赠送的股票期权。董事会在和公司的关键人物讨论后就可以做出决定,给予他股票期权奖励。

股票期权是员工承担公司风险的一种重要象征,但是当公司价值开始增长时,它就开始具有更大的意义。对一些人来说,如果公司被出售或调整资本结构,股票期权可以提供大量的未来收入机会。公司可以设立员工持股计划或提供其他的机会用留存收益在未来兑现股票,从而给予股票持有者回报。

上述每个薪酬计划都受到时间的限制。按月支付的佣金收入反映了个人努力的结果而其他的绩效奖赏却明显被延迟了。为了处理这个问题,威尔逊集团还在合适的时候为员工提供非正式的、自发的奖赏。例如有一个咨询师在向一个比较难缠的客户售出了一个重要的新项目后,公司立即奖给了她一台传真机,让她带回家使用。另外一个咨询师是一个葡萄酒鉴赏家,当他签下了一单当时最大的咨询合同时,公司送给他一瓶上好的葡萄酒。第三个咨询师因为项目的需要好几次都不能抽时间去陪伴专程来看她的父亲,于是公司送给她一张双程机票,让她度假回去探望她的父亲。这个礼物体现了公司的核心价值观之一,即每个员工都应该过正常人的生活。

员工因为给公司做出重要贡献而能得到承认和奖励。虽然这些奖赏通常都是事后做出的。但是,其依据是那些帮助公司实现目标的员工做出的明显、一贯的行为,如加强客户关系、引进新业务和圆满完成对客户的承诺等。当然奖励还必须遵循几个重要原则:(1)和支持公司基本价值观的行为联系在一起;(2)行动发生后,奖赏要立即或尽早做出;(3)奖品要对获奖人有意义并富有个性。

使薪酬和基本价值观保持一致

在一系列的战略规划会议上，威尔逊集团的成员们做出了公司的使命、愿景和价值观宣言，并把它们作为决策和行动的基础。对一家相对较新的公司来说，关键是清晰地把这些理念表达出来，并把它们整合到所有的经营活动中去。在这些原则和各种正式和非正式的薪酬体系之间保持一致是至关重要的。

威尔逊集团的五个核心价值观是：(1) 为客户提供额外的价值；(2) 与客户合作和在内部相互协作；(3) 在提供解决方案方面富有创新性和创造性；(4) 诚实和正直要体现在所有的行为中；(5) 工作开心，并过正常人的生活。

由几种薪酬计划组成的一个组合对这些基本价值观起到了支持和强化的作用。其中现金激励薪酬计划以咨询收入的增长为中心，后者必须通过为客户提供额外的价值来实现。向老客户销售新项目得到较高的客户满意度是对这条价值观的另一个证明。

对协作精神的支持体现在许多方面。定期召开员工会议，让别人加入自己的项目，在销售上相互配合，共享公司在人事安排和财务绩效方面的信息等，都有助于支持强调协作的公司文化。许多咨询项目是和客户单位的设计组或特殊任务组一起实施的，因此对协作精神的支持不只是体现在公司内，还要表现在公司外。

公司还用许多细微但重要的方式鼓励创新性和创造性。在员工会议期间，咨询师们能够共享已经使客户受益的创新成果或新方法。此外，他们还要为不同从业领域制作咨询指导书，让别人能够把他们的经验应用到其他项目中去。在公司内，传递和使用创新成果比"拥有"它们更重要。负责后勤支持的员工积极寻找办法，提高运营效率、增强客户关系和尝试新管理体系和流程。除了履行传统的后勤支持职能，他们还研究能够帮助咨询师们发挥最大工作潜力的新流程。各种主意不断地在公司内部的公开论坛上讨论。为了处理一些特殊问题，专门成立一些短期任务组。事实证明创新不但促进了公司的成长，还能使创新者得到公司股票期权奖励。公司还大力投资于内外部培训，所有员工都有机会参加各种重要会议。

正直和诚实被作为重要的行为准则得到公司的承认。公司的高层要起到表率作用，员工在工作中也要贯彻这个原则。一些员工以公司道德捍卫者的身份自居，当有的人行为与公司的核心价值观不一致时，他们就会指出来，使这种情况引起人们的注意。这种形式导致了健康的交流效果，公司对它予以高度的鼓励。因此，当出现错误时，人们会把它作为一次很好的机会，来学习、澄清价值观和加强责任心。

工作开心是公司最重要的价值观之一。这一条在公司用于营销和人员招聘的宣传材料中有所体现，而且人们的日常行为也能证明。通过自发开展真正好玩的娱乐活动，公司鼓励人们尽情地欢笑。聘用员工的一个重要标准是应聘者要有一定的幽默感，这一条对员工们相互共事及与客户合作也是非常重要的。

为了在家庭和工作之间达到一种平衡，公司在工作时间、对时间的承诺和着装要求上非常灵活。工作的中心是对客户做出的承诺，而不是某些对时间或着装做出的武断要求。像电子邮件、声音邮件和办公室联网这样的新技术使咨询师们能够在家里或者其他地方办公，而不会妨碍为客户服务。有一些人可以兼职工作或灵活地安排时间处理个人或家庭事情。公司并不期望员工们加班，但它要求他们必须完成自己对客户做出的承诺。

公司尊重员工的个人时间安排。员工会议一般都在正常的工作时间召开,夜间电话除非迫不得已,否则很少发生。周末加班也只是在跟客户承诺的截止时间马上到时才需要。总之,刻意营造一个充满乐趣的、在家庭和工作之间达到平衡和实现自我的工作环境是公司日常文化的一个组成部分。

薪酬计划的结果和未来展望

在最近的一次研究中,我们把威尔逊集团和其他咨询公司进行对比,结果发现威尔逊集团比对手们成长得更快,为员工支付的薪酬水平更高,毛利率更大,而且在争夺新业务上更成功。它已经在短时间内在公司内部营造了一个与众不同的工作环境,并在国内赢得了一定的声望。

新公司的未来总是不确定的。来自市场和公司内部的各种挑战总是在考验着它们。威尔逊集团将面临的形势是短期压力将超过长期投资需要。经济不能总以今天这样的速度增长。随着新员工不断加盟公司,他们将改变公司文化。在公司成长的过程中,组织的演进会要求更多的结构和控制,更多的管理系统和程序。成长本身就是对组织的一个挑战。因此,对威尔逊集团的领导们的挑战是在公司的进一步成长的过程中,如何继续支持和强化公司的核心价值观。

威尔逊集团已经以一个新秀和一个强有力的竞争者的身份出现在咨询行业。它清晰地阐述了自己的基本价值观,而且将坚守自己的承诺。它已经建立了各种计划和措施来营造期望的企业文化。根据核心价值观开展工作已经成为所有员工遵循的一个原则。威尔逊集团将继续留住那些工作作风和公司的基本准则保持一致的员工。公司的任务是创造卓越绩效。这个市场非常大而且每天都在成长。它能否成为一个新思想的领导者,能否一如既往地为客户提供额外的价值,以及能否继续作为一个具有吸引力的工作场所和合作伙伴将决定它未来能否继续成功。值得欣慰的是,威尔逊集团的员工现在非常重视他们的客户、他们的公司和他们自己。

资料来源:〔美〕Thomas B. Wilsom,《薪酬框架:美国39家一流企业的薪酬驱动战略和秘密体系》,陈红斌等译,华夏出版社,2001,作者进行了少许修改。

案例思考题:

1. 威尔逊薪酬咨询公司的薪酬体系包括哪些内容?

2. 根据案例材料,分析威尔逊薪酬咨询公司的薪酬体系是否与内外部环境相适应,是否体现出企业发展的战略理念?

3. 在威尔逊薪酬咨询公司成功发展后,如何针对内外部环境的变化对公司薪酬体系进行变革?

21世纪经济与管理规划教材

人力资源管理系列

第九章

特殊员工群体的薪酬管理

【学习要点】

  高层管理人员的工作特征及其薪酬结构
  团队薪酬方案中的要素形式
  销售人员的工作特征与薪酬方案类型
  外派员工的工作特征和薪酬定价模式
  专业技术人员的工作特征和薪酬模式

> **开篇案例**
>
> 某上市公司是一家总部设在北京的跨国集团。公司的人力资源战略重点放在研发技术人员上，他们都是行业内的佼佼者。但是公司的技术人员对目前的薪酬十分不满意，他们认为公司的待遇低于市场平均水平，技术人员之间的薪资差距和增长幅度过小。因为技术人员业绩的难衡量性和长期性的特征，让项目奖励等成果奖励演变成空中楼阁，使得技术人员之间所谓的内部公平性已经演变成相互攀比，导致了大多数员工对薪酬的不满。近年来，随着业务的发展，该公司海外机构越来越多，外派人员也呈逐渐增加趋势。在外派人员的薪酬设计上，该公司外派人员的薪酬由国内原有薪酬加上境外补贴两部分构成。境外补贴主要根据当地生活水平确定。随着海外机构的增多，公司发现这种薪酬体制存在许多问题。首先，各地的境外补贴标准不容易确定，缺乏相应的标准。其次，由于境外补贴标准不容易把握，薪酬水平与当地有一定的差距，导致外派人员的离职率居高不下。再次，因各地薪酬水平各异，外派人员挑肥拣瘦，不愿意前往经济发展欠发达的地区。最后，由于该薪酬体系与国内薪酬体系脱节，外派人员回国后难以与国内薪酬衔接，从而严重影响外派人员的职业生涯发展。鉴于这些问题，该公司应该如何再设计针对这些特殊的工作群体的薪酬制度呢？
>
> 资料来源：本书作者根据有关材料改编。

在企业中，由于工作岗位、性质的不同，员工也形成了不同的工作群体，每一个工作群体都有不同的特点，有着自身的文化。这些群体之间在工作本身的要求、职位特征、工作成果的可衡量程度、绩效表现的可评价性、对组织经营目标的重要性等方面也会表现出一定的差异性。因此，不能把所有不同类型的人都往同一个薪酬模型里套，搞一刀切和平均主义。需要了解不同工作群体的特点，进行差异化的薪酬管理来达到有效激励的目的。这一章主要介绍特殊员工群体的薪酬管理，包括高层管理人员、团队、销售人员、外派人员和专业技术人员等的薪酬管理。

第一节 高层管理人员的薪酬管理

管理人员是企业中从事管理工作的员工，按职位高低可以将管理人员划分为三类：高层管理人员（简称"高管"）、中层管理人员和基层管理人员（通常也称为一般管理人员）。对这三类管理人员进行薪酬管理的侧重点有所不同，比如对高层管理人员和部分中层管理人员，薪酬管理的重点主要是探讨长期激励措施的实施问题，而对于基层管理人员薪酬管理的重点则要放在如何通过薪酬管理，改善其工作绩效，提高其管理效能上。由于高层管理人员的薪酬更具有特殊性，我们这里主要介绍高层管理人员的薪酬管理。

高层管理人员的管理劳动表现出较高人力资本的投入、成果的无形性、效益的滞后性和效益的间接性。这些特征对高层管理人员薪酬管理与绩效考核提出了难题：一方面，成果的无形性要求考核高层管理人员的工作必须通过低层次管理者和被管理者的劳动成果进行考核，企业生产的最终产品中就凝结着高层管理人员和低层次管理工作的效果；另一方面,正如彼得·德鲁克认为,"盈亏"可以衡量企业的效益,而不能衡量管理的效益。管理的效益只能从高层管理人员的经营战略、人事决策、创新效益和资本分配效益来衡量。①

高层管理人员工作特征的特殊性导致了其薪酬管理的差异性。而高管人员对企业发展的重要性,又突出了对其薪酬管理的重要性。建立激励和约束高管人员行为的薪酬主要涉及三方面内容:薪酬构成、薪酬结构变化对高管行为的影响及最优的薪酬结构确定;薪酬数量与高管人员积极性的关系及最优薪酬数量确定;高管人员的薪酬与何种企业业绩指标"挂钩"、如何"挂钩",才能最好地衡量其能力和努力程度等。这里尤其值得深入探讨的是企业高管人员的年薪薪酬结构和薪酬指标问题,并介绍国外高管人员薪酬的两种不同模式。

一、高层管理人员的薪酬结构

总体来说,高层管理人员的薪酬体系主要由基本薪酬、短期激励、长期激励和福利四个部分组成。

（一）基本薪酬

基本薪酬是高管人员的基本收入。一般会占到薪酬总额的 1/3 至 2/3 不等。基本薪酬对高管人员来说属于固定收入,虽然在激发其积极性方面所起的作用并不是很明显,但能为他们提供可靠的收入。

这部分收入应根据组织规模、经营者的需要、个人才能、所承担的责任和风险水平来确定。从总体上来说,绝大多数企业都会选择使高管人员的基本薪酬水平超出,至少是相当于市场平均水平。毫无疑问,选择这种做法出于多方面的考虑,高层管理人员的工作对于企业而言至关重要。他们往往都有很长的工作年限和丰富的工作经验;高级管理人员的市场供给人数相对较少;他们和外部市场打交道比较多,因此追求外部公平性的意识较强烈。另外,给高管人员固定的收入是激励他们采取谨慎的投资政策,尽力限制业绩的波动和负债的增加。

（二）短期激励

对高层管理人员的短期激励主要是奖金。奖金是企业高层管理人员薪酬的重要组成部分。一般情况下,奖金作为对其在特定的时间段里（通常是一年）为组织绩效做出的贡献进行补偿和奖励。通常意义上的奖金都是以组织的总体经营绩效为基础的。由于高管人员对于企业总体经营绩效的达成情况有着比普通员工更大的影响力,因此,给予他们的奖金与企业总体经营业绩之间的关系更为紧密,使高层管理人员能够在企业经营绩效的改善中获得自己应得的薪酬。

在具体计算方面,高管人员的奖金往往以管理者的基本薪酬为依据,具体数额取决于高管人员对于经营结果的实际贡献大小。在对其短期绩效进行衡量时,企业既有可能使用总体盈利水平等单一指标,也有可能使用对于企业成功而言同等重要的多重指标。在

---

① 〔美〕彼得·德鲁克:《彼得·德鲁克论文集》,机械工业出版社,1999。

后一种情况下,企业必须把握好指标间的权重关系。

短期激励是基于高层管理人员当年的经营绩效而定的,因此具有很大的灵活性,克服了基本工资作为固定收入缺乏动态弹性的弊端。但它的弊端也很明显,奖金会促使高层管理人员行为短期化,追求眼前利益。另外,由于经营绩效不只是由高管人员的个人努力所决定的,还有很多其他因素(外部市场环境、竞争对手情况、交通、气候等)的影响,有时当期绩效不一定能正确反映高管人员的努力水平,因此如果奖励不当可能会产生负面影响。

(三) 长期激励

近年来,以各种股票计划为主要内容的长期激励方案越来越多地受到企业的欢迎。究其原因主要有三:第一,高层管理者的绩效表现对于组织经营状况的重要性已日益显露出来,高层管理人员在企业当中的作用越来越重要,然而所有者对其工作和努力程度进行有效监管的难度较大,而长期激励是对其进行有效激励的最佳途径之一;第二,长期激励方案与组织的长期经营绩效具有紧密的联系,通过经济上的利益关系促使高管人员和企业的经营目标保持一致,从而激励他们关注企业的长期发展以及持续性地达到更高的绩效水平;第三,长期激励计划给企业提供了一种合理避税的机会,另外由于其对高管人员的奖励是在几年之后支付的,可以为企业节约一定的薪酬成本。

有关高层管理人员的各项长期激励计划我们在第六章中都已介绍,此处不再赘述。

(四) 福利

高层管理人员通常都享受到名目众多的福利和服务。除了针对普通员工的福利,还有特别针对高层管理人员的福利。由于保留管理者对于组织而言是至关重要的,而特定内容的福利和服务在吸引和挽留这些核心员工方面有着不可低估的功效。针对高层管理人员的福利主要包括在职福利和退休福利。

1. 在职福利

实质上是公司给予企业高层管理人员一定的特权。主要有:在公司内部为高层管理人员提供舒适的工作环境,如豪华的办公室、经理餐厅、专门的停车场等;在公司外部为高层管理人员的工作提供良好的服务,如代缴更新知识的学费,参加与业务和专业有关的活动费用等,报销饭店、飞机、汽车费用等;在英国、德国和日本,90%以上的经理使用公司专车;许多欧洲公司都为经理及其家属支付度假费用。这些措施将对企业高层管理人员产生较大的激励效果。

2. 退休福利

在高管人员能够得到的各种福利中,退休福利通常是其中数额最大的一种。在很多企业里,高层管理者还会与企业事先签署雇佣协议,如果企业拒绝向其提供一定的经济补偿,它就无权直接解雇高层管理者。这种协议无形之中给高管人员提供了坚实的就业保障。

退休福利主要包括:建立高层管理人员社会保障制度,设计各种形式的"金色降落伞",以消除或弥补高层管理人员退休前后物质利益和心理角色方面的巨大反差,从制度设计角度预防和控制"59岁现象";废除国有企业高层管理人员硬性划线退休制度,对于经营业绩一直很好的高层管理人员,不仅其任职年限不受年龄的限制,而且在其离任后授予其终身荣誉和奖励;实施高额退休金计划;允许高层管理人员退休后在企业董事会中担任董事,或担任企业高级顾问之类的角色,这样既给高层管理人员提供一个消除退休前后巨大心理反差的"反冲"机会,又可以充分利用高层管理人员的经验,促进企业发展。

二、高管人员薪酬评价的业绩指标

薪酬机制的有效性在很大程度上取决于评价和考核高管人员业绩指标的科学性、准确性。除基本工资的作用是为高管提供"保险服务"外,奖金是与企业短期业绩尤其是年度会计利润挂钩的,而与股票相关的其他薪酬形式是与高管人员企业的市场价值紧密关联的,因而与高管人员薪酬相关联的企业业绩指标主要有两大类:属于绝对指标的市场价值指标和会计指标,以及相对业绩评价指标。明确这两类指标的特点对建立高管人员的激励约束机制至关重要。

(一)绝对业绩评价指标

1. 市场价值指标

市场价值指标主要是指本公司的股票价格。由于企业股东财富最大化在股票市场上表现为股票市场价值的最大化,因而市场价值指标能直接体现股东追求财富最大化的要求。将高管人员的薪酬与股票价值联系在一起,基于市场价值指标建立高管人员的薪酬激励机制,有利于直接改善股东的福利。市场价值指标的最大优点在于如果资本市场是有效的,股票交易价格能够充分反映每个市场参与者的私人信息,那么市场就能对企业经营情况的各种变化进行准确反映。市场价格就是衡量高管人员在企业经营管理过程中努力或投入的最好指标。在市场充分有效的前提下,高管人员的激励薪酬方案设计应使企业市场价值最大化。然而,市场充分有效在现实中很难达到,它只是一种理想境界或是强式有效市场假说。现实经济中,虽然资本市场中有专门评价企业计划与经营状况的专家提供咨询,但企业经理和投资者之间仍存在非对称信息,高管人员对自己企业的了解远远多于投资者,股票的市场价格并不能准确反映企业的价值;再加之股票价格还受到企业业绩以外的其他因素的影响,使股票价值信号中出现非企业所能控制的"噪音",这些因素就有可能使股票的市场价格远远偏离企业的真实价值。因此,单纯依靠市场价值指标建立高管人员的薪酬激励机制就有很大的局限性。

2. 会计指标

与企业市场价值指标相比,会计指标所反映的各种因素更易为高管人员所控制,较少受高管人员可控范围以外的"噪音"因素的影响,更多反映的是企业自身的"信号"。然而,正是由于会计指标容易为高管人员控制,企业盈利会计指标可能不是企业真实业绩的反映,而是高管人员人为操纵的结果。会计指标考核,尤其是短期会计指标给高管人员留下了"玩数字游戏"的操作空间。当高管人员的奖金达到上限水平时,他们会调低账面盈利水平;在高管人员的奖金达不到上限水平时,他们会压低投资或在拿到奖金以后再确认损失。会计指标的这个缺陷限制了依靠其建立高管人员薪酬机制的科学性和有效性。

综上分析,无论是市场价值指标(说明企业未来发展潜力),还是会计指标(反映高管人员过去的业绩),在反映高管人员的真实业绩方面都有利弊。因此,在设计高管人员的薪酬激励方案时,这两方面的指标都是必要的,是更多地依赖会计指标,还是依赖市场价值指标,取决于哪类指标能更准确地提供更多的信息。从总体上说,通过资本市场剔除市场"噪音",通过加强审计监督减少高管人员对企业会计指标的"操作空间",进而提高两类指标的准确性都是必要的。然而,提高会计指标和市场价值指标的准确性常常受到实现成本的约束。还应说明的是,会计指标和市场价值指标是紧密相连的,是对企业业绩的两种度量。在设计高管人员薪酬方案结构时,要注意到这两类指标的重叠内涵,如不仅会计盈利指标反映了企业的收益情况,而且股票价格的信息价值中包含了有关企业收益的信息,所以高管人员薪酬方案中有关会计盈利指标的相对权数可能夸大了其相对重要性。

(二) 相对业绩评价指标

相对业绩反映了企业与行业中其他企业的平均业绩指标的比较。与绝对业绩评价指标相比,相对业绩指标可以把行业中的共同风险等"噪音"过滤掉,特别是当行业中企业数量较多时。因此,一般认为使用相对业绩评价是有意义的。有效的企业家激励制度要求评价指标应该与企业家的努力高度相关,能够被企业家所控制。由于相对业绩评价去掉"噪音",将企业家不可控的经济环境变动影响排除在外,因此以本行业中其他企业的平均业绩为标准来设计激励机制,更好地体现了以业绩付酬的原则。但是,并不是任何情况下相对业绩指标的信息量就可以提供更多关于企业家行为的信息。研究表明,只有在造成业绩观测值随机性的主要原因来自同行业企业共同的随机因素时,相对业绩评价才优于绝对业绩评价,才应该采用相对业绩评价方法。①

第二节 团队的薪酬管理

现实中很多工作并不是一个人的力量就能够完成的,需要以团队的形式来进行,如流水线作业、部门业绩的实现等。越来越多的企业强调团队合作的重要性,希望通过团队成员之间的协作产生团队整体效应。在团队工作方式下,如果按照个人绩效设计奖励计划,员工就会把自己当成独立工作的个人,而不会把自己的行为与整个团队相联系,必然会导致个体与团队整体利益冲突,引起个人认知和行为的失调。因此,基于个人的奖励计划不能支持团队工作形式。团队薪酬计划的引入,将团队成员薪酬与整个团队工作结果联系起来,奖励团队绩效而不是员工个人绩效,员工就会更紧密地团结和协作以完成团队目标。不过,由于成员个人薪酬与团队绩效联系在一起,团队薪酬计划在一定程度上增加了员工的薪酬风险。团队薪酬决策还涉及内部公平问题,如果分配不公平极易使员工产生不满情绪,影响员工工作效率和增加绩优者流动的可能性。如何通过有效薪酬设计提升其激励效应,是团队薪酬研究的焦点。

团队薪酬方案制订得合理,毫无疑问会有力地推动公司团队文化的发展。但团队薪酬方案的制订非常复杂。一方面,团队类型多种多样,不同的团队对队员的才能和素质要求不同;另一方面,同一个团队中的队员的情况也不完全相同,有些队员的贡献较大,而有

---

① 张正堂:"企业家激励薪酬制度的设计",《财经科学》,2004年第2期。

些队员的贡献则相对较小，但对不同贡献的队员支付相同的薪酬显然并不公平。

在本书第六章中，我们对团队的激励薪酬计划已进行过介绍。与之不同的是，在这里我们主要介绍团队的薪酬体系以及不同团队薪酬管理方式的差别。

一、团队的类型

我们首先再定义一下"团队"的概念是什么。很多年前，由 John. R. Katzenbach 和道格拉斯·X.史密斯所给的定义现在仍然得到管理界的广泛接受，即"团队是一些具有互补性技能、致力于共同目的或某些业绩目标，并且互相负有责任联系的人"。根据这个定义，又将团队大致分成三种类型：平行团队、流程团队（过程团队）及项目团队，每种团队都具备独特的一些特点及其适用的薪酬方案结构。

平行团队一般是为解决一些特定问题而组建的，这种团队既可以是暂时性的，解决问题后即告解散，也可以是长期性的。无论暂时性还是长期性平行团队，其特点都是"兼职性"：团队成员只是利用部分时间从事团队工作，他们在公司里从事其他工作，且投入的时间和精力要远远超过团队工作。调查结果表明平行团队是最常见的一种团队类型，大多数公司都采用了这种团队类型。企业中组建平行团队的原因很多：工厂可能会组建一个监督安全问题的平行团队，公司可能会组建一个平行团队审查薪酬方案结构的合理性，等等。

流程团队具有"全职性、长期性"的特点，是公司集体配合的主力军。通过其成员的共同合作来执行某项工作或某项工作流程。这种团队中的大部分成员都接受过类似的培训和教育，而且从事的工作也都差不多，并拥有比其他两种团队更一致的目标。比如，他们的工作只是尽可能地提高生产效率或客户的满意程度。而且，他们是按照团队的整体业绩接受公司的评价。企业中的流程团队如各制造厂中的流水工作组或保险公司中负责处理各种保单或索赔事宜的团队等。

项目团队则与平行团队相反，要求团队成员在项目期间进行"全职的"工作。与流程团队不同的是，项目团队通常由公司内各种不同的职能和级别的人员组成，他们的能力、接受的教育以及专长等都有所不同。所谓项目一般是指开发一种新产品或服务，或者对现有产品或服务进行更新等。在企业中，项目团队的例子是比比皆是。一种典型的项目是新产品、新服务的开发，或者对现有产品或服务进行重新设计。需要强调的是开发速度，因为产品或服务投放市场所耗的时间是最关键的因素。

基于不同目的，公司可以使用各种类型的团队，并且可以让雇员同时服务于多个不同类型的团队。另外，在团队的各种类型之间也存在很多相互交叉的复合类型。

二、团队薪酬方案的构成

（一）薪酬的构成

在团队薪酬方案中，主要由以下几种要素组成：基本工资、加薪、认可奖励及激励性薪酬等。不同类型团队的薪酬组合方式也是不同的。

1. 基本工资

由于平行团队中的成员属于兼职性质，所以其基本工资主要基于成员的个人工作，而非团队工作。但是对于流程团队来说,情况则有所不同。公司一般比较愿意采用宽带薪酬体系来支付流程团队成员的基本工资,该体系通过把不同的工资水平统一到一系列的宽带中来简化基本工资结构。由于流程团队中的成员一般都有相似的背景和能力,并且通过分工合作来完成一项工作,所以宽带体系的意义是很明显的;该体系将团队成员置于同一个工资带中,形成一种很强的公平感。由于该体系可能会使差距最小化,所以该体系也适用于项目团队,例如,把来自营销部和产品设计部的成员纳入相同的工资带中。虽然至今尚没有公式来确定一个团队应设定多少个工资带,然而,实践证明,工资带的数量越少越好。在确定工资带时,应采用"显著差别法",即如果两种工作的差别不能为多数人所察觉,那么就应把这两种工作纳入一个工资带中。同时,在每个工资带内可以分几个"工资区",并按照个人资历、技能水平、学识和对团队的贡献等标准来确定各"工资区"内的工资标准。根据该"工资区"标准可能会使一个刚加入团队不久的新人位于一个较高水平的"区间"内,而原来的老成员却位于一个较低水平的"区间"内。

传统的"工作比较法"适合于传统的公司职能模型。使用"工作比较法"时通常采用三种要素来评价工作:技能、解决问题的能力及责任感。技能是指完成特定工作所需要的各种能力的综合,如技术、管理、社交等。解决问题的能力比技能要更进一步,指自觉使用所具备的技能来解决工作中实际问题的能力。这两个要素不仅衡量从书本中学到的知识,还衡量实际能力,通过这些实际能力可以测量个人将来的绩效水平。责任感则衡量工作人员能够在多大程度上对自己的行为或结果负责。

这三个要素在应用到不同类型团队中时还要进行相应的修订。在流程团队情况下,每个团队成员都有一个职责,此时的"技能"要素就应为"流程能力",即能够支持团队工作的知识和能力。对于项目团队来说,工作比较的内容是将每个成员的工作对整个团队结果的影响程度进行比较。调查表明能够推进团队工作的那些能力与能够确保个人高水平绩效的那些能力是有非常大的差别的。团队工作中(无论平行团队、流程团队还是项目团队)比较看重的能力有合作、人际关系、口头沟通、团队意识及责任心等。对于平行团队来说,分析性思维很重要;对于流程团队来说,更重要的是持续的提高;对于项目团队来说,则团队意识应是最重要的。在确定团队成员的基本工资标准时需要把这些能力都考虑在内。

2. 加薪

团队成员的加薪也与团队类型有关。对于平行团队,关键要考虑团队成员在团队工作中投入的时间和精力。公司可以同时基于平行团队成员的团队绩效及他们独立于团队之外的常规工作的绩效确定加薪情况。然而,有的公司并不愿意给平行团队成员加薪,它们认为平行团队只是一种兼职性团队,对兼职后履行平行团队职责的人员进行永久性的加薪成本太高。

流程团队的加薪方法有很多。有些流程团队希望鼓励成员不断提高其个人素质和能力,所以当团队成员增添了有利于团队工作的新技能或能力时,就可以获得相应的加薪。还有的公司采用同事评价或360度全面评价的方法确定流程团队成员对整个团队绩效的贡献,然后确定给各成员的加薪。

因为项目团队成员之间的基本工资通常差距很大,而且各成员对整个团队的工作贡献也有很大的不同,所以个人加薪可能会起很大的作用。绩效好的成员获得的加薪额可能会两倍于绩效水平一般的成员。

3. 认可奖励

由于团队中员工的价值和贡献已经融入整个团队,所以更需要得到一定的认可奖励。认可的方式有两种:非货币性的和少量货币性的。非货币性的认可奖励比较常用,这些奖励通常具有名义价值,例如,印制有公司标志的棒球帽、T恤衫、奖杯等都是典型的非货币性奖励。货币性认可奖励的价值一般也不是很大。许多公司将货币性认可奖励授予那些实现了可衡量财务绩效的员工。货币性认可奖励与非货币性认可奖励的内在区别在于非货币性认可奖励用来认可优良的工作表现,而货币性认可奖励则用来认可优良的工作结果(绩效)。

团队类型的不同决定了认可奖励方式的差异。对于平行团队,在现实中更多的公司采用了非货币性认可奖励形式,且奖励额度较少。主要原因之一是平行团队的成员都是兼职性的,公司更鼓励这些成员取得个人成功。流程团队与项目团队都能接受非货币性认可奖励和货币性认可奖励。但流程团队更可能接受激励性薪酬作为对优秀绩效的奖励。

4. 激励性薪酬

团队激励计划设计得合理,将有助于形成员工的团队意识,加强团队成员的责任感和相互依存性,对于流程团队来说更是如此。但并不是所有类型的团队都同样适用激励性薪酬。

为了使激励性薪酬能真正发挥激励的作用,这种薪酬的金额必须足够大。但在是否每个团队成员都应得到相同金额的激励性薪酬这一问题上,各公司有着不同的做法:有的公司对所有的团队成员支付相同金额的激励性薪酬,有的公司按各成员基本工资的相同的百分比支付激励性薪酬,还有的公司基于对成员贡献的评价支付激励性薪酬。以上几种方法各有利弊,其具体选择要视团队类型而定。

对于流程团队来说,尽管各团队成员的任务略有不同,但还是应使各成员的薪酬差距最小化,所以对所有流程团队成员支付相同金额的激励性薪酬方案应是最佳选择。

对于项目团队而言,团队成员之间的基本工资通常会有些差距,以反映他们不同的技能、能力和对团队的贡献。如果对项目团队的成员支付相同金额的激励性薪酬,可能会模糊基本工资所体现出的这些差别,并妨碍整个薪酬方案的有效性。因此,按照基本工资的相同比例来支付项目团队成员的激励性薪酬则可以解决这个矛盾。另一种方法就是按照成员个人的贡献给予他们激励性薪酬。

但激励性薪酬对于平行团队来说可能不是一个明智的选择,因为一旦对平行团队采用激励性薪酬,团队成员往往就会花费太多的时间在团队工作上,反而耽误了自己更重要的常规工作。此外,对平行团队成员支付激励性薪酬可能会使有些员工产生强烈的不公平感。

(二) 团队薪酬方案的结构

不同类型的团队其薪酬方案具备自己独有的特点:

在设计平行团队薪酬方案的结构时,公司管理者需要确保成员会将小部分时间和精力投入到团队工作中,而将大部分时间和精力投入到自己的常规、全职工作中。如果公司支付的团队薪酬过高,则很容易使团队成员忽视自己的全职工作,而过分地关注团队工作。因此,平行团队通常不使用激励性薪酬形式,而认可奖励尤其是非货币性认可奖励比较适用于平行团队。

流程团队的薪酬方案结构既简单又复杂。基本工资与加薪应是流程团队薪酬方案结构的关键,对能力和技能的支付是基础。团队中的每个成员通常应该能够胜任其他成员所做的工作。为鼓励团队成员接受交叉培训,可以采用基于个人技能的加薪计划。流程团队的成员必须有同样的发展和接受奖励的机会。对于流程团队成员来说,激励效果最大的是在事前清楚地确定对绩效的奖励。因此,预先确定的激励性薪酬是薪酬方案结构中的一个重要环节。但公司管理者还需要考虑流程团队成员固定薪酬和可变薪酬的平衡问题。

基本工资和加薪在项目团队的薪酬结构中属于传统组成部分。项目团队薪酬结构中的可变性来自少量货币性奖励和基于团队绩效的激励性薪酬。少量的货币性奖励被广泛地用于在事后奖励绩效。但事前的激励性薪酬在项目团队薪酬方案结构中的地位并不像在流程团队薪酬方案结构中那样重要,因为在项目团队薪酬方案结构中采用激励性薪酬有几个弊端:(1)项目团队的工作通常比流程团队的工作更难量化;(2)一些事件的发生,如竞争策略的改变、创新、新技术的引进等都可能会导致预先设定的目标失效;(3)如果项目半途而废,就会使方案更复杂。

三、团队薪酬分配的两个阶段

团队薪酬计划从结构上来说包括两个层次:一次分配,即组织对团队的整体绩效进行评估,确认团队整体的绩效贡献并给予奖励的过程;二次分配,即确认个体对于团队绩效的贡献,并在团队成员内部之间对团队薪酬进行分配。一次分配能够提高成员对团队的整体认知和团队凝聚力,而二次分配直接影响个体的工作态度。团队薪酬设计,说到底就是确定一次分配和二次分配过程中涉及的若干要素,从而最终确定每个团队成员薪酬水平。要素之间的组合,会形成多种不同团队薪酬计划,并对团队效能和个体行为产生不同的影响。

(一)团队薪酬的一次分配方式

团队薪酬计划从结构上来说包括两个层次:一次分配,即组织对团队的整体绩效进行评估,确认团队整体的绩效贡献并给予奖励的过程;二次分配,即确认个体对于团队绩效的贡献,并在团队成员内部之间对团队奖金进行分配。一次分配能够提高成员对团队的整体认知和团队凝聚力,而二次分配直接影响到个体的工作态度。每个层次的分配都有不同的标准,两次分配不同标准的组合会形成多种不同的团队薪酬计划,并对团队效能和个体行为产生不同的影响。我们根据一次分配过程中,对团队绩效预设标准的差异,把团队激励薪酬分为两种类型。

1. 基于绝对绩效标准的目标/预算制薪酬计划

(1)团队计件工资制。计件工资是根据员工单位时间的产量为标准来支付薪酬,包括直接计件工资、差别计件工资和梅里克计件工资等多种形式。在团队生产的情况下,当团队有明确可计数的产出时就可以将个体计件工资直接移植至团队水平,形成多种形式的团队计件工资制(Group Piece-rate Contract),并广泛应用于销售与生产团队。

从计件工资率来看,团队计件工资制包括直接计件制和差别计件制。在直接计件制下,团队产出每增加1单位,就可获得相应的奖励。直接计件制的计算公式为:$P_t = b \times O_t$。其中,P_t为团队薪酬,b为团队计件工资率,O_t为团队产出。差别计件制是对计件工资率进行分层次的处理,在低产量下适用较低的计件工资率,产量越高,计件工资率越高。以定额产出点确定采用低工资率和高工资率的计算方式实际上可视为团队目标与计件激励的结合。

从计件范围来看,团队计件工资制包括有限计件制和无限计件制,其中有限计件制是对超额工资规定一个最高限额,限额以上不再支付工资;无限计件制是对计件工资不受规定数额的限制,只根据完成定额的多少,按照统一的计件单价支付工资。

(2) 团队预算制薪酬计划。会计学界从预算的角度出发,提出了预算制团队薪酬计划(Budget-Based Contract)(Hirst,1987;Chow,1988)。这实际上是一种基于目标的团队奖励计划,只有达到特定的目标才能得到奖励,达不到目标得不到任何奖励。这种目标式的团队激励计划最早流行于销售团队,后来开始在企业内得到广泛使用。具体而言,包括两种类型:

团队固定预算计划(Group Budget-fixed Contract)。团队奖励的额度是固定的,达到目标就能获得固定的奖励,但是超过目标的部分并不能获得奖励。这就意味着在奖金固定的情况下,员工的超额努力是没有回报的,员工会根据目标的高低确定自身的努力程度。

团队线性预算计划(Group Budget-linear Contract)。当团队绩效达到目标时将获得一个固定额度的奖励,而对于超过目标的部分,团队成员还能以加成的计件工资率获得额外的奖励。计算公式为:$P_t = b_0 \times O_f \times D + b_1 \times (O_t - O_f)$。其中,$P_t$为团队薪酬;$b_0$和$b_1$为团队计件工资率,且$b_0 < b_1$;$O_f$为门槛目标产出水平;如果团队达到或超过预定目标(即$O_t \geqslant O_f$),则$D = 1$,否则$D = 0$。这种薪酬计划也称为"团队目标线性奖励",传统的收益分享制和利润分享制就是其中典型的类型。

上述的几种团队薪酬计划可用图9-1、图9-2和图9-3进行简化表示。从实际应用来看,团队线性预算计划有三种可选方案,如图9-4所示。一般而言,对团队绩效目标设立门槛值、目标值和挑战值。团队绩效达到目标值后,计件工资率会变大。但是当团队绩效超过挑战值后,团队计件工资率有三种备选方案:A——保持t_2的斜率甚至更大的斜率;B——设定一个比t_2小的较平缓的斜率;C——设置某个封顶值。三种备选方案适合于不同的管理情境。A方案对超额完成目标的激励作用显著,但是不利于总体薪酬成本控制,所以适合于绩效表现与员工努力密切相关、超额完成目标难度很大的公司;B方案对超额完成目标有一定的激励作用,比较不利于总体薪酬成本控制,所以适合于超额完成目标有较大难度、受不确定因素影响较小的公司;而C方案对超额完成目标的激励作用较弱,有利于总体薪酬成本控制,防止因预测失当带来的异常影响,适合于绩效奖金总额有硬约束、超额完成目标、通常与非主观因素密切相关、历史数据不充分、挑战值预测准确性不确定的公司。

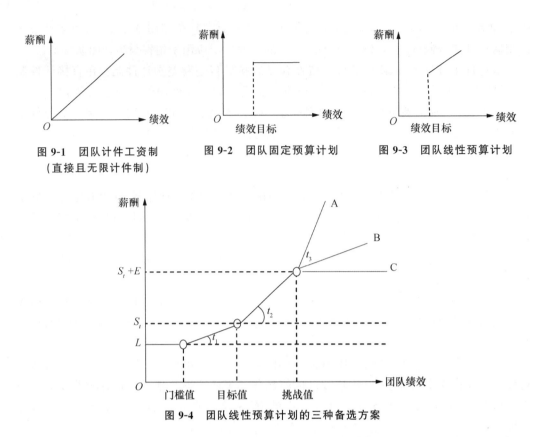

图 9-1　团队计件工资制　　图 9-2　团队固定预算计划　　图 9-3　团队线性预算计划
（直接且无限计件制）

图 9-4　团队线性预算计划的三种备选方案

团队预算制薪酬计划的观点与组织行为学领域的目标设置理论是相一致的。目标设置理论认为清晰且有挑战性的目标能够激励个体行为，这种观点同样适用于群体情境。团队预算制薪酬计划采用目标激励的方法，只有达到目标才能获得奖励。相对于个人目标设置来说，团队目标设置能够激励团队成员之间的合作和互相监督，因为只有成员共同努力才能确保获得奖金，成员薪酬的互依水平较高，可以在一定程度上克服个人偷懒和搭便车的行为，又可以激励团队成员之间互帮互助。目标的设置方式取决于团队的产出特征和组织对团队的要求：第一，对于生产团队和销售团队来说，团队产出能够客观计量，因此可以直接采用团队产出水平作为绩效标准。目标基准可以来自团队的历史绩效数据，或者以团队的实际生产能力（例如组织团队基本生产水平）为基准来决定；第二，对于非生产类团队，在团队产出不可计的情况下，目标取决于团队的存在价值和组织对团队的期望。组织可以采用 KPI 方法确定团队的绩效考核指标，根据团队目标完成情况确定团队得到的奖励额。目标水平的高低是决定预算制薪酬计划所形成薪酬结果的关键要素，对激励的有效性至关重要。

2. 基于相对绩效标准的竞赛制薪酬计划

基于竞赛理论（Tournament Theory）（Lazear 和 Rosen，1981）的竞赛制薪酬计划是一种以相对绩效为基础的激励方式：委托人事先设置了一个奖项，只有相对绩效高的某个或某些人才能赢得该奖励，而相对绩效低的人只能得到较少的奖励甚至受到惩罚。竞赛制的分配方式适用于同类团队之间的奖励分配，例如销售团队、生产团队。IBM 公司就曾经在一项计算机开发项目中引入了竞赛机制,解决了对研发团队进行激励的问题。他们同时成立了两个项目团队在同一项目上开展工作,并事先规定,先完成项目的团队会得到一笔不菲的奖励。最后两个团队打成了平手,都及时研发出了新的产品,且获得了奖励,而 IBM 则在最短的时间内获得了两个新产品。竞赛制团队薪酬计划的设计有以下几种选择:

(1)"赢者全得"(Winner-take-all)的方式。只予以优胜的团队以奖励,其他团队都不能得到奖励。

(2)竞赛排序的方式。设置固定的奖金额度,根据绩效优劣对各个团队进行排序,分别给予不同的奖励。例如,排名第一的团队获得 1/2 的奖金,第二、第三的团队分别获得 1/3、1/6 的奖金,其他名次的团队没有奖金。

(3)团队竞争线性奖励计划。这是一种比较残酷的方式,它将团队竞赛制的激励薪酬与差别计件原理相结合,通过引入团队之间的竞争产生激励的效果。计算公式为:$P_t = b_0 \times O_t + b_1 \times (O_t - O_a)$。其中,$P_t$ 为 t 团队获得的奖励总额;O_t 为 t 团队总产出;b_0 和 b_1 为团队计件工资率,且 $b_0 < b_1$;O_a 为所有团队的平均产出。其基本分配思想是,事先给予各参与团队以平均的奖励预算,但是团队最终获得的奖励不只取决于自身的努力,更取决于团队在整个组织中的排名。如果团队产出恰好等于团队平均水平,则团队不会遭受产出损失,会按照团队计件的方式获得与努力水平相适应的报酬;当团队产出高于平均水平时,能够按照计件方式获得报酬外,对于超过平均水平的部分,则以高计件工资率的方式获得超额奖励;但是低于平均水平的团队则会通过以高计件工资率遭受收入损失。这种模式被许多世界 500 强企业所采用。

(二)团队薪酬的二次分配方式

1. 二次分配方式

团队奖金分配所面临的难题是如何进行二次分配。如果处理得不好,常常会引发团队成员对奖金分配的不满而导致工作绩效低下。如何有效并合理地分配有限的奖金资源,尽可能使得达到奖金的激励效果,是团队薪酬二次分配面临的主要问题。典型的分配模式有三种:

(1)平均分配法。即完全不考虑个体在团队中的表现差异,在团队成员之间平均分配奖金。这种方式能最大限度地促进团队成员之间的合作,也最有可能造成团队成员的惰化和搭便车现象。

(2)绝对贡献分配法。即按照团队成员个人的绝对贡献进行二次分配。个人绝对贡献的衡量有两种不同的方法:一是以成员的绩效评分为依据,对团队的所有成员进行绩效评分,将绩效得分加总,用奖金总额除以绩效总分,得出奖金的单元额,然后分别与不同员工的绩效得分相乘即得出个体奖金额。这种分配方式只适用于个体贡献可明确区分的情况,否则很容易造成团队成员的不公平感,并且可能导致成员为了增加奖金只重视自己的绩效而不考虑集体绩效。二是以团队成员所在岗位的评分为依据。对所有岗位按一定标准进行评分,将团队成员的岗位得分进行加总,用奖金总额除以岗位总分,得出奖金的单元额,然后分别与不同岗位的得分相乘即得出各岗位的奖金额。后者由于只考虑了岗位差异性,而忽略了岗位上不同成员之间的绩效因素,可能会影响绩优成员的积极性。

(3) 相对贡献分配法。即按照团队成员个人的相对贡献,采取类似竞赛制的方式进行二次分配。在实践中有两种操作方式:一是在个人产出不明确时,一般以个人的绝对工资数额或者岗位价值作为个人贡献的代理变量,根据绝对工资数额和岗位价值进行排序支付奖金;二是个人产出明确易区分时,根据个人绩效的排序进行分配,奖多惩少。Weinstein 和 Holzbach(1973)提出了团队薪酬分配的加权平均法,即按照团队成员的个人绩效高低不同给予不同的权重,例如,在三人一组的工作团队中,绩效第一名的个人得到总奖酬的 1/2,第二名、第三名的分别得到总奖酬的 1/3、1/6。

上述三种模式中,第一种被称为平等型(Equality),后两种被称为公正型(Equity)。平等型分配方案不考虑团队成员之间的差异,在所有成员之间平均分配,又被称为"合作型"薪酬结构。公正型分配强调团队成员之间的差距,对团队成员的贡献大小进行评价并根据个体对团队的贡献确定奖金,强调团队成员之间的差距,也被称为"竞争型"薪酬结构。实践中还有一种折中的办法,即一部分奖金平均发放,而另一部分则根据个人贡献发放。

团队奖金二次分配中常常会出现三个方面的矛盾冲突:(1) 因公平感引发不同成员之间的冲突。团队不同岗位的成员对奖金分配有不同的期望,常常因对绩效贡献的认知差异引发矛盾,并且可能形成团队中不同小群体之间的利益冲突;(2) 因效率感引发同一岗位不同员工之间的冲突。团队中位于同一岗位上的员工,工作表现较好的员工与工作表现较差的员工对奖金分配的期望也会引发岗位内部的矛盾冲突;(3) 因公平感与效率感复合引发出低职岗位绩效优秀者与高职岗位绩效低下者之间的奖金平衡冲突。二次分配方案的设计面临最大的问题就是如何减少这种矛盾冲突。不同的二次分配方式对团队成员行为会产生差异性的影响。团队内的二次分配本质上就是处理好竞争与合作之间的平衡,既要保证员工的公平感,又要能激励员工的行为。平等型分配有助于团队合作但会产生搭便车的现象,而公正型分配有助于团队内竞争但可能抑制了成员合作。

第三节 销售人员的薪酬管理

一、销售工作的特征

销售人员是企业从事销售业务的人员,有别于职业管理阶层,也有别于专业制造生产人员,有着明显的群体特点。销售队伍是企业和客户之间联系的纽带,充当了决定企业成长和盈利的核心要素,设计有效的销售人员薪酬方案对整个组织的成长是非常重要的。

销售人员的工作有一定的特殊性,与薪酬相关的主要表现在以下几点:

(1) 工作时间自由,单独行动多。对于管理人员和制造工人,主管可以对他们进行严格的考勤,而对于销售人员则不能,他们晚上可能陪客户到很晚,也可能早上九点还在休息。因此对他们的管理要指标化、间接化。

(2) 工作受季节性、生产性和地域性等外在因素的影响较大。销售人员个人的能力、技术和努力程度对销售的结果有很大影响。除此之外,他们的工作成果还受诸多外在因素的影响,如产品销售的季节性、整个经济的景气与萧条、产品本身的品质性能、替代产品的出现及竞争的激烈程度等,这些因素往往不是销售人员所能把握的。

(3) 工作绩效可由具体成果显示出来。每日、每月或每季度、每年的销售量、销售额,白纸黑字,清楚无误,而与销售相伴随的贷款回收、售后服务以及新客户开发等工作也易统计,整个业绩很明显。

(4) 工作业绩的不稳定性。因而销售业绩的参差不齐或者大起大落的波动都是不足为奇的。

鉴于销售工作本身的这些特点,企业在为销售人员设计薪酬时,应考虑到其工作的特殊性,科学合理地给予销售人员回报,达到补偿和激励他们的目的。

二、销售人员的薪酬方案类型

具体来讲,销售人员的计薪方法很多,大体上可以设定这样一个波段,一端是纯底薪制,另一端是纯佣金制,中间是各种不同形式的底薪加佣金合并制度。重点放在佣金上还是在薪水上主要取决于公司服务原则、产品性质和完成一项销售工作所需的时间等各种因素。下面列举的是各种计算销售人员薪酬的计划,包括纯薪金制、纯佣金制、基本薪酬加佣金制、基本薪酬加奖金制、基本薪酬加佣金加奖金制。

(一) 纯薪金制

纯薪金模式(纯工资制)指的是对销售人员实行固定的工资制度,而不管当期销售完成与否。纯薪金基本模式为:个人收入=固定工资。

纯薪金模式适宜于以下一些情形:一是当销售员对荣誉、地位、能力提升等非金钱因素产生强烈需求时,纯薪金模式比单纯采取提成刺激的薪酬方式会收到更好的激励效果;二是销售业绩的取得需要众多人集体努力时,纯薪金模式可以起到促进团队合作的作用;三是在销售队伍中,知识型销售人员占较大比重时,纯薪金模式可以满足这部分人的多方面需求;四是实行终身雇佣制的企业。

纯薪金模式的优点表现在:(1) 易于进行薪酬管理;(2) 销售人员的收入可获得保障,增强其安全感;(3) 易使员工保持高昂的士气和忠诚度。但是纯薪金模式也存在其自身无法克服的缺陷:(1) 由于对销售人员缺少金钱的刺激,容易形成"大锅饭"氛围和平均主义倾向;(2) 实施固定工资制给销售人员的业绩评估带来困难;(3) 不能形成有效的竞争机制,不能吸引和留住进取心较强的销售人员;(4) 不利于形成科学合理的工资晋升机制;(5) 不利于公司控制销售费用。

(二) 纯佣金制

纯佣金制(销售提成制)是指销售人员的薪酬中没有基本薪酬部分,其全部薪酬收入直接按销售额的一定比例确定,即只根据销售结果确定薪酬。

纯佣金制的关键在于确定提成的比例即佣金的比率。佣金比率的高低取决于产品的价格、销售量以及产品销售的难易程度等。通常情况下,每个行业的销售人员佣金比率具有一个经验值。例如,在房地产销售中,销售人员的提成比例一般在1%左右。支付佣金的比率可以是固定的,即第一个单位的佣金比率与第80个单位的佣金比率都一样。这个比率也可以是累进的,即销售量(或利润贡献等基准)越高,其佣金比率越高。比率也可以是递减的,即销售量越高,其比率越低。主要根据销售情况及企业销售方针政策来加以选择。

表 9-1 示例了一个纯佣金制销售人员的薪酬计划。可以看出,销售人员的佣金比率有两个,在没有达到销售定额之前和超过销售定额后的佣金比率是不同的。这个计划的意图在于鼓励销售人员达成更高的销售业绩。

表 9-1 销售人员薪酬方案:纯佣金制

薪酬构成	佣金计算公式	
	实际完成销售目标的百分比	佣金比率
基本薪酬为零 目标佣金:6 万元/年	0—100%	5%
目标薪酬:6 万元/年,上不封顶	100%以上	8%

资料来源:刘昕编著,《薪酬管理》,中国人民大学出版社,2011。

这种薪酬制度的优点在于:(1) 富有激励作用;(2) 业绩好的销售人员可获较高的薪酬;(3) 比较容易控制销售成本。但是,其缺点也表现明显:(1) 不利于培养销售人员对于企业的归属感和忠诚,容易形成"雇佣军"的思想;(2) 在销售波动的情况下不易适应,如季节波动,以及循环波动等;(3) 销售人员的收入不够稳定;(4) 增加了管理方面的人为困难;(5) 销售人员容易受经济利益驱动,过分追求销售额与利润等与佣金直接挂钩的指标,而忽视其他一些尽管对企业非常重要但是与销售人员薪酬没有直接联系的非直接销售活动。

另外,现在一些企业对推行销售买断模式兴趣很高,这种模式在本质上与纯佣金制是一致的,都是一种高额薪酬模式。销售买断制是指企业内部推行的由销售人员或分支机构买断企业产品而进行独立销售的管理制度。这种制度的实施,使得企业的销售管理大大简化,企业就像一个经销商或批发商,只要明确给出产品合适的底价,销售人员就会把产品吃进,并最大限度地搞好产品销售。这种模式也使销售人员拥有最大限度的销售自主权,更为重要的是许多企业都提供了十分宽松的价格政策,销售人员具有一定的定价自主权,从而使这种模式具有更大的吸引力。

佣金制和销售买断制的实施确实给企业销售产生了积极作用,也给销售人员带来了丰厚的回报。但是,其成功实施是有条件的,并不是放之四海而皆准的。在佣金制和销售买断制诱发了一些重大问题之后,许多企业又纷纷对这种高额薪酬模式进行了改革。

这种销售人员薪酬方案在那些产品标准化程度比较高但是市场广阔、购买者分散、很难界定销售范围、推销难度不是很大的行业中比较常见,如人寿保险、营养品、化妆品行业。但是,由于这种制度本身的缺点和不足,大多数企业经常在劳务型销售人员或者兼职销售人员中实行。

(三) 基本薪酬加佣金制

纯粹的工资制缺乏弹性,对销售人员的激励作用较小;而佣金制虽然让销售人员有很高的收入,但是波动性太大,销售人员缺乏安全感。纯工资模式和佣金制模式的调和,则有助于弥补这两方面的不足。基本薪酬加佣金制下,销售人员每月领取一定数额的基本薪酬,然后再根据销售业绩领取佣金。其中佣金部分的计算又可以分为直接佣金和间接佣金两种不同形式。

直接佣金的计算公式是销售额的一定百分比（见表9-2）。从表中可以看出，销售人员的基本薪酬是3万元/年，并根据设定的各产品的目标销售量定目标佣金。按照产品销售情况提取不同比例的佣金。

表9-2 销售人员薪酬方案：基本薪酬加直接佣金制

薪酬构成	佣金计算方式			
基本薪酬：3万元/年 目标佣金：3万元/年 目标薪酬：6万元/年，上不封顶	实际完成销售目标的百分比	佣金比率(%)		
		产品A	产品B	产品C
	0—100%	3	5	8
	100%以上	5	9	12

资料来源：刘昕编著，《薪酬管理》，中国人民大学出版社，2011。

间接佣金的计算公式是首先将销售业绩转换为一定的点值（如每销售一个单位产品得到一个单位的点值），再根据点值来计算佣金的数量（见表9-3）。

这种基本薪酬加佣金模式一方面为销售人员提供了最基本的薪酬收入，解决了纯佣金制下销售人员因收入不稳定可能出现的生活问题，以及产生的"雇佣军"思想；另一方面，吸收了佣金制的优点，保留了其激励作用。

表9-3 销售人员薪酬方案：基本薪酬加间接佣金制

薪酬构成	佣金计算方式	
基本薪酬：4.2万元/年 目标佣金：2.4万元/年 目标薪酬：6.6万元/年，上不封顶	产品类型	单位产品的点值
	A	2
	B	5
	C	8
	D	10
	E	6
	每个点值等于2元钱	

资料来源：刘昕编著，《薪酬管理》，中国人民大学出版社，2011。

（四）基本薪酬加奖金制

这种薪酬制度与基本薪酬加佣金制有些类似，但是存在一定的区别，主要体现在：(1)佣金是直接由绩效表现决定的，而奖金和业绩之间的关系却是间接的。通常情况下，销售人员所达成的业绩只有超过某一目标销售额，才能获得一定数量的奖金。(2)奖金除了与销售业绩挂钩，还会和新客户开拓、货款回收速度、客户投诉状况、企业规章制度执行等要素联系。

这种薪酬制度中，奖金的计算方式有好几种，可以按照实际完成销售目标的程度设定，可以根据季度绩效评价结果的等级来确定，也可以根据销售额指标和利润指标来确定。

我们仅以第一种情况来说明这种薪酬制度的设计，即每月奖金根据每个月的销售业绩浮动计发，这样销售人员每月得到的薪酬是基本薪酬加上每月的奖金额，如表9-6所示。当月完成销售目标的80%,则本月奖金为1 000元(2 000元×50%)。如果每月都正好完成销售目标,则年度薪酬=12×(3 500+2 000×100%)=6.6(万元)。如果每月销售都达到销售目标的130%(或以上),则年度薪酬=12×(3 500+2 000×160%)=8.04(万元),也是这个薪酬方案的最高限度。

表9-4 销售人员薪酬方案:基本薪酬加奖金制　　　　　　　　　　　单位:%

薪酬构成	奖金计算方式	
	实际完成销售目标的百分比(%)	每月目标奖金的百分比(%)
基本薪酬:4.2万元/年(月薪3 500元) 目标奖金:2.4万元/年(每月2 000元),每月根据销售业绩浮动计发放 目标薪酬:6.6万元/年,上限封顶,最高不超过8.04万元	70	0
	80	50
	90	75
	100	100
	110	120
	120	140
	130	160

资料来源:刘昕编著,《薪酬管理》,中国人民大学出版社,2011。

(五) 基本薪酬加佣金加奖金制

这种制度将奖金制和佣金制结合了起来,它兼具了这两种制度的特点。销售人员除了获得基本薪酬,还可以获得按照销售额的一定比例提成的佣金,并且在考核期后还可以根据销售额获得一定数额的奖金。表9-5是一个基本薪酬加佣金加奖金制的一个例子。

表9-5 销售人员薪酬方案:基本薪酬加佣金加奖金制

薪酬构成	季度利润奖金	
	完成销售额的毛利率(%)	奖金比例(相对于佣金的%)
基本薪酬:4.2万元/年 佣金:每月发放,佣金比率为销售额的6% 奖金:季度发放,相当于佣金的百分比 目标薪酬:6万元/年,上不封顶	15	0
	20	10
	25	25

资料来源:刘昕编著,《薪酬管理》,中国人民大学出版社,2011。

显然,这种薪酬方式表明企业一方面鼓励销售人员达成更高的销售额,另一方面鼓励他们提高销售的毛利率。

三、销售人员薪酬计划有效性的评价

(一) 薪酬方案的权变性选择

前面介绍的五种模式是有关销售人员薪酬的基本模式,这些模式尚不足以概括所有的薪酬模式。企业在实际运用中会结合自身情况对薪酬模式进行一定的改变,开发出适合自己的薪酬模式。

五种模式没有优劣之分,简单地判断哪种模式更优秀也没有任何价值。从薪酬变动性来看,薪酬模式的设计是两个方向:高底薪低提成和低底薪高提成,其区别在于公司愿意承担多大程度的销售业绩风险。采取哪种薪酬体制,与员工任务和公司产品有很大关系。一般地,当销售人员主要依靠个人能力为主完成销售任务时,倾向于实行低底薪方式;而销售行为更多依靠市场和网络管理、公司品牌形象时,实行高底薪的比较多见。当公司产品知名度和美誉度较高,购买者是冲着公司而发生购买行为时,比如宝洁公司的产品,员工的职责可能是开发和管理终端网络、保证利润、督促回款等,这种情况比较适合高底薪低提成或者高底薪无提成。而当公司的产品知名度、美誉度不足以影响购买行为的时候,很多公司的做法是,把业绩的风险、压力转嫁一部分到销售人员身上。这种情况适合低底薪(甚至无底薪)高提成的做法。两种做法,前一种保健成分多一些,有利于放长线培养人才,比如刚毕业的大学生,公司有耐心用一两年培养,成长之后的这些员工将带来更大业绩。而后一种激励成分多一些。很多民营企业会愿意采取这种手段,一般比较适合有经验、个人营销能力很强的销售老手。

此外,还要综合其所处的行业、产品的生命周期以及以往做法几方面来考虑:

(1)企业所处的行业不同,对销售人员的薪酬模式也有所不同。比如化妆品行业、营养品行业、保险公司销售人员多实行"高提成+低固定"甚至纯佣金制,而IT行业因为竞争激烈、人员流动大多采用"高固定+低提成/奖金"模式。

(2)企业所处的发展阶段不同,对销售人员的薪酬模式也会有所差别。比如,企业处于初创阶段,资金实力较弱,采用纯佣金模式可能更适合一些。当企业发展到一定阶段,有了一定的规模且资金实力较强的情况下,可能会逐步转向基本薪酬加佣金模式或基本薪酬加奖金模式。当企业发展到较大规模、资金雄厚、需要提升企业形象、强化员工忠诚度时,采用纯薪金模式可能是更为理想的模式。

(3)公司以往采取的付酬方式也可作为一个重要参考。如果现有的方式能够使得销售人员满意,而且保证公司销售任务的完成,就不应当改变现在做法而去追逐所谓的"行业或跨国企业先进做法"。

(4)对销售人员的薪酬模式要坚持动态原则,不可一刀切,也不可一成不变,而应随着经营环境的变化、企业的发展而不断进行调整,只有这样才能保持薪酬的对外竞争力和对内凝聚力,保持销售队伍的稳定性。

(二)销售人员薪酬方案有效性的评价

销售人员对于企业的重要性决定了企业在销售人员的薪酬上往往不惜花费大量金钱。根据行业的不同,销售人员的直接薪酬(基本薪酬加奖金、佣金)要占到企业总销售额的3%—5%,相当于企业销售部门总预算的50%—70%。[①] 那么销售人员的薪酬方案是否有效呢?通常可以借助于以下几个指标来评价销售人员薪酬方案的有效性。

(1)增长指标。销售领域的增长主要体现在:销售额的增长,新市场的开拓,新客户的获得以及通过不断的流程改善留住现有客户。

[①] 刘昕编著:《薪酬管理》,中国人民大学出版社,2002。

(2) 利润指标。它是否导致销售人员向客户提供恰当的产品或服务组织，从而产生必要的利润？

(3) 客户满意度和忠诚度。它对销售人员的激励和薪酬是否使他们以更为有效的方式去留住客户并对他们提供良好的服务？

(4) 销售人才指标。一种有效的销售人员薪酬计划必须能够帮助企业吸引和保留优秀的销售人才。

(5) 薪酬投资的收益指标。企业需要经常对自己在销售人员身上所进行的投资进行审查，以考察企业在销售人员身上所进行的投资与上一年相比，是否产生了更好的效益。

第四节　外派员工的薪酬管理

世界统一市场的兴起，使跨国公司成为公司组织的一种重要形式。由于不同国家的文化背景不同，决定其经济发展的因素会有所不同，因此薪酬策略也会有所不同。所以，薪酬策略因国而异，对于每个国家来说都是独一无二的。如果试图在全球建立一个统一的标准对跨国公司的员工提供薪酬是很难奏效的。企业经营的国际化、全球工资差别的加大，带来的直接问题是跨国公司如何确定薪酬方案和进行薪酬管理。在薪酬管理乃至整个人力资源管理领域中，外派人员的管理及其薪酬支付都是一个难度相当大的问题。

一、外派员工薪酬问题的产生

传统的划分是把跨国公司的员工分为本地员工和外派员工两类。本地员工指的是在其本国境内被雇用并工作的员工；外派员工是指那些在国外进行短期工作（一般时间为1—5年），在合同期满后回国的员工。

在不同的文化环境下，企业对于外派员工的理解是不一样的。对于大多数欧洲和日本企业而言，由于国内市场份额在企业的总销售额中所占的比例甚小，因此，企业将员工派驻国外被本土员工视为职业生涯的一个阶段，在很多情况下甚至成为获得晋升的必备条件。而对于产品的国内销售占较大份额的其他一些国家（如中国、美国、加拿大）的企业而言，国内市场才是最重要的市场，员工们会把离开本土理解成远离企业经营的主流，为企业进行一种新的尝试。

由于外派员工工作地点发生了变化，而不同国家中影响薪酬决定的因素是不同的。总体而言，引起各国子公司薪酬差异的因素主要有：(1) 不同国家同一职位的薪酬水平不同；(2) 各国社会状况不同，因此相应的补助和津贴水平也不同（如养老金、社会保障金等）；(3) 各国物价不同，所以相同工资水平的实际购买力不同；(4) 各国之间工资差异会随各国货币汇率的变化而变化；(5) 许多员工可能会对海外工作（尤其是在不发达国家工作）有所抵触，因此有些公司可能会为其家属或子女提供额外津贴。

一般的，本地员工的薪酬一般以本地的薪酬制度为基础。本地的薪酬制度建立在各自的文化价值观念、政府政策（如税收政策）以及雇主与雇员的传统社会关系上。近几年，各国劳工组织和行业组织的活动在薪酬制度的制定上也起了很大作用。因此各国本地员工的薪酬水平各不相同。那么，外派员工的薪酬和本地员工的薪酬会不会产生显著的差异,使人们产生了疑问。

与当地员工相比,外派员工的薪酬制度从表面上看似乎比较简单:外派员工在哪个国家工作,就应服从哪个国家的薪酬体制。实际上,对于绝大多数外派期限为2—5年的员工来讲,这一方法根本行不通。另外一部分人主张付给海外员工与母公司担任相同职位的员工相等的薪酬,不必作任何调整,这一方法同样缺乏实践上的可能性。

跨国公司的人力资源管理者显然具有更加敏锐的视角,他们并不急于得出结论,而是首先对外派员工薪酬的各个决定因素进行考察。这些因素有的源于各公司不同的人力资源管理策略,有的具有更深层次的文化背景,还有的与某些具体情况相联系。

二、外派员工薪酬的决定因素

外派员工薪酬的决定因素除了包括传统上的一些因素以外,还包括体现其工作特殊性的一些因素。

(一) 外派期限

多数海外员工的外派期限为2—5年,因此其薪酬制度也大多以此期限为基础。如果公司在外派某一员工初期就决定其外派期限长于5年,那么该员工的薪酬就会以工作地的薪酬体制为准。当然,实际情况往往要复杂得多。有时海外员工工作地的薪酬水平远远低于其国内水平,那么无论其工作期限长短,都要按国内的标准来确定其薪酬(尤其是短期薪酬)水平。另外,虽然许多海外员工最初外派期限为2—5年,但是在工作过程中常常会由于实际需要而延长该期限,此时就需要公司管理者考虑调整这些员工的薪酬方式。针对这种情况,许多公司规定在同一地方工作5年以上的海外员工的薪酬要在5年以后实行当地化。尽管有此规定,这些公司仍然尽力避免该种情况的发生(除非员工本人有此要求)。另一方面,如果员工的外派期限不足一年,情况又会有所不同。因为在这种情况下,员工的家人通常不随其外派,那么在子女教育津贴和住房补贴等方面的规定就会比较简单。

(二) 外派方式

多数员工的外派方式是在国外工作一段时间以后就返回国内,将来如果公司需要,可以重复该过程。大多数公司的薪酬制度也以该方式为基础。但是如果员工从事一系列的外派工作,即在国外某子公司工作一段时间以后不返回国内,而是转到另一国家的子公司工作,那么这种员工薪酬水平的确定有其特殊性。有些公司按母公司所在国的薪酬机制确定他们的薪酬,也有一些公司则采取特别规定,同时提供部分补贴。

(三) 外派员工类型

美国许多公司坚持这样一项原则:所有外派员工的薪酬应服从同一种制度规定。但其他一些公司对薪酬制度按员工职位级别与种类、工作部门和外派地点进行了区分,例如,对管理类外派人员和技术类外派人员采用不同的薪酬制度。这种做法的好处在于可以针对不同员工的不同要求提供薪酬,同时在薪酬上准确体现各工作部门的不同工作性质与环境。但其缺点是难以管理,而且有可能引起员工的不满。采用这种薪酬制度的公司认为,只要政策制定得比较明确,对各种员工的不同薪酬水平给予合理解释,并且不发生频繁的员工调换,这种方式还是比较有效的。关键在于对不同员工的划分标准要取得公司上上下下的一致意见。总之,外派员工类型是影响公司外派人员薪酬制度的重要因素,如以外派高层主管人员为主的公司与主要外派技术工程师的公司通常会采用不同的薪酬制度。

(四)行业性质

跨国公司所属的行业不同,其外派员工的薪酬制度也会不同。如石油公司通常会将专业技术人员外派到各种地理位置比较遥远偏僻的地方工作;而投资银行则会将员工派到经济比较发达的国家。这两种外派人员的薪酬制度有很大区别。

三、外派员工薪酬的定价方式

管理者会考察各种薪酬方式以确定最终的薪酬制度,主要有以下几种定价方式:母国定价法、当地定价法、谈判法、平衡定价法、一次性支付法和自助餐法。

(一)母国定价法

许多公司按国内(即跨国公司的母国)标准确定外派员工基薪,尤其是对那些在国外工作一段时间就会返回母公司的员工。这种制度使得员工外派期满时能很快适应国内的薪酬环境。采用这种方式的公司会对外派员工的基薪水平进行定期考察与调整,以保证员工外派期间不会丧失任何工资晋升的机会。这种基薪确定方式的不足之处在于外派员工与当地员工基薪的水平可能会相差很大,不利于内部公平性管理。

(二)当地定价法

所谓当地定价法,是指向外派员工支付与东道国处于类似职位的员工相同数量的薪酬。这是一种易于管理的方法,同时能够满足子公司内部公平性的要求。

长期的外派工作最适合以东道国为基础的方法。时间一长,外派工作人员就会用当地同事而不是在本国的同事的工资进行比较来判断自己的工资水平的高低。例如把员工由一个国家永久性地迁移到另外一个国家或者使该员工在东道国度过其余的职业生涯时,这种做法的优越性是十分明显的。它有利于保证员工对企业内部公平状况的认同感,保持企业员工的稳定性。另外,当企业把员工由生活水平相对较低的国家派往生活水平较高的国家时,采取当地定价法也是非常适用的。

但是,这一方式最大的不足之处在于它可能会降低外派工作对员工的吸引力,尤其是在把员工由生活水平相对较高的国家派往生活水平较低的国家时。比如,如果美国公司将其外派到尼日利亚的员工工资定为当地水平,恐怕没有人愿意接受这项工作。如果工资水平的下降伴随着物价水平的下降,那么这一情况还可以接受,但通常来说这种情况并不普遍。比如从美国外派到瑞士的员工虽然能得到更高的名义工资,但是由于瑞士的物价水平也高于美国,从而使员工对工资制度并不满意。不过,购买力差异问题可以通过发放津贴的形式来解决,即给予在物价水平高的国家工作的员工一定津贴。但是这一方法必须不断比较两国物价水平的变化,因此降低了外派员工工资当地化这一制度的价值。

(三)谈判法

对于新近涉及国际业务的企业而言,由于它们所使用的外派员工人数较少,因此多半会采取分别谈判的方式来与每一位员工进行单独交涉。在这种薪酬确定方式中,生活费用、税率等问题往往并不是双方考虑的重点,最终达成的结果在很大程度上会取决于双方的谈判技巧以及员工执行特定任务的愿望。

一般来说,采用谈判法确定外派人员的薪酬操作起来比较简单,管理成本也相对其他方法较低,因此使用范围较为广泛。但它需要承担的一个很大风险在于,如果公司与处在同样环境的两名外派员工的谈判结果存在很大差距,而这种差距又被他们发觉了的话,就会严重损害公司与员工之间的相互信任关系,不利于员工的工作积极性和对组织的忠诚感。

(四) 平衡定价法

平衡定价法的目的在于通过给员工支付一定数量的薪酬,确保员工在东道国享受与母国相同或相近的生活水平,使得其薪酬水平、薪酬结构与母国同事始终具有一定的可比性。在这种方法之下,员工的经济实力和购买力基本上不会受到损失,同时还可以有效地激励员工,确保员工在企业内部实现最大程度的流动性。

但是采用这种方法的公司不多,因为其操作起来比较繁杂,会给企业带来较高的管理成本。它只用于其一小部分工作变动性很高,不长期在同一地点工作的外派员工。有些国际组织(如联合国)也采用这种工资制度,因为它们的职员绝大多数都是外派人员。另一种情况是有些公司的子公司的员工来自很多国家,为了统一标准,这些公司通常将这些非当地员工的工资按照某一国家的制度统一确定(通常按母公司所在国家的规定),从而使工资制度易于管理。

(五) 一次性支付法

当企业使用一次性支付法时,它会在员工的基本薪酬和各种奖金之外附加一笔额外的补贴。这笔钱通常都是一次性付清,员工可以随心所欲地支配,而这种选择不会对其既有的薪酬造成任何影响。它的优越之处在于它可以最大限度地重视员工在母国时的薪酬环境,因此能够更好地满足外派员工对派出前后生活水平持平的要求。但是,对一次性支付的具体额度的计算是一个甚为棘手的问题。

(六) 自助餐法

自助餐法就是企业向员工提供各种不同的薪酬组合,外派员工在薪酬总量一定的情况下,选择自己认为最理想的薪酬构成及相应的薪酬水平。这种方法赋予了员工更多的自主权,因此更容易产生有效的激励。

从本质上说,这些不同的做法之间并非是相互独立的,针对不同情况的外派员工采用不同的支付方式对于跨国公司而言是需要的。关于几种不同的外派人员薪酬定价方法之间的比较详见表9-6。

表 9-6　几种不同的外派员工薪酬确定方式

定价方式	适用对象	优势	劣势
母国定价法	短期的外派任务	管理简单 使外派员工回国后适应更快	不利于子公司的内部公平性管理
当地定价法	(1) 长期性的外派任务 (2) 初级外派人员	(1) 管理简单 (2) 保持和当地员工之间的公平性	(1) 外派员工的经济状况与当地员工之间本来就存在较大的差距 (2) 常常需要通过谈判来加以补充
谈判法	(1) 特殊情况下 (2) 外派员工较少的组织	比较简单	外派员工人数增加以后,操作难度会加大
平衡定价法	有经验的中高层外派管理人员	(1) 保持与国内同事之间的平衡 (2) 便于员工在企业内部的流动和重新返回	(1) 管理起来难度相对较大 (2) 会形成一种既得的享受资格 (3) 会侵蚀外派人员的经济收入
一次性支付	只执行短期任务(少于三年)并且会回国的外派员工	(1) 比平衡定价法更有利于保持与国内同事之间的平衡 (2) 不会侵蚀外派人员的经济收入	汇率的变动使得其无法适用于所有的外派人员,只能适用于相当短期的外派任务
自助餐法	(1) 高层外派管理人员 (2) 相对基本薪酬来说总体收入比较高的外派人员	比其他做法的成本有效性更高	很难适应那些需求各异的传统外派员工的需要

资料来源:刘昕编著,《薪酬管理》,中国人民大学出版社,2011,本书作者做了一定的补充。

四、外派员工薪酬的结构体系

一般来说,外派员工的薪酬主要由基本薪酬、奖金、各种津贴和福利构成。从具体的薪酬结构上看,各国薪酬体制的不同,在确定外派员工的薪酬构成时也有所差别。我们这里介绍的外派员工薪酬的构成更多的是以美国公司为例。

（一）基本薪酬

确定薪酬制度的首要工作就是确定基本薪酬,因为基本薪酬的选择会直接影响其他各种薪酬方式。从大的方面说,外派人员的基本薪酬应该与在母国内和其处于相似位置的同事处于同一薪酬等级上,这可以通过职位评价和薪酬等级评定来确定。但是,由于本国和东道国的工作环境不同,工作内容往往也缺乏可比性,加上对外派员工的工作进行有效兼管的难度很大,因此会对这样确定的基本薪酬做一些调整。基本薪酬的确定一般采用母国定价法、当地定价法或者平衡定价法。

（二）消费津贴

美国许多公司在按照母国内规定确定外派员工工资的同时,向员工提供一套消费津贴对员工某些额外消费(由于外派引起的)进行奖金补偿,最主要的消费津贴包括商品与劳务津贴、住房津贴、个人所得税津贴、教育津贴和地区津贴等。

1. 商品与劳务津贴

当子公司所在地的商品与服务价格高于母公司所在地时，跨国公司就会向外派员工提供消费津贴或商品与劳务津贴（Good and Services Allowance）。津贴额以外部顾问或咨询公司提供的信息为基础，并存在多种计算方法。通常咨询顾问提供某一指数用于比较两国的物价水平（如 100 表明两国的物价水平相同）。津贴一般按工资周期发放，并且会不断调整数额以适应两国货币汇率的变化。

实行商品与劳务津贴的公司不外乎有两种目的：一是对员工进行保护，以应付其工作地的高消费水平；二是实现内部公平性，保证员工在其外派期间维持原有的生活水平。如果员工的工资服从东道国的规定，那么就没有必要给予商品与劳务津贴了。因为员工的工资已经准确地反映了当地的消费水平。

2. 住房津贴

大多数公司出于以下两方面考虑提供住房津贴（Housing Allowance）：一是鼓励员工在外派期间保留原有住房（前提是员工在外派期满后回到本国）。大多数公司会协助员工管理其不动产，例如负责将其出租等。二是希望外派员工在外派期间租用住房，而不是购买住房。这样做能够简化公司管理程序，防止员工居住期间当地房地产价格突然下跌带来的损失，同时为员工回国提供便利。许多公司在津贴水平的确定上经常会求助于咨询公司或顾问，并一般以员工家庭规模和职位级别为基础决定其津贴水平。

3. 个人所得税津贴

个人所得税的征收在不同的国家有着不同的规定。美国员工在外派期间，只要是美国永久性居民，就必须向美国政府缴纳个人所得税；而其他多数国家的公民却不是根据国籍而是根据居住地和收入来源来征税。比如，对于一位英国外派到美国的员工，他在美国拿到的工资不需向英国政府交纳个人所得税，只是对他国内的其他薪酬所得交税，前提是该员工每年必须在国外工作一定时间。许多跨国公司为员工提供个人所得税津贴，即代替员工向政府缴纳税款，同时，定期扣除员工的部分工资作为补偿。

4. 教育津贴

对于有子女的外派员工来说，公司将为其承担更多的责任。如果子公司所在地与母公司所在地使用两种不同语言，那么多数外派员工会希望他们的孩子能在子公司所在地继续学习本国语言。他们希望子女能在使用本国语言授课的学校接受教育。比如美国外派员工将其子女送到各国的"美国学校"接受教育，这种情况在法国、日本和英国外派员工的身上也经常发生。通常由母公司支付这些员工子女的学费，即教育津贴。如果在员工的外派工作地点没有提供其国内教育的学校，那么母公司就会提供津贴供其子女在母国内的寄宿学校就读。

5. 困难补助（Hardship Allowance）

另外，当公司将其员工派往所谓的"困难地区"时，它们会向员工提供附加奖金。有时公司称其为"困境奖金"以表示这是对员工在艰苦环境中工作的奖励，而有的公司认为这一称谓表示了对当地员工的不尊敬，因而采用了一个比较中性的词语"地区奖金"，表明这是由于员工在特定地区工作所得的奖励。这种奖金随工作地点的不同而不同，一般以员工基本薪酬的百分比来确定。通常公司以5%为下限代表稍差的工作环境,以25%为上限代表恶劣的工作环境,并以每5%为一等次。而且,由于得到该奖金的员工都在环境较差(与其母公司所在国相比)的国家工作,一般不会按工作地的规定确定基本薪酬,因此很少公司将其与工作地的工资相结合。

(三) 激励性薪酬

许多跨国公司除了向外派员工提供消费津贴,还向其发放激励性奖金,这种奖金一般适用于全体外派员工。传统上,许多公司将这一薪酬方式称为外派奖金,一般按基本薪酬的百分比(最常用的比例为15%)与工资同时每月发放。而另外一些公司将该薪酬确定为一个奖金总额,称为工作变动资金,分别在外派工作开始和结束时发放。近几年这种方式得到广泛应用,体现出一定优越性:首先,传统的外派奖金与工资一起发放,这很容易使员工忽视其性质与目的,而将其作为固定工资的一部分,因此其在外派工作结束后难以适应突然的"工资"减少。采取奖金总额的方式则会克服这一缺点。其次,它将奖金与工作的实际变动联系在一起,真正体现了该种薪酬的性质。这一点在不停转换工作地点的员工身上体现得尤为明显。最后,公司可以在员工接受外派工作离开本国之前和结束外派工作回到本国之后分两次发放奖金,从而避免子公司所在政府对其征税。

(四) 员工福利

对于外派期限一定的员工,公司需解决的福利问题主要是员工养老金的管理。许多公司出于管理和税收方面的考虑,将外派员工纳入母公司的养老金计划。有些公司还按这一原则管理外派员工的社会保障金。另外,各公司还尽力使其外派员工免于向子公司交纳这种费用。按母国制度管理外派员工的养老金与按母国制度确定员工基本薪酬是一致的,这种管理方法同样适用于其他员工福利的管理,如医疗保险等。另外,母公司还提供休假和特殊假期。在艰苦地区工作的驻外人员经常能获得额外的休假费用和疗养假期。

(五) 其他薪酬方式

跨国公司通常会承担外派员工的许多费用,比如负责员工在子公司所在地的安置费用,负责其财物的运送和保管等,并将其作为员工薪酬的一部分。公司同样有两种选择:支付实际费用,或支付给员工一定款项。另外,公司还要支付员工及其家庭每年一次的往返费用,在特殊情况下(如员工在所谓的"困难地区"工作),公司还会出资让员工及其家庭享受休假及旅游。

除以上五种不同方式外,还存在薪酬发放形式的区别:以本国货币支付和以子公司所在国货币支付。许多小型跨国公司没有能力用子公司所在国的货币支付薪酬,因而全部支付本币,让外派员工自行兑换。而其他一些大公司则根据员工日常购买商品和服务的平均支出确定以子公司所在国货币形式发放的薪酬额度,并以本币形式发放剩余部分薪酬。这种做法有助于保护员工免受汇率波动的影响。这种"分离薪酬发放制"在各跨国公司得到了广泛应用。

五、总结

由以上分析再结合各跨国公司的实践,可以大致总结出外派员工薪酬制度的通行做法,主要有:(1)以本国薪酬制度为基础确定外派员工的基本薪酬;(2)如果子公司所在国的物价水平高于国内,则向外派员工提供消费津贴;(3)无论员工国内住房是否出租,都向其提供住房津贴以支付子公司所在地的房租;(4)采用一种公平税收体制,保证员工在其外派期间缴纳的税款与其在国内交纳的水平一致;(5)向外派员工提供基本薪酬以外的激励性奖金,作为对其接受并从事外派工作的奖励;(6)对在"困难地区"工作的外派员工提供额外奖励;(7)负担外派员工子女的教育费用。

以上七条已经成为很多跨国公司在薪酬制度领域的共识。到目前为止,它是应用最为广泛的制度,并被称为"本国本位制"。以子公司所在国为基础设立薪酬制度的方法虽然也有一定适用性,但是由于各公司常需要对其进行修改与调整以适应国内情况,因而部分削弱了其适用性。

第五节 专业技术人员的薪酬管理

随着知识经济时代的到来,技术的因素在组织中越来越重要,特别是掌握核心技术的专业人员,他们是企业创新的骨干力量。这些人才的去留往往极大地关系到组织的生存和发展。所以,加强专业技术人员的薪酬管理是当前企业面临的重要任务。

由于专业技术人员工作性质的特殊性,其薪酬管理有着与一般员工不同的特点。例如,为了进行科研攻关或解决专项课题,他们常常需要组成专门的小组,在小组中他们所承担的角色也各不相同。所以,简单地通过职称、职务高低来确定薪酬,显然是不行的。所以,在科研技术人员较为集中的公司或组织中,为专业技术人员专门设计一套薪酬管理制度是完全必要的。

一、专业技术人员工作的特点

专业技术工作通常是指利用既有的知识和经验来解决组织经营过程中所遇到的各种技术或管理问题,帮助企业实现经营目标的工作,其中的知识一般是指通过大学或者更高程度的正式学习才可以掌握的知识。因此,专业技术工作大多是以脑力劳动为主,需要特定员工在工作过程中充分发挥自己的积极性和主动性,利用已掌握的知识和工作经验做出决策或进行创新。专业技术人员是指企业中具有专门知识或有专业技术职称,并在相关岗位上从事产品研发、产品研究、技术改造与创新等专门人员。这部分人的工作特点表现在:

(1)智力含量高并且知识和技术的更新快。专业技术人员工作属于脑力劳动,智力含量高。同时,他们还面临一个非常大的挑战是知识和技术更新快的问题。由于专业技术人员是凭借已经掌握的技术知识和经验来创新性地为组织解决问题的,因此,他们除了要完成日常的工作,还必须及时地学习新涌现出的理论和技术知识。因此,学习的机会对于专业技术人员是一种非常有吸引力的薪酬。

(2)工作专业化程度高或者创造性强,业绩不容易被衡量。他们的工作大多要动脑,一般在实验室或办公室,工作难度大,付出的辛苦多,并且难以监督,但其业绩往往要经过很长一段时间方可显示出来,而在此之前,他们常常被人误认为是企业的"闲人"。

由于专业化程度高或者创造性比较强,会使得在很多情况下,从事同一领域工作但是专业技术水平不同的人所从事的工作内容基本相同，但是他们在解决问题时所投入的时间和精力或者所起的作用却存在很多的差异。因此，如果简单地根据他们所从事的工作确定他们的薪酬水平，可能很难反映出不同的技术人员对于企业所做出的贡献之间的差异。

（3）工作时间无法估算。表面上看，他们好像与其他人一样准时上班、准时下班，其实他们的工作时间远比正常上下班时间多得多，有时他们为了保持思维的连贯性，不要说节假日加班加点，甚至连正常的睡眠时间都不能保证，将所有的时间都投入到专业工作中，因此这部分人往往容易犯精神性疾病。

（4）工作压力大，企业的研发任务下达后，时限是非常紧迫的，而研发结果是很难预料的。因此技术人员接到任务后，首先就必须尽全力投入到研发中去，以实现最理想的结果，这是工作本身带来的压力。其次对于技术人员还存在一种竞争性压力，这种压力来自研发小组之间和研发小组内成员之间，还来自整个专业领域内的压力。再次社会乃至家庭的期望也是技术人员压力之源。

（5）市场价格高。企业各类专业人员是市场上的稀缺资源，是市场中各类企业争夺的焦点，自然具有较高的市场价格。即使市场价格很高，但由于他们是企业创新的骨干力量，他们构成或创造了企业的核心竞争力。因此他们给企业所带来的价值与企业付给他们的报酬之间仍然是不能相提并论的。

二、专业技术人员的薪酬结构

（一）基本薪酬与加薪

专业技术人员的基本薪酬往往取决于他们所掌握的专业知识与技术的广度和深度以及他们运用这些专业知识与技术的熟练程度，而不是他们所从事的具体工作岗位的重要性。其原因主要包括两个方面：

第一，由于专业技术人员对于企业的价值差异主要不是体现在所从事的具体工作内容上。很多情况下，同类专业技术人员在同一企业中所从事的工作内容极为相似，但是他们所创造的价值相差甚远。

第二，要对专业技术人员所从事的工作进行评价是非常困难的事情，尤其是在专业技术人员在企业中所从事的具体工作内容要随着外部市场情况的变化而作灵活调整的时候。相应地，专业技术人员基本薪酬的变动（加薪）也主要取决于他们的专业知识和技能的累积程度，以及运用这些专业知识和技能的熟练水平的提高。

（二）奖金

一般地，在专业技术人员的薪酬体系中，奖金的重要性不大。由于专业技术人员主要是靠知识和技能的存量及其运用获得薪酬，而在很多情况下，他们的这种专业知识和技能本身是有明确的市场价值的。因此，专业技术人员通常获得较高的基本薪酬，即使有一定的奖金发放，奖金所占的比重通常也比较小。

一种可能的例外是针对从事技术和产品研发的专业技术人员的，对于研发出为企业带来较多利润的新产品的专业技术人员或团队，企业往往给予一定金额的一次性奖励，或者是让他们分享新产品上市后一段时期中所产生的利润。比如，某公司对从事研究开发的技术人员的其中一个奖励方案是：新产品研发成功并上市后，研发团队可以从第一年的销售收入中提取5%作为奖金，第二年为4%，第三年为2%，第四年为1%。此外，目前一些高科技公司还采用股权的方式作为专业技术人员的长期奖励方式。

（三）福利

由于专业技术人员工作的特点，使得他们更看重继续教育和接受培训的机会。因此，与其他员工相比，企业往往通过提供更多的进修学习的机会作为专业技术人员的福利。

三、专业技术人员的薪酬模式

总结目前专业技术人员的薪酬方案，可以概括为以下几种典型的模式[①]：

1. 单一化高工资模式

单一化高工资模式即给予高的年薪或月薪，一般不给奖金。较适合从事基础性、理论性研究的专业人员。他们的工作成果不易量化，而且短期内较难规定准确的工作目标。

2. 较高工资＋奖金模式

该模式以职能资格（职位等级和能力资格）为基础，给予较高的固定工资，奖金仍以职位等级和固定工资为依据，依照固定工资的一定比例发放。它的优点是能保证专业人员有较高的收入，缺点是激励机制较弱。

3. 较高工资＋科技成果提成模式

除较高的固定工资外，按研究开发成果为组织创造经济效益的一定比例提成，有按产品销售总额提成、按销售净收入提成、按产品利润提成等方法。该模式激励功能很强，很适合新产品研发人员。

4. 科研项目承包模式

科研项目承包模式即将专业人员的薪酬列入其从事的科研项目经费中，按任务定薪酬，实行费用包干。该模式有利于激励专业人员快出成果，也有利于组织对专业人员人工成本的控制。如果再有配套的后续激励措施，如成果提成、科研业绩奖金等，效果更好。

5. 工资＋股权激励模式

该模式工资水平一般，股权激励的力度加大，如对专业人员实现期权制、技术入股、赠送干股、股份优先购买权等各种方式。它的优点是长期激励机制强、激励机制与约束机制并存，一旦组织发展迅速会给专业人员带来丰厚的回报，尤其适用于高新技术产业组织和上市公司。

本章小结

1. 介绍了高层管理人员的薪酬结构、薪酬指标、薪酬制度制定的步骤以及高管人员薪酬的两种模式。

2. 介绍了团队的薪酬管理，首先对团队的类型进行了划分，进而介绍了团队薪酬方

---

① 陈思明：《现代薪酬学》，立信会计出版社，2004。

案中的要素形式,总结了团队薪酬方案的结构。

3. 介绍了销售人员的薪酬管理,首先分析了销售人员的工作特征,概述了销售人员的薪酬管理,并对销售人员的五种薪酬方案类型进行了介绍,总结了销售人员薪酬计划有效性的评价方法以及销售人员薪酬方案设计的步骤。

4. 介绍了外派员工的薪酬管理,首先分析外派员工薪酬问题产生的背景以及外派员工薪酬的决定要素,介绍了其不同的定价方式,总结了外派员工薪酬的结构体系。

5. 介绍了专业技术人员的薪酬管理,首先分析了专业技术人员的工作特征,总结了专业技术人员的薪酬结构和不同的薪酬模式。

复习思考题

1. 高管人员的工作具有哪些特征?这些特征对其薪酬管理产生什么影响以及表现在哪些方面?

2. 结合我国企业改革的沿革,查阅相关文献,分析我国国有企业经营者的薪酬制度变迁与改革取向。

3. 比较分析团队的类型和特征,以及这些特征对团队薪酬方案的影响。

4. 销售人员的薪酬模式有哪些?如何选择和评价这些不同的薪酬模式?

5. 外派员工的工作具有哪些特征?其薪酬决定受到哪些因素的影响?其薪酬结构如何体现这种工作特征?

6. 外派员工薪酬的决定方式包括哪些?比较其优缺点。

7. 专业技术人员的工作具体有哪些特征?这些特征对于专业技术人员的薪酬管理产生什么影响?具体表现在哪些方面?

案例研究

广州恒大淘宝足球俱乐部奖金分配方法

广州恒大淘宝足球俱乐部前身是成立于1954年的广州市足球队。1993年1月,广州市足球队通过和太阳神集团合作,成为中国第一家政府与企业合股的职业足球俱乐部。2010年3月1日,恒大集团买断球队全部股权,俱乐部更名为广州恒大足球俱乐部。2012年俱乐部首次参加亚洲足球俱乐部冠军联赛并进入八强,2013年获得亚洲足球俱乐部冠军联赛冠军,这也是中国俱乐部第一次问鼎该项赛事的冠军,同年获亚足联最佳俱乐部奖。2014年6月5日,阿里巴巴入股恒大俱乐部50%的股权;同年7月4日俱乐部更名为广州恒大淘宝足球俱乐部。截至2016年2月,广州恒大淘宝足球俱乐部已连续五次获得中超联赛冠军,也是中超联赛中夺冠次数最多的球队;并获得两次中国足球超级杯冠军和一次中国足协杯冠军、两次亚冠联赛冠军。在恒大足球俱乐部的发展过程中,球队和球员奖金方案起到了巨大的激励作用。

1. 足球队总体奖金方案的演变

为了进一步提升球队的成绩,恒大俱乐部在近几年分别实行了不同的奖金政策。

2012 年球队的奖金方案

在亚冠赛场采取"6306"方案,即每赢一场奖励 600 万元,每平一场奖励 300 万元,输球不扣任何奖金;球队每晋级下一轮额外奖励 600 万元;且奖金为每场结算。中超赛场采取"303"方案,每赢一场奖励 300 万元,每平一场不发任何奖金,每输一场罚 300 万元;每五场结算一次,整个联赛共结算六次。足协杯的奖励方案为每赢一场奖励 60 万元,平局奖励 30 万元,输球不扣罚奖金,每晋级一轮奖励 60 万元。

2014 年球队的奖金方案

(1) 在亚冠比赛中将实施"3103"方案,并设"为国争光奖"。具体内容为,每胜一场奖励 300 万元,每平一场则有 100 万元,每负一场球队不奖不罚;每晋级下一轮,奖励 1000 万元。设"为国争光奖",即每场比赛每净胜对手一球,额外奖励 100 万元;奖金每场结算一次。

(2) 在中超联赛实施"101"方案,并特设"新人培养奖"。具体内容为,每胜一场奖励球队 100 万元,每平一场不奖不罚,每负一场扣罚 100 万元。特设"新人培养奖",即上场球员中,如有 1 名 21 岁以下球员,则赢球奖金增加 50 万元;如有 2 名及以上 21 岁以下球员,则赢球奖金增加 100 万元;奖金每五场结算一次,整个联赛共结算六次;每次奖金结算,扣罚直到该五场奖金扣完为止。

(3) 足协杯实施"3006"奖金方案,并特设"新人培养奖"。具体内容为,每胜一场奖励 30 万元,每平一场和每负一场球队都不奖不罚,每晋级一轮奖励 60 万元。特设"新人培养奖",即上场球员中,如有 4 名 21 岁以下球员,则赢球或平球奖金增加 10 万元;如有 5 名及以上 21 岁以下球员,则赢球或平球奖金增加 20 万元;如有 6 名及以上 21 岁以下球员,则赢球或平球奖金增加 30 万元;奖金每场结算一次。

2016 年球队的奖金方案

(1) 在亚冠比赛中将实施"31031"方案,具体内容为,每胜一场就有 300 万元的奖金,每平一场则有 100 万元,每负一场球队不奖不罚;每场比赛每净胜对手一球,奖励 300 万元;每晋级下一轮,奖励 1000 万元;奖金每场结算一次。

(2) 在中超联赛实施"202"方案,具体内容为,每胜一场奖励球队 200 万元,每平一场不奖不罚,每负一场扣罚 200 万元;每场比赛每净胜对手一球,额外奖励 100 万元;奖金每三场结算一次,整个联赛共结算十次;每次奖金结算,扣罚直到该三场奖金扣完为止。

(3) 足协杯实施"6006"奖金方案,具体内容为,每胜一场奖励 60 万元,每平一场和每负一场球队都不奖不罚,每晋级一轮奖励也为 60 万元;奖金每场结算一次。

2. 足球队的二次分配方案

除了以上这些总体的奖金政策,为了奖励场上表现优异的球员,俱乐部在 2012 年开始实行新的奖金分配政策。新的奖金分配方案针对全体教练组成员及全体球员,其整体分配原则如下:主教练奖金额为球队奖金总额的 8%;其他教练组成员奖金总额为球队奖金总额的 12%,其他教练组成员将根据其工作表现情况及对球队贡献程度予以奖金分配,具体金额由主教练决定;全体球员奖金总额为球队奖金总额的 80%。

在球场上,全体球员是一个协调的团队。球员奖金的具体分配方法为:

球员个人奖金额

$$= 球队奖金总额 \times (80\% - \alpha) \times \left[球员个人得分 \times \beta / \sum (上场球员得分 \times \beta) \right]$$

其中，α是指拿出球队部分奖金的比例，该部分奖金用于奖励有特殊贡献的未上场球员，该比例可以为0，但不得超过3%；β是指球员个人的上场时间系数，β等于球员上场时间除以本场比赛时间，$\beta \leqslant 1$。

球员个人得分基数按百分制计算，由贡献得分基数，拼抢得分基数，有效跑动得分基数三部分构成，每个位置球员三部分得分基数构成比例如表9-7所示。

表9-7　恒大足球队球员得分基数表

位置	贡献得分基数	拼抢得分基数	有效跑动得分基数
门将	70	20	10
中后卫	50	30	20
其他（包括中场、前锋和边后卫）	40	30	30

(1) 贡献得分：主要考核球员对进球的贡献，排除险情的贡献以及完成主教练技战术任务安排，场上个人技术发挥，服从场上纪律等对本场比赛的贡献程度，该得分按照技术上下浮动给主教练评定。

(2) 拼抢得分：主要考核球员在场上的拼抢程度，该得分按照基数上下浮动由主教练决定。

(3) 有效跑动计算公式为：

$$\text{有效跑动得分} = \text{本位置有效跑动得分基数} \times Y \times \text{有效跑动系数}$$

其中，Y＝有效跑动距离÷(本位置考核距离－主教练核减距离)。

本位置考核距离：根据不同位置设定如表9-8所示。

表9-8　恒大足球队球员跑动距离考核表

位置	考核距离
门将	3 000 乘以 β
中后卫	7 000 乘以 β
后腰、边后卫	10 000 乘以 β
前卫、前锋	9 000 乘以 β

注：β是指个人的上场时间系数。

主教练核减距离：指在比赛中主教练根据技战术意图对个别位置球员所做出的特殊要求，由此需核减该球员的考核距离。

有效跑动系数：指球员贯彻主教练技战术意图在场上有效跑动情况，该系数由主教练负责评定，数值范围为0.5—1.5。

特殊规定：如$Y<1$，即球员有效跑动距离未达到上述位置考核距离，则球员有效跑动得分直接为0；如$Y \geqslant 1$，则球员有效跑动得分不得超过本位置有效跑动得分基数的130%。

某场比赛球队的总奖金为1 400万元，全体球员的奖金为$1\,400 \times (80\% - 3\%) = 1\,078$(万元)，在上场球员的分配结果如表9-9所示。表9-10为整个教练员团队在该场比赛中所获奖金的具体分配结果。

表 9-9 2012 恒大球员奖金分配考核图

球员号码	球员姓名	场上位置	上场时间	β值	贡献得分基数	贡献得分	拼抢得分基数	拼抢得分	实际跑动距离	考核距离	教练核减距离	γ值	有效跑动得分	球员个人总得分	球员得分 $\times \beta / \Sigma$	个人所得奖金（万元,税前）
1	杨君	门将	96	1	70	64	20	17	3 880	3 000	0	1.29	12.93	93.9	0.09	93.27
5	张琳芃	边后卫	96	1	40	37	30	28	11 510	10 000	0	1.15	34.53	99.5	0.09	98.83
6	冯潇霆	中卫	96	1	50	44	30	26	9 345	7 000	0	1.34	26.00	96.0	0.09	95.32
9	克莱奥	前锋	96	1	40	38	30	27	9 850	9 000	0	1.09	39.00	104.0	0.10	103.27
10	郑智	中卫	96	1	50	49	30	28	9 265	7 000	0	1.32	26.00	103.0	0.09	102.27
11	穆里奇	边前卫	96	1	40	34	30	27	11 732	9 000	0	1.30	39.00	100.0	0.09	99.30
15	孔卡	前腰	96	1	40	38	30	27	10 675	9 000	0	1.19	39.00	104.0	0.10	103.27
16	赵源熙	后腰	96	1	40	33	30	27	12 150	10 000	0	1.22	36.45	96.5	0.09	95.77
29	郜林	边后卫	96	1	40	36	30	28	9 765	9 000	0	1.09	35.81	99.8	0.09	99.10
32	孙祥	边前卫	96	1	40	35	20	28	10 395	10 000	0	1.04	31.19	94.2	0.09	93.52
37	赵旭日	后腰	96	1	40	36	30	28	10 250	10 000	0	1.03	30.75	94.8	0.09	90.03

资料来源：姚劲波，"李章洙：恒大足球标本"，《三联生活周刊》，2012 年第 23 期，第 142—146 页。

表 9-10　恒大俱乐部教练组成员奖金分配表　　　　　　单位:万元

姓名	岗位	本场比赛全体教练员奖金(税前)	个人所得奖金额(税前)
李章洙	主教练	1 400×8%＝112	112.00
秋鸣	领队兼助理教练		32.67
金龙甲	助理教练		32.67
李敏成	助理教练		7.00
王维满	守门员教练		32.67
姜峰	体能教练		30.33
曲圣卿	预备队教练		3.50
Georg Daniel Meyer	体能康复教练	1 400×12%＝168	5.60
			8.17
金赫钟	技术分析师		7.00
刘树来	队医		2.33
康克宝	队医		3.27
王书成	队医		2.80
宫耸	翻译		
合计			280.00

资料来源:姚劲波,"李章洙:恒大足球标本",《三联生活周刊》,2012 年第 23 期,第 142—146 页。

案例思考题:

(1)恒大足球队在 2012/2014/2016 三个年度的球队奖金方案有什么差异性,这种变化反映了什么样的管理意图?

(2)谈谈你对恒大足球队奖金的二次分配方案的理解。你认为这个分配方案体现了俱乐部的什么管理意图?

21世纪经济与管理规划教材
人力资源管理系列

第十章

薪酬系统的运行管理

【学习要点】

　　薪酬预算的影响因素与预算方法
　　薪酬成本的衡量指标
　　薪酬成本控制的途径
　　薪酬诊断的任务与主要内容
　　薪酬水平与薪酬结构的调整

开篇案例

郎酒公司调薪事件

2014年3月,郎酒集团出台了一份"涨薪"方案,调薪的主要内容有三点:(1)所有一线工人在原有的基本工资基础上涨薪500元;(2)取消工人每月500元加班费的工资项目;(3)提高工人的超产奖劳动生产定额。这份调薪方案的调整思路突出了根据员工个人的出勤状况、劳动生产定额完成情况与个人绩效挂钩的因素来核算薪酬,并加大了绩效工资的浮动比例。

调薪之前,郎酒工人的薪酬主要包括基本工资、加班费和超产奖三个部分。基本工资由岗位性质决定,不同岗位序列和岗位层级设定不同的标准,每月固定发放;加班费是由于今年郎酒厂酿造发酵期却遭遇劳工荒而变相补偿的一个工资项目,成为固定发放的基本工资中的一部分。值得注意的是,郎酒厂将其设定为固定数额500元,且所有工人都是一个标准;超产奖是按照酿酒的批次来计算,一个批次完成之后获得奖励,劳动生产定额的高低直接决定了超产奖金额的多少。根据郎酒员工的计算,原先一个产次可以拿到3 000—4 000元的绩效工资,按照新的劳动生产定额一个产次降到了2 000—3 000元。员工认为这其实是变相降低了工资,因此调薪方案一出,便发生了罢工事件,员工诉求恢复原来超产奖的百分率以及加班费。

为了平息罢工,郎酒集团高层领导连夜制订了一份薪酬优化方案,新方案同意保持酿造工人劳动生产定额不变的情况下,人均月工资上调400元,涉及人数2 500余人。制曲生产员工人均月增资约380元,涉及人数380余人;包装生产(含成品检验)员工人均月增资额度300余元(与包装任务完成增减变化,多劳多得),涉及人数1 200余人;国企改制时选择留下继续工作、与郎酒共进退的老职工,按人均另外增加200元/月补贴,涉及人数200余人(已进入管理团队的老职工同样未进入本次调资);涉及酒体、热电、维修、质量检验等技术岗位人员,人均调资在380元/月左右,涉及人数340余人;后备管理、技术队伍人员属厂公司重点培养对象,人均调资在380元/月左右,涉及人数30余人;管理类人员主要是各部门业务骨干、大学生等,本次人均调资在350元/月左右,涉及人数近400人;后勤类人员人均增资280元/月左右,涉及人数130余人。经测算,郎酒集团基层员工薪酬调整月增资总额253万元,公司年增加薪资总支出3 000余万元。显然这是一份被动的调薪方案,调整结果远远超出郎酒公司的薪酬预算,那么郎酒集团应该怎样合理调整薪酬来控制成本呢?

资料来源:李雪松,"郎酒涨薪,为何员工不买账?",《企业管理》,2014年第8期。

薪酬体系建立后,在企业经营的过程中,必须对这套系统的运行进行动态的管理,以保证和维持薪酬系统的实施效果。在本章中,我们主要阐述薪酬系统运行管理中的几个重要环节,即薪酬预算、薪酬成本控制、薪酬诊断和薪酬调整。这几个环节在某种程度上是紧密相连的,在实际的管理活动中甚至很难分清其界线。

第一节 薪酬预算

一、薪酬预算的基本含义

对于任何一种经济活动而言,通过预算来进行成本控制都是不可或缺的一个环节,在薪酬管理中也是如此。为了使薪酬管理过程更加科学有效,企业必须进行薪酬预算。薪酬预算指的是为了实现薪酬管理的目标而进行的一系列成本开支方面的权衡和取舍。例如,考虑外部市场的薪酬水平、员工个人的工作绩效、企业的经营业绩以及生活成本的变动情况等因素对薪酬的影响,以及这些要素在加薪中占比的权衡;对于基本薪酬和可变薪酬在总薪酬中所占比重进行的权衡;对于长期激励和短期激励之间的权衡;在激励员工的有效性方面对薪酬手段和其他人力资源管理手段的权衡;等等。

由于薪酬问题在经济上的敏感性及其对企业财务状况的重要影响,薪酬预算必然成为企业战略决策过程中的一个关键问题。它要求管理者在进行薪酬决策时,必须把企业的财务状况、所面临的市场竞争压力以及成本控制等问题放在一起加以综合考虑。薪酬预算可以很清晰地反映出组织的人力资源战略,同时也是整个人力资源方案的重要组成部分,直接关系到企业的经营状况和员工的心理感受。通过薪酬预算,企业可以考虑到多种会影响薪酬变动的情况,确保其薪酬成本不超出企业的承受能力。从这个意义上说,进行薪酬预算是十分重要而且必要的。

二、薪酬预算的影响因素

企业在做薪酬预算之前,需要对其影响因素进行深入的分析,掌握这些因素是如何影响薪酬预算的。这些影响因素包括外部因素(市场薪酬水平、生活成本的变动)和内部因素(企业员工队伍的变化、现有的薪酬状况以及企业技术的变革)。通过这一步骤,企业可以更清楚地了解自己目前的处境、市场和竞争对手的真实状况以及所面临的机遇与挑战,同时还有助于自己制定相应的应对策略。

(一)市场薪酬水平

企业的薪酬水平需要保持一定的外部竞争性,这需要通过薪酬调查来实现。通过薪酬调查,企业可以将搜集到有关基准职位的市场薪酬水平方面的信息与组织中的现有薪酬水平进行比较,从而判断自己在劳动力市场上的位置,为企业的薪酬预算决策提供准确的依据。另外,随着市场经济环境的不断变化和企业自身情况的改变,有目的地进行市场薪酬调查,有助于企业保持在劳动力市场的优势地位。

在进行薪酬调查时,需要注意调查数据的时限问题。当企业利用薪酬调查的数据制定好薪酬预算并准备付诸实施时,劳动力市场上的薪酬水平早已又发生了改变。这一方面对企业薪酬调查和预算的速度提出了更高的要求;另一方面,企业在根据调查数据调整自己的薪酬水平和结构时,也应把劳动力市场的持续变动考虑在内,注意不断地对有关数据进行调整和更新。只有这样,才能准确把握外部市场形势,增强薪酬预算的及时性和有效性。

（二）生活成本的变动

由于物价水平的变动和人们生活水平的变化，企业在进行薪酬预算时，应考虑生活成本的变动，以保障员工的基本生活水平不会随着物价的上升而大幅降低。特别是在通货膨胀比较严重时，企业更应结合物价指数对薪酬水平进行调整。但衡量生活成本对企业提出了较高的要求，因为员工的生活成本关系到个人的消费模式、婚姻状况、年纪大小甚至居住地的消费水平等因素，很难估计。为了简便起见，很多企业选取消费价格指数（CPI）作为参照物，以 CPI 的变动情况来衡量生活水平的变动情况。不过，由于 CPI 只是特定一些生活必需品价格的变动，并不能完全代表员工生活水平的变动，企业在进行薪酬预算时只能作为参考。

（三）企业员工队伍的变化

影响薪酬预算的另一个主要因素就是企业员工队伍的变化，例如员工数量的增减以及员工的流动。一方面，企业员工人数的多少对组织的整体薪酬支出影响很大，当员工人数增加时，组织的薪酬支出可能会随之增加；另一方面，几乎所有的企业都会有员工辞职、退休或被解雇等员工队伍的变化，而当原有员工离职、退休或被解雇时，该离职员工的工作可能需要雇用临时员工或依靠其他员工加班来完成，这时组织整体的薪酬水平下降。因此，企业需要结合自己战略、市场情况和历年经验对当年可能的人员变动情况（如组织结构调整而进行的裁员、因业务扩大造成对员工需求的增加等），各个部门的预期流动率和流动高峰期等进行估计，这都对薪酬预算产生影响。

另外，在不同的时候对员工人数进行调整，对组织所产生的影响也是不同的，因此要判断员工的流动状况以及变动的时间，选择好适当的时机进行调整，增加企业薪酬预算的准确性和时效性。

（四）企业现有的薪酬状况

企业开展新一年度的薪酬预算应以现有的薪酬状况作为参考，在不超出企业支付能力的条件下进行。主要考虑以下两方面：企业现有的薪酬政策和上年度的加薪幅度。

企业现有的薪酬政策主要包括薪酬水平政策和薪酬结构政策。薪酬水平政策涉及的问题包括：企业是要做特定劳动力市场上薪酬领袖、跟随者还是拖后者？哪些职位应得到水平较高的薪酬？薪酬结构的具体问题则包括：在企业的薪酬水平决策中，外部竞争性和内部一致性所起的作用哪个更大？企业里应有多少薪酬等级？各个薪酬等级之间的重叠范围是否足够大？员工在什么情况下会获得加薪？等等。此外，对现有薪酬政策的考察可能涉及其他一些问题，如当前企业里员工个人所获薪酬的具体状况是怎样的？员工和管理者对当前薪酬状况的满意度如何？

上年度的加薪幅度可以为企业在确定新年度的加薪幅度上提供一个参考。这样才能确保企业保持不同年份之间薪酬政策的一致性和连贯性，并在年度支出方面进行平衡。这种做法对于保持组织结构的稳定性、给员工提供心理上的安全保障、实现稳健经营都是十分必要的。

（五）企业技术的变革

企业总体技术水平的提高或降低对薪酬水平的影响也是很大的。当科学技术的发展带来了企业技能水平的总体上升时,即使员工总数在下降,总薪酬水平也会是上升的,而这种上升无疑会给企业的薪酬预算带来种种影响。事实上,近几年来随着社会经济的发展和整体技术水平的快速上升,员工薪酬水平也在不断提高,特别是专业技术人员的薪酬水平在直线上升,很多企业高级技术人员的薪酬水平跟高层管理人员的薪酬水平持平甚至还要超出。因此,企业在进行薪酬预算时应充分考虑这方面的因素。

三、薪酬预算的方法

薪酬预算确定了未来一定时期内组织薪酬支出的总额和支出的结构比例,使实际薪酬支出执行时有一个目标和基准参照系,一旦实际薪酬成本超过了预算薪酬成本,组织需要进行协调和控制。所以要完成薪酬管理的基本任务,编制合理准确的薪酬预算是先决条件。最常规的薪酬预算方法包括下面三种,即分配法、汇总法和综合法。

(一)分配法

分配法又称为"宏观接近法"或"自上而下的方法",是指组织的高层管理人员根据组织的总体业绩指标和下一年度发展的预期,确定组织薪酬预算的总额和增薪的标准,再按照一定的比例把它分配给各个部门。各个部门根据所分配到的薪酬预算额,结合部门实际情况,由管理者负责进一步分配到具体的员工身上。分配法的特点表现为,特定企业里这一流程所需的层级数是与组织结构的繁简程度成正比的。在结构较为烦琐的传统型企业里,这一过程往往甚为繁复,一旦管理不力,很可能给组织带来较大的成本。这种由上而下的分配法,有利于从宏观角度贯彻组织的战略和决策者的意图,便于组织对薪酬总成本的控制,但受个人主观因素影响较大,薪酬预算易与客观实际相脱离,而且丧失了灵活性。

下面,我们将结合企业经营过程中的实践经验,具体介绍一下采用分配法进行预算控制(确定薪酬总额、确定人工成本结构)的基本操作方法。

1. 薪酬总额预算的方法

组织的收入是决定薪酬支付能力的决定性因素,也是决定薪酬总额的前提条件。除了由国家财政拨款的组织,其他生产经营性组织的收入取决于销售收入总额。所以,组织确定薪酬总额本质上是以不同的方法、按照不同比例确定薪酬总额占销售收入总额的比重。

(1)根据薪酬成本比率推算合理的薪酬总额。该方法是先确定组织的上期薪酬成本率,再用组织的预期销售收入总额乘以薪酬成本率确定预算薪酬总额。在企业采取的各种薪酬预算方法中,这是最简单、最基本的分析方法之一。

首先,计算上期薪酬成本比率,公式为:

$$上期薪酬成本比率=上期薪酬总额/上期销售总额 \qquad (10-1)$$

当然,如果企业的经营水平不佳,则不宜采用此种方式,应参考行业的一般水平来确定出合理的薪酬成本比率(根据一般经验,薪酬总额与销售额的比例大致为14%,具体数值因企业的规模和行业而异),并由此推断合理的薪酬成本。

确定上期薪酬成本率后,就可以估算出企业的薪酬总额了,即:

$$预算的薪酬总额=上期薪酬成本比率×预期的销售额$$

如果考虑到薪酬增长因素,要提高薪酬总额,则薪酬增长率必须小于或等于销售额增长率,才能保证组织的薪酬支付能力。这样,式(10-1)中的销售额必须相应调整为新的目标销售额。即:

$$预期目标销售额＝上年度销售额×(1＋薪酬增长率) \quad (10\text{-}2)$$

将式(10-1)与式(10-2)结合,可得:

$$预算的薪酬总额＝上期薪酬成本比率×上年度销售额×(1＋薪酬增长率)$$

采用这种方式确定薪酬总额,能保证薪酬成本占销售总额有一个合理的比例,从而保证组织的薪酬支付能力。其缺点是薪酬成本率只与薪酬额相关,不能反映组织的利润水平和保证组织利润目标的实现。例如,假设薪酬总额不变甚至增加时,以成本价大量销售产品,销售额剧增使薪酬成本率下降或不变,但利润率为零甚至可能亏损。

(2)根据盈亏平衡点推断适当的薪酬成本比率。企业经营中,成本、销售量和利润三者之间存在内在的联系。盈亏平衡点是指组织的销售量所获得的总收入正好与总成本相等,即组织处于不亏不盈时所必须达到的销售额。需要注意的是,这里所说的没有盈利,是指没有经济利润,并不是指没有会计利润,它已经包含了机会成本的概念在里面。这种状态可以用图10-1中的点 A 加以表示。

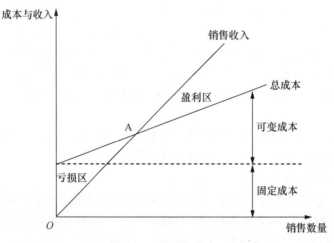

图10-1 盈亏平衡点

除了盈亏平衡点,在这里还要使用到边际盈利点和安全盈利点两个概念。其中,边际盈利点是指销售产品和服务带来的收益不仅能够弥补全部成本支出,而且还可以付给股东适当的股息。安全盈利点则是在确保股息之外,企业还能得到足以应付未来可能发生风险或危机的一定盈余。显然,这三个点与企业销售量的大小是密切相关的,而可能实现的销售量的多少又直接关系到薪酬成本水平的高低。

盈亏平衡点、边际盈利点和安全盈利点所要求的销售额的计算公式分别是:

$$盈亏平衡点 ＝ 固定成本/(1－变动成本比率) \quad (10\text{-}4)$$

$$边际盈利点 ＝ (固定成本＋股息分配)/(1－变动成本比率) \quad (10\text{-}5)$$

$$安全盈利点 ＝ (固定成本＋股息分配＋企业盈利保留)/(1－变动成本比率)$$

$$(10\text{-}6)$$

根据式(10-4)、式(10-5)和式(10-6),我们可以推断出企业支付薪酬成本的各种比率:

薪酬支付的最高比率(最高薪酬成本比率) = 薪酬总额 / 盈亏平衡点销售额 （10-7）

薪酬支付的可能限度(可能薪酬成本比率) = 薪酬总额 / 边际盈利点销售额 （10-8）

薪酬支付的安全限度(安全薪酬成本比率) = 薪酬总额 / 安全盈利点销售额 （10-9）

【例题】 假定某公司的固定成本为 2 000 万元(含薪酬成本 1 200 万元),变动成本比率为 60%,则在实现盈亏平衡经营时,有:

$$盈亏平衡点 = 2\,000/(1-60\%) = 5\,000(万元)$$

$$最高的薪酬成本比率 = 1\,200/5\,000 \times 100\% = 24\%$$

在实现边际盈利时,假设公司欲实现 600 万元的微弱盈利,则:

$$边际盈利点 = (2\,000+600)/(1-60\%)$$
$$= 6\,500(万元)$$

$$可能的薪酬成本比率 = 1\,200/6\,500 \times 100\% = 18.5\%$$

假设公司除有适当盈余分配 600 万元之外,还欲为企业的发展保留 1 000 万元的盈余,则会有:

$$安全盈利点 = (2\,000+600+1\,000)/(1-60\%)$$
$$= 9\,000(万元)$$

$$安全的薪酬成本率 = 1\,200/9\,000 \times 100\% = 13.3\%$$

这也就是说,在成本费用结构像这样的企业里,比较恰当的薪酬成本比率应当是 13.3%。如果是 18.5% 或者 20% 的话,则该企业的经营已经超过常规限度,说明企业可能已经处于比较危险的状态。

以盈亏平衡点为基准确定薪酬总额的优点,是通过量本利分析,能精确计算出保本或达到某个利润目标所需要的销售额,以此为基础去控制薪酬总额,更有利于实现组织的经营目标。

2. 人工成本结构的确定

上述薪酬总额预算方法中薪酬是一个狭义的概念,也有些组织上述方法确定的薪酬总额则是指组织的人工成本,对于这种情况,还应当按照一定比例分配到工资、福利、保险、职工培训、劳动保护、住房和其他人工成本各个项目中。

首先,要确定人工成本结构内部的总体比例。有些项目如社会保险、劳动保护、住房公积金等国家有明确的征缴比例规定,必须严格执行。其他项目应根据组织的人力资源管理计划的安排和薪酬战略的要求,有所侧重,通过不同的比例安排,向员工传递组织的战略意图信息,促进组织发展目标的实现。

其次,要对人工成本各个部分的支出成本及其变化进行测算,薪酬成本衡量指标体系可以提供测算所需要的各种信息。通过对人均人工成本、人事费用率、劳动分配率、薪酬占总人工成本的比例、保险福利费占人工成本比率、人工成本增长率、薪酬平均率等指标的分析,可以发现人工成本结构所存在的问题。如人事费用率过高,必须减少薪酬(尤其是固定薪酬)成本支出,福利费用比率过高,就应调整福利计划项目。

最后,要统筹兼顾、综合平衡。在薪酬总额的预算范围内,优化人工成本结构比例,保证每一项人工成本的费用来源。

(二) 汇总法

汇总法又称为"微观接近法"或"自下而上法",是指组织内各个部门根据本部门每个员工下一年度薪酬预算,计算出本部门的薪酬预算,人力资源管理部门将所有部门的薪酬预算汇总后,进行必要的调整(比如,按照组织的薪酬调整规定、物价指数确定每个员工的薪酬增长率和应得薪酬额),编制出组织的总薪酬预算,报企业高层管理人员审核批准。这种由下而上的汇总法操作简便,较为切合实际,在企业的经营过程中,比分配法更为常见。但是,它不易控制组织的总薪酬成本,如果汇总的薪酬预算额超出了组织决策者的期望值,可能会产生内部的矛盾,并需要重新进行调整。具体说来,整个过程包括以下步骤:

1. 对各部门管理者进行相关培训

各部门管理者在薪酬预算中起到了十分重要的作用。在实施具体的薪酬预算之前,必须首先对他们进行加薪和预算等方面的常规性薪酬技术培训。培训的主要内容包括公司的薪酬政策、薪酬增长政策线、预算技术、薪酬等级划分的原则和市场上的薪酬数据及其分布情况等。

2. 为管理者提供薪酬预算工具和咨询服务

在实际的薪酬管理工作中,向管理者提供一定的工具是十分必要的,如薪酬预算说明书和工作表格。前者是对薪酬预算需要应用到的技术以及这些技术的具体使用方法做出的简要说明,它对管理者起到了引导性的作用,同时也有助于提高管理效率、降低管理成本。而工作表格主要是提供特定员工在薪酬方面的一般性信息,例如该员工一贯的绩效表现、过去的加薪情况、加薪时间等,这些数据有助于管理者针对特定员工所采取的薪酬管理举措的一致性和连贯性,更好地实现内部公平。另外,为了促进组织内部薪酬预算的顺利进行,向管理者提供咨询建议和薪酬信息,给予他们技术和政策上持续的支持也是非常重要的。

3. 审核并批准薪酬预算

在管理者就各个部门里的薪酬预算形成初步意见之后,就需要对这些意见进行进一步的审核和批准。首先,对这些预算意见进行初步审核,使它们符合组织既定的薪酬政策和薪酬等级;其次,把组织内部各个部门的薪酬预算意见汇总在一起,进行总体上的调节和控制,确保内部公平性和外部一致性的实现,保证各个部门之间的平衡;最后,管理层确定出初步的预算意见,并上报决策层;最后由决策层批准预算意见。

4. 监督并反馈预算方案的运行情况

预算意见得到决策层的批准后进入实施阶段。在预算方案下达至各个部门加以执行的整个过程中,管理者必须对该方案的执行状况进行严密监控,一方面通过与员工的交流,了解他们对方案的看法,对他们提出的方案中存在的问题做出积极、快速的反馈;另一方面也要从企业全局的角度出发,做好因时因地对方案进行调整的准备。

(三) 综合法

由于汇总法、分配法各有利弊又有互补性,可将两者综合起来,同时采用,扬长避短。如先用汇总法,对汇总后的薪酬预算经过总体调整后再分配到各个部门。或者先以分配法决定各个部门薪酬预算,再用汇总法预测个别员工增薪幅度,并使其与部门薪酬预算相配合,若两者差异过大,应适当调整部门薪酬预算。

第二节 薪酬成本控制

薪酬成本控制是薪酬体系运行管理中最重要也是最困难的环节。一般来说,薪酬具有持续上涨的趋势。这样,薪酬成本上升与组织利润目标的矛盾、薪酬成本的扩张与组织支付能力之间的矛盾几乎贯穿于组织发展的任何阶段。为了解决这两大矛盾,薪酬成本控制的基本任务,就是贯彻组织薪酬战略,在保证薪酬公平性和薪酬功能正常发挥的前提下,提高利润水平,同时把薪酬成本控制在组织预期的、能够承担的范围内。

一、薪酬成本控制的含义及作用

薪酬成本控制是指为确保既定薪酬方案顺利落实而采取的种种相关措施。企业通过薪酬预算,已经对自己在薪酬方面的具体标准和衡量指标有了比较清晰的认识,而薪酬成本控制的主要功能就在于确保这些预定标准的顺利实现。

薪酬成本控制的作用体现在以下几个方面:

(1) 在外部劳动力市场方面,由于企业在进行薪酬预算时通常是对市场平均薪酬水平、薪酬变动幅度等因素进行大致的估计或预测,因此在很多时候,针对实际情况进行调查、及时纠正预期是非常必要的。

(2) 在企业内部,由于企业在进行薪酬预算时采用的内部信息未必准确(例如年度流动率往往就是一个估计值),同时实际雇佣状况也随时可能变化。在这种情况下,为了保证管理人员对整个薪酬体系的切实监控和预定薪酬管理目标的顺利实现,实施有效的薪酬成本控制对于企业而言就具有相当重要的意义了。对薪酬体系的运行状况进行监控,通过对之前的预期和之后的实际状况进行对比,发现其中存在的问题,再考虑对策。

薪酬预算和薪酬成本控制应该被看成是一个不可分割的整体:企业的薪酬预算需要通过薪酬成本控制来加以实现,薪酬成本控制过程中对薪酬预算的修改则意味着一轮新的薪酬预算的产生。在任何情况下,薪酬预算和薪酬成本控制都不能被简单看成是企业一年一度的例行公事,它们是持续不断地贯穿于薪酬管理的整个过程的。

二、薪酬成本的衡量指标体系

薪酬成本管理中,要正确判断组织目前的薪酬水平是否合理、薪酬成本是否在组织承受的范围内及未来可能变化的趋势,必须有一套量化的指标体系以准确地反映组织的薪酬支出状况及其变化趋势。[1]

(一) 薪酬成本静态水平的指标

1. 薪酬成本总额

薪酬成本总额 = 员工工资总额 + 员工可变薪酬总额 + 员工福利费总额

---

[1] 陈思明:《现代薪酬学》,立信会计出版社,2004。

薪酬成本总额指标反映了组织用于雇用员工所投入的总体薪酬规模水平。

2. 人均薪酬成本

人均薪酬成本＝薪酬成本总额/员工平均人数

人均薪酬成本指标反映了组织使用一名职工所需支出的薪酬费用，也反映出该组织员工的平均薪酬水平和组织在劳动力市场中的竞争力，实质上是劳动力的平均价格。

3. 人均薪酬

人均薪酬＝员工薪酬总额/员工平均人数

该指标反映组织员工的基本收入水平。若与人均薪酬成本相比，还能反映工资占薪酬成本的平均比重，分析薪酬成本结果是否合理。

4. 薪酬平均率

薪酬平均率＝实际平均薪酬/薪酬幅度的中位值

该指标是薪酬成本管理中十分重要的指标，反映目前薪酬水平的合理程度。薪酬平均率的数值越接近于1，则实际平均薪酬越接近于薪酬幅度的中间数，薪酬水平越理想。当薪酬平均率等于1时，说明企业所支付的薪酬总额符合平均趋势。若薪酬平均率大于1时，表示企业支付的薪酬总额过高，因为实际的平均薪酬超过了薪酬幅度的中间数。导致该指标大于1的原因主要有以下几个：

（1）员工的年资较高，薪酬因年资逐年上升使较多员工的薪酬水平接近顶薪点，因而就同等职位而言，企业的薪酬负担较大。

（2）员工的工作表现较佳，绩效优秀者多，这使得员工的薪酬很快超过薪酬幅度的中间数，从而使薪酬平均率超过1。

（3）若新聘任的员工有较高的资历和工作经验，薪酬便不是由起薪点计算。较高的入职点，使得实际的平均薪酬较高。

若薪酬平均率小于1，表示企业实际支付的薪酬数目较薪酬幅度的中间数要小，大部分职位的薪酬水平是在薪幅中间数以下。导致此现象的原因有：

（1）企业内大部分员工属于新聘任而又缺乏工作经验的人员，所以工龄较短，而且起薪点较低，薪酬水平低于薪幅中间数。

（2）员工的表现不佳，大部分员工未能升上较高的薪酬水平，仍然停留在较低的薪级水平上，从而使平均薪酬低于薪幅的中间数。

可以利用薪酬平均率指标衡量企业支付的薪酬标准，从而控制企业的总支出。

5. 薪酬成本构成比率

薪酬成本构成比率＝（某项薪酬成本/薪酬成本总额）×100％

薪酬成本构成比率指标表明某项薪酬成本在薪酬成本总额中所占的比例。综合所有薪酬成本项目的构成比率，可以反映薪酬成本的结构状况，对确定和优化薪酬成本结构具有重要参考价值。尤其是福利费用占薪酬成本比率对薪酬水平和薪酬成本影响很大。

福利费用占薪酬成本比率＝（福利费用/薪酬成本总额）×100％

该指标反映组织福利开支在薪酬成本结构中是否合理。若该指标过高会使薪酬成本过高，该指标过低会降低员工福利水平影响员工积极性。这两种情况下，都有必要对福利的项目和标准进行调整，才能有效控制薪酬成本。

(二) 薪酬成本动态变化的指标

1. 薪酬成本总额增长率

$$薪酬成本总额增长率 = \frac{本期薪酬成本总额 - 上期薪酬成本总额}{上期薪酬成本总额} \times 100\%$$

2. 人均薪酬成本增长率

$$人均薪酬成本增长率 = \frac{本期人均薪酬成本 - 上期人均薪酬成本}{上期人均薪酬成本} \times 100\%$$

3. 增薪幅度

$$增薪幅度 = 本期平均薪酬水平 - 上期平均薪酬水平$$

上述三个指标能动态反映组织薪酬成本的变化趋势,对比连续几年的这三个指标参数,能发现组织薪酬成本的变化趋势。

这三个指标数值越大,表明组织总体薪酬成本增长越快,应适当控制。但这三个指标也并非越小越好,因为长期没有增薪,表明组织发展处于停滞状态,不利于吸纳和维持优秀人才,不能有效激励员工。

薪酬成本增长率即增薪率,是相对指标,其数值大小与组织的总体薪酬水平直接相关。原来薪酬基数高,则增薪绝对数额即使很大,增薪率也不一定高,反之亦然。所以,组织应当参考主要竞争对手的增薪率或行业平均增薪率来确定本组织的增薪率。

(三) 薪酬成本效益的指标

1. 劳动分配率

$$劳动分配率 = (组织薪酬成本总额 / 组织增加值总额) \times 100\%$$

式中的增加值总额是组织员工劳动新创造并通过销售所实现的 $(V+M)$ 这部分价值加上同期折旧之和,即:

$$增加值 = 折旧金 + 税收 + 利润 + 薪酬成本 + 财务费用 + 租金$$
$$= 销售收入 - 外部购入价值$$
$$外部购入价值 = 原材料 + 能源 + 外购零配件 + 外包加工费$$

劳动分配率反映了企业劳动力要素投入为企业新增加财富的能力。劳动分配率越低,表明企业劳动投入产出比越高,职工为企业的盈利能力越强,反之亦然。

2. 薪酬费用率

$$薪酬费用率 = (组织薪酬成本总额 / 组织销售收入总额) \times 100\%$$

薪酬费用率反映薪酬成本占总销售收入的比重,即薪酬成本占销售收入比率。由于总销售收入中不仅包括企业增加值,而且包括生产经营及销售中的其他物耗成本,因此薪酬费用率能反映企业劳动力要素投入在企业整体价值生产和价值实现过程中的效率。薪酬费用率越低,表明组织薪酬投入的产出效益越高。

3. 薪酬成本利润率

$$薪酬成本利润率 = (企业利润总额 / 企业薪酬成本总额) \times 100\%$$

4. 薪酬成本产出系数

$$薪酬成本产出系数 = 增加值总额 / 薪酬成本总额$$

5．薪酬成本销售收入系数

薪酬成本销售收入系数＝销售（营业）收入总额/薪酬成本总额

上述三个指标能直观地反映薪酬成本投入与利润水平、增加值、销售额之间的函数关系，对分析薪酬成本投入的经济效益和判断薪酬水平是否合理有重要作用。

6．薪酬成本占总成本比率

薪酬成本占总成本比率＝（薪酬成本总额/总成本）×100％

该指标反映了总成本中薪酬成本的含量，即反映了企业薪酬成本与物耗成本的比例关系，该比率过高，说明组织运营的总支出中用于人工的支出过多。通过对该指标的分析，有助于判断组织成本结构的合理性，以及薪酬成本对组织支付能力和对销售收入、利润水平的影响。

三、薪酬成本控制的途径

讨论薪酬成本控制的途径，可以从薪酬成本的构成着眼。由于薪酬成本跟各项薪酬政策和员工人数等因素有关。因此，企业可以通过控制这几个方面的因素来控制成本。

（一）通过薪酬政策进行薪酬成本控制

企业的薪酬政策一般包括企业的薪酬分配措施、工资结构线、薪酬等级等方面的内容。如企业的基本薪酬、可变薪酬及福利水平标准、企业薪酬水平在市场上是否处于领先地位、企业中最高薪酬水平与最低薪酬水平的差距、企业在多大程度上向高层管理人员和核心技术人员倾斜、发放薪酬的时间、长期薪酬与短期薪酬的比例等。这些因素都会影响企业的薪酬成本。下面我们从两个方面来给大家做介绍。

1．对薪酬水平的控制

对薪酬的控制，最主要的是对薪酬水平的控制，即企业的基本薪酬、可变薪酬和福利的水平。各种薪酬组成的水平高低不同和所占的份额大小不同，对于企业薪酬成本的影响也是不同的。

（1）基本薪酬。基本薪酬对于薪酬成本的主要影响体现在加薪方面，加薪一般是基于以下三方面的原因：原有薪酬低于理应得到的水平、根据市场状况进行的调节、根据生活指数的调整。而任何一次加薪为企业带来的成本直接取决于加薪的幅度、加薪的时间以及加薪的员工人数。也就是说，为哪些人加薪、一次加薪到位还是分两次或多次加薪、加多少等，这些因素的不同选择显然会对企业的财务状况发生不同的影响。

（2）可变薪酬。对可变薪酬的控制与基本薪酬既有着相同点，又有着不同之处。一方面，可变薪酬为企业带来的成本同样取决于加薪的规模、加薪的时间以及加薪的员工人数；而另一方面，由于可变薪酬方案种类很多，而且弹性很大，很多都跟企业业绩、部门（团队）或员工业绩挂钩，所以根据企业具体预算进行调整的余地较大。另外，由于可变薪酬通常都是在每个财务年度的年底进行支付，因此它们对组织成本的影响也只是一次性的，并不会作用于随后的年份。

（3）福利支出及其他。根据对薪酬预算与控制的作用大小，我们可以把企业的福利支出分为两类：与基本薪酬相联系的福利以及与基本薪酬没有关系的福利。前者多是住房公积金、人寿保险和补充养老保险这样一些法律规定的福利内容，这些福利一般是按照基本工资的某一百分比来提取的,因而会随着基本薪酬的变化而变化,企业不能自行取消或降低其水平。而后者则主要是一些短期福利项目,例如健康保险、牙医保险、工伤补偿计划以及员工帮助计划等。由于这些福利项目是企业自主设立的,灵活性较大。企业可以通过控制这部分福利项目的支出来达到控制福利成本的目的。

另外很多企业通过采取弹性福利计划,可以实现在达到相同激励强度的情况下降低成本。这也不失为福利成本控制的一种措施。

(4) 薪酬水平的差距。企业薪酬水平的差距可以在一定程度上反映企业的分配政策导向,对高级人才或核心人才的重视程度和倾斜程度。薪酬水平的差距包括基本薪酬水平、可变薪酬水平和福利水平的差距。基本薪酬水平的差距可以从工资结构线上看出来(为简便起见,以现行的工资结构线为例),企业如果是倾向于拉大员工收入差距,则其工资结构线的斜率就较为陡峭;而斜率较为平缓的企业倾向于实行分配上相对的"平均主义"。因此,从这个角度上来说,企业可以通过降低工资结构线的斜率来控制企业的整体薪酬水平。可变薪酬和福利水平的控制也都是通过降低相对较高薪酬水平员工的薪酬来实现的。

2. 对薪酬结构的控制

从薪酬成本构成方面看,可变薪酬相对于基本薪酬所占的比例越高,企业薪酬成本的变化余地也就越大,而管理者可以采取的控制预算开支的余地也就越大。另外,在可变薪酬中,通过调整长期薪酬和短期薪酬的比重,也可以在一定程度上达到控制企业薪酬成本的目的。

(二) 通过员工人数进行薪酬成本控制

在支付的薪酬水平一定的情况下,企业里的员工越少,企业的经济压力也就相应越小。因此企业可通过减少员工人数来控制薪酬成本。企业减少员工人数的最直接措施是裁员。

随着企业经济压力的增加,很多企业采取了裁员这种方式。裁员可以使企业在很短时间内迅速降低员工人数,但企业需要一次性支付给被解雇员工一定的补偿金。这在短期内也会加大企业的成本。另外,企业运用不当可能会削弱员工的工作积极性和组织忠诚度,导致核心工人的大量流失,直接影响到企业的人力资本储备。

(三) 成本—收益分析

企业还可以通过成本—收益分析,来判断企业支付的薪酬是否有价值,达到合理控制成本的目的。如在决定一次新的加薪之前,企业应该对加薪所带来的经济影响进行深入和透彻的分析,以判断成本付出能否有高的回报。同样,企业的薪酬政策中薪酬差距的规定和对核心员工支付高额的报酬等做法也都应进行成本—收益分析。另外企业在制定像销售人员奖励计划这样的薪酬方案时,也可以通过对该计划的成本测算来达到合理控制成本的目的。

现实中,有的企业采取了薪酬业务外包的做法,特别是部分福利保险项目的外包。这往往也是企业通过进行成本—收益分析,认为企业自己承担这部分活动成本太高而做出的决定。

第三节 薪酬诊断

一、薪酬诊断及其必要性

"诊断"一词在英语中为"Diagnose"或"Diagnosis",意为确定、分析、识别、判断、发现;在汉语中,"诊"有察看、观察之义,"断"有判断、判定之说,从而"诊断"便是通过观察测定而进行决断的意思。诊断就是由表及里,由现象到本质,由局部探求总体,由过去、现在研究未来,由个别推断一般的一门科学与艺术。将诊断的概念借用到薪酬管理上,就形成了薪酬管理诊断。薪酬管理诊断是人力资源管理诊断的一部分,它是由具有丰富企业管理、人力资源管理和薪酬管理理论知识和实践经验的专家,与企业有关人员密切配合,综合利用各种先进的分析手段和方法,发现企业薪酬方面存在的问题和薄弱环节,分析产生问题的原因,提出切实可行的方案或建议,进而指导方案实施以解决问题、改进现状、提高企业的薪酬管理水平。

对企业薪酬系统诊断的必要性主要体现在两个方面:一方面,管理体系的设计和实施毕竟是一个事物的两个阶段。尽管制度的设计过程会尽可能地考虑到影响制度的各种相关要素,以保证设计的合理,但即便如此,制度的实施结果还是未知的。因此,为了考察企业正在实行的薪酬体系的实施效果,有必要对薪酬体系进行诊断,发现现有制度的问题并进行调整。另一方面,企业的商业活动一直处于变化的环境中,这种变化既体现了外界经营环境的变化,也包括内部环境的变化,如企业发展战略的调整、管理制度的变化、人员的变化、生产技术和生产流程的变革等。所有这些变化,都可能会对企业的薪酬管理制度产生影响,从而导致原有的薪酬管理制度实施效果的变动。在这种情况下,就有必要对企业的薪酬系统进行诊断,考察薪酬体系是否适合企业的发展、产生效果如何等。

基于薪酬诊断的这两个主要背景,企业在薪酬诊断方面应当树立这样的观点:

(1) 薪酬系统重在日常保健。在薪酬管理上需要消除的一个误区是,只有在发现企业薪酬管理的问题或者员工对薪酬抱怨迭起之时才去寻找问题产生的根源,这样就耽误了薪酬调整的最好时机,治理的难度就会加大。企业应该经常对本企业的薪酬管理系统进行审查和诊断,就像我们为了保持身体的健康,需要定期或不定期地进行体检一样。因此,薪酬管理要跟上企业内外部不断变化的环境,应定期检测薪酬系统运转是否正常和有效。

(2) 将定期的薪酬诊断和持续的薪酬监测有效结合起来。企业除了定期进行薪酬诊断,也应时刻监测薪酬体系的运行。只要发现了薪酬管理上的问题,即便是个别人或者是局部环节的问题也应该格外关注,检查是否与薪酬系统有关联,问题的症结何在,能否从薪酬体系和薪酬政策的调整入手加以解决等。只有两者结合才能有效保证薪酬体系的健康运行。

二、薪酬诊断的流程、任务与主要内容

（一）薪酬诊断的流程

企业薪酬诊断的程序一般为症状诊断—病源诊断—解决—评估及控制，也即发现问题—分析问题—提出解决方案—实施并评估。具体流程如下：

第一步："挂号"。即由企业内部或外部的人力资源专家组成的薪酬诊断工作小组，确定大致的诊断工作重点，了解企业的主要问题，看哪些与薪酬管理相关。

第二步："诊断"。即要分析产生问题的大致原因。这一阶段主要是在把握企业的内外部环境的基础上，结合采用多种诊断方法进行分析，以了解问题的源头所在。在收集与问题直接相关的信息时，应尽可能周详、缜密地收集来自不同方面的背景信息，以追求深入准确的科学判断。

第三步："开处方"。对企业薪酬管理的现状进行深入的分析和研究，考虑各种可能造成的影响，参照诊断结果，得出确切的诊断意见，提供最终的诊断报告。

第四步："实施"。结合企业自身情况，组织有关人员实施对策，共同协商安排好在工作中推进对策的时间进度，以解决问题，这是诊断工作最终的目的。

第五步："评估"。其主要工作是在诊断工作结束后。注意问题是否真正得到了解决，有无新的问题产生。此外，员工的个人目标和企业目标是否得到了更有效的实现，企业效益是否得到提高等，如不满意则应再次进行薪酬诊断。

（二）薪酬诊断的任务

基于战略性薪酬管理的思想，薪酬诊断并不仅限于薪酬系统本身，而且从企业战略的角度来对薪酬体系进行诊断。其任务包括：（1）诊断薪酬系统设计的合理性和实施的可行性，薪酬系统是否提出了实现组织目标所必需的当前和未来的首要条件；（2）考核薪酬体系运转在贯彻组织的薪酬战略和政策中的作用，测试薪酬系统的执行运作有否产生预期的效果，以及实际效果与预期目标的偏离度；（3）当组织内部和外部环境发生变化时，需要通过薪酬系统的诊断，为调整薪酬系统或制订一套新的薪酬方案提供依据。

（三）薪酬诊断的主要内容

薪酬诊断的项目和内容可以具体为：

1. 企业薪酬政策诊断

检查当前企业所实施的薪酬政策是否符合以下原则：
（1）与企业经营战略的基本方向和未来目标是否相一致；
（2）与企业人力资源管理系统及其各环节之间的关系是否协调；
（3）是否体现了职、能、绩三统一的原则；
（4）各类员工对薪酬系统、薪酬政策和管理方式是否满意。

2. 企业薪酬水平诊断

监测当前企业的总体薪酬水平：
（1）是否具有外部竞争力，特别是核心员工的外部竞争力；
（2）与企业目前的经营状况和财务目标是否相一致；

(3) 当前企业的薪酬水平和薪酬结构之间的关系是否协调。

3. 企业薪酬结构诊断

监测当前企业的总体薪酬结构：

(1) 薪酬等级的数目和级差是否合理,是否体现内部公平的原则;

(2) 各类各级员工的薪酬关系是否协调,是否体现员工公平的原则;

(3) 员工薪酬结构中的各薪酬要素之间的关系是否合理,是否具有激励效应;

(4) 核心员工的流失率是否与薪酬结构,特别是薪酬等级结构的设计有关。

除此之外,一些咨询公司在薪酬诊断实践中,形成了五大数据化维度诊断企业薪酬的方法。薪酬诊断五维度,即竞争维度、战略维度、财务维度、员工维度和平衡维度,如图10-3 与表 10-1 所示。①

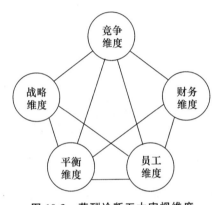

图 10-3　薪酬诊断五大审视维度

表 10-1　薪酬诊断五维度内容

维度	诊断内容
竞争维度:诊断企业薪酬是否具有外部竞争力	通过薪酬回归分析、市场薪酬结构分析、职位薪酬数据分析和职位薪酬偏离度分析等方法,检查企业本身薪酬水平、结构、调整幅度等竞争性是否与外部市场匹配
战略维度:诊断薪酬制度是否符合企业发展战略	根据企业经营目标和战略,需要完善薪酬成本预算、薪酬水平、薪酬结构、薪酬差异化、薪酬增长方法、薪酬支付方式六个方面
财务维度:诊断薪酬是否符合企业成本控制策略	五大微观指标:薪酬总额占营业收入比例、薪酬总额占营业支出比例、各薪酬组合占薪酬总额比例、薪酬福利总额增长率、人力资本投资回报率
员工维度:诊断员工对企业薪酬的真实想法	薪酬满意度、离职调研、绩优员工访谈和环境影响调研
平衡维度:诊断薪酬体系的内部公平性	内部等级薪酬分析、各部门占比分析、内部薪酬差距(相对和绝对)

---

① 白睿:"薪酬诊断的五个维度",《企业管理》,2014 年第 8 期。

三、薪酬诊断方式

(一) 正规方式和非正规方式

从薪酬问题的解决过程是否正式的角度可以分为正规方式和非正规方式两种。

1. 正规方式

正规方式即在薪酬问题获得、分析和诊断三方面都有正式的途径和方式。

(1) 薪酬问题获得渠道,主要是通过正常的管理途径反映、收集和反馈一些企业薪酬管理的信息、资料和问题。例如,对一些经常性的薪酬资料的统计和分析、企业的管理例会制度、员工的小组会以及与管理者的对话制度等。

(2) 薪酬问题分析,企业组织专门的问题分析小组、薪酬专家和管理人员对薪酬问题进行及时的分析。

(3) 薪酬问题诊断,将分析结果以诊断报告和诊断方案的正式形式递交有关管理和决策部门。

正规方式中最常用的是员工薪酬满意度调查。通过定期或不定期的薪酬满意度调查,可以了解到最基层员工对薪酬制度和薪酬管理各方面的意见。

2. 非正规方式

非正规方式即通过一些内部的灵活的沟通方式,及时反映薪酬管理中的问题,企业薪酬主管和基层主管应及时听取员工对薪酬政策和管理中的意见、建议,甚至抱怨,以便发现问题,及时处理。

(二) 内部人员诊断和外部人员诊断

从薪酬诊断人员的来源看,薪酬诊断一般可分为内部人员诊断和外部人员诊断两种。

内部人员诊断即由企业内部人员,如总经理、人力资源部门管理者和员工等组成诊断小组,运用专家咨询、公司决策层集中会诊、员工面谈等方法对企业薪酬管理全过程进行诊断。这种诊断方式具有费用低、时间机动灵活、诊断人员熟悉企业文化及其相关运作等优点,其最大的缺点是内部人员对企业存在的问题往往习以为常,不易发现问题及其原因。

外部人员诊断则是请进外部人力资源方面的专家学者或有丰富企业管理知识和经验的企业家来进行薪酬管理诊断。这些专家不属于某一企业,分析问题时立场较为客观公正。他们有着不同社会经历和知识背景,具有深刻的洞察力,易于发现问题及其原因。他们受过企业诊断技术的系统训练,因而对企业的人力资源管理有较深入和独到的见解,分析问题的手段和方法较先进,这在一定程度上保证了诊断的完整性和科学性。通过专家的分析,使企业了解自己在本国乃至全球的总体水平、所处阶段、未来趋势以及可能出现的问题,有利于企业跳出自身的思维定式。不过,这种诊断方式的缺点是费用较高,诊断时间需协商,诊断人员对企业特有的环境和文化不熟悉、需要一定的适应时间,所以对诊断人员的素质和能力的要求较高。而对于企业来说最需要解决的是自身的实际问题,不是知识传播和经验介绍,所以有些诊断人员如果缺乏实践经验,则其提出的薪酬改进方案可能会缺乏可操作性和有效性。

四、薪酬问题的解决途径

薪酬诊断后总会发现薪酬方面存在这样那样的问题。薪酬问题一般可以分为几大类别：一是薪酬制度的问题，包括薪酬制度是否完善，是否体现"三公"（公开、公正、公平）的原则；二是薪酬系统的问题，包括各系统之间是否设计合理，与人力资源管理的其他环节衔接得如何，是否运行有效等；三是薪酬管理的问题，包括管理方式、管理行为和管理者的素质是否符合企业目标的要求等。

薪酬问题不同，解决的途径也是有差别的。一般的，薪酬制度的问题，需要通过薪酬制度的规范完成；薪酬系统的问题，需要通过系统再设计完成；而薪酬管理的问题，则需要通过改进管理方式和提高管理者素质入手解决。

根据薪酬问题的性质和管理者的意图，可以采取三种解决途径：

（1）薪酬改革。企业薪酬改革是企业统筹解决薪酬问题的最有效途径，也是需要谨慎使用的方式。薪酬改革需要与企业整体改革的目标和步调一致，在很多情况下，它是企业改革的一个有机组成部分。不排除一些企业为了适应需要，单独对薪酬制度进行改革，但是任何一种薪酬制度的改革或多或少都会牵扯企业的某些制度变革，就像任何企业制度的改革都会引起薪酬制度改革一样，两者是不可分割的。

（2）薪酬的局部调整。企业定期或不定期地对薪酬水平、薪酬结构、薪酬要素进行某些方面的调整是必需的，这是动态化管理的需要。整体的水平调整可以结合每期的调整进行；局部的薪酬水平调整可以结合员工的岗位和职位变动进行；个别员工的薪酬调整可以通过浮动薪酬，例如奖金、佣金的发放进行，方式可以多样化，不必强求一致。

（3）紧急问题的处理。当发现一些比较严重的薪酬决策和管理问题时应打破惯例，及时解决。一般问题由基层主管负责解决，重大问题及时汇报给上级主管，逐级甚至越级解决。薪酬管理是一个政策性很强，又十分敏感的问题，如解决不好，会严重影响员工的积极性。

第四节 薪酬调整

薪酬调整是保持薪酬关系动态平衡、实现组织薪酬目标的重要手段，是薪酬系统的运行管理中的一项重要工作。薪酬调整的原因可能是多方面的，总体归纳来说，主要体现在：一是在薪酬成本控制中，发现薪酬成本与预算相差甚远。二是在薪酬诊断中，发现薪酬体系和管理中出现很多问题。这两方面的问题，我们已经在前面作过论述。三是可能在于组织内外部的经营因素发生了很大的变化。组织外部的因素主要有外部劳动力市场中劳动力供需关系和市场工资率、主要竞争对手的薪酬战略和薪酬水平、宏观经济环境如物价上涨、国家有关法律法规政策等。组织内部的因素主要有经营战略、组织结构、生产和工作流程、经营业绩和财务能力以及员工个人能力和表现等。当然，第三方面的原因可能是和前两个原因交织在一起的。

薪酬调整包括薪酬调整制度以及薪酬调整内容，其中薪酬调整内容包括薪酬水平的调整和薪酬结构的调整两个方面。

一、薪酬调整制度与流程

薪酬分配是一个动态化的过程,为使各种相对静态的薪酬体系能适应组织外部和内部环境因素的变化,需要建立健全的薪酬调整制度。薪酬调整制度是对薪酬进行动态调节,使薪酬管理能更紧密地与经济、时代发展的要求以及组织的战略相联系,使分配更加合理的各种规章制度、方式、方法的统称。

建立规范的薪酬调整制度,是完善薪酬制度的关键。目前,我国的国家机关、事业单位薪酬调整主要仍由国家统一安排,用人单位按国家调整薪酬政策的基本精神贯彻执行。而企业的薪酬调整,主要是依据国家的有关法律政策规定和企业自身发展的需要和可能性,由企业自主决定。

企业利用薪酬调整制度进行薪酬调整时应该注意做到:

(1) 参照市场薪酬率的变动状况。脱离市场价格信号去调整薪酬,必然造成薪酬分配不合理,会导致企业出现"该留的留不住,该出的出不去"的悖理情形。

(2) 贯彻按劳分配和效率优先、兼顾公平原则。改变薪酬中吃大锅饭、搞平均主义以及对部分员工不合理地过高或过低调整薪酬的做法。这些都会导致企业内部薪酬关系扭曲,出现"花钱买矛盾"的结局,严重削弱企业的凝聚力和团队精神。

(3) 结合企业自身的战略发展需要和经济效益状况。企业薪酬调整要根据企业发展战略的目标,有明确的针对性,才能最有效地发挥作用。同时也必须进行谨慎的财务分析,调整的幅度应与企业效益和承受能力相适应。

(4) 建立规范的薪酬调整制度,使薪酬调整有章可循。要避免薪酬调整中因随意性和主观性而产生矛盾纠纷,带来不必要的损失。

(5) 选择科学的薪酬调整方式,以期达到最佳效果。

如图 10-4 所示,企业的薪酬调整流程主要包括全面整理基础数据、确定调薪规则、进行调薪试算和调薪反馈四个步骤。①

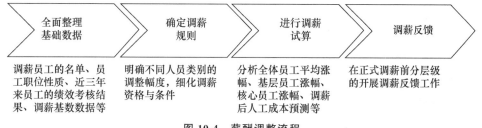

图 10-4 薪酬调整流程

二、薪酬水平的调整

薪酬水平调整是企业为了适应企业生产经营发展的需要,更好地促进员工的工作积极性而进行的。因为薪酬增长具有刚性的特征,所以在一般情况下,薪酬水平调整就是增

---

① 刘春力:"年度薪酬调整的策略与方法",《中国劳动》,2014 年第 1 期。

薪的代名词。但是对员工个人而言，也不尽然。企业实行与绩效挂钩的薪酬制度，在员工业绩不佳的情况下，员工的薪酬水平也会下降。但是就企业总体而言，薪酬水平应该是呈上升趋势的，特别是基本薪酬部分。

（一）薪酬水平调整的原因

除了正常的增薪，薪酬水平的调整一般是基于以下条件变化：

（1）基于市场变化的调薪。薪酬水平调整的实质是薪酬标准的调整，主要是参考市场薪酬率的变动，适应企业外部竞争力的需要。基于市场的薪酬水平调整的直接原因主要有两个：一是薪酬市场的变化；二是物价指数的变化。

（2）基于工作表现的调薪。企业为了鼓励绩效好的员工，对部分员工的薪酬水平进行调整。在这种情况下，业绩较差，或者业绩平平的员工，不在薪酬调整之列。

（3）基于能力需求的调薪。公司认可的、与工作相关的能力也会给员工带来调薪的机会，例如企业为了满足对一些急需专业技能的需求，也会在岗位和职务不发生变动的情况下，给具有这些技能的员工增加薪酬。

另外，在企业对岗位重新评估、薪酬改革、员工调派、增加临时工作任务等情况下，企业也会对全体或部分员工进行薪酬水平的调整。

（二）薪酬水平调整的类型

（1）按照调整的性质划分，薪酬水平调整可分为：

主动型薪酬水平调整。这是组织为了达到一定的目标，主动采取增薪或减薪的行为。主动增薪的动机主要有：一是为了提高与竞争对手争夺人才和维系员工队伍的能力；二是组织的经营业绩有了大幅提高，以加薪来回报和激励员工；三是组织薪酬战略发生变化。而提出减薪通常是组织经营效益和财务支付能力处于严重恶化状态，以减薪来维持组织的生存，以图将来的发展。

被动型薪酬水平调整。这是组织在各种强制因素作用下，不是出于主观意愿而被动采取增薪或减薪（极少出现）的行为。这些强制因素主要有：国家法律和政府干预因素，如最低工资标准的法规、工资指数化的立法、冻结工资或规定最高工资标准的行政命令；严重通货膨胀因素迫使组织提高薪酬水平；工会或员工集体要求增加工资并采取了各种行动产生了强大压力、行业雇主协会对组织施加的压力等。

（2）按照调整的内容划分，薪酬水平调整可分为：

奖励型调整，指为奖励员工优异的工作业绩，强化激励机制而给员工加薪。但奖励性调整的对象范围通常是部分表现优异的员工。

生活指数性调整，指为弥补通货膨胀导致实际薪酬下降的损失，给员工加薪以保持其实际生活水平不下降或少下降。属于薪酬的普遍调整。

年资（工龄）性调整，指随着员工资历的增长给予提高年资薪酬。通常是结合经验曲线和员工绩效考核来确定调整水平，属于常规性和全员性的调整。

效益型调整，指根据组织经济效益的变化状况，全体员工都从中分享利益或共担风险的薪酬水平调整。调整对象范围必须是全体员工，否则有失公正。调整应当采用浮动性、非固定性的方式。

(三) 薪酬水平调整的操作技术

(1) 等比调整法。指所有员工以原有薪酬为基数,按照同样的百分比调整。其优点是可以保持组织薪酬结构的相对级差,但不同薪酬等级员工薪酬绝对量变化的差异较大。在加薪时容易引起低薪员工产生"不公平"的逆反心理,在减薪时又会使高层员工产生怨言。

(2) 等额调整法。指所有员工都按同样的数额调整薪酬。其优点是在薪酬级差较大组织中有利于缩小过大的级差,缺点是平均主义色彩较浓。

(3) 不规则调整法。根据员工的岗位重要性、相对价值贡献大小、员工资历等不同情况,确定不同的调整比例。其优点是针对性、激励性较强,缺点是操作复杂,主观因素影响较大。

(4) 经验曲线调整法。经验曲线是波士顿咨询公司开发出来,广泛用于现代管理的分析工具。它是指员工对其从事工作的熟练程度、经验积累会随着工作时间的延续而逐步增加,产生工作效率提高、成本下降的效应。这种经验随着时间推移和经验积累速度放缓会递减直至停止,而且经验曲线在不同性质工作之间的效应也不同。它与工作的技术含量、劳动的复杂程度呈正比关系,如机械工程师与打字员相比,其经验积累速度慢、持续时间长,但这种经验积累所能提供的效率和创造的价值远大于打字员。

员工资历(工龄)是薪酬水平调整中一个重要而又较难以精确测评的因素,应用经验曲线有助于解决年资薪酬增长问题。组织可以依据各个职位不同资历(工龄)员工的效益成本分析数据,对每个职位绘出相应的经验曲线,再参照经验曲线确定不同职位员工年资薪酬水平调整的百分比。经验曲线效益强的职位,其年资薪酬增长率应该高于经验曲线效应较低的职位,而且在曲线上升期间,年资薪酬增长率应提高。但经验曲线下降或者效应消失时,应适当降低年资薪酬增长率。如图10-5所示。

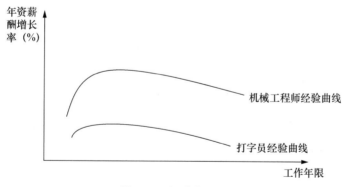

图 10-5 经验曲线图

(5) 综合调整法。这是综合考虑通货膨胀、员工资历、员工绩效等因素,对薪酬水平进行调整,前提是要有较为可靠的薪酬指数(生活费用调整指数)、准确的经验曲线和较为完整的绩效评估体系。

综合调整法的计算公式为:

$$W = X + Y + Zn$$

式中,W 为实际薪酬增长率;X 为薪酬指数;Y 为按职位绩效考核的绩效薪酬增长率;Zn

为按职位经验曲线确定的年资薪酬增长率(其中 n 代表不同工作年限，Z_n 为该职位上的各个参加调薪的员工工龄相对应的年资薪酬增长率)。

假设薪酬指数 X 为 3%，组织中 A 职位绩效考核优、良、合格、不合格的绩效薪酬增长率 Y 分别为 5%、3%、1% 和 0，A 职位上员工张某绩效考核为良，按照其工龄 6 年计算的年资薪酬增长率为 5%，张某实际薪酬增长率为 $W = 3\% + 3\% + 5\% = 11\%$。

(四) 薪酬水平调整中应该注意的问题

在薪酬水平的调整中，除了贯彻公平、公开、公正的原则，还要注意以下几个方面的问题:

(1) 根据企业战略进行调整。企业调整薪酬水平的主要目的是配合企业发展战略，实现一种能够保持外部竞争力且在内部具有激励作用的薪酬水平。如果企业制定的薪酬战略是领先薪酬水平战略，就要将薪酬水平提高到同行业或同地区市场上的领先地位，整个薪酬调整期内都要维持这种优势水平。在制定领先的薪酬水平政策时，可以暂时不考虑企业当前的财务状况，不单纯把薪酬仅作为一种薪酬成本投入，而作为一种战略投资，或者说对风险投资进行设计。同样如果企业选择了与市场水平持平或落后的战略，薪酬水平也应进行相应的调整。

(2) 对不同岗位和不同员工实施不同的调整政策。不同岗位的重要性程度是不同的，岗位性质也有所差别，工作任务也在不断变动。因此，企业在进行薪酬水平调整时，要针对不同岗位进行灵活调整。另外随着工作年限的增加，员工对自己岗位、工作内容的熟悉程度、经验积累会越来越深，从而有利于员工改进工作方法，提高工作效率，更好、更合理地完成本职工作，这在一些技能和专业性比较强的岗位上尤其明显，这时企业也应对员工进行一定的补偿。

(3) 确定调整的重点。企业薪酬调整的原因和目标不同，决定了调整重点的选择也不同，例如企业遇到的第一个选择是：调整基本薪酬，还是浮动薪酬？前者主要是为了保持企业薪酬的外部竞争力，使企业具有更大的灵活性；后者的重点是激励员工的个人业绩，降低企业的薪酬成本。一个比较成功的做法是，将两者有效结合起来，即薪酬水平的调整结合薪酬结构的调整进行。即在企业调整薪酬的情况下掌握重点，最好不要同比例地增加每一名员工的薪酬，也不要同比例地增加员工的每一部分薪酬。

(4) 注意薪酬调整的时间。即企业在一年中的什么时候为员工调薪的问题。调薪的时间不一样，加薪方案给企业带来的经济压力也是不同的。举例来说，如果企业准备在年初将公司的整体薪酬水平提高 5%，那么这就意味着本年度员工薪酬总支出会增加 5%；但如果这份方案是在年中提出的，则组织只需为该预算多支付相当于薪酬总额 2.5% 的财务支出。不过，需要注意的是，不同时间的加薪方案对员工的激励效果也是不同的。

三、薪酬结构的调整

薪酬结构调整的目的是适应组织外部和内部环境因素的变化，以保持薪酬的内部公平性，体现组织的薪酬价值导向，更好地发挥薪酬的激励功能。薪酬结构调整常常和薪酬水平调整相结合，尤其在薪酬总量不变时调整薪酬水平，以及采用等比调整法调整薪酬水平，同时必然要求薪酬结构做出相应调整。薪酬结构调整主要包括对薪酬纵向结构、横向结构的调整。

（一）薪酬纵向结构的调整方法

纵向等级结构的调整必须考虑两点：第一，适应企业管理的需要，理顺各岗位和职务薪酬之间的关系；第二，考虑外部市场工资率的变动。换言之，在考虑外部竞争力影响的前提下，设计企业内部的薪酬等级结构。纵向等级结构常用的调整方法包括：

（1）增加薪酬等级。增加薪酬等级的主要目的是将岗位之间的差别细化，从而更加明确按岗位付薪的原则。薪酬等级增加的方法很多，关键是选择在哪个层次上或哪类岗位上增加等级。例如，是增加高层次，还是中、低层次的岗位？是增加管理人员的等级层次，还是一般员工层次？增加以后，各层次、各类岗位之间是否还需要重新匹配，是否调整薪酬结构关系等，这些都要慎重考虑。

（2）减少薪酬等级。减少薪酬等级就是将等级结构"矮化"，即合并和压缩等级结构，是薪酬管理的一种流行趋势。目前在一些西方企业中，倾向于将薪酬等级线延长；将薪酬类别减少，由原有的十几个减少至三五个；在每种类别上，包含更多的薪酬等级和薪酬标准；各类别之间薪酬标准交叉。

薪酬等级减少的优点在于：第一，使企业在员工薪酬管理上具有更大的灵活性；第二，适用于一些非专业化的、无明显专业区域的工作岗位和组织的需要；第三，有利于增强员工的创造性和全面发展，抑制员工仅为获取高一等级薪酬而努力工作的倾向。

（3）薪酬等级幅度（薪酬结构线）的调整。当某些岗位的工作内容和职责发生变化，或某个工种的操作方式、技术要求发生变化时，就可考虑调整原有的薪酬结构线。通常，对工作和技术的要求更高时，则薪酬等级增加，可延长薪酬结构线；反之，则缩短薪酬结构线。实现宽带薪酬制度，必须加大薪酬等级的幅度。

（二）薪酬横向结构的调整

薪酬横向结构的调整主要包括以下两种形式：

（1）调整固定薪酬和变动薪酬的比例。固定薪酬和变动薪酬的特点和功效不同，使两者保持适当的比例有助于提高薪酬绩效。目前的趋势是扩大变动薪酬的比例，以增加薪酬结构的弹性、增强薪酬激励机制、更有效地控制和降低薪酬成本。

（2）调整不同薪酬形式的组合模式。组织应该根据不同薪酬形式的优缺点，合理搭配，扬长避短，使薪酬组合模式与组织的薪酬战略和工作性质的特点相适应。在薪酬组织模式中增加利润分享型和股权激励型薪酬形式，符合现代薪酬理念和薪酬制度发展的要求，有利于形成员工与组织相互合作、共同发展的格局。

薪酬横向结构的调整可以在薪酬水平不变条件下进行，也可以在薪酬水平变动条件下进行。显然，后者更具有灵活性，更有利于减少薪酬变化对员工心理产生的冲击。

本章小结

1. 介绍了薪酬预算的基本含义，分析了薪酬预算的影响因素，总结了薪酬预算的三种主要方法：分配法、汇总法和综合法。

2. 介绍了薪酬成本控制的含义和作用,总结了薪酬成本的衡量指标体系,提出了薪酬成本控制的三种主要途径。

3. 介绍了薪酬诊断的含义及其必要性,分析了薪酬诊断的任务与主要内容,提出了薪酬诊断的不同方式,总结了薪酬问题的解决途径。

4. 对薪酬调整制度进行了介绍,对薪酬水平调整的必要性、原因、调整的类型、操作技术和注意事项进行了总结,并概述了薪酬结构的调整方法。

复习思考题

1. 为什么要进行薪酬预算?在薪酬预算中需要考虑哪些内容?
2. 薪酬预算的方法包括哪些?有何差别?
3. 如何进行薪酬成本的控制?
4. 薪酬诊断的任务是什么?包括哪些主要内容?
5. 薪酬水平调整与薪酬结构的调整有何区别?

案例研究

麦当劳的薪酬调整方案

"我们把一线的管理人员当作我们公司所拥有的分店的管理者",一位麦当劳公司的高级行政人员说,"他们为我们做了许多工作,所以我们必须为此设计出一个报酬系统。它一方面可以使他们所付出的辛勤工作得到应有的回报,另一方面激励他们继续努力,从而使麦当劳成为一个家喻户晓的品牌。我们已经尝试了许多不同的报酬系统,但没有一个被证明是完全成功的。"

麦当劳公司的这种考虑并不只是理论上的。在1972年公司对其报酬系统进行重新设计时,麦当劳公司和它的附属机构在北美和其他地区经营、特许以及服务的快餐店一共有2 127家,其中25%的快餐店是由公司自己拥有并经营的(这个比例今天已经增加到30%)。

在麦当劳的经营理念中有一个深入人心的准则:质量、服务、干净。它被公司的创始者、公司主席雷·克罗克称为QSC(后来又增加一项价值,变成了QSCV)。相应地,麦当劳为它的各级经营部门提供了一个全年滚动的培训计划,其中包括世界上唯一的设在美国伊利诺伊州的汉堡包大学,汉堡包大学拥有价值200万美元的设备。在这里,特许快餐店店主和公司自有快餐店管理人员要参加有关公司经营政策的高强度的课程训练,当然同时还有一些比较轻松的课程。1973年,大约有1 200人从汉堡包大学毕业。

在管理层之下,大部分工作都比较简单。通常公司的培训人员在操作手册和店内的可视设施的帮助下,几个小时就能教会新员工这些工作。

1963—1972年,为了使自有快餐店的管理人员获得更出色的业绩,公司尝试了几个不同的报酬系统。但是,就像我们刚才已经提到的那样,没有一个系统能让一线和高级管理层完全满意。

在1963年，快餐店经理的奖金仅仅是由该店相对于上一年销售额的增长额所决定的。经理们常常抱怨销售额变动频繁，而且往往没在他们的控制之中。因此他们都争抢那些具有良好的销售增长前景的快餐店的职位。另外这个方案中同样对公司有害，是因为它忽视了那些致力于节省成本的经理们的努力。后来这个方案被取消了。在接下去的三年里，公司实际上没有正式的激励报酬系统，奖金完全按照主观的评价发放。许多分店经理感觉到他们的地区经理没有充分认识到他们的成绩，他们的努力没有得到应有回报。后来，麦当劳第一次开始试图提供一个全面和公平的报酬系统。公司把分店经理和他们的第一助理经理的基本工资和他们达到QSC标准的能力挂钩。每季度的奖金则由他们对利润的贡献决定。但这个方案仍然不受一线管理人员的欢迎，因为它主要还是奖励高销售额。由于对快餐店的利润的贡献很大程度上是来自销售额的增长而不是成本的控制，出色的管理和成本控制往往得不到相应的奖励。这就导致了奖金上的巨大差异，奖金的中数是2 000美元，而跨度是700—8 000美元。1971年，这个方案也被废除了。

1972年，一个针对一线管理人员的一系列报酬方案被制订出来。麦当劳公司一方面想平息经理们的不满，另一方面又想协调管理激励问题和公司目标的矛盾。一个分店经理每年的收入包括基本工资和季度奖金。这个季度奖金取决于其达到一些预先设定的目标的程度。它们包括劳工成本、食品和文件成本、QSC和销售目标。

(1) 固定工资。在调查了拥有麦当劳分店的每一个市场后，公司根据劳动生产率和其他经济指标建立了三个工资浮动等级。第一等级是最高的，它主要适用于大都市地区。第二等级适用于一些较小一点的地区，在那里工业和农业对劳动力市场的影响差不多是相等的。第三等级适用于那些受工业影响比较小的地区。另外，在一个等级内雇员的工资每年也会增加，如果他们的工作被认为是出色或令人满意的。1972年，在第三等级的一个实习经理的基本工资为6 800美元，而一个一直表现出色的第一等级的经理的基本工资为15 000美元。

(2) 奖金。经理如果达到了"最优的劳动人员花费"，就可以得到相当于他基本工资5%的奖金。这个"最优的劳动人员花费"是根据每季度计划销售额和每月所需的职工数算出的。

地区主管和分店经理将根据当前的批发物价、产品搭配和其他与该分店有关的经营因素来决定食物和文件成本的目标。如果分店经理达到了他自己以前同意的目标，他就可以再获得另外5%的奖金。

每月管理层会对每个分店的QSC进行评级，这种方法现在还在被使用。根据每季度分数的平均数，公司把各个分店分为A、B、C三个等级。A级分店的经理可以获得他基本工资10%的奖金，B级分店经理可以获得他基本工资5%的奖金，C级分店的经理就没有额外的奖金了。

另外，分店经理还可以获得本年相对于上年销售额增加的2.5%的奖金，但最高不超过他基本工资的10%。假如销售额受到分店经理自身控制之外的经营因素的极大影响，那么地区的主管可以给予该经理相当于他基本工资5%的半年度奖金。

这样,对于一个 A 级分店的经理来说,如果他达到所有的个人目标,他可以获得相当于基本工资 20% 的奖金。如果他所管理的分店的销售额有较大的增长,他还能再得到相当于他基本工资 10% 的奖金(他的第一助理可以得到相当于他收入的 60%)。

尽管 1972 年报酬系统消除了过去那些方案的种种缺点,但经理们仍然认为它过于复杂。而且,又开始有人抱怨这个方案中不适当的一些主观判断和对销售模式的过分依赖。麦当劳的高级管理人员又重新设计出以下四种备选方案:

A 方案:分店经理的初始基本工资仍然由刚才介绍过的等级系统所决定。从那以后,每月地区的经营人员会按照质量、服务、干净、培训与能力、销售额、利润六个因素对其进行评级。在每个因素中,0 分代表不满意,1 分代表满意,2 分代表出色。在每半年中,一个分店经理的累积评分为 12 分的可以得到相当于他年基本工资 40% 的奖金,积 11 分可以得到 35% 的奖金,依此类推。在年末,将分店经理上、下半年的分数进行平均,如果是 12 分,他的下年基本工资就可以增 12%,得 11 分基本工资可以增 11%,依此类推。直到他有可能面临竞争者的挑战。

B 方案:在第一年,分店经理的基本工资仍然由先前提到的等级系统算出。然后,他的第二年的收入就是一个与前一年的基本工资有关的佣金。这个佣金是相当于销售额增长的 10% 和利润的 20%(假定总利润至少是总收入的 10%)。例如,假如销售额当年增长了 5 万美元,而利润率为 12%(利润为 6.6 万美元),这个分店经理的总收入就是 10%×50 000＋20%×66 000＝18 200 美元。

这个方案根据规模会有变化。那就是:当销售额在 50 万美元以下时,总收入为销售额增长的 10% 加上利润的 20%;当销售额在 50 万—70 万美元时,总收入为销售额增长的 7% 加上利润的 17%;当销售额在 70 万美元以上时,总收入为销售额增长的 7% 加上利润的 15%。

C 方案:和 B 方案有点相似,在这个所谓的"超级经理"的计划中,经理的基本总收入将仅仅由销售额决定。对于那些销售额等于或低于 50 万美元的分店经理,工资将分成几个不同的级别。比如说,销售额为 30 万美元的分店经理的工资为 10 500 美元,销售额为 40 万美元的分店经理的工资为 11 500 美元,销售额为 50 万美元的分店经理的工资为 12 500 美元。

对于那些销售额超过 50 万美元的分店经理来说,他们的工资由两部分组成,一半是 12 500 美元的级别工资,另一半是销售额超过 50 万美元部分的 2%。例如,对一个销售额为 75 万美元的分店经理来说,他的收入为 12 500 美元加上 5 000 美元。一些新开或地段不佳的分店经理在 12 个月里的基本工资为 12 500 美元。

D 方案:每个分店管理人员的收入总和将由该分店管理人员的多少和销售额来事先决定。接下来地区的经营管理人员将对每个人的业绩做出评价,以此来决定这个总的金额将如何被分配给各个管理人员。表 1 列出了这个不同的收入总量。

表 1　分店管理人员收入总和　　　　　　　　　　　　　　　单位：美元

根据管理层人数决定的分店管理人员收入总和

销售额	2 人	3 人	4 人	5 人
0—300 000	19 500	28 500		
301 000—400 000	20 000	30 000		
401 000—500 000	22 500	32 500	45 000	
501 000—600 000		33 000	48 000	60 000
601 000—700 000		35 000	49 000	63 000
701 000—800 000			52 000	64 000
801 000—900 000			54 000	67 500
901 000—1 000 000			55 000	70 000

很长一段时间,麦当劳公司都在考虑这些不同的方案。一个公司的高级官员这样评价他对这种报酬系统的两难困境的感受:

"当一个公司开始的时候,它首先要为了生存而奋斗。后来当我们的知名度越来越高并开始增长的时候我们必须关注于如何完善我们的经营。我们在快餐行业建立了第一个全面的培训计划。对于我们的报酬系统和它对员工的影响我们在几年前就在考虑了,而现在到了我们必须认真考虑这个问题的时候了。我们知道这是一个真正的计划,可我们不知道如何去把握它。当我们的增长到达 30% 的时候(还不包括新增长的特许店数),对于公司分店管理人员培训的问题变得越来越尖锐,特别是当有那么多人参加在职培训的时候。简而言之,我们现在遇到的情况是,我们的分店经理给我们施加越来越多的压力以促使我们简化并提高公司的报酬系统。与此同时,我们必须设计出一个公平而又能督促管理人员更加关心对他们下属的培训报酬系统。"

资料来源:刘军胜编著,《薪酬管理实务手册》,机械工业出版社,2002。

案例思考题:

1. 分析麦当劳的薪酬调整经历,谈谈你的启示。
2. 在上述 A、B、C、D 四个薪酬方案中,你倾向于选择哪个方案?说出你的理由。

X 公司的薪酬调整

X 公司是东莞一家来料加工型的中小企业,主要为一些家具厂、包装材料厂提供原材料,产品远销海外。该公司的生产依赖劳力和员工的技术多于机械,能否使产品达到客户要求及减少损耗,则完全依赖员工的技术,因此员工技术的好坏对产品的质量有绝对性的影响。由于生产发展逐步稳定,企业在 2013 年决定增加自动生产机,并将生产方式由密集式劳动改为半自动化。这样一来可以降低成本,二来可以增加一些新产品并令质量更加稳定。然而 2014 年年底,该公司人力资源部负责人王经理进行同行业薪酬调查时发现,企业内员工的薪酬并非比同行业高,但薪酬的总额却高于同行。

王经理很困惑:为什么引进了自动生产机,公司的总薪酬仍居高不下?他决定对公司员工的薪酬结构进行分析,看看究竟是哪一个环节出了问题。当时,X 公司员工薪酬主要包括以下几个部分:(1) 基本薪酬;(2) 变动薪酬,包括津贴、勤工奖、加班薪酬、工龄薪酬;

(3)福利,即社会保险金;(4)以产成品品质为基础的年终奖金。如果当月生产部生产出的次品及客人退货的数量低于产成品总额的3%,企业会按岗位给生产部员工发放100—300元的奖金。

王经理让几名人力资源部的员工调出公司2014年的薪酬数据,并单独列出员工薪酬的各个部分,得到数据如表2和表3所示。

表2　2014年员工薪酬结构表　　　　　　　　　　　　　　　　　　　　　　单位:元

2014年	员工人数	基本薪酬	辅助薪酬	加班薪酬	奖金	年度奖金	福利	薪酬总额
1月	88	114 050	9 900	39 830	4 300	0	23 950	192 031
2月	85	112 720	9 100	19 200	8 200	0	23 678	172 898
3月	84	112 000	10 080	38 760	8 000	0	23 520	192 360
4月	82	108 450	10 480	38 520	12 050	0	22 775	192 275
5月	81	107 700	10 350	38 140	11 850	0	22 617	190 657
6月	80	106 950	10 250	37 580	11 550	0	22 460	188 790
7月	80	106 950	10 330	36 910	11 550	0	22 460	188 200
8月	78	105 450	10 050	37 980	7 850	0	22 145	183 475
9月	86	102 850	9 830	39 500	11 350	0	21 599	185 129
10月	75	102 100	10 580	40 750	7 750	0	21 441	182 621
11月	72	99 300	10 000	39 820	11 050	0	20 853	181 023
12月	72	99 300	10 160	38 600	11 050	52 800	20 853	232 763
合计		1 277 820	121 110	445 590	116 550	52 800	268 351	2 282 222

表3　2014年员工薪酬结构各部分与总薪酬比例　　　　　　　　　　　　　　单位:%

2014年	基本薪酬	辅助薪酬	加班薪酬	奖金	年度奖金	福利	薪酬总额
1月	59.39	5.16	20.74	2.24	0	12.47	100
2月	65.19	5.26	11.10	4.74	0	13.69	100
3月	58.22	5.24	20.15	4.16	0	12.23	100
4月	56.40	5.45	20.03	6.27	0	11.85	100
5月	56.49	5.43	20.00	6.22	0	11.86	100
6月	56.65	5.43	19.91	6.12	0	11.90	100
7月	56.83	5.49	19.61	6.14	0	11.93	100
8月	57.47	5.48	20.70	4.28	0	12.07	100
9月	55.56	5.31	21.34	6.13	0	11.67	100
10月	55.91	5.79	22.31	4.24	0	11.74	100
11月	54.84	5.52	22.00	6.10	0	11.52	100
12月	42.66	4.36	16.58	4.75	22.68	8.96	100
合计	56.30	5.33	19.54	5.12	1.89	11.82	100

注:辅助薪酬包括津贴、勤工奖、工龄薪酬。

通过仔细分析2014年员工的薪酬结构表,王经理发现:除了基本薪酬的支出占总薪酬的比例最高,员工的加班薪酬竟然占到了薪酬总额的19.54%,而员工奖金只占到5.12%!王经理很震惊,因为奖金是员工达到产品质量标准时发放的,员工未能领取奖金表示产品的质量未合乎标准、工作效率低,员工因此需要加班生产来弥补效率的不足,这才使加班薪酬这项不必要的成本如此之高。王经理认为公司必须立即改变现有的薪酬结构。

得出这个结论后,王经理立即拿着薪酬结构表去找公司老板李总。李总是一名有多年商场经验的港商,他知道中小企业想要维持竞争力和发展优势,在很大程度上需要依赖员工的积极性和主动性,而薪酬对员工来说是最大的推动力。这样一个有问题的薪酬方案是绝对不能继续实行的,于是他授权王经理改革公司的薪酬结构方案。

王经理得到授权后从人力资源部选了几名得力干将,并在车间里挑选与三位员工代表成立薪酬结构改革小组。在翻阅许多资料、研究市场行情,并与多名员工交流后发现,员工无法在正常上班时间内完成工作也有企业生产的特殊原因。由于工厂地处广东,春夏季天气比较潮湿及炎热,中午有时会超过摄氏三十七八度,对产成质量及员工工作有很大影响。即使生产顺利,产成品需要搬至户外散热,但室外温度很高时,如果产成品不能及时散热则会随时自燃,因此员工工作也很危险。产成品的原材料都是化学品,室温太高也会令化学品起变化影响产成品质量。所以当夏天中午温度过高时,只有早上和晚上可以生产。但是在晚上生产,企业需要支付员工大量的加班费用。因此王经理得出薪酬改革第一条:将员工分为两班轮流生产,早班从早晨7点开始,晚班从晚上7点开始,每班工作时间仍为8小时。这样减少了员工在炎热及恶劣的工作环境下生产的时间,也节省了企业需支付的加班费用,还可以将员工数目控制在合理的范围内。

薪酬改革小组在分析各个部门员工薪酬结构时还发现公司的薪酬体系中,仅是不同岗位有不同的薪酬,而同一岗位没有区分员工的等级序列。比如以生产部门员工为例(见表4),所有员工的基本薪酬一样,即新入职员工与工作若干年的老员工基本薪酬相等。这样很容易导致老员工感到不公平,不仅使核心员工流失量增加,还会增加薪酬结构中基本薪酬的支出。因此改革小组的成员一致认为应该完善岗位序列、制定不同的薪酬序列等级,并且重新制定工龄薪酬。原来的工龄薪酬是工作满一年后,从第二年开始每月多加50元作为工龄薪酬,第三年每月加100元,第四年是每月150元,依次类推,为了能够更好地挽留员工,新方案规定如果员工在工作满五年后,第六年起每月的工龄薪酬每年递增100元。

表4 2014年生产部员工薪酬结构表   单位:元

2011年	基本薪酬	工龄薪酬	津贴	勤工奖	奖金
部门主管	4 000	0	0	0	300
部门副主管	3 000	0	0	0	250
前位工	1 500	50	50	100	150
中位工	1 500	50	50	100	150
后位工	1 500	50	50	100	150
普工	750	50	50	100	100

注:① 工龄薪酬以工作年资计算,每多工作一年,工龄薪酬会增加50元。② 加班薪酬:加班时间在星期一至星期六,以基本薪酬计算时再乘以1.5倍计算;加班时间在星期日,以2倍计算;加班时间在政府法定假期,按劳动局法定的倍数计算。

除此之外,为了更好地激发员工积极性,在得到管理层的同意后,改革小组决定将原来限制在3%的次品率或退货率改为5%,希望通过放宽奖金条件,激励员工减少次品及退货的数量,努力工作获取奖金。

新的方案得到通过后很快予以实施,新的薪酬结构将基本薪酬分序列等级,如薪酬结构的纵向结构,基本薪酬分为1—4级。按员工不同的表现,给予不同的等级。新加入的员工从最低级的基本薪酬开始,有好的表现可以逐步提升薪酬等级。新方案下生产部员工薪酬结构如表5所示。

表5 2015年生产部员工薪酬结构表　　　　　　　　　　　　　　　　　　　单位:元

2011年	基本薪酬-1	基本薪酬-2	基本薪酬-3	基本薪酬-4	工龄薪酬	津贴	勤工奖	奖金
主管	4 400							300
副主管	2 800							250
前位工	1 725	1 650	1 575	1 500	50	100	100	150
中位工	1 725	1 650	1 575	1 500	50	100	100	150
后位工	1 725	1 650	1 575	1 500	50	100	100	150
普工	865	825	788	750	50	0	100	100

一年后,王经理对新的薪酬结构方案分析后满意地发现:在2015年实施新的薪酬结构方案中,老员工提高了基本薪酬(见表6、表7),包括部门主管在内的每位员工平均基本薪酬上涨了214.09元。将员工由一班制转为两班制后,加班薪酬由2014年的445 590元减至2015年的57 290元,两者相差了388 300元。员工人数由2014年的平均人数81人减至2015年的72人,员工及加班薪酬的减少令X公司达到了之前增添新设备、实行半自动化生产模式的目的。

2015年的辅助薪总额比2014年高94 750元,奖金总额比11年高5 550元,辅助薪酬的上升是由工龄薪酬的发放基础提高引起的。其中辅助薪酬包括了员工的勤工奖,如果员工出勤率不合格将丧失该奖金,从每月辅助薪酬发放的稳定性可发现员工出勤率很高。

2015年发放奖金的条件应员工的要求降低后,员工月度奖金与年度奖金分别占薪酬总额5.88%、3.55%,远高于上一年,员工争取奖金的积极性明显提高了。

表6 2015年员工薪酬结构表　　　　　　　　　　　　　　　　　　　　　　单位:元

2015年	员工人数	基本薪酬	辅助薪酬	加班薪酬	奖金	年度奖金	福利	薪酬总额
1月	72	109 912	18 300	5 880	10 750	0	23 082	167 924
2月	70	107 225	17 130	1 280	10 500	0	22 718	158 903
3月	70	108 182	18 050	4 620	10 500	0	22 718	164 120
4月	71	109 047	18 150	4 870	10 650	0	22 900	165 617
5月	71	109 835	17 660	4 590	10 500	0	23 065	165 650
6月	70	108 470	17 520	4 310	10 450	0	22 779	163 529
7月	72	109 912	17 610	4 770	10 750	0	23 082	166 124
8月	72	109 835	17 840	5 120	10 750	0	23 065	166 610
9月	73	110 450	18 450	5 240	7 700	0	23 242	165 082
10月	73	110 623	18 600	5 500	6 900	0	23 231	164 854
11月	73	109 710	18 350	5 150	10 900	0	23 231	167 341
12月	72	109 970	18 200	5 960	10 750	124 580	23 065	292 525
合计		1 313 171	215 860	57 290	121 200	124 580	276 178	2 108 279

表7　2015年员工薪酬结构各部分与总薪酬比例　　　　　　　　　单位:%

2015年	基本薪酬	辅助薪酬	加班薪酬	奖金	年度奖金	福利	薪酬总额
1月	65.45	10.90	3.5	6.40	0	13.75	100
2月	67.39	10.77	0.80	6.64	0	14.28	100
3月	65.84	10.98	2.81	6.54	0	13.83	100
4月	65.80	10.95	2.94	6.43	0	13.82	100
5月	66.21	10.64	2.77	6.34	0	13.90	100
6月	66.21	10.69	2.63	6.39	0	13.90	100
7月	66.16	10.60	2.87	6.47	0	13.89	100
8月	65.92	10.71	3.07	6.45	0	13.84	100
9月	66.91	11.18	3.17	4.66	0	14.08	100
10月	67.10	11.28	3.34	4.19	0	14.09	100
11月	65.52	10.98	3.08	6.51	0	13.89	100
12月	57.59	6.22	2.04	3.67	42.59	7.88	100
合计	63.89	10.05	2.75	5.88	3.55	13.44	100

总体来说,在利润总额由2014年的1 721 870元提升到2015年1 804 362元的前提下,2015年的薪酬总额比2014年降低了173 043元,新的薪酬结构令企业的薪酬成本降低了,薪酬改革收到了一定成效。

资料来源:黄美霞,"中小企业员工薪酬结构的成本与效益研究",暨南大学2010年硕士学位论文。

案例思考题:

(1) 分析Z公司的薪酬结构调整经历,谈谈你的启示。

(2) 关于Z公司的薪酬结构调整方案,你还有什么建议。

综合案例

案例 1

深兰公司的薪酬管理

12月28日,对深兰公司而言是一个特殊的日子。跟往年不同,今年的12月28日,就是拥有数十亿资产、近三百名员工的深蓝公司组建十周年的庆典了。无疑,这将是深兰公司的一场盛会。

"今天的董事会,请各位董事赶过来,一项主要议题是布置一下公司十周年庆典的事。"王锐董事长顿了顿继续说道,"我们深兰公司经过十年的发展,能取得今天这样的成绩,很不容易。当然,这是与在座各位董事的这些年来的大力支持和艰苦努力分不开的。再过一个月,就到公司的十周年庆典,大家要好好庆贺一番。我看花个几十万都没关系。这样吧,会后就由公司行政部和公关部拿个方案。"公司董事戴明举手示意发言:"王董事长,我看公司庆典是不是可以从简、低调。另外,我听说公司的中期年报就已出现了亏损,而且年初的 GH 投资项目潜在亏损很大,我们是不是有必要设置一个合理的止损点,甚至在必要的时候,要即时终止 GH 项目的继续运作。"深兰公司董事郑雷补充道:"王董事长当初决策这个 GH 项目时比较仓促,是该认真讨论讨论这个项目的可行性了。"

也许再也没有什么比发生在深兰公司总部董事会上这一幕上的事更能真实反映深兰公司目前的状况了。显然,在这个由许多公司内部人员所组成的公司董事会(见图1)中,王锐(深兰公司董事长兼总裁)是绝对位居第一的人物。而深兰公司总经理戴明(深兰公司董事)和兰迪公司总经理郑雷(深兰公司董事),显然对公司目前的状况感到不满。

王锐之所以在公司拥有至高无上的权力,主要原因在于他在过去九年中所取得的辉煌业绩:在他五十岁开始领导深兰公司的大部分时间里,股东们几乎没有什么可抱怨的;而且王锐事必躬亲,不辞劳苦,深兰公司的老员工们都非常敬重并爱戴他。他在20世纪90年代将深兰公司一手创建并振兴起来,股东总收益平均达到30%,成为金融投资行业内的一颗明星。尽管公司现在的增长已经不再那么激动人心,过去两年中公司的年股东收益只有14.5%,但他依然拥有良好的声誉。

事实上,尽管王锐过去实现了非凡的业绩,但是一些感到不快的股东——深奥公司总经理戴明和兰迪公司总经理郑雷等董事都私下一致认为:深兰公司的董事会实质上是一

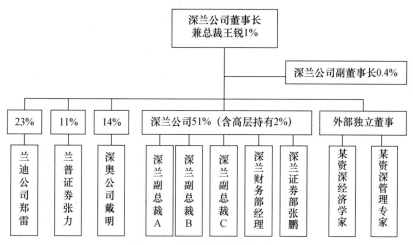

图1 深兰公司董事会构成图

个由掌握至高权力的领袖领导着的忠诚者俱乐部！"董事会正变得越来越臃肿,逐渐被老年人所控制,没有什么民主决策和流动率。"证券部总经理张鹏也常常抱怨不止。

深兰公司是金融行业一家投资公司,在最初成立几年时间里,由于整个金融行业比较景气,市场形势一片大好,所以公司也获得了长足的发展,员工人数从最初的几十个人发展到近三百人。并且在过去几年中,员工收入水平都以比较快的速度增长。但是近两年以来,受国家宏观经济形式的影响,金融行业的竞争越来越激烈,企业经营形势也逐渐严峻。目前,最令公司董事会头痛的是公司全面分红制奖金计划面临危机。

分红制计划是前些年深兰公司在销售额和利润猛增时,依据对员工态度的调查,他们宁愿要奖金分红而不愿要其他形式的福利而制定的。公司的薪酬计划提供的基本工资比当地类似工作的工资水平低20%,但是公司每季度分配的奖金平均为基本工资的50%以上,这使得公司的平均薪酬比该地区高出20%。由于薪酬较高,深兰公司一直是当地很受欢迎的公司,应聘者颇多。因此,公司将福利水平保持在最小值,没有什么补贴,只有极其有限的社会保险和带薪假期。然而因为平均薪酬高,员工还是认为比较合算。但是今年公司的利润显著下降,按利润分配的奖金估计还不到历史平均水平的一半。在不久前的总经理办公会议上,公司总裁王锐宣布,由于公司人工成本比较高,企业打算普遍小幅度地降低员工奖金水平,以帮助公司渡过经营难关。

在深兰公司,深兰公司的经营管理层(公司总裁、副总裁、部门总经理)的报酬采用年薪制,深兰经营管理层年薪收入由基本年薪+奖励年薪+超值年薪三部分构成。其中经营管理层基本年薪水平分别为10万元/年、8万元/年、6万元/年,按月发放,此外不再享受适用于公司其他员工的工资性收入。奖励年薪根据深兰公司经营管理层的最高奖励年薪额和关键业绩指标的达成情况共同确定。考核结果分为A、B、C、D、E五个等级,其与考核指标达成情况的对应关系如表1所示。

表1　考核结果等级与考核指标达成情况

考核结果等级	考核指标达成率(P)	对应的奖励年薪额
A	$\geqslant 100\%$	最高奖励年薪额
B	$90\% \leqslant P < 100\%$	最高奖励年薪额×4/5
C	$80\% \leqslant P < 90\%$	最高奖励年薪额×3/5
D	$70\% \leqslant P < 80\%$	最高奖励年薪额×2/5
E	$60\% \leqslant P < 70\%$	最高奖励年薪额×1/5

超值年薪根据深兰公司经营管理层当年完成指标的超额情况确定。公司副总裁的奖励年薪水平按公司总裁奖励年薪的50%—30%的比例确定,公司的部门总经理的超值年薪水平按该公司总裁奖励年薪的30%—10%的比例确定。公司自实行年薪制的三年来,总裁的年薪总额基本都在100万元以上。而公司部门总经理的年薪没有超过30万元的。这种状况显然引起了大多数部门总经理的不满。

深兰公司员工的主要收入是工资加奖金。公司一直把员工的工资问题作为人事管理的根本工作,公司领导一致认为:在工资上如有不合理的地方,会使职工对公司感到失望,影响职工的干劲,因此,一开始就必须建立完整的工资体系。于是深兰公司根据各个部门的不同情况,根据工作的难度、重要性将职务价值分为A、B、C、D、E五个序列,在五个序列中又分别规定了工资最高额与最低额。其中,A序列是属于最单纯部类的工作,而B、C、D、E则是困难和复杂程度依次递增的工作,当然其职务价值也越高。在工资序列上,A序列的最高额并不是B序列的最低额。A序列的最高额相当于B系的中间偏上,而又比C序列的最低额稍高。这就使得做简单工作领取A序列工资的人,他可以从A序列最低额慢慢上升,当他们的工资超过B序列最低额的水准时,就有机会向B序列晋升。即使不能晋升,也可继续升到A序列的最高额。各部门的管理人员可以对照工资限度,努力向价值高的工作挑战。但是不同序列的工资标准差别并不大。例如:职能部门员工(比如人力资源专业人员、财务人员、审计人员、网络维护员等)属于B序列,他们的平均月工资一般为2 000—2 500元,而操作类岗位员工(比如保安、接待员、收发员、物品保管员、生产线上的工人等)属于A序列,他们的平均月工资一般为1 800—2 400元。所有的操作类岗位员工都表示对自己的收入非常满意,但是同时,几乎所有的职能部门员工都对自己的收入不满意。对此,能够听到的最普遍的答案是:操作类岗位员工的工作环境比较差,比如经常出差、工作场所没有空调等,同时工作也更加辛苦;而职能部门员工在行政大楼内办公,不仅工作环境好,而且比较"清闲"。

员工每月的奖金是按所在岗位的重要性分级,根据工作表现支付的。如果员工的工作没有什么大的失误,就基本上可以获得全额奖金,只有触犯了企业的规章制度,或者出现了工作失误或事故,才会扣除部分或全部奖金。但是一般来说,如果员工按部就班地做自己的工作,违反规章制度或者出现工作事故的可能性不大,所以,员工几乎都能足额获得月度奖金。显然,在同一部门中,岗位相同或者相似的员工无论工作业绩出色和工作业绩平平,薪酬都没有太大的差别。

因此,公司打算普遍小幅度地降低员工奖金水平,以帮助公司渡过经营难关的消息一经传出,马上遭到了员工的强烈反对,员工们认为自己的工作比以前更辛苦了,不应该降低收入水平。因此,大家对降薪的事议论纷纷。

"正好各位公司董事今天都在,下面我们接着评议今年年终分红的事。"董事会继续在开。王锐接着说:"大家都知道,今年公司出现了亏损。公司原有薪酬制度,工资预算和人事费用控制的概念不强,尤其是没有处理好积累和分配的关系,使得过去几年员工工资的增长速度与公司利润的增长速度没有很好匹配(见图2)。目前,我们公司经营上出现一些困难,很多员工缺乏进一步做出努力和投入来推动公司进一步成长的动力,不能理解自身的薪酬待遇和企业的经营状况之间休戚相关的关系,因此,我们明年打算调整工资方案,引入人事费用的概念和工资预算的思想,使员工的工资报酬能够随着公司的利润的增长而增长,建立企业与员工的命运共同体和利益共同体。今年的年终奖金,经营管理层暂时取消,我带头。明年调整完薪酬制度,公司赚取利润后,该分多少的分多少,一分都不少分配。"

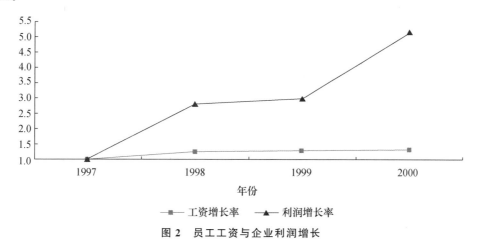

图2 员工工资与企业利润增长

显然,大家似乎对一个月后的公司庆典已然没有多少兴趣,这次董事会当然以不欢而散而告终。

最近赵亮也一直在为几个工作评价的事头痛不已。赵亮是深兰公司人力资源部总经理,由于近来公司效益不佳,公司对一些岗位进行了调整,赵亮在执行公司薪酬计划方面遇到了难题。

作为公司工作评价委员会的主任,上周赵亮召集了一次考虑对几份工作重新评价的会议。这些工作已经分级,定为A序列。但因为接待员张萍的工作没有定为较高级别,作为工作评价委员会成员的行政部总经理林云提出:"我部门员工个人成绩大小、重要与否,是由公司年终考核评价结果而确定的。去年张萍同志的考核结果是优秀,而且张萍在深兰公司已做了8年的接待员,平时工作十分认真,还多次评为公司的'优秀员工'。"而赵亮认为公司年终考核结果通常由直属上级负责对员工工作表现情况进行评定,与工作价值评价并没有直接联系。赵亮坚持应根据工作本身,排除个人因素来评价,这令行政部总经理林云颇为恼火。无奈,赵亮只好请示王总定夺。

王总听完赵亮的汇报后,略微思考,对赵亮说:"张萍同志是老员工,学历差点,能力还可以,又是公司的接待员,可以考虑定高点。我们要考虑老员工所做的历史贡献嘛。我看就定到B序列吧。"赵亮还想解释些什么,却被王总摆手示意不用再考虑了。赵亮不情愿地离开了王总办公室。

为了有准备地迎接公司十周年庆典,公司许多部门近来都利用下班时间在紧张排练晚会节目。小张精心准备的是拿手的独唱曲目。但自从听说公司打算降低员工奖金水平的事后,小张便无心排练了。小张是大学毕业后就应聘到深兰公司工作的。他学的专业是会计。毕业时,同学们都认为他找了一个好工作,收入也不错。在最初进入深兰公司的几年,小张也这么认为,因为在这里工作不仅收入挺高,而且财务部总经理对他也很器重,经常分配给他一些具有挑战性的工作。小张将这些工作当作锻炼的好机会,每一次都认真对待。由于他受过良好的专业教育,再加上自己的努力和勤奋,很快就在同事中显示出自己的实力。由于工作出色,经理更信任他了,部门许多重要工作也落在了小张头上。刚开始时,小张做得也非常卖力,但是渐渐地,他的干劲小了。因为他发现,虽然自己的收入不错,但是部门同事的收入水平都差不多,一些在公司时间长的同事虽然专业水平一般,但是收入却在他之上。小张发现,除非做管理工作,比如晋升为部门的主管或经理之类的职位,否则提高收入水平几乎不可能。但是,自己所在的部门管理职位有限,没有空缺,自己怎么能升职呢?除了晋升一条路,看来提高收入的机会微乎其微,况且,想晋升的人还不止他一个呢!小张开始为自己的前途担忧了。

林顿和小张是同一年来到深兰公司的。此前,任公司高级分析师的林顿一直对公司很满意,他用了五年时间才达到现在的工资水平。然而,林顿听说他的部门雇用了一位刚毕业不久的硕士研究生作分析师,底薪几乎和自己的工资一样高。他向赵亮询问了此事,赵亮歉疚地承认了实情,并努力解释公司的处境,公司恰好在分析师市场十分紧俏时急需一名分析师,为了吸引合格人选,公司不得不提供一种溢价底薪。林顿认为自己在公司里被欺骗,感到前途渺茫,私下里开始寻找合适的工作机会,决定等公司十周年庆典一结束,就递交辞呈。

显然,深兰公司在庆祝公司成立十周年之际,也蕴藏着深深的危机。

资料来源:中人网,www.chinahrd.net。

案例思考题:

1. 深兰公司高管层实行的年薪制合理吗?若不合理,高管层需要建立怎样的一套激励—约束机制?
2. 为什么深兰公司的报酬在当地处于中上水平还不能令员工满意呢?
3. 你认为深兰公司目前的报酬制度主要存在哪些问题?
4. 如果深兰公司的薪酬制度改革工作交给你来做,你将如何设计?

附件一 深兰公司基本业务范围及流程

1. 深兰公司的基本业务范围:融资租赁;资金运作;资本运营;投资银行业务。
2. 深兰公司的基本业务流程:

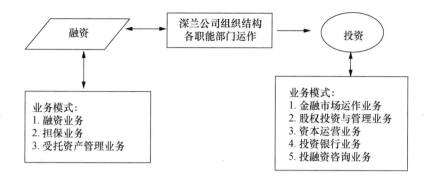

附件二 深兰公司的组织架构图

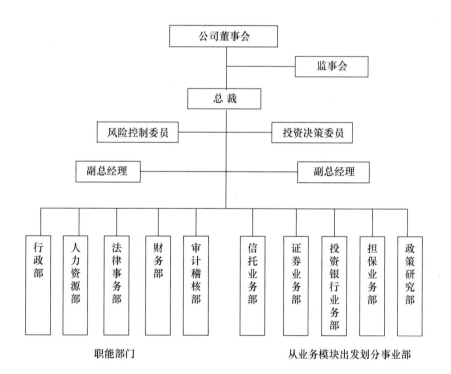

附件三　深兰公司工资情况表

一、职务/岗位与薪资水平关系图

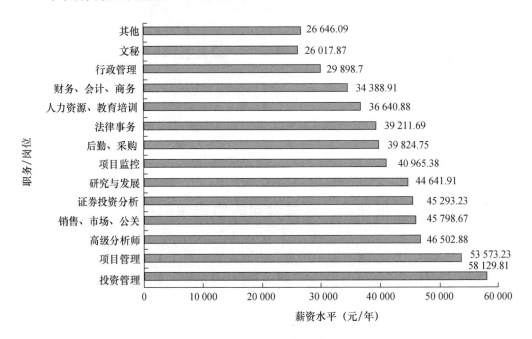

二、不同学历人员的年平均薪资一览表

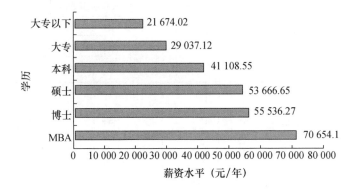

上图基本上反映了在深兰公司学历与薪资之间的关系。其中，累进增长率分别为 34.0％、41.6％、30.5％、34.8％、27.2％。列表如下：

学历对比	大专—大专以下	本科—大专	硕士—本科	博士—硕士	MBA—博士
累进增长率(％)	34.0	41.6	30.5	34.8	27.2

案例 2

A 集团的薪酬体系改革

A集团是一家以洁净能源利用为主导产业,集房地产、旅游酒店业为一体的综合性企业集团。截至2002年6月,集团拥有员工近5 000人,总资产23亿元,控股公司和分支机构分布在河北、北京、上海、天津、山东、江苏、香港等地以及悉尼、伦敦等国外城市。随着企业的迅速扩张,短时间内吸引了大批人才加盟,大规模新加盟人员对集团的企业文化冲击很大,如果处理不当,容易引发新老员工的冲突,而且会稀释、扭曲企业刚刚形成的文化。

为了迅速整合人力资源,增强员工的凝聚力,集团领导人决定组建项目组,进行人力资源改革,项目内容包括薪酬、考核、培训、任职资格、行为标准等,希望通过新的人力资源规划将新老员工重新纳入企业的发展轨道,为"二次创业"打下坚实的基础。

不得不改的薪酬制度

A集团原有的薪酬体系是将员工的月工资分为固定工资和浮动工资两部分。其中固定工资包括基础素质津贴、岗位工资和培训日补贴。基础素质津贴是员工学历高低、工龄长短的综合反映,岗位工资是岗位系数、适岗系数和月基本工资三者的乘积,岗位系数按岗位的重要性不同而分成不同的分值,适岗系数表示员工对本岗位工作的熟悉程度,月基本工资是定值,由集团总部统一决定。集团每月有4个培训日,培训日补贴由日岗位工资与培训日出勤天数共同决定。

浮动工资包括职位津贴、奖金和加班补贴。职位津贴与员工本人的职级挂钩,金额为280—880元。奖金的计算比较复杂,金额的多少与员工的个人考核分、月奖金系数和本单位的人均实得奖金单位额度有密切关系。个人考核分为优、良、中、可、差五档,分别赋予不同的分值,每月月末根据以下标准由本部门领导为员工评分。

月奖金系数与员工的岗位有关,人均实得奖金单位额度与员工所在单位的单位考核分挂钩,单位考核分由集团总部相关部门根据考核标准在每月月末确定(见表1和表2)。

表1 一般员工月度考核通用评分标准

等级 \ 岗位要求	业绩要求	态度要求
优(1.2分)	出色而圆满地完成月度计划,任务完成得质量高	把工作放在第一位,对工作具有高度的责任感,并从积极的角度思考问题
良(1.0分)	完成月度计划,任务完成得质量较高,符合规范性要求	工作较积极,责任感较强,能积极地思考问题。
中(0.9分)	基本完成月度计划,任务完成得质量一般,基本符合要求	工作积极性一般,基本不推托工作,对所承担工作能负责,偶有畏难情绪
可(0.8分)	完成70%月度计划,任务完成的质量较低	工作积极性尚可,对所承担的工作不能完全负责
差(0分)	完成不足70%月度计划,任务完成的质量低	对工作不太负责,常出现推诿

表 2　管理干部月度考核通用评分标准

等级＼岗位要求	业绩要求	态度要求
优	出色而圆满地完成月度计划，工作安排得当，工作效率高，任务完成得质量高，并具有较强的创造性，团队协作精神强，善于指导和培养下属	工作积极性高，把工作放在第一位，对工作具有高度的责任感，能从较高的层次和积极的角度思考问题，有很高的自我开发热情
良	完成月度计划，工作安排较得当。工作效率较高，任务完成的质量较高，符合规范性要求；团队协作精神较强，较善于指导和培养下属	工作积极性较高，责任感较强，能积极地思考问题，有较高的自我开发热情
中	基本完成月度计划，工作安排一般，工作效率一般；任务完成得质量一般，基本符合要求，能主动指导和培养下属	工作积极性一般，基本不推托工作，对所承担工作能负责，偶有畏难情绪，自我开发有热情
可	完成70%的月度计划，工作安排不太得当，工作效率较低；任务完成的质量较低，不符合要求，能被动制定和培养下属	工作积极性尚可，对所承担的工作不能完全负责；自我开发被动
差	完成不足70%的月度计划；工作安排无秩序，工作效率低；任务完成的质量低，不符合要求，不能指导和培养下属	对工作不太负责，常出现推诿；无自我开发意识

从以上的分析中我们可以看出 A 集团原有的薪酬体系存在以下问题：

（1）月工资虽然有固定、浮动之分，但是浮动工资的变动程度非常小。职位津贴是不变的，奖金主要取决于个人考核分和单位考核分，这是月工资中仅有的两个每月都会变化的因素，然而从表1、表2可以看出，考核标准中描述性指标过多，缺少量化指标，而且对工作态度的考核占了相当比重，这样在评分时评分者就会难以把握，难免会有不公正的现象发生。集团总部对分公司的管理、经营状况很难有全面的了解，单位考核分是否公允很难说。况且在市场经济体制下，市场应该是最好的评分者，公司每月销售收入的增减已经很真实地反映了公司经营状况的优劣，由此看来，单位考核分事实上是不必要的。

（2）员工工资每月基本不变，无法与本公司的销售收入挂钩，不能反映本公司经营水平的高低，员工感受不到市场的压力。

（3）缺乏明确的价值导向，不清楚通过薪酬分配要达到什么目的。在薪酬评价中强调职位作用和个人原有的知识和经验，而不是工作中的实际表现和能力。

（4）"岗位系数"是依据对岗位重要性的主观评价得出来的，缺乏对岗位评估的客观标准，因此岗位系数能否体现公司内部岗位价值的实际差异性值得怀疑。

（5）"适岗系数"是对员工工作能力和绩效的评价，直接影响员工的工资高低。但是适岗系数的评价要素并不能反映员工实际的工作行为和绩效，而且评价工作难以操作，因此使得薪酬分配缺乏有效的评价依据。

（6）"基础素质津贴"更多反映的是员工的学历、工龄等静态的历史因素，这些因素并不能反映员工实际的工作能力和劳动价值，使得薪酬分配出现错误导向。

（7）绩效考核主要是对员工工作态度的考察，而缺少对工作能力的量化考核指标，使得薪酬分配没有有效的考核支撑，使薪酬分配失去了激励效应。

以市场为导向的薪酬变革

1. 设计新的薪酬体系

新的薪酬体系中月工资依然分为固定工资和浮动工资。其中固定工资保障员工的基本生活水平,不随企业经营状况变化,只与本企业所处的地区生活水平、区域社会平均工资有密切关系,企业可根据实际情况进行调节,以保证员工的固定工资与本地区的生活标准大致相当。浮动工资与企业的经营绩效挂钩,每月均有所变化,变化的程度与企业完成销售计划的情况有关,这样就能使员工感受到市场竞争的压力。

在新的薪酬体系中首先确定的是企业每月的工资总额。根据工资要反映市场变化的原则,我们发现,如果纯粹只将其与企业完成销售计划的实际情况结合起来,就会造成工资总额的大幅震荡,也就是说如果企业某个月超额完成了销售计划,那么该月的工资总额会非常高,反之就会很低。而工资的剧烈变化会对员工的心理造成极大的影响,不利于企业的稳定。因此,我们在确定工资总额时引入了一个标杆量——月计划工资总额。这样工资总额每月就可以在这个标杆量的基础上进行上下浮动,工资幅度的变化就不会很大。由于是标杆量,那么月计划工资总额应该是固定值,否则就无法作为确定工资总额的参考标杆。我们将集团每年年初所制定的年度计划销售收入按一个比例做计提,计提的部分再平均分摊到每个月就是月计划工资总额,这个比例与企业的计划销售收入、企业员工人数有关。经过缜密论证,我们得出了一个计算该比例的公式。

工资总额由本企业所有员工的固定工资、计划销售收入、实际销售收入、工资计提比例、修正系数以及其他部分工资(加班费、各种补贴等)综合决定。

以下是相应的计算公式:

月工资总额＝月计划工资总额＋(实际销售收入－计划销售收入)×工资计提比例×修正系数

月计划工资总额＝年度计划销售收入×工资计提比例/12

工资计提比例＝(应发工资总额/总人数)×标准人数×12/年计划销售收入

其中,应发工资总额为去年一年的工资总额,标准人数为年初人力资本预算中的计划人数,如果现有人数大于标准人数,则按现有人数计算。工资计提比例可用于调整集团利益和局部利益、成本和收益的关系。

修正系数用来调整各企业由于未完成或超额完成计划太多所造成的工资总额的大幅震荡,使各企业每月的工资总额不致变化过大。

当|(实际销售收入/计划销售收入)－1|≤25%时,修正系数＝1;

当25%＜|(实际销售收入/计划销售收入)－1|≤50%时,修正系数＝0.75;

当|(实际销售收入/计划销售收入)－1|＞50%时,修正系数＝0.5。

工资总额确定以后,接下来就是对员工进行分配。

为了拉开员工的收入档次,更好地体现对员工的激励,我们在新薪酬体系中使用了一个重要的工资变量——薪点。薪点代表员工的工资水平,薪点越大,工资越高。所有薪点组合在一起就构成了薪点表,薪点表分为不同的等,每一等又分为不同的级,等差随着等的提高而拉大,每一等中的级差是相同的,这样薪点等级的不同反映了员工工资水平的不同(表3是薪点表的部分示例)。需要说明的是,薪点并不是工资额,它只是一个数值,薪点与薪点值相乘才是工资额。员工薪点数主要由其工作性质和任职资格中职类、职种的等级所决定,薪点值主要由企业所处地区的社会平均工资和企业的经营绩效决定。由于月工资有固定、浮动之分,与此相对应,薪点也分为固定薪点和浮动薪点,二者所占的比例由员工的工作岗位和所承担的责任大小来决定。如销售人员的业绩与市场联系紧密,自身承受风险的能力较强,这时可以将其浮动薪点比例定得高一些,以便更好地体现对销售人员的激励;而对于生产操作人员,可能更希望工资有较高的稳定性,这样可以将其固定薪点比例定得高一些,满足其心理需求。

表3 薪点表

	1级	2级	3级	4级	5级	6级	7级	8级	9级	10级
五等	900	1 100	1 300	1 500	1 700	1 900	2 100	2 300	2 500	2 700
四等	600	710	820	930	1 040	1 150	1 260	1 370	1 480	1 590
三等	500	550	620	680	740	800	860	920	980	1 040
二等	400	436	470	505	540	575	610	645	680	715
一等	300	320	340	360	380	400	420	440	460	480

根据固定、浮动薪点与相应的薪点值,再考虑出勤及考核,就可以确定员工的固定工资和浮动工资。其中固定薪点值一般一年内保持不变,其值大小根据地区经济水平和区域社会平均工资进行适当调整,固定薪点值的不同只反映了各地区生活水平的差异;浮动薪点值则与企业对部门、员工的考核密切相关。

2. 新旧薪酬体系的接轨

如何将员工现在的工资平稳过渡到新薪酬体系中是本次薪酬改革的重点与难点。由于进入新的薪酬体系之后,员工的工资晋级需要在其中得以实现,因此我们将薪酬体系与任职资格、考核体系紧密结合起来,也就是说,员工今后的工资升降都要靠任职资格、考核来决定。为了将员工现有工资套入薪点中,我们采取了如下做法:

首先,将集团及成员企业的所有岗位进行归类、分析,形成职位分类标准,将有相近工作性质的岗位划入同一个职种,同一性质的职种归入同一职类,综合考虑工作岗位的重要性及企业的实际情况,确定出5大类21个职种,将所有的正式岗位全部归入21个职种中。每个职种与相应的等级(薪等)对应,薪等越高,薪点总体水平越高;不同的职种对应不同的薪等,形成了各自的薪酬晋级通路和空间。

然后,将每个员工根据工作岗位进入相应的职种,然后找到本职种所对应的薪酬晋级跑道,在现有工资与薪点接轨时,我们确定的原则是"薪等就低不就高,薪级就高不就低",也就是说,首先进入本职种的最低等,然后根据员工的现工资额在这一等的较高级中寻找对应的薪点。如某员工的岗位是人事劳资员,那么她应该归入人力资源职种,在表4中可以看出人力资源职种的工资晋级跑道是3—9等,人事劳资员属于基础层,假设她的月工资是900元,她就需要在第三等中寻找与900相同或相近的数值,从表3可以看到900在860和920之间,根据"薪级就高不就低"的原则,应该对应920,即第8级。

表 4　各职种薪酬通路

职类 职种 职层	薪等	管理类			专业类						市场类			技术类						作业类	
		经营	管理	执行	计划统计	财务金融	人力资源	安全管理	专项研究	专项管理	物资采购	营销	营销支持	销售	研发	设计	质量管理	工艺技术	工程技术	信息技术	技工	操作工
核心层	12																					
	11																					
	10																					
中坚层	9																					
	8																					
	7																					
	6																					
骨干层	5																					
	4																					
基础层	3																					
	2																					
	1																					

薪点确定以后就可以根据比例确定员工的固定、浮动薪点，再考虑相应的薪点值、出勤、考核系数等因素，根据公式就可计算出固定、浮动工资，二者之和就是员工的月工资。

一个局部的变革效果

下面以 A 集团下属的某成员企业为例，具体说明一下新旧两种薪酬体系的差异。以该公司 2001 年的全年工资进行分析，得到表 5 所示的比较结果（表中数据经过处理）。

表 5　新旧薪酬比较结果表　　　　　　　　　　　　　　　　单位：元

月份	新固定工资(元)	新浮动工资(元)	新工资总额(元)	原工资总额(元)	完成销售计划(%)
1	125 252	144 746	269 998	221 591	114.49
2	125 252	145 254	270 506	223 849	112.97
3	125 252	128 518	253 770	210 953	101.24
4	125 252	109 108	234 360	206 118	95.82
5	125 252	36 369	161 621	200 401	71.77
6	125 252	178 912	304 164	205 009	130.85
7	125 252	98 658	223 910	213 539	84.76
8	125 252	86 567	211 819	201 777	80.55
9	125 252	71 936	197 188	212 566	80.39
10	125 252	91 739	216 991	225 059	88.01
11	125 252	115 064	240 316	231 586	96.87
12	125 252	261 896	387 148	249 623	143.62

案例来源：王式华，"精细打造薪酬杠杆——A 集团薪酬体系改革的实证分析"，《企业管理》，2002 年 12 期。

案例思考题：

与企业原来的薪酬体系相比，新的薪酬体系具有什么样的特点，克服了传统的薪酬体系的哪些问题，体现了薪酬设计的哪些原理和思想？

主要参考文献

1. 张一弛、张正堂编著:《人力资源管理教程》(第二版),北京大学出版社,2010。
2. 张正堂、王亚蓓、刘宁:"团队薪酬的设计要素与模式",《经济管理》,2012年第8期。
3. 张正堂、刘颖、王亚蓓:"团队薪酬、任务互依性对团队绩效的影响研究",《南开管理评论》,2014年第3期。
4. 丁明智、张正堂、程德俊:"薪酬制度分选效应研究综述",《外国经济与管理》,2013年第7期。
5. 刘昕编著:《薪酬管理》,中国人民大学出版社,2011。
6. 李新建编著:《企业薪酬管理》,南开大学出版社,2003。
7. 陈思明:《现代薪酬学》,立信会计出版社,2004。
8. 刘园、李志群编著:《公司薪酬制度概论》,中国财政经济出版社,2001。
9. 王一江、孔繁敏:《现代企业中的人力资源管理》,上海人民出版社,1998。
10. 刘园、李志群主编:《可变薪酬体系原理与应用》,中国财政经济出版社,2001。
11. 刘雄、赵延主编:《现代工资管理学》,北京经济学院出版社,1997。
12. 康士勇:《工资理论与工资管理》,中国劳动出版社,1998。
13. 李新建编著:《企业雇员薪酬福利》,经济管理出版社,1999。
14. 张正堂:《企业家报酬的决定:理论与实证研究》,经济管理出版社,2003。
15. 杨体仁、祁光华编:《劳动与人力资源管理总览》,中国人民大学出版社,1999。
16. 〔美〕戈梅斯—梅西亚等:《人力资源管理》(第五版),张正堂、蒋建武、刘宁译,北京大学出版社,2011。
17. 〔美〕Thomas J. Bergmann, Vida Gulbinas Scarpello:《薪酬决策》(第4版),何榕等译,中信出版社,2004。
18. 〔美〕斯蒂芬·P. 罗宾斯:《管理学》,中译本,中国人民大学出版社,1998。
19. 〔美〕Gerge T. Milkovich, Jerry M. Newman:《薪酬管理》,董克用等译,中国人民大学出版社,2014。
20. 〔美〕雷蒙德·A. 诺伊等:《人力资源管理:赢得竞争优势》,刘昕译,中国人民大学出版社,2010。
21. 〔美〕Lawrence S. Kleiman:《人力资源管理:获取竞争优势的工具》,孙菲等译,机械工业出版社,2003。
22. 〔美〕加里·德斯勒:《人力资源管理》,刘昕等译,中国人民大学出版社,2012。
23. 〔美〕Thomas B. Wilsom:《薪酬框架:美国39家一流企业的薪酬驱动战略和秘密体系》,陈红斌等译,华夏出版社,2001。
24. 〔英〕John E. Tropman:《薪酬方案——如何制定员工激励机制》,胡零等译,上海交通大学出版社,2002。
25. 〔英〕Richard Thorpe, Gill Homan:《企业薪酬体系设计与实施》,姜红玲等译,电子工业出版社,2003。
26. 〔美〕Charles R. Greer:《战略人力资源管理》,孙菲等译,机械工业出版社,2004。
27. 〔美〕帕特里夏·津海姆、杰伊·舒斯特:《打造500强企业的薪酬体系》,北京爱丁文化交流中心译,电子工业出版社,2004。

28. 〔美〕Bruce R. Ellig:《经理薪酬完全手册》,胡玉明等译,中国财政经济出版社,2004。
29. 〔美〕Thomas B. Wilson:《薪酬:以薪酬战略撬动企业变革》,张敏等译,中国社会科学出版社,2004。
30. 〔美〕约瑟夫·马尔托奇奥:《战略性薪酬管理(第7版)》,刘昕译,中国人民大学出版社,2015。
31. Jeseph J. Martocchio, *Strategic compensation: a human resource management approach* (Sixth Edition), Person Prentice Hall, 2013.
32. Richard I. Henderson, *Compensation management: rewarding performance* (6th ed.), Prentice Hall, 1994.
33. Lance A. Berger, Dorothy R. Berger G., *The compensation handbook* (4th.)(影印版),清华大学出版社,2003。
34. Yeganeh H, Su Z., "The effects of cultural orientations on preferred compensation policies", *The International Journal of Human Resource Management*, 2011, 21(12): 2609—2628.
35. 陈晓东、谭伟、田利华等编著:《销售薪酬管理》,经济管理出版社,2003。
36. 叶向峰、黄杰、张玲、孟庆波编著:《员工考核与薪酬管理》,企业管理出版社,1999。
37. 刘军胜编著:《薪酬管理实务手册》,机械工业出版社,2002。
38. 李剑编著:《薪酬管理操作实务》,河南人民出版社,2002。
39. 李严锋、麦凯编著:《薪酬管理》,东北财经大学出版社,2002。

教师反馈及教辅申请表

　　北京大学出版社本着"教材优先、学术为本"的出版宗旨,竭诚为广大高等院校师生服务。为更有针对性地提供服务,请您认真填写以下表格并经系主任签字盖章后寄回,我们将按照您填写的联系方式免费向您提供相应教辅资料,以及在本书内容更新后及时与您联系邮寄样书等事宜。

书名		书号	978-7-301-	作者	
您的姓名				职称职务	
校/院/系					
您所讲授的课程名称					
每学期学生人数	_____人_____年级			学时	
您准备何时用此书授课					
您的联系地址					
邮政编码			联系电话（必填）		
E-mail（必填）			QQ		
您对本书的建议：			系主任签字 盖章		

我们的联系方式：

北京大学出版社经济与管理图书事业部

北京市海淀区成府路 205 号，100871

联 系 人：徐冰

电　　话：010-62767312 / 62757146

传　　真：010-62556201

电子邮件：em_pup@126.com　　em@pup.cn

Q　　Q：5520 63295

新浪微博：@北京大学出版社经管图书

网　　址：http://www.pup.cn